HISTOIRE
DE LA
COMMUNE DE PUIMOISSON
ET DE LA
Commanderie des Chevaliers de Malte
Langue de Provence (1120-1792)
AVEC LA
Chronologie de ses Commandeurs
& de ses Magistrats Municipaux

PAR

M. J. MAUREL
MEMBRE DE L'ACADÉMIE DES SCIENCES, ARTS ET LETTRES D'AIX-EN-PROVENCE
Membre de la Société Scientifique et Littéraire (B-A),
de la Société Française d'Archéologie, etc.

OUVRAGE ORNÉ DES ARMES DU PAYS & DE PLUSIEURS PLANCHES EN PHOTOTYPIE HORS TEXTE

PARIS
ALPHONSE PICARD & FILS, ÉDITEURS, LIBRAIRES DES ARCHIVES NATIONALES
Rue Bonaparte, 82

1897

HISTOIRE DE PUIMOISSON

& DE SA COMMANDERIE

HISTOIRE

DE LA

COMMUNE DE PUIMOISSON

ET DE LA

Commanderie des Chevaliers de Malte

Langue de Provence (1120-1792)

AVEC LA

Chronologie de ses Commandeurs

& de ses Magistrats Municipaux

PAR

M. J. MAUREL

MEMBRE DE L'ACADÉMIE DES SCIENCES, ARTS ET LETTRES D'AIX-EN-PROVENCE
Membre de la Société Scientifique et Littéraire (B-A),
de la Société Française d'Archéologie, etc.

OUVRAGE ORNÉ DES ARMES DU PAYS & DE PLUSIEURS PLANCHES EN PHOTOTYPIE HORS TEXTE

PARIS

ALPHONSE PICARD & FILS, ÉDITEURS, LIBRAIRES DES ARCHIVES NATIONALES
Rue Bonaparte, 82

1897

PRÉFACE

Le passé du modeste village de Puimoisson nous a paru mériter d'être connu, et nous avons entrepris d'en écrire l'histoire.

L'utilité des travaux de ce genre ne saurait être contestée, quelque peu important que soit le pays dont ils traitent et quel que soit le point de vue auquel il plaît de les considérer.

Car, d'une part, s'il est certain que, grâce à la diffusion des lumières, beaucoup connaissent aujourd'hui l'histoire générale de la France, au moins dans ses grandes lignes, il ne l'est pas moins, et nous le constatons tous les jours davantage, que beaucoup plus ne connaissent du pays qui les a vu naître que le nom et la position, et ignorent complétement son passé. Est-il rare de rencontrer des personnes qui ne savent rendre raison d'aucun usage ancien, qui demeurent muettes devant ces restes de monuments érigés par la foi et le génie de leurs pères, ou qui ne connaissent de nos anciennes mœurs et de la vie des ancêtres que les vagues notions transmises par la crédulité du peuple ou les traditions érronées du vulgaire?

D'autre part, ces lumières concentrées sur un point d'une région, ces études particulières d'une localité ne sont-elles pas une ressource précieuse pour l'historien de cette région, et même de toute une province, soit par l'abondance et la variété des documents présentés, soit par la critique et la précision des faits qu'une étude circonscrite et consciencieusement faite est seule capable de donner?

Au point de vue de l'intérêt que présentent ces sortes d'ouvrages, on peut espérer que, même après s'être familiarisés avec les grands événements de l'histoire de Provence, nos savants compatriotes verront encore, avec quelque plaisir, se dérouler à leurs yeux la vie d'une de ses communes, et non la moins importante, et prêteront volontiers l'oreille aux échos qu'y produisirent les grands événements de la patrie; et que ceux, plus nombreux, auxquels leurs occupations ou le défaut d'instruction ne permettent pas une étude d'ensemble sur l'histoire de la Provence, auront du moins la facilité de faire connaissance avec le passé de leur pays, de vivre avec leurs ancêtres sur cette terre qui les a nourris et qu'ils leur ont transmise, et qu'ils aimeront davantage leur pays lorsqu'ils en connaîtront mieux le passé, triste ou glorieux.

Les éléments de cette notice nous ont été fournis par les archives municipales, gracieusement mises à notre disposition. Nous avons mis largement à contribution le fonds si riche et si complet de l'Ordre de Malte, déposé aux archives des Bouches-du-Rhône, grâce à l'obligeance de M. Fournier, dont le concours intelligent et précieux a rendu nos recherches et plus fructueuses et plus faciles. Le fonds Peiresc, déposé à la bibliothèque de Carpentras, le cartulaire de Lérins nous ont fourni quelques documents qui jettent une clarté précieuse sur une époque bien reculée de notre histoire. Certains mémoires particuliers, des rapports divers, des correspondances privées nous ont permis de compléter le récit des faits et de suppléer quelquefois au silence ou au laconisme des documents officiels. Et, « bien que les histoires locales ne se fassent pas avec des livres », nous n'avons pas négligé de consulter les différents auteurs qui ont écrit sur la Provence et sur l'Ordre puissant de Malte, qui, à peine à son berceau, vint fonder dans notre pays une des plus anciennes et des plus importantes commanderies de la langue de Provence et du prieuré de Saint-Gilles.

Telles sont les sources où nous avons puisé les matériaux de ce volume.

Dans l'exposition des faits qui composent la vie sociale, municipale et religieuse, nous avons cru devoir suivre l'ordre chronologique, cette méthode permettant mieux que les autres de saisir la marche des événements, le développement successif des institutions et le caractère spécial de chaque époque.

Fidèle à notre manière de concevoir et d'écrire l'histoire, nous avons multiplié les citations, lorsque les documents écrits nous ont permis de le faire et que l'importance du fait nous a paru le réclamer. Il nous a semblé qu'après avoir exhumé les documents contemporains, il fallait, autant que possible, laisser la parole aux acteurs et aux témoins des faits eux-mêmes. Il est, du reste, des expressions qui, à elles seules, caractérisent une époque, et qu'aucun équivalent ne saurait rendre.

Les événements qui composent la trame de notre histoire ne paraîtront peut-être pas, à tous les lecteurs, d'une importance à mériter d'être signalés. Faut-il rappeler que rien, ici-bas, n'a une importance absolue, et que, par contre, tout a une importance relative? On approuvera peut-être cette méthode, si on veut bien ne pas perdre de vue que notre but n'est pas d'écrire une histoire régionale, mais simplement l'histoire de Puimoisson, et de faire revivre tout ce qui intéressa autrefois le clocher du village, le berceau de la famille et le foyer des aïeux. Or, tout événement qui remplit ce but nous a paru mériter une place dans cet ouvrage, et nous pensons que ces mille petits détails de la vie communale, que ces diverses péripéties du drame journalier qui, durant l'obscurité de longs siècles, se déroula derrière les murs d'enceinte, à l'ombre du manoir féodal, contribueront mieux à faire connaître notre population sous sa physionomie spéciale et personnelle, que l'énonciation des grands faits de notre histoire nationale, qui n'ont eu souvent, dans nos pays reculés, qu'un écho fort amoindri.

L'ouvrage est divisé en trois parties :

Dans la première, trouvent leur place quelques explications auxquelles donnent lieu l'étude stratigraphique du terroir, les objets de l'époque préhistorique et de la période gallo-romaine rencontrés chez nous. Les invasions saxonnes et sarrasines y sont mentionnées, ainsi que diverses donations faites soit à l'église de Valence, soit à l'abbaye de Lérins.

La deuxième partie comprend la période de temps qui s'est écoulée depuis l'établissement de l'ordre des Hospitaliers à Puimoisson (1120) jusqu'à la Révolution française, soit environ 670 ans.

La troisième traite assez longuement de la période révolutionnaire, à laquelle nous avons pu donner sa physionomie locale, grâce à de nombreux documents contemporains, et s'étend jusqu'à nos jours.

Et, comme on ne s'intéresse guère qu'à ce que l'on connaît, nous avons pensé qu'il était rationnel de présenter tout d'abord au lecteur le pays dont l'histoire lui est offerte et de le lui faire connaître sommairement sous son aspect moderne, dans un chapitre préliminaire où trouveront naturellement leur place certains détails complémentaires qu'il eût été difficile de placer en lieu convenable au cours de l'ouvrage.

La liste des commandeurs de Puimoisson, celle des

syndics, des consuls, des curés, des vicaires et quelques pièces justificatives terminent et complètent le volume.

Quand nous avons livré à l'impression le présent volume, nous ne comptions pas l'enrichir des belles planches phototypiques qu'on y trouvera. Le regret que nous exprimions de cette lacune aux pages 10 et 12 n'a plus désormais sa raison d'être. Cette lacune, en effet, a été heureusement comblée, grâce à l'obligeant concours de nos amis, le savant M. Laugier, conservateur du cabinet des médailles à Marseille, M. le commandant d'Esparron, d'Aups, le dévoué M. Saint-Marcel Eysséric, le Frère Léonard, habile dessinateur, M. M. Chais et M. C. Comte, qui, tous, avec une amabilité parfaite, nous ont communiqué, ou ont dessiné, gravé, photographié à notre intention les diverses reproductions qui embellissent notre ouvrage. Qu'ils nous permettent de leur offrir ici l'expression de notre juste reconnaissance.

Si la coordination et la mise en œuvre de nos documents pouvaient répondre à leur richesse et à leur variété, nous aurions quelque raison d'espérer que notre travail fournira une lecture intéressante et utile. Puisse du moins, ce modeste volume, rencontrer auprès des habitants de Puimoisson, pour lesquels surtout nous l'avons écrit, autant de bienveillance et de sympathie que nous avons mis de bonne volonté à le composer et que nous éprouvons de satisfaction à le leur offrir.

J.-M. M.

HISTOIRE DE PUIMOISSON

ET DE

SA COMMANDERIE

PREMIÈRE PARTIE

CHAPITRE PREMIER

Topographie de Puimoisson.

Le bourg de Puimoisson, canton de Riez, arrondissement de Digne (Basses-Alpes), est situé sur le vaste plateau qui, des rives de la Bléone et de la Durance, s'étend vers l'est, jusqu'aux montagnes de Moustiers et aux rives du Verdon. Il est bâti en amphithéâtre sur le versant oriental de la vallée de l'Auvestre, qui, prenant naissance à Saint-Jurs, traverse le terroir du nord-est au sud-est et se dirige vers Riez. Son altitude est de 698 mètres. C'est un village calme et gracieux. L'air pur et vivifiant que l'on y respire élargit les poumons ; l'horizon sans fin que l'on y embrasse agrandit le regard ; le vaste ciel que l'on voit se fondre dans un lointain perdu, avec la ligne bleuâtre et indécise des montagnes de Toulon, a quelque chose qui donne l'illusion de l'immensité des mers. Du côté du nord-est et de l'est, l'horizon, pour être moins vaste, n'est pas moins pittoresque. Le serre de Montdenier (1.750 mètres d'altitude), les déchirures des roches calcinées de Moustiers, le gigantesque pic d'Aiguines forment comme une sorte de rideau qui donne au paysage une charmante variété.

Le pays est borné : au nord, par Saint-Jurs et Bras ; au sud, par Riez ; à l'est, par Moustiers, et à l'ouest, par Brunet. Il est traversé par le chemin de grande communication nº 6, d'Aiguines à la Bastide-des-Jourdans ; par la route d'intérêt commun nº 12, de Puimoisson à Valensole ; par la route de grande communication nº 11, de Puimoisson au poteau de Telle.

Divers services de messagerie font communiquer Puimoisson avec Digne, Aix, Marseille et les pays du Var.

La superficie totale du territoire agricole est de 3,500 hectares, dont 2,104 livrés à la culture ; 1,331 de landes, pâtis et terrains marécageux ; 60 de bois ; 5 recouverts de constructions ou consacrés aux voies de communication et aux cours d'eaux.

Trois cours d'eau traversent le terroir dans la direction du nord-est au sud-est et arrosent les trois vallées du Pas-de-la-Val, de l'Auvestre et de Saint-Apollinaire.

Le sol, assez fertile dans le fond de ces trois vallées, est de médiocre qualité sur les plaines, où une mince couche de diluvium alpin recouvre à peine de quelques centimètres un sous-sol crétacé reposant sur des cailloux agglomérés avec de l'argile. Cette couche, toutefois, est suffisante pour sustenter les céréales et même l'amandier, qu'on cultive sur une assez grande étendue et qui s'accommode de ce sous-sol argilo-marneux. Le rendement des amandiers, année moyenne, est évalué à 350 hectolitres ; celui des oliviers atteint à peine 125 hectolitres ; celui des céréales se répartit ainsi qu'il suit : 4,800 hectolitres de blé ; 1,600 hectolitres d'avoine et 400 hectolitres de seigle.

L'élevage des vers à soie, l'extraction et la vente des truffes qui abondent dans nos bois, l'entretien et le commerce des bestiaux (1) constituent, avec la culture de la terre, les seules occupations et les seules sources de revenu dans ce pays, exclusivement composé d'agriculteurs et dépourvu d'industrie manufacturière (2).

Le climat de Puimoisson est d'une excessive variabilité. Les vents du nord et de l'est, contre la violence desquels nulle montagne rapprochée ne nous abrite, refroidissent subitement l'atmosphère et produisent de brusques changements de température, qui, faisant passer sans transition le corps par des alternatives de chaud et de froid, rendent plus fréquentes qu'ailleurs les maladies des voies respiratoires. Cette inégalité de climat nous explique pourquoi l'état sanitaire laisse à désirer et pourquoi le taux de la mortalité, chez nous, dépasse le taux moyen du département, malgré la pureté de l'air, l'absence de brouillards, l'isolement des écuries, l'abondance et la salubrité des eaux potables.

En effet, tandis que la mortalité en France est de 22 à 23 par mille, et dans les Basses-Alpes de 28.4 (3), à Puimoisson elle s'élève jusqu'à 30.9 par mille ; la durée de la vie moyenne y est de 40.5. D'autre part, le taux de la natalité n'y est que de 24 par mille et par an, tandis qu'elle est de 25.1 pour le département. L'abaissement du taux de la natalité, l'élévation proportionnelle du taux de la mortalité, joints au mouvement général d'émigration qui fait déserter la campagne et courir à la grande ville, nous donnent

---

(1) Environ 4,000 têtes de bétail de l'espèce ovine.

(2) Il n'y a pas très longtemps que la tisseranderie était en pleine activité à Puimoisson. On y comptait jusqu'à quatre-vingts métiers. Cette industrie est en voie de disparaître, car on ne compte plus aujourd'hui que **quatre tisserands**.

(3) Statistique de France pour 1885.

l'explication de l'amoindrissement progressif du chiffre de la population. Tandis qu'en 1790 la révolution trouve dans le pays 1,609 habitants et 410 feux, qu'en l'an IX le chiffre se maintient encore à 1,500, il commence à baisser sensiblement en 1809 et se trouve réduit à 1,383 habitants, dont 1,115 au village et 268 épars dans les 47 campagnes du terroir. De 1820 à 1831, le chiffre se maintient, avec quelques alternatives, à la moyenne de 1350. Mais les recensements des dernières années accusent une diminution qui va toujours s'accentuant davantage. Bien des familles s'éteignent, bien des maisons sont vides, et ce bourg, qui, il y a cent ans à peine, comptait 1,600 habitants, n'en compte plus que 908 en 1895.

C'est ici le lieu de nous occuper du nom du pays et d'en rechercher l'étymologie.

Les formes diverses du nom de Puimoisson relevées dans les documents se répartissent en trois groupes : les latines, les provençales, les françaises.

Les premières sont : *Pogium Muxonis* (XIe siècle) et *Podium Moyssoni*.

Les secondes : *Poimoxo* (XIIe siècle), *Puimoxo* (id.) et *Poymoisso* (1233), aujourd'hui « *Poumeissoun* », par la chute normale de l'*i*.

Les troisièmes : *Puimoisson, Puymoisson, Pimoisson, Pymoisson*.

La première syllabe de ce nom peut dériver d'un radical gaulois ou celtique, qui aurait donné naissance aux formes provençales et françaises, sans passer par le latin *Podium*. Cependant, on peut admettre la filiation suivante : *Podium, Podjium ou pogium, poudj* (qui se retrouve dans le catalan); *poui* avec l'accent tonique sur *ou*, écrit *poi, pui, poy*, la double forme *poi* et *pui* à la même époque prouvant que l'on prononçait *poui*.

Le français *Pui*, né en pays d'oïl et importé en Provence, procède de *Poui* par déplacement de l'accent tonique et passage de l'*ou* latin à l'*u* français.

Pi est une abréviation populaire de *Pui*, comme *pou* l'est de *poui* (accent tonique sur *ou*) (1).

Quant au *Podium Moyssoni*, c'est un retour savant vers la forme latine classique.

Prenant donc le nom de Puimoisson tel qu'il se présente et le décomposant, nous trouvons qu'il exprime à la fois une situation topographique et le nom d'un possesseur.

Le mot *Podium (Pei, Poi)* signifie, dans la basse latinité, une hauteur, une élévation, une éminence. Les onze villages de Provence et les localités du Languedoc dans la composition desquels entre le mot *Podium* sont, en effet, ou furent autrefois placés sur une élévation. La première partie du mot désigne donc une situation topographique, et la position du pays justifie pleinement cette appellation.

La seconde partie du mot, *muxonis*, plus tard *moissonis* au génitif, a une signification grammaticale de possession, juridiction ou dépendance, et indique, selon nous, un nom de possesseur, sans doute le premier possesseur ou fondateur du fief, qui aurait donné son nom au pays, selon l'usage commun de l'époque, nom qui s'est perpétué jusqu'à nos jours dans les nombreuses familles de la région et surtout du pays qui portent le nom de Moisson (2).

Si Pui-Laurent, Pui-Ricard, Pui-Rolland, Puimichel ne peuvent et ne doivent se traduire que par plateau de Laurent, de Ricard, de Rolland, de Michel, du nom de leurs anciens possesseurs, pourquoi Puimoisson devrait-il se traduire autrement que par plateau de Moisson ?

---

(1) Les formes *Pimoisson* et *Pymoisson* sont de simples fantaisies de scribes, comme il y en a tant au XVIe siècle, où l'orthographe était devenue absolument fantaisiste.

(2) Le mot *muxo* ou *moxo* du XIe siècle s'adoucit peu à peu et se transforme en *moisso* vers le XIIIe siècle, d'où la désinence française *moisson*, par suppression de la forme latine du génitif.

Nous croyons que c'est de cette manière seule qu'il convient d'établir l'étymologie du nom de notre pays et qu'il faut rejeter comme absurde le « *puteus messium* », *puits des moissons*, donné par quelque étymologiste de fantaisie, et qui ne repose ni sur l'autorité des titres primitifs, ni sur une particularité quelconque du pays.

Ceci admis, faut-il écrire Puimoisson par un *i* ou par un *y* ?

En français l'*y* est employé :

1º Pour représenter l'upsilon dans les mots venus du grec.

2º Comme un double *i*, dont l'un modifie la voyelle qui précède, et l'autre se fait sentir séparément (1).

3º Comme demi-consonne (2).

4º A la fin de la plupart des noms propres en *i*.

5º En Languedoc, pour noter les diphthongues fortes ài-éi-òi-óui.

Des observations qui précèdent et de ce principe incontestable que le même son doit toujours être représenté par le même signe quand il n'y a pas une raison péremptoire pour employer un signe spécial, il résulte que l'*i* de Puimoisson, n'étant ni la représentation d'un upsilon, ni une double voyelle, ni une demi-consonne, ni une finale, ni une initiale, et ne faisant pas partie d'une diphthongue forte, la voix appuyant sur l'*i* et non sur l'*u* dans la syllabe *Pui*, Puimoisson doit bien être écrit par *i* et non par *y* (3).

---

(1) Exemple « pays, moyen », etc.

(2) Comme dans « crayon, appuyer ».

(3) C'est la manière de voir de plusieurs savants et en particulier du savant Baron de Tourtoulon, un des maîtres de la science philologique en France, qui, à la prière de l'obligeant M. de Berluc-Perussis, a bien voulu nous communiquer des notes sur la transformation du nom de notre pays et sur l'incorrection de l'*y* dans la forme française de Puimoisson. Nos remerciments à ces deux éminents philologues.

Puimoisson possède une église paroissiale du XIIIe siècle, aux proportions grandioses et d'une grande correction de style. Elle fut bâtie par les Hospitaliers, à côté du palais de la commanderie, qui fut rasé en 1793. C'est de ce château que partaient les murs d'enceinte qui enserraient le village. On en voit encore quelques fragments, çà et là, utilisés dans la construction des maisons. Deux portes de forme ogivale, surmontées d'écussons armoriés, peuvent servir de point de repère pour reconstituer l'enceinte primitive, aux flancs de laquelle furent bâtis les faubourgs de Guillenjaume et du Bouchon (1).

Les eaux potables, d'excellente qualité du reste, sont fournies abondamment par une magnifique fontaine, à dix-sept tuyaux, située au bas du village, par l'ancien puits du palais, muni d'une pompe et situé sur la place, et par un grand nombre de puits, soit communaux, soit particuliers. Une vaste place complantée d'arbres, située à l'intersection des diverses routes qui traversent le pays, occupe l'emplacement de l'ancien château.

Puimoisson possède un bureau de bienfaisance, un bureau de poste créé en mai 1858, auquel a été adjoint un bureau télégraphique sous l'administration de M. Turriès, maire, et un beau local très bien situé servant de groupe scolaire. Il est gîte d'étapes.

Deux foires s'y tiennent annuellement, l'une le 22 mars et l'autre le 16 août.

Puimoisson porte : De gueules à une croix écartelée d'argent et de sinople (2).

---

(1) Cette enceinte primitive était étroite relativement au nombre d'habitants qu'elle renfermait. Il fut dès lors indispensable de construire les écuries et greniers en dehors de cette enceinte.

(2) Armorial général de France.

CHAPITRE II

Etude stratigraphique du plateau de Puimoisson. — Restes de Proboscidiens découverts à Grenouillet. — Mastodonte Borsoni. — Elephas meridionalis. — Début de l'histoire. — Ligures. — Albiques. — Arrivée des Romains.

Les hauts plateaux qui dominent Riez du nord-est au sud-est, et sur lesquels se trouve notre pays, sont constitués par des formations complexes d'argiles, de marnes blanches, jaunes ou rouges, de sables, de poudingues et de cailloux roulés, qui recouvrent en discordance les assises secondaires formant l'ossature principale de la contrée. Ces dépôts se rapportent aux phénomènes alluviens des derniers temps de l'époque tertiaire. Ils indiquent l'existence de cours d'eaux d'un régime bien plus abondant que de nos jours, descendant des massifs montagneux qui dominent Puimoisson et Moustiers au nord-est, et s'étendent plus au loin vers le sud-est, jusque dans le Var et les Alpes-Maritimes. Ces cours d'eaux ont coulé durant des séries incalculables d'années, tantôt en nappes tranquilles, tantôt d'une manière torrentielle, entraînant des éléments de toutes sortes et déviant, à ce moment, de leurs directions antérieures.

Les vallées du Pas-de-la-Val, de l'Auvestre et de Saint-

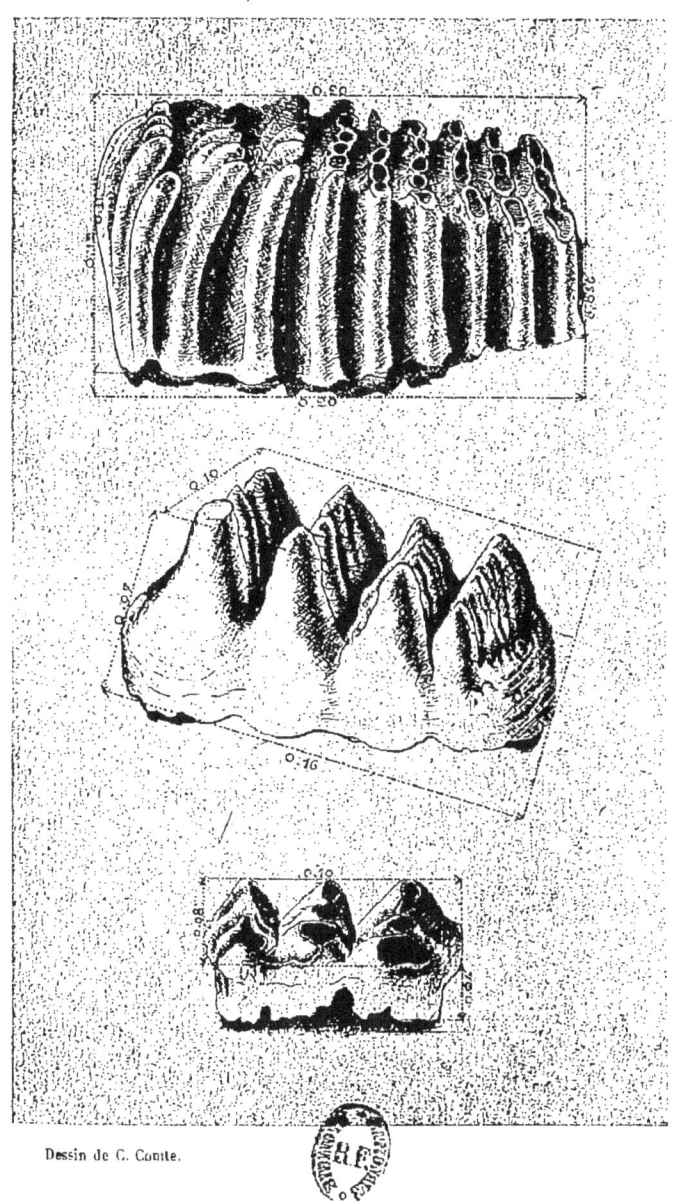

Dessin de C. Comte.

DENTS D'ÉLÉPHANT ET DE MASTODONTE

TROUVÉES AU QUARTIER DE GRENOUILLET

(Cabinet de Maurel. - Puimoisson)

Apollinaire et autres vallées secondaires n'existaient pas alors avec leur profondeur actuelle. Elles ont été creusées par les derniers phénomènes torrentiels qui correspondent à l'accumulation des cailloutis sur les portions les plus élevées des plateaux, et à l'érosion qui a distribué en diverses branches, d'ailleurs fort amoindries, les nappes aqueuses qui ruisselaient autrefois, d'une manière plus constante, à un niveau supérieur. Elles sont, en somme, le résultat d'un changement brusque dans le régime climatérique.

La seule étude stratigraphique des formations marneuses et argileuses des divers plateaux qui composent le terroir de Puimoisson et se prolongent vers Valensole, Riez, Moustiers et Montagnac, suffit pour faire attribuer cet ensemble de couches au système Pliocène. Mais le géologue est toujours désireux d'asseoir ses jugements sur des documents paléontologiques. Ici, ces documents sont fort rares.

Sur l'autre rive du Verdon, aux alentours de Baudinard et de Fontaine-l'Evêque, et dans des calcaires travertineux dénotant l'existence ancienne d'eaux ruisselant en cascades, on trouve bien quelques mollusques, tels que Helix, Lymnées, Planorbes, etc., d'un type franchement récent. Mais, bien que ces épaves se retrouvent sur des points se rattachant à la même formation, quoique déjà un peu éloignés, ce sont, il faut en convenir, des documents insuffisants pour fixer l'âge des dépôts de Puimoisson, d'ailleurs assez hétérogènes.

Il faut donc se réjouir de la découverte d'ossements de Proboscidiens, faite aux environs de Puimoisson, au quartier de Grenouillet, dans ces terrains à l'aspect ruiniforme qui font face au village, par diverses personnes et récemment par Ch. Chieusse, cultivateur, qui les rencontra, à une certaine profondeur, dans un gisement argilo-marneux. Il faut féliciter ce modeste agriculteur d'avoir pressenti l'importance de ces dépouilles, au point de vue scientifique, et de les avoir sauvées de la destruction (1).

Ces restes correspondent bien aux animaux que l'étude stratigraphique du terrain nous annonçait. Ce sont des dents, se rapportant, pour chaque genre, au même individu, et appartenant, les unes à un mastodonte, les autres à un éléphant.

Le mastodonte était certainement associé à l'éléphant, ce qui suffit déjà pour fixer l'âge de l'époque d'enfouissement, dans la longue série de siècles que représente la seconde moitié du Pliocène.

Les molaires du mastodonte se trouvaient près des défenses, qui ont été malheureusement brisées et dont nous possédons de nombreux et notables fragments. Elles appartenaient au type dit *tapiroïde*, caractérisé par l'abondance des saillies secondaires qui hérissent les mamelons et les collines. Mais nous sommes déjà loin des mastodontes primitifs à dents étroites et peu élevées. Ici, la couronne est très-saillante, même sur les deuxièmes prémolaires usées, présentant une sorte de meule de trituration, longues de 10 centimètres, larges de 8 centimètres et hautes de 4 centimètres sur la plus forte colline. Les deux arrière-molaires atteignent une longueur de 16 centimètres, une largeur maximum de dix centimètres et une hauteur en arrière de sept centimètres. Ces mesures ont l'intention de donner une indication de la couronne, intention qui ne pourra pas être efficace, puisque rien ne peut rendre, mieux qu'une figure, l'apparence d'un objet. On

---

(1) Il ne fut pas si bien inspiré, ce brave agriculteur de Puimoisson qui, creusant un puits au quartier du Pas-de-la-Val, trouva, à une grande profondeur, des dépouilles semblables, au lieu de l'eau qu'il cherchait. Il crut naïvement se trouver en face des ossements d'une bête de somme et rejeta, avec humeur, au fonds du puits, qu'il combla, ces épaves précieuses dont il n'avait compris ni l'importance, ni la signification.

pourra, du moins, d'après ces données, interpréter une figure et l'objet lui-même.

La deuxième prémolaire est à trois collines transverses, très nettes, quoique déjà très usées. Un sillon irrégulier, mais très accentué, divise longitudinalement ces trois collines en mamelons externes et internes. Ceux-ci, les plus usés, n'offrent plus la subdivision en deux pitons secondaires qui est très-nette dans les adjacents. D'ailleurs, ce qui semble le plus caractéristique, c'est bien la régularité d'alignement des mamelons, des collines, qui se manifeste d'une manière encore plus nette sur la troisième molaire. Celle-ci est à quatre collines. Ses mamelons sont encore larges et subdivisés, mais sur un alignement transverse, qui indique bien une évolution vers l'éléphant, quoiqu'il s'agisse d'un dernier mastodonte, déjà contemporain de son dérivé probable.

On pourrait attribuer au mastodonte de Puimoisson le nom de *mastodon borsoni*, espèce Pliocène connue, malgré certaines différences.

Avec des documents plus nombreux, et surtout plus complets, on pourrait peut-être reconnaitre des variations dignes de former une race ou même une espèce affine. Nous ne pouvons que regretter vivement la disparition et l'éparpillement de très nombreuses épaves similaires, trouvées autrefois dans un gisement argileux, en cherchant de la terre à briques, et qu'un témoin digne de foi nous assure avoir vues au temps de sa jeunesse.

Les dents d'éléphant trouvées dans les mêmes couches et au même point du terroir, ainsi que dans le quartier d'En-Val, appartiennent incontestablement au type de l'*Elephas meridionalis* et dénotent un individu de grande taille, atteignant, sans doute, quatre mètres de hauteur. Ces molaires et prémolaires, de grandeurs différentes, présentent les nombreux îlots encore séparés et les mamelons caractéristiques liés ensemble par un dépôt cémenteux. L'une d'elles, quoique usée par la trituration, a une longueur de vingt-un centimètres et une largeur de onze centimètres.

Ces détails ne suppléeront point à l'absence du dessin, mais ils permettront au paléontologiste de comprendre que les formations du plateau de Puimoisson correspondent à la période moyenne du Pliocène. Qui sait si des fouilles habilement conduites, dans les couches Pliocènes de notre terroir, ne nous livreraient pas un immense ossuaire de gigantesques bêtes Pliocènes (1) ?

Il est admissible qu'ici, comme dans les Alpes d'ailleurs, l'homme pénétra au fur et à mesure que les glaciers se retiraient, c'est-à-dire vers la fin du quaternaire (2). A partir de cette époque, l'homme est partout dans les Alpes, occupant les hautes vallées, les plateaux, vivant d'abord exclusivement de la chasse, puis se livrant à la vie pastorale et agricole. Les traces d'habitation de l'homme préhistorique sont nulles dans notre pays. Une seule hache celtique, en serpentine verte, sorte de caillou torrentiel de forme triangulaire, correspondant à la période néolithique, a été trouvée sur nos plaines.

Au début de l'histoire, nos régions sont occupées d'abord par les Celtes, puis par les Ligures, une des grandes fractions de la nation ibérienne. Cette portion de la Gaule méridionale, qui porta dès lors le nom de Ligurie, était divisée en une foule de peuplades, ayant chacune leur territoire propre et un chef-lieu où résidaient les prêtres et les chefs de nation et formaient comme des états confédérés. Une des plus puissantes de ces confédérations était celle des Albiques, comprenant huit peuplades, parmi lesquelles celle des Reïens.

---

(1) L'aperçu qu'on vient de lire, est dû à la plume du savant professeur A.-F. Marion, directeur de la station de zoologie marine de Marseille, qui a bien voulu l'écrire à notre intention. Nous prions ce savant paléontologiste et bienveillant ami de recevoir ici le témoignage de notre vive gratitude.

(2) C'est l'opinion de G. de Mortillet.

La tribu des Reïens, qui comprenait Puimoisson, s'é
tendait depuis le Serre de Mondenier jusqu'à l'Asse ;
suivait le cours de cette rivière jusqu'à son confluent dans
la Durance ; suivait la rive gauche de cette rivière jusqu'au confluent du Verdon ; remontait la rive droite du
Verdon jusqu'à l'endroit où cette rivière sort des gorges
de Saint-Maurin pour prendre sa direction vers le sud.

La confédération des Albiques nous est représentée
comme très indépendante, se gouvernant démocratiquement, se choisissant elle-même ses chefs et ses magistrats
suivant ses besoins. Sa religion était le druidisme ; son
langage, le celtique, qui s'adoucit et se modifia dans la suite,
avec les mœurs, par l'arrivée des Phocéens et des Romains.

Nous ne savons pas si les Albiques étaient coalisés avec
les Salyens, leurs voisins, qui, par leur vexations et leurs
déprédations incessantes, réduisirent les Marseillais à
recourir au secours des Romains, leurs confédérés, et
furent domptés par Fulvius Flaccus (125 avant Jésus-Christ) (1). Mais nous savons positivement qu'ils prirent
part et figurèrent avec honneur au siège de Marseille par
César, qui s'en empara (49 avant Jésus-Christ). César nous
apprend, en effet, que, dans ce siège, les Albiques déployèrent une ardeur et une intrépidité qui ne le cédaient guère
à la valeur des légions romaines.

Il n'existe pas de monument de l'époque celtique dans
nos pays, ni menhir, ni dolmen. On ne pourrait toutefois
en inférer que nos plateaux, et surtout nos trois petites
vallées, fussent inhabités. Car, étant donné, d'une part,
que les colons romains se substituaient généralement
partout aux Gaulois dans l'occupation du pays, choisissant les mêmes quartiers et parfois occupant la même
demeure ; d'autre part, l'occupation romaine ayant laissé
chez nous des traces nombreuses et indéniables, nous

---

(1) Florus, lib. 60. Epit. T. Livii.

pensons que, de bonne heure, des agglomérations durent se former sur les bords de nos trois cours d'eaux ; que l'attrait puissant de la chasse sur nos plateaux couverts de forêts dut entraîner et séduire ces hommes farouches et rudes, comme les appelle César (1), les animaux alpins leur offrant des ressources inépuisables en toute saison, et les bois une nourriture facile et abondante pour leurs troupeaux.

A quelle époque les Réïens furent-ils effectivement soumis à la domination romaine ? Il serait, croyons-nous, difficile de le déterminer avec précision. Nous savons qu'en l'an 49 avant Jésus Christ ils conservaient encore leur indépendance, puisque les Albiques vinrent prêter le concours de leur valeur et de leur intrépidité aux Marseillais assiégés par les armées romaines. Ils furent vaincus ; mais, une fois maîtres du littoral et des pays situés en plaine, nous dit Papon, les Romains ne se hâtèrent pas d'aller porter la guerre dans les Alpes, où la situation des lieux et la bravoure éprouvée des habitants auraient pu compromettre le succès de leurs armes. Il est probable que notre région ne fut définitivement soumise à la domination romaine que sous le règne d'Auguste, de l'an 28 à l'an 30 avant Jésus-Christ.

---

(1) *Homines asperi et montani.*

CHAPITRE III

Vestiges d'occupation romaine à Saint-Michel des Moulières. — Médailles. — Loculi. — Objets divers. — Trouvailles au Pas-de-Laval. — Urne. — Inscription. — Pied de statue et inscription à Mauroue. — Urnes cinéraires à Telle. — Poste de frumentaires. — Christianisme. — Entrevues de saint Apollinaire et de saint Maxime, à Puimoisson.

A l'arrivée des Romains, Puimoisson faisait partie de la peuplade des Reïens, comprise dans la confédération des Albiques. En 117, une colonie romaine ayant été fondée à Narbonne par Martius, nos pays quittèrent le nom de *Gallia Bracata* pour prendre celui de Narbonnaise, et, dans la division des provinces que fit Jules César, Riez et notre pays furent compris dans la deuxième Narbonnaise, avec Aix pour métropole.

Ces maîtres du monde, ayant érigé Riez en colonie, peuplèrent ce pays et ses environs de colons nouveaux. C'était, pour l'ordinaire, des soldats romains auxquels on assignait des terres dans le pays conquis, lorsqu'ils ne pouvaient plus supporter les fatigues de la guerre. L'œuvre de colonisation s'étendit rapidement chez nous, grâce au voisinage de la ville et à l'heureuse situation de notre terroir. C'est surtout dans les vallées de l'Auvestre, de la Val et au quartier de Telle que l'observateur rencontre, plus nombreuses et plus authentiques, les traces de cette occupation.

Le centre principal d'habitation, à cette époque reculée, était situé au quartier dénommé plus tard Saint-Michel des Moulières (1), aujourd'hui les Condamines (2), sur le versant oriental de cette vallée qui descend à Riez, à mi-côte entre la rivière et le sommet du plateau. De tout temps, nous ont dit les plus anciens habitants du pays, on a trouvé dans ce quartier, à une profondeur peu considérable, des débris de vieille maçonnerie, des matériaux de construction, de très larges dalles, dont plusieurs sont éparpillées dans le village, affectées à des usages divers. Les recherches personnelles auxquelles nous nous sommes livré nous ont fait découvrir de très nombreux fragments de tegulæ et d'imbrices, de larges quartiers de béton, plusieurs morceaux de marbre blanc, divers fragments de poterie noire, grossière, des restes de poterie rouge striée, beaucoup de petits morceaux de verre de forme cubique de différentes couleurs, ayant dû servir à composer de la mosaïque, quelques fragments de fibules au type Gallo-Romain. Des nombreuses pièces de monnaie, trouvées par les cultivateurs à différentes époques, quelques-unes sont parvenues jusqu'à nous. Les unes sont trop frustes pour être déterminées ; d'autres ont perdu leur patine par suite du malencontreux écurage qu'on leur a fait subir. Parmi celles qui ont heureusement

---

(1) Dans notre région, on désigne sous le nom de « Moulières » des terrains marécageux, impropres à la culture, ne produisant que des joncs et autres plantes aquatiques. Les terrains marécageux sont refoulés plus bas, aujourd'hui, qu'ils ne l'étaient à l'époque.

(2) Ce quartier s'appela Condamine lorsqu'il devint propriété seigneuriale. « *Campus Domini.* »

Dessin de J. Laugier.

URNE D'ALBATRE ET ANNEAU D'OR

TROUVÉS AU QUARTIER DU PAS-DE-LA-VAL

(Cabinet du Commandant Esparron. - Aups)

échappé aux dégradations du temps et des hommes et qui sont dans un état relatif de conservation, nous pouvons citer : un Tibère (14-37), grand bronze ; Claude Ier (41-54), id. ; un Domitien (81-96), id. ; deux Marc-Aurèle (161-180), un grand et un moyen bronze ; une Faustine jeune, femme de Marc-Aurèle ; une Faustine mère, femme d'Antonin le Pieux ; un Septime-Sévère (193-211), moyen bronze ; un Constance II, fils de Constantin (335-361) et un Gratien (375-383), tous deux petits bronzes. Plusieurs *loculi* en pierre tendre, de grande dimension, y ont été également découverts et gisent encore sur le sol, non loin de leur lieu d'origine. Mais ces *loculi* indiquent, selon nous, des sépultures chrétiennes, les chrétiens étant toujours restés étrangers au système d'incinération des anciens. Ils seraient, en tout cas, un peu postérieurs à la domination romaine et contemporains, sans doute, d'une médaille trouvée au même endroit, médaille au type d'Héraclius et Héraclius-Constantin, qui, d'après le savant numismate Laugier, de Marseille, dont la compétence n'est plus à proclamer, aurait été surfrappée sur une monnaie de Justinien qui, elle-même, avait été fabriquée à Antioche (Théopolis, anno III).

L'existence d'un centre d'habitations sur ce point s'explique suffisamment par la réunion des avantages que les colonisateurs durent y rencontrer. Le voisinage de Riez, situé dans la même vallée ; un terrain fertile et d'une culture facile, admirablement exposé au levant et abrité contre le vent du nord-ouest ; la présence de riches sources d'eau potable qui, suivant le pendage des assises, venaient sourdre là, plus abondantes, avant qu'on ne les eût captées plus haut ; une rivière dans le bas, pouvant actionner des moulins et donnant au paysage une gracieuse fraîcheur ; il y avait là de quoi fixer le choix d'un centre d'habitation.

Cette agglomération subsista jusqu'au moment où les nombreuses invasions des barbares contraignirent les habitants à gagner les hauteurs et à s'y établir pour mieux pourvoir à leur sûreté.

Le lieu de Saint-Michel formait encore, aux XIe, XIIe et XIIIe siècles, une sorte de pays distinct de Puimoisson et possédant sa circonscription territoriale distincte. Une charte de 1231 nous montre cette distinction clairement établie (1).

Si, de la vallée de l'Auvestre, nous passons à celle dite le Pas-de-la-Val, qui lui est parallèle et n'en est séparée que par un plateau de 5 ou 600 mètres, nous y trouverons des traces non moins évidentes de l'occupation romaine.

Des manses nombreux paraissent y avoir été construits, sur la rive droite de la vallée, au fond de laquelle coule une petite rivière, alimentée par les sources nombreuses qui y sont échelonnées.

Vers la gorge de formation de cette vallée, au-dessus de la campagne Arnoux, nous avons découvert de nombreux fragments de *tegulæ*, mélangés avec des matériaux de construction, qui font supposer l'existence d'un manse d'une certaine importance. En descendant la vallée et toujours sur la rive droite, dans les terres situées entre les campagnes Arnaud et Nicolas, des découvertes importantes furent faites, il y a cent ans environ. Une urne d'albâtre statuaire, haute de 48 centimètres, fut inopinément trouvée ; elle renfermait des cendres, une bague en or et une poignée d'épée. L'anneau porte gravé, en creux, une très belle tête d'aigle et pèse trente-deux grammes. Un peu plus loin, on découvrit une urne cinéraire en plomb, de forme ronde, avec couvercle de même métal, du poids

---

(1) Blacas, seigneur d'Aups, et Laure, sa femme, donnent à Bertrand de Comps, grand prieur de Saint-Gilles.... *totum affare de* Castro Podii Moisoni, *et totum affare* Sancti-Michaelis *et suis pertinentiis, videlicet totum quod in* dictis locis *habemus...., in dictis locis Podii Moisonis et Sancti-Michaelis et eorumdem territoriis.* (Arch. des B.-du-R., H, 825.)

de 30 kilogrammes, contenant une médaille à l'effigie d'Auguste. Trois morceaux d'albâtre y furent mis à jour, portant une inscription mutilée, que nous reproduisons ici, sans nous charger de la traduire.

N... OLTINI FESTI... CONS... — AUG... (1).

L'urne funéraire, l'anneau d'or et les fragments de la pierre tumulaire sont possédés par M. Esparron, chef de bataillon de réserve, résidant à Aups, dont la famille, originaire de Puimoisson, y occupa longtemps une situation considérable et fournit plusieurs maires et consuls au pays.

Ce que nous avons pu constater, c'est que, à ce point du terroir et dans un périmètre assez étendu, la charrue met souvent à jour des matériaux de maçonnerie et que le sol y est jonché de fragments très nombreux et plus ou moins gros de tuiles plates et à rebord. Des pièces de monnaie y ont été recueillies à diverses époques, nous assure-t-on, ainsi que des statuettes et des lampes funéraires ; mais nous n'avons pas pu les examiner, ces objets étant généralement abandonnés par les ruraux, qui, peu amateurs d'archéologie, n'y attachent généralement aucune valeur.

A trois kilomètres en dessous, toujours dans la même vallée, au quartier de Mauroue, si riche en magnifiques eaux et dans la propriété de M. de Gaudemar, on a découvert une large dalle portant l'inscription suivante :

---

(1) On a trouvé au même endroit plusieurs médailles à l'effigie de Marc-Aurèle. La forme de l'urne, avec ses rudentures en spirale, peut la faire attribuer au IIIe siècle. Peut-être le chevalier romain auquel appartenaient ces dépouilles s'appelait-il OLTINUS FESTUS.

```
        D       M
     V V E R O N I
     CIVI B NATO
     MEMORIAME
     TETERNALEM
     VIVS SIBI FE
         CIT
```

Cette inscription ne se trouve, croyons-nous, dans aucun recueil d'épigraphes bas-alpines.

Non loin de là, il a été trouvé un débris de statue représentant un pied humain en bronze coulé, d'une perfection remarquable et d'un modelé parfait. Le pied est nu et posé à terre ; il mesure 37 centimètres de la partie postérieure du talon à l'extrémité du gros doigt, et 11 centimètres de largeur à l'endroit où le pied est le plus aplati. Ces dimensions indiquent que la statue devait avoir des proportions dépassant la taille ordinaire de l'homme (1).

Si, quittant cette vallée, nous nous transportons vers l'extrémité ouest du plateau de Puimoisson, dans le domaine de Telle, nous rencontrerons encore des traces d'habitation romaine. Sur un périmètre assez étendu, les défoncements de la charrue mettent à jour, et depuis de longues années, des tegulæ à rebord de 34 centimètres de largeur, disposées en tombeaux ou autrement, en plusieurs rangées parallèles. Nous avons pu voir nous-même un grand nombre de ces objets, utilisés par les

---

(1) Cette inscription et ce débris de statue sont en la possession de M. de Gaudemar.

fermiers pour divers usages domestiques. Sur certains points du domaine en question, le soc de la charrue, traversant facilement la faible couche de terre végétale, glisse sur des couches d'un béton très dur qui a servi de sol aux habitations. Des notables fragments de ce béton, mis à jour et arrachés du sol, présentent l'aspect d'une dalle de 8 à 9 centimètres d'épaisseur, formée de cailloux concassés et agglutinés par un enduit calcaire très dur.

Un objet plus curieux et plus significatif peut-être vient d'être découvert par Isnard, fermier actuel du domaine de Telle. Au cours d'un travail de défoncement, le soc de la charrue mit à jour une urne funéraire, munie de son couvercle, affectant la forme d'un grand pot à tabac, en pierre blanche et tendre, étrangère au pays. Cette urne, en parfait état de conservation, était droite dans le sol, à une profondeur de 45 centimètres environ. Elle a 50 centimètres de hauteur totale, sur 45 centimètres de largeur ; le couvercle a 9 centimètres de hauteur. L'excavation pratiquée à l'intérieur est grossièrement travaillée et affecte la forme d'un cône renversé. Elle mesure 28 centimètres de profondeur sur 24 centimètres de largeur à l'orifice. Ce singulier récipient, qu'une rainure circulaire, pratiquée à l'intérieur du couvercle, permet de boucher complétement, contenait, nous dit le fermier, des fragments de verre blanc et mince avec quelque peu de cendre ; naturellement, le tout fut jeté. Nul doute que ce fût une ampoule lacrymatoire qu'on avait introduit dans cette urne cinéraire et qui fut brisée par l'introduction de la terre et de quelque caillou, lorsque le soc heurta et souleva le couvercle. Inutile de dire qu'aucun signe extérieur, aucune inscription, aucune trace révélatrice ne nous permettent d'assigner une date exacte à cet objet, dont, toutefois, la nature et la destination ne sont pas douteuses.

A quelques 100 mètres au-dessus de cet endroit et dans la même direction, un objet similaire de plus petite dimension a été mis à jour, il y a peu de temps, par le même procédé : c'est une autre urne cinéraire, de forme quadrangulaire, en calcaire grossier et mal travaillé. Elle mesure, au dehors, 40 centimètres de hauteur sur 28 centimètres de largeur. Le couvercle qui devait primitivement recouvrir cette urne cinéraire a été égaré, et l'objet lui-même est affecté à un usage domestique qui n'entrait pas assurément dans l'intention de l'ouvrier qui l'a fabriqué (1). Non loin de cet endroit et au milieu d'un vrai fouillis de matériaux, de tegulæ, d'imbrices, quelques objets en fer et en bronze ont été recueillis, notamment un fragment de bracelet en cuivre. On trouve des objets de ce genre au point appelé « la Sarrière », quartier situé à l'extrémité du plateau et contigu à celui dont nous avons parlé.

Ces nombreux vestiges d'habitation, concentrés sur un point éloigné de tout centre populeux, à l'extrémité d'un vaste plateau fertile en céréales, permettent de se demander si on ne se trouve pas sur l'emplacement de quelque poste de frumentaires (2). Par sa situation, ce poste aurait commandé tout le plateau de Puimoisson, de Brunet, et la vallée d'Asse jusqu'à Châteauredon. Placé sur le chemin qui faisait communiquer cette vallée avec Riez, le préposé romain pouvait faire transporter aisément sur la voie aurélienne et, de là, dans toute la province le froment réquisitionné et recueilli par lui ; car, outre l'embranchement de la *Via Salinaria*, qui, passant par Norante, Majas-

---

(1) Un *loculus* trouvé à la campagne de M. Segond, quartier de la Trompe, sert d'abreuvoir pour les bestiaux.

(2) Avant Adrien, frumentaire ne se disait que du marchand ou mesureur de blé. Auguste en avait disséminé dans la province sur tous les grands chemins. Ils avaient la charge spéciale de procurer et de faire porter le blé aux armées. Adrien, dit Spartien, dans la vie de cet empereur, s'en servait pour s'instruire curieusement de tout. De là, vient que les *Frumentarii* furent aussi appelés *Curiosi*.

tres, Trévans, Estoublon, traversait Puimoisson pour aboutir à Riez, il existait un autre chemin, à l'extrémité du plateau, qui faisait communiquer avec le chef-lieu les colons établis dans la vallée d'Asse (1). Il y a, du reste, une analogie remarquable entre la position topographique de ce poste et celle d'autres postes similaires que nous avons pu reconnaître en d'autres endroits.

Signalons encore, comme derniers vestiges, dans le quartier d'En-Val, les restes d'un aqueduc mis à jour par M. Romany, dans sa propriété, destiné à capter les eaux des diverses sources qui naissent dans ce Val et à les conduire à la ville de Riez.

Les nombreuses traces que nous venons de relever nous permettent de supposer que d'autres plus nombreuses et plus significatives ont dû être mises à jour, dans le cours des siècles précédents. En tout cas, elles nous paraissent suffire à prouver que Puimoisson était habité à l'époque romaine et que, en dehors des points pris par les marécages et les forêts, aucun terrain n'y était en friche.

A quelle époque la religion chrétienne vint-elle s'y substituer au culte idolâtrique des vainqueurs ? Nous savons que l'Evangile fut prêché à Riez dès le commencement du second siècle et que son Eglise remonte aux premiers temps de l'établissement de la foi dans les Gaules. Or, Puimoisson n'étant qu'une sorte de faubourg de Riez, il n'est pas téméraire de supposer que l'Evangile y fut prêché de bonne heure, presque en même temps qu'au chef-lieu, et qu'il y recruta des adeptes.

C'est ici le lieu de discuter un fait historique d'une certaine importance pour notre pays, le fait des relations de saint Maxime, évêque de Riez, avec saint Apollinaire,

---

(1) Voir la carte de la partie des Gaules comprise dans les Basses-Alpes après la conquête d'Auguste.

devenu plus tard évêque de Valence, et de leurs entrevues dans le quartier appelé alors *Lacunus*, plus tard vallée du *Laus*, et aujourd'hui vallée de Saint-Apollinaire.

Divers auteurs mentionnent ces entrevues, leur donnent la certitude d'un fait historique, s'appuyant sur un document écrit, mais sans dire où se trouve ce document et sans discuter son authenticité. D'autres auteurs, ne parvenant pas à contrôler ce fait avec preuves en mains, trouvent plus commode de le ranger simplement au nombre des légendes. Ils basent leur négation sur l'absence de documents écrits et sur une question chronologique, toujours difficile à bien déterminer à pareille distance. Les Bollandistes, dit-on, dont la science est indiscutable, placent la naissance de saint Apollinaire, de Valence, en 450 au plus tard. Maxime mourut en 460, date peu sûre, ajoute-t-on, qui pourrait être avancée, mais non retardée. D'autre part, Apollinaire, arrivant à Arles, y fut reçu par saint Césaire et par le préfet Libérius, qui figure au concile d'Orange, tenu en juillet 529. Or, nous sommes ici à soixante-dix ans environ de la mort de saint Maxime. Pour toutes ces raisons, dit-on, le fait des entrevues et des entretiens familiers de ces deux personnages devient invraisemblable. On le voit, cette conclusion repose sur des données de peu de valeur, savoir : 1º sur une preuve négative ; 2º sur une variation de quelques années, dix ans au plus, dans une supputation chronologique à mille quatre cent trente-cinq ans d'intervalle. A ces deux raisons, qui mettent en doute le synchronisme de saint Maxime et de saint Apollinaire, nous opposons celles-ci, qui l'établissent : 1º le document existe, authentique, indiscutable ; 2º une variation de dix années au plus, dans l'assignation de la date de la mort de saint Maxime et de la naissance de saint Apollinaire, suffit pour rendre parfaitement vraisemblables les relations de nos deux personnages, et le document que nous allons analyser les montre comme absolument historiques. Il a pour titre : *Concessio sive potius confirmatio Jurium ecclesie sancti Appollinaris in Rogensium (p. Regensium) partibus site per Fridericum 2ᵘᵐ, imperatorem* (1) *ante illum facta per Carolum Magnum, cum Friderici, imperatoris bulla certa,* parchemin auquel est appendu le sceau rond en cire de l'empereur, tenant d'une main le globe et de l'autre le sceptre, avec l'inscription *Fridericus, Dei gratia Romanorum, imperator Augustus* (2).

Après avoir dit qu'il prend sous sa protection impériale la petite église de saint Apollinaire, située au pays des Réïens, à l'endroit appelé *Lacunus,* le donateur continue : cette petite église (ecclesiolam), saint Charles, empereur des Romains, roi des Francs, l'offrit à Dieu et à l'illustre confesseur Apollinaire..., avec toutes les dépendances lui appartenant, c'est-à-dire, terres cultes et incultes, non moins que les pâturages et les marécages, arbres cultivés et non cultivés..., du vivant de l'Evêque Vualde, gouvernant très honorablement l'église de Valence, dans laquelle petite église *(in qua scilicet ecclesiola),* le même très glorieux confesseur Apollinaire avait coutume de loger

---

(1) Il y a, dans ce titre, une erreur matérielle de rédaction ou de transcription qu'il est à peine besoin de relever. Il ne peut être question de **Fréderic II**, qui, né en 1194, régna de 1215 à 1245 et mourut en 1250 ; mais bien et uniquement de Frédéric Iᵉʳ Barberousse, qui succéda à son père Frédéric le Borgne comme duc de Souabe, en 1147, et à son oncle Conrad III, comme empereur, en 1152. Son séjour à Vienne en 1178, la mention pure et simple de *Fredericus* ; le type de la signature ; la mention: *anno imperii* XX° V^o, vingt-cinq ans révolus et commencement de la vingt-sixième, depuis la prise de possession de l'Empire, le prouvent surabondamment. D'ailleurs, ce titre n'est pas de la même main que la copie de la charte, et c'est le même copiste qui paraît avoir écrit les rubriques des copies de chartes qui précèdent et suivent celle qui nous intéresse.

(2) Archives de Carpentras. — *Acta ad firmandam Eccl. Gallic. historiam, etc.,* tom. II, f° *(verso)* 120 et seq. du 22ᵐ Mᶜˢ 502. — Acte donné à Vienne en Dauphiné, le XV des kalendes de septembre 1178, indict. XI.

(ou) être logé toutes les fois que lui et saint Maxime, évêque de Riez, voulaient se réunir, pour converser amicalement. Car Maxime lui-même, de son vivant, avait pieusement attribué au bienheureux Apollinaire les revenus (1) de la susdite petite église. C'est pour cela que le roi Charles, d'immortelle mémoire, jugea plus convenable de gratifier l'église de Valence de ce petit présent situé là, que de lui en faire un plus grand qui serait situé ailleurs (2).

De la lecture de ce document, très démonstratif pour qui a le regard sincère, il ressort clairement, entre autres choses, que, vers le milieu du cinquième siècle, il existait une petite église dans la vallée de Lagunes, *Lacunus*, terroir de Puimoisson, au pays des Réïens ; que cette petite église servait de lieu de rendez-vous à Apollinaire et à Maxime toutes les fois qu'ils voulaient se réunir pour converser amicalement ; que, plus tard, et précisément à cause du souvenir qui s'y rattachait, Charlemagne donna cette petite église à l'église de Valence. C'est bien là ce que dit Frédéric, dans la charte de confirmation que nous

---

(1) Dans la pièce originale, entre *Appollinari* et *predicte*, il y a ces deux mots superposés « spolia » « spatia » barrés. *Spolium* se traduirait par revenus, Vid. Ducange. *Spatium*. Espasses, travées, etc.

(2) ... *Hanc quidem ecclesiolam, sanctus Karolus romanorum imperator, rex francorum Domino Sancto que Apollinari egregio confessori cum tota montis (mentis) obtulit devotione cum universis appenditiis ad eumdem ecclesiam pertinentibus, videlicet cum terris cultis et incultis nec non et pascuis ac palustribus, arboribus domitis et indomitis, Vualdo antistite vivente et honestissime valentinensem ecclesiam gubernante, in qua scilicet ecclesiola idem gloriosissimus confessor Apollinaris solitus erat hospitari quotiens ipse sanctissimus que Maximus, Rogensis Episcopus, amicabili causa colloquii volebant convenire. Ipse namque Maximus adhuc in carne vivens, beatissimo Appollinari* spolia/spatia *predictæ ecclesiæ devote tribuerat, hac itaque causa Rex immortalis memoriæ Karolus inductus, dignius duxit hoc illi munusculum ibi tribuere quam in alio loco majus dare* (loc. cit.).

citons. Or, la haute situation du personnage, la probabilité qu'il y a de croire qu'il avait sous les yeux la copie de donation de Charlemagne, où les limites étaient désignées ; l'impossibilité, sans cela, de faire une description des lieux si minutieuse, une énonciation si fidèle et en même temps si détaillée des noms de quartiers qui sont encore en usage aujourd'hui, et cela à pareille distance ; le nombre et la qualité des témoins qui signèrent cet acte ; sa plus grande proximité de l'époque où se sont passés les faits énoncés ; le caractère de notoriété de cet instrument public ; tout cela nous prouve que le donateur et les témoins n'ont pu être ni trompeurs, ni trompés, et qu'en énonçant les faits que nous venons de relever l'empereur Frédéric s'est fait l'écho d'une tradition vivante à cette époque, tradition que tous les témoins ont acceptée, ce qui démontre l'authenticité du fait des entrevues de nos deux saints. Qu'on nous apporte, pour combattre notre thèse, d'aussi sérieux arguments que ceux que nous employons pour la soutenir.

Peut-être ne pouvant contester l'existence du document, en suspectera-t-on l'authenticité.

A notre humble avis, rien ne prouve que ce document ne soit pas authentique ; tout nous prouve qu'il l'est. Ainsi pensent bien des savants français et allemands, qui l'ont vu, étudié, qui l'étudient encore. Ainsi pense l'éminent professeur Stumpf, qui l'a publié avec documents. (Tom. III, Insbruck, 1865-1881.)

La date de cet acte, son contenu, le lieu de son origine concordent parfaitement, d'ailleurs, soit avec le voyage de Frédéric à Vienne, soit avec la mission pacificatrice qu'il exerça durant son séjour dans cette ville au milieu des troubles qui, à cette époque, agitaient l'église de Valence (1).

---

(1) *Eodem anno (1178), Viennam venit Fredericus, imperator, et ejus litteris Robertus subscripsit de compositione dissidiorum quæ inter Valentinensem episco-*

L'objection tirée de la supputation chronologique doit s'évanouir devant la clarté et la précision du texte. Le texte n'étant pas en défaut, c'est le calcul qui est fautif. Nous respectons la science incontestable des Bollandistes et des auteurs qui opinent dans leur sens. Toutefois, et ils en conviendront les premiers, on peut être savant sans être infaillible dans ses calculs, alors, surtout, qu'on opère à pareille distance et par méthode d'induction. Une variation de quelques années dans l'assignation de deux dates, qui, du reste, ne sont pas universellement admises, suffit pour accorder le calcul avec le texte. Dès lors, les relations prétendues impossibles s'expliquent facilement. Apollinaire, parvenu à l'âge où un jeune homme se préoccupe du choix d'une carrière, frappé en même temps qu'attiré par la grande réputation de sainteté dont Maxime jouissait déjà de son vivant, a bien pu venir de Vienne pour consulter cet homme de Dieu sur l'affaire de son salut. Des liens de sympathie et bientôt d'amitié ne tardèrent pas à s'établir entre deux âmes si bien faites pour s'entendre. Afin d'éprouver mieux sa vocation et se mettre à même de profiter des avis et de la direction du conseiller qu'il était venu consulter de si loin, Appolinaire dut rester dans le voisinage de Riez, très probablement à Moustiers, où déjà vivait une communauté de moines de Lérins, établie par Maxime. Un point intermédiaire entre les deux pays fut choisi, comme lieu de rendez-vous, pour rendre les entretiens pieux plus fréquents, et ce fut la petite vallée du Laus, où existait un oratoire, à égale distance de Moustiers et de Riez, à une heure et demie de marche environ de part et d'autre, qui fut choisie (1). Là, dans cet oratoire

---

pum Valentinenses que erant exorta. Hæc datæ sunt litteræ 15 Augusti Frederico Robertoque una Viennæ commorantibus. Vide *Gal. Christ.*, edit. Hauréau, t. XVI, col. 85. Ce Robert figure, en effet, comme témoin dans la charte de confirmation.

(1) ... *In qua scilicet ecclesiola idem gloriosissimus confessor Apollinaris*

reculé, loin du tumulte de la cité romaine, au fond d'une vallée solitaire, Maxime parlait à Apollinaire ce langage empreint de la suavité paternelle et divine qui fait les saints ; et l'entretien terminé, l'un retournait à ses fonctions épiscopales, et l'autre rentrait dans sa pieuse communauté.

Vous me direz encore : comment donc ces personnages ont-ils pu se voir puisqu'ils n'étaient pas contemporains ? Je vous réponds : comment n'étaient-ils pas contemporains, puisqu'ils ont pu se voir, se donner rendez-vous dans un lieu déterminé que nous connaissons, causer familièrement ensemble et graver si profondément le souvenir de leurs entrevues que ce souvenir a bravé quinze siècles d'intervalle et reste encore vivant parmi nous ?

Qu'est devenue cette *ecclesiola*, témoin des entrevues et des entretiens de nos deux saints personnages ? Détruite, sans doute, sous les efforts conjurés du temps et des hommes, ou au cours de quelqu'une des nombreuses invasions qui ravagèrent notre Provence, elle a été remplacée par une église romane du XIme siècle, dédiée à saint Apollinaire et dont nous parlerons en son lieu. Mais la vallée a perdu son nom de *Lacunus* ou Laus, qu'elle avait encore au XVe siècle, pour prendre, ainsi que tout le quartier, celui de Saint-Apollinaire, qu'elle a gardé jusqu'à nos jours.

---

solitus erat hospitari quotiens ipse, sanctissimusque Maximus, Regensis episcopus, amicabili causa colloquii volebant convenire (loc. cit.).

Le texte nous fait entendre que ni l'un ni l'autre ne demeuraient là, mais qu'il y venaient chacun de leur côté, à jour et heure désignés. Il n'est donc pas exact de dire, comme on l'a écrit, qu'Appollinaire « s'établit dans un petit oratoire situé à une lieue de la ville, sur le terroir de Puimoisson ».

CHAPITRE IV

Chute de l'empire d'Occident. — Domination des Burgondes et des Visigoths. — Invasions. — Famine (474). — Saxons à Estoublon et lieux circonvoisins (576). — Donation de Charlemagne. — Vestiges d'occupation sarrasine. — Camp retranché de Castillon. — Augustins à Puimoisson. — Construction de la chapelle et du couvent.

L'empire romain d'Occident donnait depuis longtemps les symptômes d'une mortelle décadence, et le moment approchait où ses ruines allaient servir de fondement à des États barbares composés de nations jusque là inconnues.

Ce cinquième siècle fut donc une période de guerres, de ruines, de confusion pour nos pays. Dans ces provinces, dans ces cités, dans ces bourgs violemment arrachés à la domination romaine, à la suite d'affreuses mêlées et des conquêtes plus ou moins durables, les Burgondes, qui avaient envahi la Gaule dès 407, s'établirent, occupant le bassin du Rhône et les deux rives de la Durance. Puis, successivement, devenue la conquête des Visigoths d'Espagne, redevenue bourguignonne, relevant des Ostrogoths d'Italie et finalement attachée à la Neustrie sous le roi Gontran, notre région resta sous la domination des rois de France jusqu'à Bozon, premier roi d'Arles (879).

Mais ce ne devait pas être insensiblement et sans secousses que nos pays passaient ainsi d'une domination à une autre, de barbares à d'autres barbares. Tous les fléaux qu'entraîne inévitablement la guerre s'y firent cruellement sentir.

Ces débordements de barbares, passant comme un torrent dévastateur sur nos malheureuses régions, eurent pour premier résultat de les désoler et de les appauvrir. Le soin pressant de la défense faisait négliger l'agriculture ; les approvisionnements étaient brutalement accaparés ou rapidement consommés par ces milliers de bouches étrangères. D'autre part, les hordes dévastatrices, ayant brûlé une très grande partie des blés qui étaient sur terre, une cruelle famine s'ensuivit, qui exerça ses ravages sur toute une immense contrée, depuis Lyon jusqu'à Marseille.

Les Réïens, nous dit l'histoire, n'en furent pas exempts ; mais, par la sage prévoyance de Fauste, évêque de Riez, on sentit moins les horreurs de la disette. Grâce à ses bonnes relations avec saint Patient, évêque de Lyon, il obtint pour ses diocésains une large part dans la distribution de froment que ce prélat avait fait acheter de tous côtés et qu'il faisait parvenir aux régions de Valence, d'Arles, d'Avignon, de Riez, sur des bateaux descendant le Rhône. Ce secours précieux tempéra les cruelles nécessités de la faim. C'est ce que nous apprend une lettre par laquelle Sidoine Apollinaire félicite le prélat de Lyon : « Je ne pourrais jamais proclamer assez quelles actions de grâces vous doivent les habitants des régions d'Arles, d'Avignon, de Riez, etc. (1). »

Après bien des vicissitudes douloureuses et beaucoup de sang versé, notre région commençait à peine à respirer, sous le sceptre de Gontran, roi de Neustrie, lorsqu'un

---

(1) ... *Quapropter ad integrum conjicere non possum quantas tibi gratias Arelatenses..., Reienses, etc.* Sid. Apoll., lib. VI, epist. 12. Cité par Bouche, I, 608.

nouveau flot de barbares vint fondre sur elle et lui faire sentir les horreurs de l'invasion.

Une horde de ces Lombards, que Narsès avait appelés en Italie, se mit en marche, se dirigeant vers les Alpes. Le patrice Amatus, à la tête d'une grande armée de Bourguignons et de Provençaux, essaya bien de s'opposer à sa descente des Alpes ; mais il fut mis en déroute, massacré, et les Lombards, maîtres du pays, purent se livrer sans crainte au pillage des villes et des campagnes. L'année suivante, le patrice Ennius Mummulus, que Gontran avait mis à la place d'Amatus, les défit, vers les montagnes d'Embrun. Mais les Saxons, qui, sous la conduite de leur roi Alboin, étaient venus au secours des Lombards, en Italie, ayant appris le succès de la première campagne de leurs associés, voulurent tenter aussi la fortune, dit Bouche, et, passant par le Mont Genèvre, Embrun, Seyne et Digne, ou peut-être par le marquisat de Saluces, Colmars et la vallée du Verdon, vinrent jusqu'à Estoublon, au diocèse de Riez. Par sa position au confluent de l'Estoublaïche dans l'Asse, dans une plaine fertile, bien abritée et traversée par l'embranchement de la *Via Salinaria*, de Digne à Riez, ce pays avait fixé l'attention des Romains, qui y avaient établi une sorte de relais (1).

Les Saxons y établirent leur camp, et, comme ils ne pouvaient espérer trouver dans ce pays la nourriture suffisante pour leur armée, ni surtout de quoi satisfaire l'avidité qui avait motivé l'invasion, ils allaient tous les jours exercer des ravages et des pilleries dans les lieux circonvoisins et jusqu'aux portes de Riez, égorgeant impitoyablement ceux qui résistaient, incendiant les campagnes et emmenant des captifs.

Puimoisson, bourg important et sans défense, fertile en

---

(1) De là le nom de « Estoublon », « stablo » primitivement, par contraction de *stabularium*, *stabularius*, aubergiste, hôtelier.

céréales et peu éloigné du quartier général de l'armée barbare, ne pouvait échapper aux incursions d'ennemis qui exerçaient leurs ravages jusque sous les murs de l'ancienne cité romaine. La région était dans l'épouvante, gémissant inutilement sous l'étreinte cruelle de barbares trop nombreux et trop bien aguerris. Elle fit parvenir ses plaintes au patrice Ennius Mummulus, gouverneur de la Provence, romain illustre, qui s'était volontiers fait barbare à la cour des rois francs. Celui-ci, qui tenait campagne depuis plusieurs années et avait maintes fois dispersé les hordes lombardes, lève aussitôt une puissante armée, se dirige rapidement vers Estoublon, fond sur les barbares à l'improviste et en fait un grand carnage jusqu'à la nuit. Le lendemain, les deux armées en présence étaient de nouveau sur le point d'en venir aux mains. Les Saxons, redoutant les coups d'un ennemi puissant, parlementèrent. Il fut convenu qu'ils rendraient tout ce qu'ils avaient pillé, délivreraient les captifs et retourneraient librement en Italie, non toutefois sans avoir fait de grands présents à Mummulus, qui consacra par cette nouvelle victoire sa renommée du plus grand homme de guerre de son temps (577) (1).

Une période de plusieurs siècles s'écoule ténébreuse, sombre, sur laquelle l'histoire ne dit mot, et nous arrivons à l'époque où Charlemagne fait donation à l'Eglise de Valence de la petite église de Saint-Apollinaire, située sur notre terroir, et c'est encore la charte dont nous avons parlé au chapitre précédent qui nous servira de guide. Il y est très clairement exprimé que saint Charles (2), empereur des Romains, roi des Francs, l'offrit pieusement à Dieu et à l'illustre confesseur Apollinaire, avec toutes ses dépen-

---

(1) Grégoire de Tours et Paul, diacre, cités par Bouche, t. I, 667.

(2) On sait que Charlemagne fut canonisé par l'antipape Pascal III, en 1165, treize ans, par conséquent, avant l'établissement de la charte d'où nous extrayons cette citation.

dances, terres cultes et incultes, pâturages, marécages, du vivant de l'évêque Vualde, gouvernant très honorablement l'Eglise de Valence, et qu'il fit ce don en souvenir des entrevues que Maxime et Apollinaire y avaient eues et en considération de ce que Maxime lui-même avait, de son vivant, donné à Apollinaire les revenus de cette Eglise. « Cette donation, dit en terminant l'empereur, *faite d'abord par Charles, notre prédécesseur de sainte mémoire*, et renouvelée maintenant par nous, nous la confirmons et, pour marque de plus grande authenticité, nous avons fait écrire cette charte et l'avons munie de l'autorité de notre sceau. »

Ces textes, à notre humble avis, sont ce qu'il y a de plus clair. Ils nous prouvent que la petite église de Saint-Apollinaire existait encore à l'époque de Charlemagne, qu'elle possédait des terres, des revenus dont elle jouissait encore en 1178, lorsque fut confirmée la première donation.

Il serait hasardé de prétendre déterminer d'une façon bien précise l'année où fut faite cette donation. Toutefois, le titre d'empereur des Romains, mentionné dans la charte, nous incline à croire qu'elle eut lieu entre l'an 800 et l'an 814, époque de la mort de cet empereur, la plus grande figure du moyen âge.

Les Sarrasins, qui, depuis la première moitié du VIIIe siècle, faisaient des incursions sur le littoral méditerranéen, tour à tour victorieux et vaincus, entrent en Provence de nouveau vers l'année 885 (1). Devenus maîtres du Var et ayant épuisé les richesses de ce pays, nous dit de Rey (2), ils portent leurs ravages plus loin et dirigent leurs efforts vers la région montagneuse des Alpes. Les défilés et les bois favorisant la guerre de surprises, leurs bandes tombaient à l'improviste sur les villages sans défense, massa-

---

(1) D'après le synchronisme de Luitprand.
(2) *Les Invasions des Sarrasins en Provence*, de Rey.

craient, pillaient, faisant ainsi le vide et semant la terreur autour des centres plus populeux qu'ils voulaient attaquer. De nombreux villages des diocèses de Riez, de Senez, de Glandèves, furent saccagés. L'ignorance où nous sommes des titulaires de ces sièges, pendant une assez longue période, prouve, selon nous, la présence de ces hôtes peu commodes. Nous avons cru reconnaître des traces de leur séjour dans des restes importants de retranchement qui se dressent au pied du Mondenier, sur une des buttes qui lui servent de contrefort. Au sommet de ce coteau rocailleux et rampant (1,000 mètres d'altitude), auquel la tradition a conservé le nom de *Coulet de Castilloun*, col de la petite forteresse, l'on voit une triple enceinte en pierres brutes, non appareillées, qui semble avoir été construite à la hâte, pour un danger pressant. De ce point stratégique, qui commande au loin le plateau et domine cinq ou six communes, on pouvait surveiller facilement la marche de l'ennemi, au midi et au couchant, tandis qu'au nord le Serre de Mondenier, avec ses pentes abruptes et ses ravins profonds, mettait à l'abri des surprises.

On y accède péniblement, non seulement à cause de la déclivité de la côte, mais surtout grâce aux nombreux tas de cailloux, formés intentionnellement pour servir d'obstacle à la marche des assaillants.

Le sommet, qui présente l'aspect d'un immense bloc de calcaire brûlé par le soleil et corrodé par les pluies, est couronné par une première enceinte circulaire de 8 mètres de rayon, formée et fermée par un retranchement en pierres, de 1^m,50 d'épaisseur. En dehors de ce premier retranchement, se trouve une seconde enceinte, à 15 mètres environ de la première, et circonscrite également par un rempart formé de gros cailloux amoncelés et mesurant 2 mètres d'épaisseur et 1^m,50 environ de hauteur au-dessus du sol. A la distance de 40 mètres de cette muraille, on voit les restes d'un troisième rempart, formant la troisième enceinte, celle-là plus large que les autres. Ce retranchement a 220 mètres de circuit et une épaisseur variant entre 3 et 4 mètres, sans que la hauteur soit, actuellement du moins, supérieure aux autres. Dans le milieu et au point où cette ligne circulaire de fortification est la plus éloignée du centre, elle est reliée au deuxième mur d'enceinte par un mur transversal, qui n'a pas moins de 3 mètres d'épaisseur sur une hauteur moyenne de 2 mètres.

Ces trois lignes de retranchement sont concentriques, mais ne sont pas fermées. Elles viennent se terminer, vers le midi, à un point où le rocher taillé à pic présente des aspérités qui rendent l'accès très difficile. En dehors de la troisième enceinte et sur les flancs nord et sud du coteau, on voit, ainsi que nous l'avons remarqué déjà, une multitude d'amoncellements plus ou moins volumineux de cailloux, disposés à une distance moyenne de 1^m,50 les uns des autres. Ils ont une hauteur qui n'est pas uniforme et reposent toujours sur un rocher en saillie qui leur sert comme de noyau. L'absence de terre végétale à cet endroit et la trop grande proximité de ces tas, dressés évidemment dans un but déterminé, excluent l'hypothèse d'un épierrement quelconque, en vue de la culture, et ne permettent, comme hypothèse rationnelle, que le dessein d'empêcher ou de rendre plus ardue l'escalade à l'assaillant. Du reste, l'immense plaine qui, du pied du coteau, s'étend vers le midi, sur une longueur de 16 kilomètres, avec une largeur équivalente, aurait offert au cultivateur laborieux un champ tout à la fois plus commode à cultiver et d'un rendement plus rémunérateur et plus assuré.

Cette triple bordure de pierres, que le temps a blanchies, et ces nombreux amoncellements de cailloux, particulièrement du côté du vallon, donnent à ce coteau un aspect bizarre, et volontiers on s'attarde à examiner, à interroger ces restes silencieux des fortifications d'un autre âge et qui ont fait donner à ce coteau le nom de forteresse. Si l'on rapproche de cette appellation, tout à fait démonstrative et justement donnée, cette particularité remarquable que cette colline a sa base dans un vallon qu'on nomme Vallon de *Mauresse* ou *Mouresse*, que la campagne la plus rapprochée porte le nom de *Mauresse* et que cette appellation, loin d'être moderne, se rencontre dans des documents fort anciens et notamment dans le procès-verbal de délimitation des dîmeries de saint Apollinaire de l'an 1276 (1), on se croira quelque peu plus fondé à dire que ces restes de fortifications et ces dénominations, conservées jusqu'à nos jours, sont un témoignage sérieux de l'occupation sarrasine dans nos pays. La fameuse bravade de Riez, qui garde un caractère historique par les diverses péripéties qui la composent, telles que la prise d'armes, l'assaut de la forteresse, l'allure que prennent les armées en présence, la démolition du lieu de refuge et l'expulsion de l'ennemi, n'est elle pas encore un souvenir antique de l'expulsion des Sarrasins de nos pays ?

Ajoutons, en terminant, qu'une ouverture large et très profonde se voyait, il n'y a pas longtemps encore, dans une des trois enceintes du camp retranché. Des vieillards nous ont affirmé y avoir vu descendre de leurs contemporains, au moyen de cordages. D'après eux, cette ouverture aurait communiqué avec le vallon et permis aux assiégés de s'approvisionner d'eau sans se découvrir. Elle est maintenant dissimulée par le glissement de gros quartiers de roche qui en bouchent l'entrée.

Lorsque les Sarrasins eurent été définitivement expulsés (973) et que la Provence fut pacifiée, il fallut reconstituer bien des institutions, corriger bien des abus, relever bien des ruines. Durant les incursions sarrasines, la petite chapelle, témoin des entrevues de saint Maxime et de saint Apollinaire, avait dû être ruinée. L'évêque de Valence, de qui dépendaient l'oratoire et les terres voisines, envoya

---

(1) Arch. des Bouches-du-Rhône, H, 850, *Vallonem de Moressa*.

des Religieux Augustins de Saou, au diocèse de Valence, et c'est à cette époque, vers le Xe siècle, croyons-nous, qu'il faut rapporter la reconstruction de l'église de Saint-Apollinaire sur le plan et dans les proportions où nous la voyons aujourd'hui, plan et proportions qui font de cette petite église, autrefois fortifiée, un des monuments les plus intéressants de l'architecture romane dans nos régions (1). Il faudrait une plume plus savante que la nôtre pour décrire, avec compétence, ce curieux monument, pour en faire surtout ressortir et apprécier les beautés architectoniques. Nous laissons à de plus habiles le soin de cette description, qui demande des connaissances spéciales, et, nous renfermant dans notre rôle d'historien, nous nous bornerons à en faire connaître l'ensemble, la disposition intérieure et extérieure, ainsi que les principaux détails, heureux si ces quelques lignes pouvaient attirer sur cette intéressante église l'attention des archéologues.

Située dans le vallon dit de Balène, autrefois vallée du Laus, primitivement *Lacunus*, au levant de Puimoisson et à 3 kilomètres environ du pays, elle se présente sous la forme d'un parallélogramme, orienté du levant au couchant et d'une parfaite régularité. Les deux extrémités de ce carré long sont flanquées chacune de deux puissants contreforts carrés, s'élevant jusqu'au sommet de l'édifice, tandis que les quatre angles du bâtiment se fondent dans quatre tours carrées, creuses autrefois, et dans l'une desquelles existe encore un escalier en colimaçon. Ces tours, comme le couronnement de l'édifice, étaient crénelées et faisaient du monument une véritable forteresse. L'époque de guerre et de désorganisation sociale où elle fut construite rendaient nécessaires ces précautions. La cein-

---

(1) On sait que Charlemagne donna à l'architecture chrétienne une impulsion salutaire et puissante ; plusieurs églises de notre diocèse, bâties par lui, peuvent en témoigner.

HISTOIRE DE PUIMOISSON (VOIR PAGE 36)

S. M. Eysseric, phot.   Photocollographie J. Royer, Nancy.

CHAPELLE DE SAINT APOLLINAIRE

ture de créneaux a disparu, et les murs extérieurs sont ébréchés jusqu'à la naissance de la voûte, recouverte actuellement d'une épaisse couche de terre végétale, mêlée à de nombreux débris de construction. Jusqu'à la hauteur de 2 mètres au-dessus du sol, les murs extérieurs présentent le petit appareil formé de pierres cubiques placées en assises régulières. Au-dessus et jusqu'au sommet de l'édifice, c'est le grand appareil qui domine. Vers le nord-est, on retrouve, çà et là, des traces de réparations et reconstructions relativement récentes. Il n'y a qu'une seule porte d'entrée. Elle est carrée (1), s'ouvre vers le midi, dans l'ancien cloître et vers le couvent, dont certains restes sont encore debout, encastrés dans la maçonnerie récente. Cette unique porte, de 1m,10 de largeur, est surmontée d'un arc en plein cintre formant tympan, où l'on voit un bas-relief peu élégant, représentant la main abbatiale bénissant à la manière latine. L'intérieur, bien conservé, mais fort assombri par l'étroitesse des baies, par l'effet du temps et surtout.... par la fumée d'un four qu'on y a installé et qui a déposé sur les murs une patine spéciale, présente un coup d'œil saisissant, en même temps qu'une disposition bizarre. C'est une nef de 14m,20 de longueur sur 3m,70 de largeur, d'une hauteur de 16 mètres environ, percée, aux deux extrémités et tout à fait au sommet de la voûte, de deux baies si étroites qu'on les prendrait, du dehors, pour deux meurtrières de rempart. Le chevet est plat comme le fond. Le côté gauche de l'édifice, faisant face à la porte d'entrée, est divisé en trois chapelles de dimensions inégales, séparées chacune par un mur de 1 mètre d'épaisseur, s'avançant en saillie de 2 mètres dans la nef et formant pilier. Le fond de chacune de ces chapelles est percé d'une baie de 12 centimètres à peine, avec fort ébrasement. Elles n'auraient

---

(1) La porte carrée, d'après certains auteurs, indiquerait une architecture du IXe siècle.

donné qu'un jour tout à fait insuffisant sans le secours de deux fenêtres pratiquées dans le mur de droite et s'ouvrant dans le cloître. A la naissance de la voûte, coupée par des arcs-doubleaux qui la divisent en plusieurs travées, règne une corniche en pierre, de style sévère. Les arcs-doubleaux, dont l'un est légèrement dévié, reposent sur des culs-de-lampe ou modillons, soit vermiculés, soit à têtes grimaçantes, rappelant l'architecture mérovingienne. Les murs ont 1m,40 d'épaisseur. Vers le bas de l'édifice, se trouve la porte qui donne accès dans la tour. Vis-à-vis de cette porte, mais à la naissance de la voûte et au-dessus de la corniche circulaire, on remarque une ouverture de 1 mètre environ de hauteur. Elle devait communiquer avec la tour qui lui est contiguë et servir, dans un cas donné, de porte de dégagement.

Dans une des chapelles latérales, se trouve un autel, composé d'une table en pierre, reposant horizontalement sur une colonne carrée, aussi en pierre. Il est élevé d'une seule marche au-dessus du sol. La pierre d'autel, qui mesure 1m,38 de longueur, 0m,86 de largeur et 0m,18 d'épaisseur, est ornée, sur les parties antérieures et latérales, de bas-reliefs représentant un feuillage assez grossièrement travaillé. La colonne qui sert de support a 0m,61 de hauteur, 0m,40 de largeur, et ne porte ni inscription, ni sculpture. Cet autel, par sa forme, sa structure et sa composition, rappelle un peu les autels du VIe siècle (1).

Nous ne saurions mieux terminer ces quelques indications qu'en rapportant ici l'impression d'un savant architecte qui a étudié le monument.

« Cette église est très curieuse et remarquable par sa régularité. Elle est un bon spécimen du roman primitif, accusant le Xe siècle, époque où elle a été reconstruite

---

(1) Au-dessus de la porte, se dresse un campanile à deux baies, mesurant 5 mètres de hauteur et 3 mètres de largeur.

sur les ruines d'un édifice détruit et par un architecte qui se préoccupait surtout de la pondération des lignes. »

Par cet aperçu sommaire et par l'appréciation que nous venons de citer, on peut juger de l'intérêt que présente ce vénérable monument, aujourd'hui transformé en grenier à foin, et l'on regrettera avec nous que l'État, à défaut de quelque société savante, ne prenne pas des mesures pour assurer la conservation d'un édifice qui se recommande par plus d'un titre à la sollicitude des archéologues (1).

---

(1) L'administration ecclésiastique du diocèse de Valence a manifesté le désir de faire l'acquisition de cet édifice, qui lui rappelle de si précieux souvenirs et a sa place dans l'histoire de cette Eglise. Les propositions faites à M. Boyer, propriétaire, ne lui ayant pas paru acceptables, les négociations ont été abandonnées.

CHAPITRE V

Donation d'Adalgarde (1033). — Donation de Boniface à l'abbaye de Lérins (1093). — Moines à Puimoisson. — Notre-Dame de Bellevue. — Aliénation en faveur des Hospitaliers.

Avec le XIe siècle, s'ouvre, pour notre pays, l'ère des donations pieuses et des fondations religieuses. Après les terribles angoisses par lesquelles l'humanité venait de passer, après les souffrances et les appréhensions occasionnées par les terreurs de l'an 1000, un espoir mêlé de reconnaissance, un zèle ardent firent sortir les églises de terre, comme une moisson bénie de Dieu ; c'était à qui remplirait ses vœux au plus vite, soit en allant visiter le tombeau du Christ, soit en fondant des monastères, soit en se dépouillant de ses biens ou même en abandonnant le siècle et en entrant dans un ordre religieux. « En ces temps-là, nous dit Barralis, dans sa *Chronologie des Saints*, si grand était le bonheur du monastère de Lérins qu'on y courait à l'envi des diverses parties du monde.

pour s'y soumettre au joug suave du Christ, et qu'on livrait ses biens et sa personne au monastère (1). »

Dans notre pays, ce mouvement de pieuse générosité ne devait bien se faire sentir que quelques années plus tard, après l'établissement de l'ordre des Hospitaliers.

Néanmoins, dès l'an 1033 et le 6 des nones de juillet, noble dame Adalgarde de Riez, de concert avec ses enfants, donna à l'abbaye de Lérins tous les biens qu'elle possédait à Puimoisson.

Quelques années plus tard, un puissant seigneur du lieu de Roumoules, cédant à l'inspiration divine, nous dit Barralis, offrit son fils Aldebert, à titre d'oblat, à l'abbé de Lérins, également nommé Aldebert, et plus tard lui donna en franc-alleu tous les biens qu'il possédait au terroir de Puimoisson.

La charte de cette importante donation fut écrite dans le château de Roumoules, le 15 des calendes d'avril de l'année 1093, sous le règne d'Henri, l'épiscopat d'Henri, évêque de Riez, Aldebert étant abbé de Lérins. Voici dans quels termes se fit cette donation : « ..... Puis donc que moi, Boniface, sous l'inspiration du Dieu tout-puissant, et dévoué à son service, j'ai offert mon fils Aldebert au monastère de Lérins, je veux augmenter encore ma donation. J'offre, je donne, je cède à Dieu, à la bienheureuse Vierge Marie, à l'illustre confesseur Honnorat, en l'honneur et au culte desquels est consacrée l'île de Lérins, à l'abbé Aldebert, à tous les moines présents et futurs qui, par la suite des âges, habiteront l'île de Lérins, et pour qu'ils l'aient, le gardent, le possèdent, avec droit de prélation directe perpétuelle, liberté d'en user comme bon

---

(1) *His temporibus (1093), tanta erat felicitas monasterii Lirinensis, ut ex variis mundi partibus illic subdere colla Christi jugo suavissimo certatim concurrerent, et se, sua que cœnobio sancto traderent... Ex Chronologia Sanct. a Domno Vincentio Barrali., p. 155, MDCXIII.*

leur semblera pour les besoins de leur monastère, et le tout en franc-alleu, tout ce qui m'a été accordé en mariage par les parents de mon épouse Stéphanie, mère de l'enfant susdit, que nous avons tous deux librement offert pour être consacré au Seigneur dans le monastère, comme Samuël, et que je possède par droit d'héritage dans le château et village (1) nommé en langue vulgaire Puimoisson, représentant la sixième partie et consistant en terres cultes, hermas, vignes, prés, arbres fruitiers et non fruitiers et généralement tout ce qui m'appartient dans le pays. Que ce que nous venons de concéder appartienne de plein droit et perpétuellement aux donataires, et que le lieu que nous venons de désigner appartienne toujours à titre légitime aux moines qui l'habiteront et à leurs successeurs, conformément aux traditions ecclésiastiques. Et afin que cette donation reste ferme et inviolable comme les constitutions pragmatiques, moi, mon épouse et nos fils, Boson, Dodon, Laugier, l'avons confirmée de nos mains. Si quelqu'un, ce qu'à Dieu ne plaise, si moi-même ou quelqu'un de mes héritiers ou n'importe quel opposant essayait de contrevenir à ces dispositions ou de les enfreindre en quelque manière, qu'il encourre la colère du Tout-Puissant, qu'il soit banni de l'Eglise et qu'il paye, en outre, au monastère auquel il a causé dommage cinq livres d'or pur et qu'il n'obtienne pas ce qu'il demande. Mais que ma présente donation, faite du conseil de mon épouse Stéphanie et avec le consentement de nos enfants susnommés, confirmée par un grand nombre de nobles laïques, demeure à jamais ferme et intacte *(inconvulsa)*.

---

(1) A noter ici la distinction du *castrum* et de la *villa*. *Castrum* s'applique au château, au village fortifié et fermé de murs. *Villa* est synonyme de hameau ou agglomération d'habitations rurales bâties en dehors de l'enceinte et non fortifié. Puimoisson, à cette époque (1093), était donc déjà entouré de murs d'enceinte et fortifié.

» Fait solennellement dans le diocèse de Riez, dans le château qu'on appelle Roumoules, le XV des calendes d'avril, l'an de l'Incarnation 1093, régnant le roi Henri (1), et siégeant sur le siège épiscopal de Riez, Henri, et dans le monastère de Lérins, président Aldebert, abbé, en présence et entre les mains de qui ce don est fait, indiction 1, au nom de Dieu, heureusement. Amen.

» Moi, Bertrand, clerc, j'ai écrit par ordre d'Aldebert, abbé, et à la prière de Boniface (2). »

Avant d'étudier cette charte, qu'il nous soit permis de relever, en passant, quelques inexactitudes s'y rapportant, éditées par Feraud, dans les *Souvenirs religieux*, page 46. 1º Ni la Chronologie de Barralis, ni le Cartulaire de Lérins ne parlent de vœu fait par les auteurs d'Aldebert, l'oblat, et ne disent nullement que l'oblation du fils de Boniface en fût l'accomplissement. 2º Il n'y est pas dit davantage que Boniface et Stéphanie fussent tous deux du lieu de Puimoisson. Il semblerait plutôt résulter, du texte de la charte, que Boniface était de Roumoules et que, seule, Stéphanie était de Puimoisson, puisque c'est sur les terres de Puimoisson que sa dot était établie. 3º La donation qui nous occupe ne fut pas faite en offrant le jeune Aldebert, mais plus tard, comme il paraît résulter des textes de la charte et de la Chronologie combinés ensemble (3). 4º Le

---

(1) C'est Henri IV dit *le Grand*, empereur d'Allemagne. En 1033, en effet, la Provence passa sous la domination incertaine et précaire des empereurs d'Allemagne, jusqu'en 1379.

(2) *Cartulaire de Lérins*, CCXXVI, *Carta de Poimoisson*. Cette charte étant imprimée, nous nous abstiendrons d'en transcrire le texte.

(3) *Quoniam ego, Bonifacius..., dudum... filium meum nomine Aldebertum.... obtuli. Vide Cart. de Lerins.* — Dans la Chronologie : on lit.... *Vir egregius Bonifacius... filium suum nomine Aldebertum... in monasterio obtulit monachandum post que sanctam illam filii oblationem accrescens obtulit atque tradidit totam integram partem,* etc..... Chronol, Barralis, p. 155.

texte porte *sextam integerrime partem* et non *sextam integerrimam partem*... et *Pogium muxone* au lieu de *Pogium muxonis*. 5° L'acte de donation est daté de l'an 1093 et non de l'an 1066, comme le donne Feraud, *loc. cit.* (1).

Nous signalons également aux investigations des chronologistes la mention faite, au bas de la pièce, d'un Henri, évêque de Riez, à une date où Fisquet et autres placent sur ce même siège l'évêque Augier...., *presidente in cathedra Episcopii Regensis Enrico*.... Y aurait il eu un titulaire intermédiaire entre Agelric et Augier, dont l'épiscopat, d'après Fisquet, commence en 1090 ? N'y aurait-il pas lieu de reculer d'au moins trois ans l'épiscopat de ce dernier évêque ? Aux savants de décider.

Le fait qui demeure certain concernant Puimoisson, c'est que la sixième partie de son terroir, donnée à Boniface par les parents de Stéphanie, à l'occasion de son mariage, fut concédée en franc-alleu à l'abbaye de Lérins. Cette étendue considérable de terre, venant s'adjoindre à celles données par Adalgarde, en 1033, devait constituer une sorte de fief assez important pour nécessiter la présence de moines chargés de l'exploiter et pour suffire à l'entretien d'une communauté.

L'abbaye dut donc y envoyer une petite colonie ; des habitations furent construites ; une chapelle s'éleva à côté, que l'on suppose très raisonnablement avoir été située sur le coteau où se dresse aujourd'hui la chapelle de Notre-Dame de Bellevue, au dela de l'Auvestre, et joignant les terres de Roumoules. Quelques vieux pans de mur de construction ancienne, des restes d'ossements humains, des matières carbonisées enfouies dans le sol, quelques tegulæ, des pierres de construction disséminées

---

(1) *Actum solempniter... sub die XV Kalendas Aprilis anno dominice incarnationis M° XC° III°*, *loc. cit.*

çà et là, un puits dont l'orifice a été comblé en ces derniers temps sont les seuls vestiges d'occupation ancienne qu'on y rencontre. La chapelle est bien encore debout, assurément fort ancienne dans quelques-unes de ses parties. Mais rien, dans son style et sa structure, ne permet d'y reconnaître l'architecture du XIe siècle, surtout si l'on s'en rapporte à la date 1603 gravée sur une pierre encastrée au dessus d'une baie aujourd'hui fermée, qui, toutefois, pourrait indiquer la date d'une reconstruction. Un seul objet paraît remonter à l'époque de construction : c'est une sorte de petit bénitier encastré dans le mur du midi, à l'endroit où de grosses pierres indiquent l'ouverture d'une porte aujourd'hui murée. Il est formé d'un calcaire, portant comme ornementation des feuilles d'acanthe grossièrement sculptées.

Nous ne saurions dire pendant combien de temps les moines de Lérins cultivèrent et possédèrent la donation de Boniface. Mais nous avons des raisons de croire qu'ils aliénèrent en faveur des Hospitaliers, lorsque ces derniers, déjà seigneurs spirituels du pays par la donation d'Augier, reçurent de la générosité de Reymond Béranger la seigneurie temporelle de Puimoisson.

Ce que nous savons positivement, c'est qu'en 1246 ils n'y étaient plus depuis assez longtemps et que les Hospitaliers payaient une redevance annuelle de vingt sestiers de blé, dix sestiers d'orge, dix sestiers d'avoine et vingt coupes de vin à l'église de Moustiers, dépendant de Lérins, en retour de la cession que cette abbaye avait faite à l'Hôpital des biens qu'elle tenait à Puimoisson (1).

---

(1) Arch. des B.-du-Rh. Invent de Combe, 1246, 25 décembre. Permission donnée par le chapitre de Lérins, etc., etc.

DEUXIÈME PARTIE

Puimoisson depuis l'arrivée des Hospitaliers jusqu'à la Révolution française (1120-1789)

CHAPITRE PREMIER.

Donation d'Augier à Gérard Tenque (1120). — Arrivée des Hospitaliers à Puimoisson. — Notice sur l'Ordre. — Nouvelle donation (1125). — Confirmation par Foulque (1134). — Donation de Reymond Béranger (1150). — Confirmation par Géraud et contestation apaisée (1155). — Confirmation de saint Appollinaire à l'église de Valence. 1178. — Dépaissance à Bras (1192). — Donation de Telle et réception de Cordel dans l'Ordre (1194). — Donation de Mauroue (1198).

A la suite des invasions des barbares, des incursions sarrasines et des tracasseries des guerres féodales, de grands maux avaient fondu sur l'Eglise. Durant les années d'anarchie sociale qui donnèrent naissance à ce pouvoir nouveau appelé *la féodalité*, la violence et la spoliation l'avaient réduite, chez nous, à une situation misérable. Cédant trop souvent au besoin d'envahissement qui le dominait, le pouvoir laïque, par la force et la violence, s'emparait de ses biens, percevait ses dîmes et ne laissait même plus aux prêtres des paroisses et aux chapitres diocésains les revenus nécessaires à leur subsistance.

D'autre part, l'ignorance, le relâchement s'étaient glissés, avec la gêne, dans les rangs du clergé séculier ; de telle sorte que la discipline n'était pas moins compromise que le revenu temporel. Il en était ainsi partout un peu, et notamment dans le diocèse de Riez.

Il devenait pressant de remédier à tant de maux, de ramener l'ordre et la discipline, de faire régner la justice, de faire respecter le droit.

L'évêque Augier y consacra tous ses soins. Doué d'une grande énergie, d'une activité étonnante, ce prélat fit valoir ses droits avec fermeté, menaça les usurpateurs des censures canoniques, ramena dans la mense épiscopale les revenus ecclésiastiques dont les laïques s'étaient indûment emparés, grâce à la faiblesse et à la négligence des pasteurs, et assura par ce moyen, à son chapitre et à son clergé, des revenus convenables.

Mettant la main au spirituel, il confia aux religieux de divers ordres un nombre considérable de paroisses de son diocèse, et plaça au milieu des populations des pasteurs exemplaires pour remédier aux maux que l'ignorance, la cupidité et l'incontinence des clercs avaient fait naître. C'est ainsi qu'il donna aux moines de Lérins Notre-Dame de Beauvoir (1096) et toutes les églises de Moustiers (1103), les églises de Roumoules, de Montagnac, de Beaudinard, de Montmeyan, d'Esparron, de Quinson, d'Albiosc, de Saint-Martin et de Sibillanne. Aux moines de Saint-Victor, il confia l'église de Saint-Cassien, de Tavernes (1097); à ceux de Montmajour, les églises d'Estoublon, de Mezel, de Saint-Julien et de Saint-Pierre de Chauvet.

L'ordre des **Hospitaliers** de Saint-Jean de Jérusalem venait de prendre naissance (1104). Après la prise de la Ville sainte par les croisés (1099), Gérard Tenque, humble religieux, originaire des Martigues, qui servait les pauvres dans l'hospice annexé au monastère de Sainte-Marie de la Latine, proposa à ses frères de se consacrer d'une manière spéciale et exclusive au service des pauvres et des pèlerins. Quelques frères animés du même esprit que lui acquiescèrent à la proposition de Gérard et, se séparant de l'ordre de Sainte-Marie de la Latine, formèrent une congrégation à part, sous le titre et la protection de *saint Jean-Baptiste*, d'où leur vint le nom d'Hospitaliers de *Saint-Jean*. Ils prirent donc l'habit régulier, qui se composait primitivement d'une simple robe noire, avec un manteau à capuce de même couleur et sur lequel était attachée une croix de toile blanche à huit pointes, du côté du cœur.

Peu après et dans le but de venir plus efficacement en aide aux pèlerins qui allaient en Terre-Sainte et de mieux les protéger, les frères de l'Hôpital furent armés. De là, l'origine à la fois religieuse et militaire de cet ordre puissant, qui fit dès lors profession de combattre les infidèles, et fut comme une croisade permanente chargée de défendre les Saints Lieux. Ses membres s'appelèrent d'abord Hospitaliers de Saint-Jean de Jérusalem et, plus tard, chevaliers de Rhodes et chevaliers de Malte, selon le pays qu'ils habitèrent. Bientôt, l'ordre fut organisé ; on y distingua les *chevaliers*, hommes de guerre, qui étaient nobles et portaient pour costume une cotte d'armes rouge avec une croix blanche à huit pointes sur le côté gauche ; les *chapelains conventuels* ou *diacots*, chargés du service spirituel des hôpitaux et des armées; les *frères servants*, qui servaient d'écuyers aux chevaliers ; les *donats*, qui se dévouaient, dans les hôpitaux, au service des malades et des pèlerins, et, plus tard, les *chapelains d'obédience* (titre que possédaient nos curés de Puimoisson), qui desservaient les églises dépendantes d'une commanderie.

Ils furent institués canoniquement par le pape Pascal II, et leur règle fut approuvée par le pape Callixte II, en 1120.

C'est vers cette époque, vraisemblablement cette même année 1120, que l'évêque Augier donna à *Gérard Tenque lui-même*, fondateur et premier grand-maître de l'Ordre, et par une simple tradition fiduciaire, l'église de Saint-Michel de Puimoisson, avec ses dîmes et ses dépendances, réservant comme tribut annuel à l'église de Riez trois boisseaux de blé, trois boisseaux d'orge et deux livres de poivre (1).

Dès lors, les Hospitaliers vinrent se fixer à Puimoisson pour desservir l'église de Saint-Michel, qui venait de leur être confiée. Cette église n'était point paroissiale.

Cinq ans plus tard, l'évêque Augier, édifié par la vie exemplaire que menaient les Hospitaliers, trouvant, d'autre part, dans le clergé paroissial, une grande négligence dans l'accomplissement des devoirs de sa charge et dans le payement des redevances dues au chapitre, résolut de confier *exclusivement* aux religieux tout le domaine spirituel du pays. De concert avec Guillaume, prévôt de sa cathédrale, Aldebert, archidiacre, et tous les chanoines, il donna *l'église paroissiale* de Puimoisson, avec toutes ses dépendances, à l'hôpital de Jérusalem, à l'église de Saint-Michel et aux Hospitaliers et clercs qui y vivaient, ainsi qu'à leurs successeurs, sauf la redevance convenue de six boisseaux, trois de froment, trois d'orge, et deux

---

(1) Il est communément admis que Gérard Tenque mourut en 1121. C'est donc au plus tard en 1120 que la donation de Puimoisson lui fut faite, puisque, d'après Reybaud (*Grand Prieuré de Saint-Gilles*, Aix), c'est à *Gérard lui-même que l'évêque Augier fit cette donation*.

livres de poivre (1) (1125) ; et ce n'est plus par simple tradition fiduciaire qu'il leur fait cette cession, mais par un acte écrit et revêtu de toutes les formes. « L'autorité ecclésiastique et la loi romaine, dit-il, ont établi que quiconque veut transférer sa chose propre en puissance d'autrui doit le faire par témoignage écrit. Car un acte revêtu des formes légales donne à la chose concédée ou livrée de bonne foi ou échangée à toute autre condition une force perpétuelle et en garantit à jamais la propriété de trouble et de contestation. »

Le sage prélat, on le voit, eut recours à la tradition fiduciaire tout d'abord, qui lui laissait la faculté de changer de détermination, et ne s'engagea vis-à-vis des Hospitaliers par un acte solennel et légal qu'après qu'une expérience de cinq années eut justifié ses espérances et l'opportunité de son choix.

Par le fait de cette donation, les Hospitaliers furent investis du pouvoir spirituel dans le pays et substitués au clergé séculier, puisqu'ils eurent l'administration de l'église paroissiale. Et, chose étonnante, on ne leur imposa, en retour de cette donation, d'autre redevance que celle imposée déjà lors de la cession de l'église de Saint-Michel. L'omission de cette clause donna lieu, trente ans plus tard, à une contestation suivie d'un compromis, dont nous parlerons bientôt.

---

(1) Les redevances en *poivre* sont fréquentes dans les instruments de cette époque, où ce condiment entrait pour une large part dans l'alimentation et se vendait au poids de l'or ; de là, le proverbe : *cher comme poivre.*

.... *Quapropter, ego, Augerius, regensis episcopus, et Gulielmus, prepositus et archidiaconus Aldebertus, cum omnibus nostre ecclesie canonicis, donamus ecclesiam parochialem de Poimoxo, cum omnibus sibi pertinentibus Hierosolimitano Hospitali et ecclesie sancti Michaelis et Hospitalariis et clericis ibidem degentibus et eorum successoribus, salvo redditu statuto regensis ecclesie videlicet sex modios, tres annone et tres ordei et duas piperis libras.* (Arch. de Saint-Jean d'Arles. Avocat Reybaud. Mss Chaix.)

Ce qui ressort clairement de l'acte que nous venons de citer, c'est d'abord : 1º qu'il y avait, à cette époque, deux églises à Puimoisson, dont l'une paroissiale et l'autre dédiée à Saint-Michel; une était l'église du *Castrum*, l'autre l'église de la *Villa*, car, ainsi que nous l'avons dit plus haut, le *Castrum* et la *Villa* étaient séparés ; cela explique comment l'évêque donne *l'église paroissiale* à *l'église de Saint-Michel*, la fondant pour ainsi dire dans cette dernière et la lui soumettant : 2º que déjà, en 1125, des Hospitaliers et des clercs résidaient à Puimoisson pour y desservir l'église à eux confiée verbalement par Augier, en 1120 (1).

En l'année 1134, Foulque Ier de Castellane, qui avait succédé à Augier sur le siège de Riez, fut appelé à confirmer en faveur des Hospitaliers la donation faite par son prédécesseur (2).

Cet Ordre puissant, à peine à sa naissance, s'étendait déjà fort au loin, et ses richesses s'augmentaient chaque jour de donations nombreuses et importantes Les papes le prenaient sous leur protection, lui accordaient de grands privilèges; les princes, les seigneurs, les gentilshommes se rangeaient à l'envi sous ses étendards, à cette époque où florissait la chevalerie, et, en prenant l'habit et la croix de l'Ordre, y faisaient entrer en même temps la meilleure partie de leurs grandes seigneuries.

Toutefois, l'Ordre n'avait pas établi encore à Puimoisson le siège d'une commanderie, n'y possédant que le pouvoir spirituel et n'y percevant d'autres revenus que ceux de la dîme des deux églises qu'il y desservait ; le pays relevait encore du comte de Provence.

---

(1) .... *Et Hospitalariis et clericis ibidem degentibus* .... Vid. sup.

(2) .... *Laudavit etiam hoc donum et roboravit Fulco, ejusdem prenominate ecclesie episcopus et secundus ab eo eadem institutione.* (Arch. de Saint-Jean d'Arles. Mss Chaix.)

Ce prince, cédant à son tour au mouvement de générosité pieuse qui se faisait sentir partout, devait bientôt s'en dessaisir, partiellement du moins, en faveur des Hospitaliers. En effet, en septembre 1150, Reymond Béranger II, comte de Provence, assisté de son oncle et tuteur Reymond, comte de Barcelone, prince d'Aragon, leur donna, en franc-alleu, le *village de Saint-Michel de Puimoisson*, avec plusieurs autres privilèges, et jeta ainsi les fondements de la puissance temporelle de l'Ordre dans notre pays.

L'instrument qui contient cette donation nous paraît d'une importance telle pour l'histoire que nous n'hésitons pas à en insérer ici la traduction, renvoyant le lecteur aux pièces justificatives pour en étudier et contrôler le texte.

« Au nom de la Sainte-Trinité, nous Reymond, par la grâce de Dieu comte de Barcelone, prince d'Aragon et marquis de Provence, de concert avec mon neveu, Reymond Béranger, comte de Provence, donnons, concédons et fermement allouons à la sainte maison de l'Hôpital de Jérusalem et au vénérable Arnal, prieur de Saint-Gilles, ainsi qu'à tous les frères du susdit Hôpital, tant présents que futurs, librement et en franc-alleu, le village (villam) de Saint-Michel de Puimoisson, avec toutes ses dépendances et tout ce qui lui appartient à quelque titre que ce soit. Nous donnons aussi et allouons au susdit Hôpital, à tous ses membres, au susdit prieur Arnal et à tous ses frères à venir un droit de gîte (à prendre) chaque année, dans tous les châteaux et villages de Provence, chez un des hommes les plus honnêtes et les plus importants, là seulement où ils n'auront pas d'Hôpital (1). Nous

---

(1) *Unum ospitium...*, droit d'ostise que les rois levaient autrefois. En Provence, droit d'albergue, synonyme de droit de gîte, impôt comtal. Guichard a donné de cette phrase une traduction singulière. Eliminant le mot *quotan-*

leur donnons aussi et allouons le droit de prendre dans la forêt de pins de la Camargue la quantité de bois sec qu'ils voudront pour les besoins de leurs manoirs de Saint-Gilles et d'Arles. Nous leur concédons encore et allouons fermement la franchise de tout péage et de toute redevance établie par les anciens usages dans tous les pays du comté de Provence, soit qu'ils aillent, soit qu'ils viennent, par terre ou par eau pour n'importe quel motif. Toutes les concessions ci-dessus, interprétées dans le sens le plus favorable possible à l'Hôpital et à tous ses frères, sont faites par nous à ladite maison de l'Hôpital et aux frères, aux fins qu'ils possèdent ces droits et jouissent à perpétuité des privilèges que nous leur avons concédés pour la rémission de nos péchés et pour le salut des âmes de nos ancêtres et notamment de notre frère Reymond Béranger, vivant comte de Provence, dont le corps est déposé dans l'église de Saint-Thomas d'Arles, appartenant audit Hôpital (1). Que si, dans la suite, quelqu'un essayait de violer ou de rompre notre présente donation, que celui-là n'en retire aucun profit, mais qu'il encourre, avec le traître Judas, la colère de Dieu, et qu'à jamais demeure solide et inébranlable la présente donation, qui a été faite au mois de septembre, l'an de l'Incarnation du Seigneur 1150. » Suivent les sceaux et noms des témoins (2).

---

nis, qui visiblement le gênait et aurait donné à sa phrase un sens inacceptable, il traduit ainsi : « ... *Nous donnons ... la faculté d'établir une maison dans tous les châteaux et villages de Provence et d'y choisir un des hommes les plus probes et les meilleurs, partout où ils n'en possèdent point.* » *Souvenirs historiques*, par Firmin Guichard, Digne, 1847. Ordre de Malte, à Puimoisson, p. 20. — Voir le texte aux pièces justificatives, pour juger de l'exactitude de cette traduction.

(1) C'est Béranger Reymond, comte de Melgueil et de Provence, frère de Reymond Béranger le Vieux et père de Reymond Béranger le Jeune, enseveli dans l'église de Trinquetaille. (Bouche.)

(2) Biblioth. de Carpentras. Fonds Peiresc, XLVIII. — *Vid. etiam*, Bouche, t. II, p. 138.

Par suite de cette donation du comte de Provence, le *village de Saint-Michel* de Puimoisson devenait un fief appartenant aux Hospitaliers et quant au spirituel et quant au temporel. Mais ce que les auteurs qui parlent de cette donation n'ont ni remarqué, ni fait ressortir, c'est que le comte de Provence ne leur cède pas le *Castrum* sur lequel il garde ses droits seigneuriaux comme château fermé et qu'il ne leur vendra que plus tard, et pour la somme de dix mille sous raymondins. Car il importe de ne pas perdre de vue qu'il y avait ici, à cette époque, la *Villa* et le *Castrum*, et surtout de ne pas confondre l'un avec l'autre. Il n'est donc pas exact de dire, avec Feraud, commentant cette charte, que Reymond Béranger abandonna à l'Ordre *le lieu de Puimoisson* sans aucune retenue quelconque (1); ni avec Guichard, « que cette donation compléta la puissance de l'Ordre à Puimoisson (2) », puisque, d'une part, la charte ne donne que la *Villa sancti Michaelis* et que, d'autre part, le *Castrum* releva du comte de Provence jusqu'en 1231, époque à laquelle il le vendit aux Hospitaliers, ainsi que nous le dirons en son lieu. Cinq ans plus tard, en 1155 et le XIII des calendes de février, Pierre Géraud, qui avait succédé à Foulque de Castellane sur le siège de Riez, fut prié de confirmer en faveur des Hospitaliers les donations faites par Augier et approuvées par Foulque. Il le fit, de concert avec Bérard, prévôt du chapitre, et du consentement de tous les chanoines, en portant toutefois de deux livres à quatre livres de poivre la redevance imposée à l'Ordre en faveur de la mense capitulaire. La charte de confirmation fut dressée en présence de Pierre, évêque, de Bérard, prévôt, de Guillaume de Beaudinard et de Mainfroid, Hospitaliers, « auxquels, ajoute la charte, cette donation a été faite »

---

(1) Feraud, *Souvenirs religieux*, p. 99.
(2) Guichard, *Souvenirs historiques*, etc. Ordre de Malte, p. 19.

et dont l'un, ajoutons-nous, était *probablement* commandeur de Puimoisson (1).

La qualité des personnages qui signent cette charte, les termes dans lesquels elle est conçue et la bonne entente qui paraît régner entre les parties ne permettaient pas de supposer que bientôt un conflit sérieux allait s'élever entre elles, au sujet d'une affaire qui paraissait réglée à leur mutuelle satisfaction. Toutefois, l'année suivante (1156) vit s'élever une contestation entre l'évêque et son chapitre, d'une part, et les Hospitaliers, de l'autre. Le chapitre et le prélat voulaient rentrer en possession de l'église de *Sainte-Marie* et de ses dîmes, parce que, disaient-ils, cette église n'avait été cédée aux Hospitaliers qu'à titre précaire et par simple tradition fiduciaire. De leur côté, les Hospitaliers prétendaient qu'ils possédaient cette église en vertu d'une donation régulière et légitime, qu'ils payaient la redevance constituée à l'époque de la donation et qu'ils la desservaient paisiblement depuis trente années.

L'évêque Géraud, à l'arbitrage duquel on en référa, parut embarrassé par l'ambiguïté de la preuve. D'un côté, en effet, la donation légitime, rendue authentique par Augier, confirmée par Foulque et par Géraud lui-même, le payement exact, régulier, de la redevance établie, enfin la paisible possession trentenaire constituaient un titre tout à fait probant en faveur des Hospitaliers. D'autre part, on ne se rendrait pas compte du motif sur lequel la partie adverse pouvait baser ses prétentions, si on ne supposait, ce qui seul, du reste, peut donner un semblant de légitimité à ses revendications, que le titre de *paroisse* dût être transféré par les Hospitaliers de l'église de Sainte-Marie à l'église de Saint-Michel et que, dès lors, l'ancienne église paroissiale, dépouillée de son titre et devenant simple église

---

(1) Archives de Saint-Jean d'Arles. M^{ss} Chaix.

secondaire, ne pouvait plus être la même que celle qui était comprise dans la donation d'Augier, qui concédait une *église paroissiale, ecclesiam parochialem.* Elle devait donc revenir à la mense capitulaire, puisqu'elle n'était plus dans les conditions énoncées par le donateur, c'est-à-dire paroissiale. C'est la seule supposition, nous le répétons, qui donne quelque apparence, bien spécieuse toutefois, de légitimité aux revendications du vénérable chapitre. On comprend que l'arbitrage fut difficile. Cependant, les titres des Hospitaliers paraissant incontestables, l'évêque inclina de leur côté. Il leur attribua donc l'église qui faisait l'objet du litige, celle de Saint-Hilaire, détruite à la vérité, mais possédant encore son tènement, et toutes les autres églises qui seront construites sur le terroir de Puimoisson. Toutefois, pour sauvegarder les droits de l'église de Riez, il fit cette cession sous la redevance annuelle de neuf boisseaux, moitié froment, moitié orge, et de deux livres de poivre. L'acte fut dressé dans l'église de Riez, avec le consentement du chapitre, en présence de nombreux témoins, et notamment de Pierre, évêque de Sisteron (1). « Dès lors, dit Fisquet, citant un extrait de cette charte, les Hospitaliers furent *exclusivement* et *absolument* propriétaires de toutes les églises du territoire de Puimoisson. » A notre avis, l'historien va plus loin que ne le permettent les termes de la charte. Le donateur a parlé des églises qui seront construites à l'avenir, mais ne concède pas toutes celles qui existent actuellement.

En effet, l'église de Saint-Apollinaire, bâtie sur le territoire de Puimoisson, ne leur appartenait pas, mais relevait de l'église de Valence, qui la faisait desservir par les moines

---

(1) Archives de Saint-Jean d'Arles. — Cet évêque de Sisteron était Pierre III de Sabran (1143-1169), qui signa beaucoup de donations faites aux Hospitaliers, notamment celle du 30 mai 1149, par laquelle Guigues, comte de Forcalquier, leur donna la ville de Manosque.

de l'abbaye de Saint-Tiers de Saou, ainsi que nous le prouve l'instrument que nous avons cité déjà deux fois au cours de ce travail et que nous demandons permission au lecteur d'invoquer encore.

En l'année 1178, l'empereur Frédéric, se trouvant à Vienne (Dauphiné), dut s'occuper d'accommoder les différents qui s'étaient élevés entre les Valentinois et leur évêque. Il fut prié par ce dernier de confirmer, en faveur de l'église de Valence, la donation de l'église de Saint-Apollinaire de Puimoisson, faite par Charlemagne. Il le fit par acte donné à Vienne, le XV des calendes de septembre, l'an 1178, indiction 11 (1).

Jusqu'à ce jour, la commanderie naissante ne possédait rien en dehors du terroir de Puimoisson, et ses revenus se bornaient au produit de la dîme et à la perception des droits seigneuriaux dans la *Villa* de Saint-Michel. Mais voici que ses possessions vont s'étendre et que le *chef* va avoir des *membres* (2).

C'est d'abord Pierre de Bras qui donne au commandeur le droit de dépaissance dans toute l'étendue de sa juridiction (1192) (3).

Pons de Bras lui concède la moitié du devens vieux dit

---

(1) On trouvera la transcription de cet important document aux pièces justificatives, et le document lui-même à la bibliothèque de Carpentras. *Acta ad firmandam*, etc., t. II, n° VIII, f°s 120, v., et seq. du 32 m^ss, n° 502. Nous n'envoyons le lecteur qu'à *Carpentras* et non à *Vienne en Autriche*, comme l'a fait un très distingué, mais peu charitable confrère auquel nous nous étions tout d'abord adressé et qui possédait copie de la pièce prise à Carpentras. Le savant professeur autrichien *Grassauer*, *custos de la bibliothèque impériale et royale de l'université de Vienne*, a été plus aimable, et c'est grâce à ses indications que nous avons pu trouver ce document que nous cherchions depuis longtemps.

(2) En style de l'Ordre, la commanderie était appelée *chef*; les terres en dépendant, mais situées loin de l'Hôpital ou en dehors du terroir, s'appelaient *membres* ou *filholes*.

(3) Arch. des Bouches-du-Rhône, H, 857.

« le Vallon des Trois-Pierres », donation confirmée par Guillaume de Bras (1).

Mais une donation autrement importante fut celle que fit Cordel, seigneur de Brunet, en entrant dans l'Ordre. Il lui apporta, en effet, le grand domaine de Telle, qui était terre seigneuriale relevant de sa directe et qui devint le premier et le plus ancien membre de notre commanderie. Les détails particuliers que contient cette pièce intéressante, au sujet de la donation, des engagements réciproques des parties et de la cérémonie de réception, nous déterminent à la traduire intégralement, pour la mieux faire apprécier des lecteurs.

« Sachent tous les hommes présents et à venir que moi, Cordel de Brunet, j'ai donné ma personne d'abord à l'Hôpital de Jérusalem et aux pauvres de cet Hôpital, choisissant ma sépulture dans le cimetière de l'Hopital de Saint-Michel, de façon à ne pouvoir me vouer dorénavant a aucun autre Ordre religieux (2). Ensuite j'ai donné la Condamine de Telle et une pièce de terre qui est près de ladite Condamine (3), laquelle pièce de terre avait été possédée autrefois par la maison de l'Hôpital, à la suite d'un arrangement. Quant à la dime de cette condamine, je l'ai échangée (4) au recteur de l'église de Brunet pour la

---

(1) Arch. des Bouches-du-Rhône, H, 857.

(2) C'était une sorte d'engagement de stabilité qu'il prenait en entrant dans l'Ordre.

(3) *Unam peciam terre que est juxta Condaminam.* — Cette *pièce* est une terre d'une étendue considérable qui, chose remarquable, fait partie aujourd'hui encore du domaine de Telle, quoiqu'elle en soit séparée et appartienne à la commune de Brunet. On ne la désigne encore actuellement que sous le nom de « *pèço de Brunet* ».

(4) « *Concambiavi.* » — En détachant de la circonscription paroissiale de Brunet les terres de Telle, sur lesquelles le curé de Brunet avait le droit de dîme, il devenait juste et nécessaire de lui attribuer une dîme équivalente sur une autre terre. C'est ce que fait le donateur.

redîme de la terre de Raymond de Brunet, que j'ai donnée au susdit recteur Isnard, ce qui lui a plu et convenu. Cette condamine commence : du côté du levant, au chemin qui va à la Font de Telle, jusqu'au chemin de Valensole ; de l'autre côté, elle se termine au chemin qui va de Saint-Michel (Puimoisson) à Brunet, et ces deux limites comprennent toute l'étendue de la donation qui est faite librement, absolument et sans réclamation de qui que ce soit. Si quelqu'un voulait y contredire, qu'il sache que j'ai dû et voulu donner absolument tout cela à la maison de l'Hôpital de Saint-Michel et que j'ai fait serment de le laisser tel quel à perpétuité. En outre, aussi longtemps que je vivrai, je dois donner trois sous (III solidos) annuellement à l'Hôpital. A la fin de ma vie, je donnerai mon cheval, mes armes, ma cuirasse, et mon corps sera enseveli là (1). Que si je n'avais pas de cheval, j'ai résolu de donner 300 sous pour l'Hôpital ; j'ai donné tout cela à l'Hôpital de Jérusalem pour le salut de mon âme, de celle de mon père, de ma mère; que cette donation soit ferme et établie à jamais. *Amen*. Cela fait, Sanche de Lombers, commandeur de l'Hôpital de Saint-Michel, du consentement et désir de tous les frères demeurant là avec lui, m'a reçu à titre de frère et m'a rendu participant de toutes les bonnes œuvres, aumônes, prières qui se font et se feront à jamais dans l'Hôpital de Jérusalem. De concert avec ses frères, le commandeur a décidé qu'après ma mort et pendant une année, un chapelain de la maison de l'Hôpital chantera tous les jours la messe pour le salut de

---

(1) Au XIme et au XIIme siècles, beaucoup de nobles chevaliers donnaient leur cheval et leurs armes et quelque redevance aux diverses commanderies de l'Ordre. On trouve de nombreux exemples de donations de cette nature dans le « Role des donations faites à la commanderie de Saint-Martin de Gap, n°s 31, 32, 33, 34, 35, 37, 47, 49, 57, 58, etc. », publié par l'abbé P. Guillaume, archiviste des Hautes-Alpes. (*Origine des Ch.*, p. 15.)

mon âme et de celle de mon père et de ma mère. Furen témoins : Datulus ; W. Datuli ; Raymond de Brunet ; Guillaume Raymond et Gauffred, chapelains de Moustiers ; Martin ; (mot illisible) ; Turrel ; Pons Chardousse ; Guillaume Ros ; Raymond Bompart ; Pierre Bota, prêtre ; Pierre Guiz ; Bertrand Artel ; Hugues Taxil. Fait dans le cloître de Moustiers, l'an 1194, mois de décembre, régnant l'empereur Henri et Umbert, évêque de Riez. Amen. »

Cette donation, confirmée plus tard par le même Cordel, devenu frère hospitalier, était très importante tant à cause de la grande étendue de terrain qu'elle comprenait qu'à cause de sa proximité du terroir de Bras, où la commanderie possédait déjà le droit de dépaissance. Ce premier membre de la commanderie de Puimoisson, qui commence la longue série des donations qui lui furent faites successivement, lui resta uni jusqu'à la Révolution.

Quatre ans plus tard, une autre membre vient se rattacher à ce tronc déjà puissant et en augmenter les revenus. C'était la terre de Mauroue, qui était située moitié dans le terroir de Puimoisson, moitié dans celui de Riez.

Cette donation, qui a le caractère d'une réparation et à laquelle les auteurs donnent intentionnellement la plus grande notoriété possible, fut faite par Spade et Guillaume Augier, riches seigneurs de la ville de Riez, en réparation des dommages et des mauvais procédés dont ils s'étaient rendus coupables à l'égard de la maison de l'Hôpital de Saint-Michel de Puimoisson. Ces grands envahisseurs des terres d'autrui, ces violents oppresseurs de tout droit et de toute justice n'étaient pas toujours bien cuirassés contre les atteintes du remords, et la terreur des jugements de Dieu leur inspirait seule, parfois, quelques sentiments de justice. Voici en quels termes nos deux seigneurs formulent leur amende honorable : « Sachent tous les hommes présents et à venir que Spade et Guillaume Augier, pour le dommage et le mal qu'ils ont causé à la maison de l'Hôpital de Saint-Michel de Puimoisson, *en réparation de tous leurs méfaits,* pour le salut de leur âme et de celles de leurs prédécesseurs, ont donné la Condamine de Mauroue, qui part de la Mote y renfermée, de la terre de Bertrand Esparron, et va jusqu'au chemin de Saint-Julien, qui sépare le terroir de Riez de celui de Puimoisson (1). Si, dans l'étendue des termes susdits, il se trouve quelque terre possédée par un autre, Spade doit en faire l'acquisition et la remettre en franc-alleu à l'Hôpital ; c'est ainsi qu'il a juré de le faire sur le texte des Evangiles. Cette réparation a été faite dans le bourg de la cité de Riez, en présence de presque tout le peuple de la ville, au mois d'avril 1198 (2). »

Cette belle pièce originale, signée de cinquante-quatre témoins et curieuse surtout a cause du grand nombre de noms qui y figurent, sera transcrite aux pièces justificatives.

Spade et Guillaume ajoutèrent à cette donation un droit de dépaissance dans tout le terroir de Riez, la franchise des leydes et la majeure directe et seigneurie sur un homme de Riez appelé Augier Regainat et sa postérité. Agnès, fille de Spade, confirma plus tard ces importantes donations et y ajouta quelques terres.

---

(1) *Mota.* — *Tumulus seu collis cui inedificatum est castellum; in dephinatu Poypia.* — C'est la moto seigneuriale, monticule naturel ou fait de main d'homme avec fossé tout autour, fortifié avec tours en bois ou en maçonnerie et disposé en rond. C'était quelquefois une simple position de défense, quelquefois le principal manoir du fief. Les noms de pays dans la composition desquels entre « la Mote » n'ont pas d'autre origine que celle-la. Remarquons que le monticule désigné dans cet instrument et situé au-dessus de la campagne de Mauroue porte encore le nom de « la Moute ».

(2) ... *Fuit autem hec restauracio facta in burgo Regensis civitatis ante domum Amedei, in audiencia et presentia tocius fere regensis populi, mense aprili M° C° N° VIII°.* — Arch. des B.-du-Rh., H, 853.

Ce domaine, qui resta uni à la commanderie jusqu'en 1789, faillit devenir un arrière-fief. Le 16 février 1789, le chevalier de Gaillard et Alexandre de Gueydan vinrent sur les lieux et, constatant le mauvais état du domaine et les réparations coûteuses qui s'imposaient, délibérèrent d'ériger Mauroue et la Grande-Bastide en arrière-fief à bail emphythéotique de 99 ans, à raison de 600 livres par an et 50 francs à chaque changement de commandeur, ou bien un éperon d'or, comme don de bienvenue. On lui attribuait un droit de chasse jusqu'à Brunet. Mais c'était bien tard s'occuper de constituer des arrière-fiefs et passer un bail emphythéotique de 99 ans ! La tempête révolutionnaire grondait, menaçante, et son souffle puissant devait bientôt disperser au loin et le projet et les auteurs eux-mêmes.

CHAPITRE II

Donation d'Aiguines à Saint-Apollinaire et reconstruction du pont par le prieur (1210). — Sentence arbitrale entre le commandeur et le seigneur de Puimichel (1220). — Confirmation par Cordel, fils, et son entrée dans l'Ordre (1230). — Vente du *Castrum* de Puimoisson par Reymond Béranger V (1231). — Construction du palais et de l'église. — Donation de Blacas d'Aups et de Laure de Castellane (1231). — Donation du défend de la Silve (1232). — Vente par Blacas et Laure de leurs droits seigneuriaux (1233). — Echange de l'église de Saint-Apollinaire (1233). — Sentence arbitrale de l'évêque de Riez (1233). — Donations diverses. — Compromis entre l'évêque de Riez et le commandeur au sujet de la perception des dîmes.

Avant d'énumérer en détail les donations nombreuses et les acquisitions importantes qui remplissent le XIIIe siècle, nous devons nous occuper d'un fait remarquable dont le prieur de Saint-Apollinaire fut l'acteur principal et qui, par ce point, appartient à notre histoire. Nous voulons parler de la reconstruction du pont d'Aiguines, sur le Verdon. et de la cession de ce pays au prieuré de Saint-Apollinaire, qui en fut la conséquence.

La route qui fait communiquer le Var avec les Basses-Alpes et traverse le Verdon sous le village d'Aiguines avait, à cette époque, une plus grande importance qu'elle n'a aujourd'hui. De bonne heure, un pont avait été jeté sur cette rivière, pour faciliter les communications. Confié d'abord aux Pontiers ou Hospitaliers-Pontifes, dont l'institut avait pour but de construire et d'entretenir les ponts, de prêter main-forte aux voyageurs contre les entreprises des dévaliseurs de haut et bas étage qui infestaient les chemins. d'établir des bacs pour leur commodité et de les recevoir dans leurs hôpitaux, bâtis sur les bords des rivières, il avait passé ensuite aux mains de la milice des Spades (1). Il paraît que ces derniers, au lieu de s'occuper de l'*œuvre* du pont avec le zèle et la charité que demandait cette institution essentiellement humanitaire et sociale, la négligèrent à un tel point que le pont tomba en ruine et que la maison d'*hospitalité* bâtie auprès ne fut plus en état de recevoir les voyageurs. Le lieu d'Aiguines menaçait d'être abandonné, ne pouvant plus communiquer avec les pays de la rive opposée.

L'évêque de Riez, Hugues de Raimond, s'émut de cet état de choses. Il voulut reconstituer cette œuvre et protéger les voyageurs et les pèlerins contre la rapacité des batteurs d'estrade, qui les attendaient parfois au bord des rivières pour mieux les dévaliser, et contre la malice des barquiers, qui, quelquefois, passaient les voyageurs dans l'autre monde au lieu de les passer à l'autre bord. Il se transporta donc sur les lieux et constata par

---

(1) En 1199, les comtes de Provence s'engagent à prendre sous leur sauvegarde et protection la milice des Spades et les maisons des Pontiers. — Arch. des B.-du-Rh., B, 299.

lui-même qu'effectivement le pont d'Aiguines marchait vers une destruction imminente ; que, par suite de la négligence et de l'absence des préposés, *l'œuvre du pont* était réduite à rien (1) et que le lieu d'Aiguines, quoique habité encore, serait bientôt abandonné, les porte-glaives ne se souciant pas de ce pays (2). A la demande et sur les instances de la milice des Spades qui habitait alors le pays (quoique d'autres auparavant l'eussent habité qu'on appelait Pontiers) (3), suivant les vœux et les désirs de ceux qui desservaient le pont et tenant compte de la volonté et du consentement de presque tous les voisins et particulièrement des chevaliers et des principaux habitants de Moustiers, tous d'accord sur ce point, dit la charte : « Nous avons donné et concédé ce lieu (d'Aiguines) à l'église de Saint-Apollinaire et au prieur Jean, actuellement possédant, homme plein de prévoyance et d'activité, s'occupant avec grand soin et sollicitude de ces sortes d'œuvres, espérant et croyant fermement que, Dieu l'aidant et lui prêtant vie, le pont sera, par ses soins, facilement reconstruit, que l'hôpital (destiné aux voyageurs) sera rétabli en bon état et que l'église de Sainte-Madeleine (attenant à l'hôpital) sera dignement tenue et gouvernée pour le service divin. Et, par l'intermédiaire de l'église de Saint-Apollinaire, nous avons fait la même concession à l'abbaye de Saint-Tiers de Saou (de qui le

---

(1) C'est par *œuvre du pont* et non par ouvrage matériel du pont qu'il convient de traduire le *opus pontis* de la charte.

(2) .... *Illi, ut ita dicam, spadati.* — La milice des Spades, ou les chevaliers porte-glaives, ordre de chevalerie confirmé, en 1204, par Innocent III et qui, en 1236, s'unit à l'Ordre Teutonique.

(3) Pontiers ou Hospitaliers-Pontifes, fondés vers la fin du XIIe siècle par saint Bénézet, pour construire des ponts et recevoir les voyageurs dans les hôpitaux. Ducange appelle les Pontiers *exactores tributi Pontagii vel qui tenent terras et possessiones pontis.*

prieuré de Saint-Apollinaire dépendait) (1), nous réservant, toutefois, la redevance établie lors de la consécration de l'église, c'est-à-dire deux livres de poivre et deux livres de cire à payer chaque année à nous et à nos successeurs, sauf aussi l'obéissance et le respect dus à l'évêque de Riez, non moins que le droit de visite. Nous avons fait cette concession ou donation, ajoute l'évêque, en vertu de notre autorité épiscopale, ce pays étant situé dans le diocèse de Riez, et par l'autorité du seigneur Pape, dont je suis le légat apostolique dans les provinces ecclésiastiques d'Embrun, d'Aix, d'Arles, de Vienne et d'Auch. Fait à Moustiers, l'an de l'Incarnation de Notre Seigneur 1210 ; témoins : Blacas, Pons, Salvan, Hugues, Tassil, Raymond, etc., etc. (2). »

C'est donc le prieur Jean de Saint-Apollinaire qui est chargé de reconstruire le pont d'Aiguines ; et, pour faire face aux dépenses que ces travaux occasionneront, il aura les revenus d'Aiguines qui lui sont concédés par l'évêque de Riez, Hugues, lequel joua un rôle si important dans les événements politiques et religieux de cette époque, fut le guide et le conseiller de Simon de Montfort et l'orateur le plus ardent de la croisade contre les Albigeois.

Puisque l'occasion s'en présente, rectifions, en passant, les assertions de Fisquet, disant que Hugues fit faire le pont d'Aiguines par les Frères Hospitaliers (3), et celles de Feraud (4), disant que les travaux furent confiés aux Frères Pontistes. Le prieur Jean n'était ni Frère Pontiste, ni Frère Hospitalier, mais bien Moine Augustin de l'abbaye de Saint-Tiers de Saou, de qui dépendait alors le prieuré

---

(1) *Abbatie Sancti Tirsi Saouensi*. — Saou, canton sud de Crest (Drôme), 834 habitants, possède encore de magnifiques ruines de l'abbaye de Saint-Tiers.

(2) Archiv. des B.-du-Rh., H, 850, liasse.

(3) *France pontificale*, Fisquet, diocèse de Riez, p. 337.

(4) *Histoire de la ville de Riez*, Feraud, p. 82.

de Saint-Apollinaire où il était préposé. Voilà pourquoi le donateur énonce qu'il fait la donation d'Aiguines immédiatement à Saint-Apollinaire et médiatement à l'abbaye de Saint-Tiers de Saou. Il n'entre pas dans notre cadre de suivre les travaux de construction, ni de supputer les revenus que pouvait produire le pays d'Aiguines. Nous reprenons le cours de notre récit.

Certains habitants de Puimichel avaient fait des donations immobilières à l'hôpital de Puimoisson (1). Le seigneur de ce pays, Raymond de Puimichel, sous le prétexte que ces biens, situés dans sa juridiction seigneuriale, dépendaient de sa directe, voulut continuer d'y exercer ses droits. Une sentence arbitrale intervint qui adjugea purement et simplement ces biens au commandeur et, de plus, confirma en sa faveur toutes les acquisitions qu'il pourra faire à l'avenir à Puimichel, nonobstant qu'elles relèvent dudit seigneur (1220). A l'égard du prieur, qui avait joint ses réclamations à celles de son seigneur, il fut décidé qu'il prendrait la troisième partie des legs faits au commandeur par les habitants de Puimichel qui éliraient leur sépulture dans le cimetière de la maison de l'hôpital, et qu'il ne percevrait pas de dîme sur les terres relevant de la commanderie.

En même temps qu'il voyait ses domaines s'élargir, l'hôpital de Puimoisson, qui avait à sa tête Isnard de Saint-Vincent, voyait aussi ses rangs se serrer. Des Frères servants d'armes, des donats, des chapelains sollicitaient l'honneur d'être admis dans l'ordre.

---

(1) Bertrand Pluine et Raymond de Pierrerue avaient, en effet, donné des biens situés à Saint-Etienne de la Brègue, où se trouvait l'*hospitium* (hospitalet) dépendant de la commanderie. Ces biens s'étendaient du chemin de la Brègue aux champs de Calvaron, au plantier de l'hôpital, au champ de Marc Malamosque et au moustier (*mosterium*) de l'hôpital. — Arch. des B.-du-Rh., H, 865.

Suivant l'exemple de son père, Cordel de Brunet, fils de Cordel, qui avait été reçu en 1194, vint, en 1230, grossir le nombre des chevaliers de notre commanderie. Il élit donc sa sépulture dans le cimetière de Puimoisson, promet son cheval, son armure, fait promesse de stabilité entre les mains du commandeur, Isnard de Saint-Vincent, qui le reçoit dans l'Ordre, et, suivant l'usage, il apporte une sorte de dot à l'hôpital. Voici en quoi elle consistait : il confirme la donation de son père, concède le droit de dépaissance et de lignage dans toute l'étendue du terroir de Brunet et donne le bois et le défend contigu au défend des Gilberts. L'acte fut passé dans le bois de la Robine, en face de Brunet, en présence d'Isnard de Saint-Vincent et d'autres témoins (1).

Mais voici une acquisition qui rend les Hospitaliers absolument maîtres du pays, les fait seigneurs directs en leur conférant les droits possédés jusque là par le comte de Provence.

Nous avons dit, plus haut, que Reymond-Béranger leur concéda, en 1150 et à titre gracieux, la seigneurie de la villa de Saint-Michel, c'est-à-dire de cette partie du pays qui n'était pas comprise dans la ceinture de murs. Le *castrum* proprement dit, ou village fermé et fortifié, proprement Puimoisson, relevait encore du domaine comtal et ne reconnaissait pas d'autres seigneurs que les comtes de Provence. Le grand-prieur de Saint-Gilles, Bertrand de Comps, négocia l'achat de cette seigneurie ; et, par acte du 6 des ides de décembre de l'année 1231, Reymond Béranger V, comte de Provence, lui vendit tous

---

(1) ..... *Actum fuit hoc in serro de la Robina in aspectu Bruneti, in presentia et in manu Isnardi de sancto Vincentio preceptoris de sancto Michaele de Podio moissono, fratris Isnardi de Rosseto, W. Raimundi clerici, G. de Bruneto, Raymundi, Raymundeti, bastardi filii Cordelli et aliorum.* — Arch. des B.-du-Rh., H, 861.

les droits, la seigneurie, la juridiction, en un mot tout ce qu'il avait dans le village fermé de Puimoisson, pour la somme de dix mille sous raymondins (1).

C'est seulement à partir de ce jour que Puimoisson, ne relevant plus du domaine comtal, les Hospitaliers furent véritablement maîtres et seigneurs directs du pays, et quant au spirituel et quant au temporel, administrant la paroisse, possédant la majeure directe, la haute et basse justice, percevant les revenus ecclésiastiques et les droits seigneuriaux.

Ces droits nouveaux imposaient des obligations nouvelles. Devenus seigneurs temporels et souverains du pays, les Hospitaliers eurent le devoir de protéger et de défendre ses habitants devenus leurs ouailles et leurs vassaux. Le pacte féodal le demandait ; l'obligation de pourvoir aussi à sa propre défense et de se garantir contre les incursions des seigneurs voisins, en ces temps de guerres féodales, l'importance que prenait chaque jour la commanderie par l'adjonction de nouveaux membres, les décidèrent à quitter la villa Saint-Michel et à s'établir au plus haut point du plateau, pour dominer les habitations et protéger plus efficacement les vassaux. C'est alors que fut construit ce château monumental, aux proportions grandioses, à l'aspect sévère, dont les huit tours de seize mètres de hauteur, reliées entre elles par une ceinture de créneaux, dominaient au loin toute la région. Ce monument servait en même temps de palais au commandeur, de couvent aux religieux et d'hôpital pour les pauvres. Construit en

---

(1) ..... *Omnia jura que nobis competunt vel competere possunt aliqua ratione vel jure vel visa sunt competere...* in castro *sancti Michaelis de Podio moysson et in pertinentiis et tenemento ejusdem* castri *et omnem rationem et omnem seynoriam et omnem juridictionem quam habemus et visi sumus habere sive sint in cavalcatis sive in albergis, sive in quistis, etc., etc.* L'acte porte quittance. — Arch. des B.-du-Rh., H, 825.

pierres de taille au dedans et au dehors, visiblement en vue de la défense, il ne prenait jour qu'à l'intérieur, dans une cour, au milieu de laquelle fut creusé un puits, et présentait plutôt l'aspect d'une formidable forteresse que d'un palais (1). Naturellement, à côté du château fut bâtie l'église qui lui était contiguë et dont les murs, au couchant, étaient mitoyens. Le style ogival la fait bien remonter au XIIIe siècle. Elle devint bientôt paroissiale et prit le titre d'église de Saint-Michel que portait la première église cédée aux Hospitaliers, titre qu'elle a gardé jusqu'à nos jours.

Une fois la *villa* Saint-Michel abandonnée des Hospitaliers et l'église laissée sans culte, le besoin de se rapprocher de la nouvelle église, de se mettre à l'abri des surprises derrière les murs d'enceinte et à l'ombre du château féodal, fit déserter peu à peu la partie basse du pays ; des habitations se construisirent plus pressées à l'intérieur, chacun voulant pourvoir à sa sûreté, et bientôt la villa Saint-Michel, abandonnée de ses derniers habitants qui étaient venus se grouper dans l'enceinte du bourg, ne fut plus qu'à l'état de ruine : elle est à peine aujourd'hui à l'état de souvenir qui va se perdant peu à peu dans le lointain des âges.

Bien que possédant la majeure directe et la seigneurie dans Puimoisson, les Hospitaliers n'y étaient pas *seuls* et *exclusivement* les maîtres. Des co-seigneurs, des forains y avaient acquis certains fonds et certains droits, soit à prix d'argent, soit au moyen d'alliances contractées. Ce voisinage les gênait et nuisait au besoin de domination absolue, au désir de la possession exclusive. D'autre part, ces co-seigneurs n'étaient pas sans redouter la puissance

---

(1) Ce monument portait le nom de « Palais du commandeur ». Nous en ferons la description dans la troisième partie de cet ouvrage, en racontant comment il fut détruit.

de l'ordre, et le prestige d'une puissante commanderie, admirablement organisée, dominant le pays dans lequel ils possédaient des droits, ne leur laissait guère l'espoir d'en tirer parti, ni de les faire prévaloir. Guillaume Verre, qui venait d'entrer en possession de la commanderie, entreprit de se débarrasser de tous ceux qui pouvaient gêner l'exercice de sa puissance.

Blacas, seigneur d'Aups, et Laure de Castellane, sa femme, possédaient des droits et des terres à Puimoisson. Il sut habilement les amener à lui vendre tout l'affar qu'ils possédaient dans le village, les terres qu'ils tenaient à Saint-Michel et généralement toutes leurs possessions dans les deux terroirs. L'acte fut passé au château d'Aups, dans la maison de Raymond, en présence de Guillaume Verre, commandeur (1231). Il serait difficile de déterminer quels étaient les domaines qui composaient cette vente ; on peut au moins conjecturer qu'ils avaient une grande importance, puisque les donateurs reconnaissent avoir reçu 25 mille sous *par libéralité* (1). Cette libéralité devait les engager plus tard à vendre leurs droits seigneuriaux qu'ils s'étaient réservés.

L'année suivante, c'est Guillaume de Moustiers et Guillaumet, son fils, qui donnent au commandeur les domaines et les censes qu'ils possèdent à Puimoisson, par un acte passé en mars 1232, en présence de Guillaume Verre, commandeur, de Jean, chapelain, d'Elie, sacristain

---

(1) Etait-ce une vente ? Etait-ce un don ? L'acte porte bien *Donamus*, mais ces 25 mille sous donnés par *libéralité* et acceptés par les donateurs ne sont-ils pas le prix même de la vente, un peu déguisé ? Voici l'extrait de cette charte : .... *Donamus... totum affare de castro Podii moisoni et totum affare sancti Michaelis et suis pertinentiis videlicet totum quod in dictis locis habemus...... et corumdem territoriis.* — Arch. des B.-du-Rh., H, 825. — On voit bien ici et clairement énoncée la distinction des deux lieux et des deux territoires.

de l'église de Saint-Michel, de Jean Chardousse, etc. (1). En même temps (ides de mars 1232), Cordel, seigneur de Brunet, dont le père et le frère étaient chevaliers de l'Ordre, céda purement et simplement, par donation entre vifs, le défend de la *Silve*, qui, depuis quelque temps, était un sujet de litige entre l'Hôpital et le seigneur de Brunet. Ce défend, qui comprenait des bois d'une vaste étendue, des terres cultivées, des pâturages, un droit de chasse, etc., était situé entre le château de Brunet et celui de Puimoisson, séparé de ce dernier par le chemin qui va de Riez à la font de Telle (2). Cette nouvelle donation, qui formait comme un trait d'union entre les terres de Mauroue et celles de Telle, rendait les Hospitaliers maîtres de la plus grande partie du plateau qui s'étend de la vallée du pas de la Val à la vallée d'Asse.

Voici maintenant que Blacas d'Aups et Laure de Castellane, qui, deux ans auparavant, avaient cédé leurs *propriétés* à l'Ordre, se décident à lui faire cession de tous les *droits* seigneuriaux qu'ils possèdent à Puimoisson. Guillaume Verre, qui poursuivait son œuvre d'élimination avec une profonde habileté et une constance remarquable, sut amener ces deux personnages non seulement à se démettre en sa faveur des droits seigneuriaux qu'ils possédaient à Puimoisson, mais de ceux qu'ils possédaient à Comps. En effet, par acte du cinq des calendes de septembre 1233, indiction VI, passé à Puimoisson en dehors de la porte de l'Hôpital, près de la muraille de la salle (3),

---

(1) Arch. des B.-du-Rh., H, 825.

(2) .... *Demandum de Selva... quod demandum est inter castrum de Brunet et hospitale Podii moisonis et confrontatur in via que venit a Regio et ducit ad fontem de Tella.... Actum est hoc infra hospitale Podii moisonis super domum peltorie, etc.* — Arch. des B.-du-Rh., H, 861.

(3) *Actum est extra portam domus hospitalis, juxta parietem sale dicte domus, Guillelmus Verri, commendator dicti hospitalis.* — Arch. des B.-du-Rh., H, 825.

Blacas d'Aups et Laure de Castellane, sa femme, fille de Boniface, vendirent à l'Hôpital tout ce qu'ils possédaient à Puimoisson et au château de Comps, consistant soit en revenus, droits, terres, prés, pâturages, cours d'eaux, etc., pour la somme de 35 mille sous raymondins, l'acte portant quittance (1).

Jaloux de ramener dans la même main toute la puissance temporelle du pays, Guillaume Verre ne l'était pas moins d'être seul à y exercer la puissance spirituelle. Or, l'église de Saint-Apollinaire échappait encore à sa juridiction. Ce prieuré rural, qui desservait la petite vallée, plus peuplée assurément qu'aujourd'hui, relevait de l'abbaye de Saint-Tiers de Saou, au diocèse de Valence. C'étaient les religieux détachés de cette abbaye qui y tenaient communauté et remplissaient les fonctions pastorales. L'annexion de ce prieuré à la commanderie de Puimoisson présentait de sérieuses difficultés ; il était à supposer, en effet, que l'église de Valence n'aliénerait pas volontiers cet oratoire, qui lui rappelait de si précieux souvenirs, dont Frédéric lui avait authentiquement confirmé la possession (1178) et qu'elle tenait de la générosité de Charlemagne. Mais l'ordre des Hospitaliers était en possession de l'église de *la Répara*, située au diocèse de Valence et non loin de l'abbaye de Saint-Tiers (2). Guillaume Verre vit là l'occasion d'un échange qui pourrait accommoder les Augustins et ferait passer dans sa main l'unique église de son terroir qui ne fut pas sous sa juridiction. Des négociations furent ouvertes entre Bertrand de Comps, grand prieur de Saint-Gilles, et Artaud,

---

(1) ..... *Omnia que habemus uterque nostrum... in castro sancti Michaelis Podii moissonis inter et extra in ejus territorio et in castro de Comis... tam in honoribus et juribus, terris cultis et incultis, pratis, pascuis, aquis, cursibus aquarum, etc., etc.* — Arch. des B.-du-Rh., H, 825.

(2) La Répara, 116 habitants, canton sud de Crest (Drôme).

abbé de Saou, à la suite desquelles ce dernier céda à Bertrand de Comps, à titre de *permutation*, l'église de Saint-Apollinaire, avec tout son ameublement *(cum omni instructione sua)*, livres, vases sacrés, ornements, toute la juridiction, les prés, vignes, chasses, en un mot tout ce qui lui appartenait tant au spirituel qu'au temporel ; il reçut en échange l'église de la Répara, avec tous ses droits spirituels (veille des calendes de juillet 1233) (1).

Or, cet échange avait été fait à l'insu de l'évêque de Riez, lequel, en ayant eu connaissance plus tard, refusa de l'approuver, comme ayant été opéré sans son consentement et au mépris de ses droits. Un différend s'éleva donc entre Rostaing de Sabran, d'une part, et les contractants, de l'autre. Il fallut recourir à un arbitrage. L'évêque d'Orange, choisi par les deux parties pour trancher la question, décida que l'évêque de Riez serait tenu d'approuver l'échange opéré, quand même il eût été fait sans son consentement ; que l'église de Saint-Apollinaire demeurerait sous la juridiction de l'évêque de Riez, comme elle l'était quand elle appartenait à l'abbé de Saou ; que la présentation du prieur serait faite par le commandeur et que ce dernier payerait, de ce chef et annuellement, à l'évêque, une pension de douze setiers de froment et de

---

(1) .... *Ecclesiam sancti Apollinaris, cum omni instructione sua, libris, vasis sacris et ornamentis, cum omni jure spirituali ad eam ecclesiam pertinentem, pratis, vineis, venationibus.., accipiens a te vice mutua ex causa permutationis ecclesiam de Reparata* (La Répara, et non sainte Réparade, comme on l'a écrit par confusion), *cum omnibus suis juribus spiritualibus*, etc., etc. — Arch. des B.-du-Rh., H, 850. — Encore une rectification, en passant. On a traduit *sancti Tirsi saouensi* par Saint-Cyr sur Saône, C'est faux, et il faut traduire par Saint-Tiers de Saou ; on a de même traduit *ecclesiam de Reparata* par l'église de Sainte-Réparade, au lieu qu'il faut traduire par l'église de la Répara, etc., etc.

douze autres setiers moitié froment et moitié orge ; moyennant quoi, le différend fut terminé (1).

Ce différend était à peine terminé qu'il en surgissait un autre, et, celui-là, entre Guillaume de Moustiers-Callian et Bertrand de Comps, grand prieur de Saint-Gilles, agissant au nom de l'Hôpital de Puimoisson. Voici en quoi il consistait.

Bertrand de Comps demandait à Guillaume : 1º la moitié d'un affar que dame Béatrix, sa mère, avait à Puimoisson ; 2º la moitié de la quarte du château de Puimoisson ; 3º une maison appelée *Reirecort*, touchant l'Hôpital et lui appartenant de droit divin. disait-il ; 4º 125 livres raymondins que le Grand-Prieur prétendait avoir été prêtées par l'Hôpital à Pons Rostaing, père dudit Guillaume ; 5º 10,000 livres royaux ; 6º il se plaignait, enfin, de certains mauvais procédés dont ledit Guillaume se serait rendu coupable vis-à-vis de plusieurs frères dudit Hôpital. Il fut décidé de part et d'autre qu'on s'en rapporterait à l'arbitrage de Rostaing de Sabran, évêque de Riez, et de Guillaume de Moustiers-Entrevennes, sous peine d'une amende de 200 marcs d'argent fin, à payer par la partie qui contreviendrait à la décision des arbitres, et permission d'occuper tout l'affar que la partie contrevenante posséderait dans la vallée de Puimoisson. Ces précautions préalablement prises, voici ce qui fut décidé par les arbitres : 1º Guillaume de Moustiers-Callian devrait désemparer à l'Hôpital, librement et absolument, pour la moitié de l'affar demandée par le prieur, la Condamine du col Alpérier, confrontant ce col et la terre d'Augier Verre ; une bande de terrain (uno faïsso) au quartier des Combes, attenante à la Condamine dudit Hôpital ; de plus, les Pourrières avec

---

(1) Arch. des B.-du-Rhône H. 850. — L'église de Saint-Apollinaire, avec ses dépendances, a appartenu aux Hospitaliers jusqu'à la Révolution.

leurs fiefs, Bertrand Fauchier, Pierre Fauchier, les Mouzis, tous avec leurs fiefs. Il fut convenu qu'à l'avenir ledit Guillaume ne pourrait ni ne devrait rien exiger, ni de droit, ni de fait, des dénommés ci-dessus, qui devenaient hommes du commandeur ; 2º Guillaume devrait désemparer librement et absolument à l'Hôpital la moitié de la quarte du château de Puimoisson et de son territoire, dans laquelle moitié sont contenus les Oliviers avec leur fief, les Chautier (Eyssautier ?) avec leur fief, les Tancols et les Sauvaires, tous avec leurs fiefs. Il restituerait également la maison de Reirecort, qui confrontait l'Hôpital. Cet acte fut passé en partie dans l'église de Saint-Michel, en partie en dehors de la porte de l'Hôpital, près du mur de la salle, le 4 des calendes de septembre 1233, indict. VII (1).

Cet acte projette un jour intéressant sur l'état social du pays vers le milieu du XIIIe siècle. Il nous montre, en effet, certaines familles, dont le nom, du reste, s'est conservé jusqu'à nos jours, en possession de métairies, sortes de petits fiefs roturiers qu'elles exploitent sous la suzeraineté de quelque seigneur auquel elles prêtent hommage et payent redevance (2). Sans doute, primitivement, ceux qui possédaient des fiefs s'intitulèrent gentilshommes, furent réputés seuls nobles et obtinrent que les fiefs ne seraient jamais possédés par des roturiers. Mais la nécessité où furent beaucoup de gentilshommes de vendre leurs fiefs pour les voyages de Terre-Sainte fournit l'occasion aux roturiers de pouvoir, à leur tour, posséder des fiefs. Les papes, du reste, qui sollicitaient les croisades, obtinrent le consentement des rois en leur faveur. C'est ainsi que, bien

---

(1) Arch. des B.-du-Rhône, H, 826.
(2) C'est ainsi qu'il faut traduire *cum suis casamentis*, mention qui suit chaque nom de famille cité dans l'acte. Ducange : *Casamentum : feudum quod a casa dominica pendet.*

avant que Philippe le Hardi eût donné aux roturiers permission de posséder fiefs, en payant une certaine redevance (1275), nous avions, à Puimoisson, des fiefs roturiers, sortes de bastides, de fermes d'exploitation de peu d'importance si l'on veut, mais possédés en propre comme domaine privé *(cum suis casamentis)*, exploités par les propriétaires qui en jouissaient, moyennant une redevance payée au seigneur direct, équivalant du plus au moins à l'imposition foncière payée aujourd'hui à l'Etat.

Revenons maintenant à la sentence arbitrale. Il ne parait pas qu'elle ait indisposé Guillaume de Moustiers contre l'Ordre, bien qu'elle n'eût pas été rendue en sa faveur. Son testament, écrit peu de temps après, nous apprend que ce riche seigneur laissa à l'Hôpital de Jérusalem et à celui de Puimoisson un legs de 1,000 sous raymondins à chacun et institua même le commandeur son exécuteur testamentaire, à défaut et en empèchement de l'évêque de Riez.

Ici, se présente une longue série d'achats et de donations que nous ne pouvons qu'énumérer rapidement.

En 1235, Bertrand Christol et ses frères vendent à Guillaume Verre, commandeur, le pré qu'ils possèdent dans la vallée de Saint-Apollinaire (1). La même année, Guillaume de Moustiers, seigneur d'Aiguines, lui donne le droit de dépaissance à Aiguines, tant en hiver qu'en été, avec permission aux bergers d'y couper du bois (2). De son côté, Olivier de Saint-Jurs lui concède le même droit dans toutes les terres relevant de sa directe. Bertrand et Boniface de Blacas, fils de Guillaume, conjointement avec Laure, leur mère, lui concèdent de pareils droits dans toutes leurs terres sises à Aups, Moissac, Tourtour, Fabrègues, Fos-Amphoux, et Cordel, fils de Béatrix, lui

---

(1) Arch. des B.-du-Rhône, H, 852.
(2) Arch. des B.-du-Rhône, H, 855.

renouvelle la même faveur pour tout le terroir de Brunet. Enfin, en 1239, Franc de Moustiers lui donne tout l'affar qu'il possède dans la vallée de Saint-Apollinaire; Raimbaud de Moustiers lui vend pour 1,100 sous le grand affar qu'il possède au même endroit (1), et Raimbaud, archidiacre de Riez, de concert avec sa sœur Rexende, lui désempare, pour la somme de 8 livres dix sols tournois, un autre affar qu'il possède dans la même vallée.

En terminant ce chapitre, mentionnons un accord intervenu entre Foulque de Caille, évêque de Riez, et son chapitre, d'une part, et Feraud de Barras, qui venait de succéder à Guillaume Verré, accord qui termine certaines difficultés matérielles concernant la perception des droits de l'Eglise de Riez. Il fut convenu que le commandeur payerait annuellement à l'évêque de Riez 2 sous 8 deniers melgoriens pour sa quarte épiscopale (2), qu'il nourrirait et défrayerait les hommes et bêtes qu'il enverrait à Puimoisson pour chercher les censes en grains qui lui étaient dues, ainsi que cela se faisait dans toute l'étendue du diocèse (3). Par le même acte, le commandeur remet et désempare à l'évêque 10 séterées de la condamine ayant

---

(1) Arch. des B.-du-Rh., H. 852. — *Affar au terroir castri sancti Apollinaris et in tenemento ejus.* La mention de *castrum* attribuée à saint Apollinaire ne laisse pas que d'être curieuse; elle prouve bien que l'église et le couvent étaient fortifiés et ceints de murs.

(2) La quarte épiscopale était une redevance franche due aux évêques par les prieurs décimateurs, en considération de leurs fonctions épiscopales. Elle était prise sur le produit de la dîme.

(3) ...... *Que veniebant querere censum quem habent in ecclesia Podii moissoni et sancti Apollinaris supradicta in expensis providerent ecclesie supra dicte....., super eo vero que superius continetur de bestiis et hominibus supra dictis de victu et potu illud intelligatur specialiter que alie ecclesie diocesis faciunt nunciis et bestiis que et qui veniunt pro cerre* (petit c pour grand q) *censum bladi deportando, etc.* — Arch. des B.-du-Rhône, H, 832.

appartenu à Espase, seigneur de Riez, à prendre au plus proche de la bastide de Mauroue (Bastida de Maurosa). Le 9 des calendes de septembre 1246.

CHAPITRE III

Défense d'aliéner les biens de la commanderie (1251). — Donations. — Vente d'Isnard de Moustiers au commandeur (1265). — Faculté de tester accordée aux habitants (1270). — Saisie de bétail et sentence arbitrale (1272). — Bornage des dîmeries de Saint-Apollinaire (1276). — Délimitation des dîmeries avec Riez (1286). — Sommation au clavaire de Digne (1289). — Sentence arbitrale entre le commandeur Isnard de Flayosc et Réforciat de Castellane (1297). — Durand de Mende.

On a pu voir, dans les deux chapitres qui précèdent, les accroissements rapides de la puissance de notre commanderie. Etabli dans le pays depuis à peine un siècle, l'Ordre y était successivement devenu, dans la personne du titulaire, seigneur spirituel et seigneur temporel, recevant hommage des rares co-seigneurs qui y possédaient encore quelque lambeau de juridiction, y exerçant la justice, percevant les dîmes et jouissant de tous les privilèges seigneuriaux. Ses possessions s'étendaient tous les jours plus au loin. Les vastes domaines de Mauroue, de Telle, de la Silve, les Condamines, la vallée de Saint-Apollinaire, en majeure partie du moins, lui appartenaient. Ses nombreux troupeaux, disséminés sur une étendue immense, pouvaient librement chercher au loin la nourriture que le terroir du pays eût été insuffisant à leur fournir. Saint-Jurs, Brunet, Bras, Aiguines, Moissac, Tourtour, Fabrègues, Fos-Amphoux, Puimichel, etc., etc., lui fournissaient d'abondants pâturages et des redevances en espèces ; il était devenu, en un mot, une véritable puissance chez nous.

Cet accroissement prodigieux s'explique facilement. Les générosités dont la commanderie naissante fut l'objet de la part des évêques, des princes, des seigneurs et de quelques puissants personnages de la région, n'avaient d'autre but, dans l'intention des donateurs, que de contribuer à la délivrance de la Terre-Sainte et de mettre l'Ordre en mesure de faire face à ses nobles obligations, car on n'ignore pas que les Hospitaliers formaient comme une croisade permanente.

Il importait donc essentiellement au succès de l'œuvre qu'aucun des privilèges concédés ne fût aliéné, qu'aucun de ces domaines offerts par la pieuse générosité des fidèles ne fût réalisé, et que des revenus assurés et permanents permissent aux valeureux champions de la guerre sainte de continuer leur croisade sans interruption.

C'est dans ce but que le pape Innocent IV, par une bulle datée de Lyon, du 11 des calendes de mars 1261, adressée au Grand-Maître et à tous les Frères de l'Ordre, leur défendit expressément, sous peine de nullité et avec menace de la colère du Tout-Puissant et des saints Apôtres, de *vendre, distraire, louer* ou *aliéner*, de n'importe quelle façon et sans le consentement du souverain pontife, les terres, attenances, droits des commanderies de Manosque, de *Puimoisson*, de Lardiers, de Tallard, de Pui-Lautier, etc.,
« .... ces richesses que la pieuse dévotion des fidèles a

données pour la défense de la Terre Sainte, ne devant en aucune façon être affectées à d'autres usages » (1).

Mais la commanderie de Puimoisson, loin d'être tentée de vendre ou d'aliéner, n'avait pas fini encore d'acquérir ; au lieu de songer à restreindre les limites de ses domaines, elle s'occupait incessamment de les étendre et de les élargir.

Le 4 des calendes de janvier 1259, Thomas, fils de Feraud, donne à l'Hôpital les divers droits qu'il tenait de ses ascendants et de son oncle, Guillaume d'Aiglun, sur des biens situés à Puimoisson (2).

Boniface Salvage vend à Feraud de Barras, grand-prieur de Saint-Gilles, un affar situé dans la vallée de Saint-Apollinaire, et, la même année, 1264, Isnard des Crottes lui vend, pour une somme insignifiante, trois terres situées au même quartier (3).

Restait encore un seigneur feudataire qui possédait à Puimoisson et à Saint-Apollinaire des droits et des biens sous la directe du commandeur. C'était Isnard de Moustiers, seigneur de Callian. Arrivé à sa majorité, il eut hâte, comme l'avait fait d'ailleurs Guillaume de Moustiers, son père, de sortir de la suzeraineté de l'Ordre en lui vendant tous les droits qu'il possédait actuellement et aurait

---

(1) .... *Veritate presentium inhibemus ne de Aurafice, Manuasca, Podiomoyssono, Larderis, etc..., quas terras aut villas aut eorum aliquid quisquam vestrum vendere, distrahere, locare, vel alienare, inconsulto romano pontifice, quoquo modo presumat, quod si factum fuerit contra presumptum nullius esse decernimus firmitatis cum ea quam (quo) in defencione terre sancte pia sunt fidelium devotione concessa non sunt in usus alios transferenda*.

(2) C'est Béranger Monge, commandeur de Manosque, qui reçoit le don au nom de l'Hôpital de Puimoisson. Au nombre des témoins, figure Martin, clerc de saint Apollinaire. — Arch. des B.-du-Rhône, H, 827.

(3) Arch. des B.-du-Rhône, H, 852.

pu posséder à l'avenir dans le *castrum* de Puimoisson et dans le terroir de Saint-Apollinaire, consistant soit en hommes, soit en juridiction, tasques, usages, quistes, cens, services, quartons de vignes, corvées personnelles et corvées de labour, défends, bois, chasses, prés, pâturages, marais, cours d'eaux et tout ce qu'il possède sous la directe de l'Ordre, pour la somme de 14,000 sous tournois et 50 livres provençales. Cette somme fut payée en espèces par Feraud de Barras, grand-prieur de Saint-Gilles, achetant au nom de la maison de l'Hôpital de Puimoisson (1265), 18 des calendes de septembre (1).

En parcourant la série des donations qui précèdent, en assistant au développement progressif et rapide de la commanderie, le lecteur se dit à lui-même qu'il y avait à Puimoisson d'autres habitants que les Hospitaliers et voudrait connaître quelle était la situation sociale de ces habitants à l'époque dont nous nous occupons. Il serait difficile de le déterminer avec précision. L'absence du papier (2), la cherté du parchemin, dont l'usage était restreint et qu'on employait seulement pour la rédaction des titres, nous expliquent le manque de documents écrits.

Quelques traits de lumière éclairent cependant un peu l'état social de cette époque. Ils nous viennent de quelques rares instruments, et ils sont trop précieux pour que nous ne les recueillions pas avec empressement. Une charte de

---

(1) L'acte fut passé à l'Hôpital d'Aix, en présence de Béranger Monge, commandeur de Manosque et d'Aix. Le nom du commandeur de Puimoisson ne paraît pas. — Arch. des B.-du-Rhône, H, 827. — Le sol tournois valant 1 fr. 25 c. et la livre provençale 20 francs, le prix de la vente faite par le seigneur de Callian s'élevait à la somme de 18,500 francs.

(2) Au parchemin trop cher, on substitua plus tard le papier de coton, grossier et filandreux; le papier de lin n'apparaît que vers les premières années du XIV° siècle, d'après Ed. de Laplane, XVI.

1233, citée plus haut, nous a permis de constater l'existence de certaines familles feudataires, jouissant de la franchise et possédant en propre des domaines qu'elles exploitaient sous la directe du seigneur. Un autre document, postérieur de quelques années et d'une grande importance, nous montre l'organisation de la commune représentée par des syndics et déjà assez fortement constituée pour faire reconnaître ses franchises et traiter presque d'égal à égal avec le commandeur.

La faculté de tester ou d'aliéner les biens par vente ou donations entre vifs avait été jusqu'alors limitée à une certaine catégorie de personnes et ne pouvait, en aucun cas, s'exercer sans la permission préalable du commandeur. Ces conditions gênaient les habitants de Puimoisson, qui devenaient tous les jours plus jaloux de leur liberté. Il fut résolu, dans le *conseil* de la communauté, qu'on tenterait de se soustraire à cette servitude. Les syndics furent chargés de faire connaître au chapitre provincial ce vœu des habitants et d'en solliciter la réalisation. Le vénérable chapitre provincial de Saint-Gilles, séant à Arles, accueillit favorablement cette proposition, et, par décision du 6 des calendes de juin 1270, il les déchargea de cette servitude, sous les conditions suivantes :

Les habitants de Puimoisson ne pourront disposer de leurs biens qu'en faveur de leurs enfants légitimes et, à défaut, en faveur de leurs parents jusqu'au quatrième degré. Il leur est accordé la succession des parents qui mourraient *ab intestat*.

Les habitants sont également autorisés à vendre leurs biens à des étrangers, à la condition toutefois que ces *derniers éliront domicile dans le territoire de Puimoisson et se soumettront à la juridiction du commandeur*, sans quoi la vente serait frappée de nullité. En outre, le commandeur percevra sur le tout les droits de lods et de trézain et conservera son droit de prélation.

Il est aussi établi que, au cas où quelque habitant s'établirait hors du territoire, il serait permis au commandeur de se mettre en possession des biens de l'émigrant (1).

En considération de la concession des privilèges ci-dessus, les habitants donnent au commandeur celui de vendre son vin pendant trente jours consécutifs, et cela chaque année, sans qu'ils puissent vendre le leur pendant ce temps (2).

Ces concessions, nous avons à peine besoin de le faire observer, marquaient un grand pas dans la voie de l'affranchissement; comme aussi, cet échange de privilèges prouve que la commune n'était pas à la merci de son seigneur, mais que ce dernier devait compter avec elle, malgré la prépondérance que lui donnait l'organisation de l'état social.

Toutefois, la puissance un peu envahissante de la commanderie ne laissait pas que d'exciter la jalousie des seigneurs voisins. Le mouvement de générosité pieuse qui l'avait fait si forte se ralentissait, et le commandeur voyait avec peine les voisins lui contester des droits légitimement acquis et le troubler dans leur usage.

Raybaud de Saint-Maxime, seigneur de Brunet, et sa femme, Béatrix, lui contestèrent le droit de pâturage dans l'étendue de leur seigneurie, et firent saisir les troupeaux qui y paissaient. La concession de ce droit, ainsi que de celui de lignerage, avait été faite dans les formes voulues par Cordel de Brunet fils, entre les mains d'Isnard de

---

(1) Ces deux articles avaient pour but de prévenir le déguerpissement, la dépopulation du lieu et la substitution des forains aux indigènes dans la possession des terres. Si ces dispositions étaient encore en vigueur, nous ne verrions pas nos meilleurs et plus beaux domaines possédés par des étrangers, et le produit de nos terres emporté et consommé en dehors du pays et sans bénéfice pour lui.

(2) Arch. des B.-du-Rhône, H, 836.

Saint-Vincent, en 1230 (1). Il fallut néanmoins recourir à un arbitrage. Jean Silvestre, official d'Aix, choisi par les parties, maintint purement et simplement le commandeur dans le droit de pâturage et de lignerage au terroir de Brunet (1272) (2).

Ce différend à peine terminé, voici qu'il en surgit un autre. Celui-là a trait au prélèvement du droit de dîme sur les terres qui, quoique relevant du domaine de Saint-Apollinaire, sont situées dans le terroir de Moustiers. Bérard de Grasse, prieur de Moustiers, réclamait son droit sur ces terres comprises dans sa circonscription paroissiale; les collecteurs de la commanderie prétendaient que ces terres relevaient de la directe du commandeur et souvent feignaient l'ignorance des limites. De là, des contestations. Pour y mettre fin, on recourut à une délimitation qui se fit en présence de Raymond Tapol, official de Riez, et Martin, frère donat de l'Hôpital de Puimoisson, représentant les deux parties. Il fut décidé que depuis le terme de la Ristole jusqu'au rocher de Baleine et au vallon de Mouresse, droit fil, la dîme appartiendrait à Puimoisson, et que depuis Ginestot, dans le vallon d'En-Val et au delà, la dîme appartiendrait à Moustiers (1276) (3).

Une difficulté de même nature existait entre le chapitre de Riez et le commandeur. Pour mettre fin aux différends causés par la confusion des droits de dîme, les deux parties, d'un commun accord, donnèrent pouvoir à Guillaume Gallon, prêtre, et à Guillaume Gontard de dresser l'état des propriétés sur lesquelles le prévôt avait seul droit de

---

(1) .... *Dono et concedo.... pascua et in toto tenemento Bruneti recollectionem lignorum ad opus ospitalariorum*, H, 861.

(2) Arch. des B.-du-Rhône, H, 856. — Acte dans la salle épiscopale de Riez; témoins: F., évêque de Riez; Pierre Giraud, prévôt; Raymond Tapol, official et chanoine de Riez, etc.; 9 juillet 1272.

(3) Arch. des B.-du-Rhône, H, 850.

prendre la dîme et de celles sur lesquelles il la prélevait de moitié avec le commandeur (14 cal. juin 1286) (1).

Il n'est pas jusqu'au clavaire de Digne, Jacques Ruffi, qui n'entreprît sur les droits du commandeur. Cet officier de la cour royale exigeait le payement des taxes de la part des habitants de Chénerilles, relevant de la directe de la commanderie. Hugues Chardousse, chapelain, fut délégué pour sommer le clavaire de se désister du payement de ces taxes (2). Le différend ne fut porté que par devant Bérenger Gantelmi, juge de Digne.

Mais c'est au sénéchal de Provence que dut s'adresser le commandeur pour faire cesser les empiètements du juge de Moustiers, qui prétendait étendre sa juridiction sur les habitants de la vallée de Saint-Apollinaire. Cette confusion des pouvoirs venait de ce que la délimitation du terroir des deux communes n'était pas encore faite à cet endroit. Le commandeur eut gain de cause, car le sénéchal adressa un mandement enjoignant au juge de Moustiers de ne rien entreprendre sur la juridiction des habitants de la vallée jusqu'après la délimitation du terroir (1293) (3).

Mais la série des difficultés n'était pas close, et la paisible possession des biens et privilèges devait coûter plus de peine que n'en avait coûté l'acquisition.

Notre commanderie possédait, comme on l'a vu plus haut, des terres et des droits aux lieux de Fos-Amphoux et de Saint-Jean-de-Bresc. Comme les terroirs n'étaient pas délimités, Réforciat de Castellane, seigneur de Salernes, prétendait y exercer la haute, moyenne et basse juridic-

---

(1) Arch. des B.-du-Rh., H, 832. — Suit une longue énumération des terres, vignes, accompagnée des noms des propriétaires qui devaient acquitter les droits. La contenance des biens est indiquée en sóterées ou en émines.

(2) Acte à Digne dans la maison d'Amphoux-Mercadier (19 novembre 1289). — H, 859.

(3) Arch. des B.-du-Rh., H, 852.

tion. De son côté, le commandeur se croyait fondé à revendiquer seul la majeure directe sur ces lieux. Suivant l'usage du temps, on s'en remit de part et d'autre à un arbitrage. Me Geoffroy du Fort, choisi par les parties, décida : 1º que Réforciat de Castellane aurait le droit de ban et la juridiction totale sur les vassaux habitant Fos-Amphoux ; 2º que le commandeur aurait le droit de ban, la directe et l'entière juridiction au terroir de Bresc ; 3º que le droit de dépaissance du bétail étranger et le droit de leyde sur les marchandises vendues par les étrangers, levé dans les deux localités, appartiendraient moitié au seigneur de Salernes, moitié au commandeur (1).

Le pilori fut dressé à Bresc, aux armes de l'Ordre, comme signe de haute juridiction. Les habitants, passant ainsi sous la directe du commandeur, sollicitèrent de l'Ordre la faveur dont jouissaient depuis trente ans les habitants de Puimoisson, de disposer de leurs biens suivant leur volonté ; mais ce ne fut qu'en 1331 qu'ils obtinrent ce privilège.

En 1286, Jean de Villaret, grand-maître de l'Hôpital de Jérusalem, vint visiter Puimoisson, et c'est au cours de cette visite et dans le château de la commanderie qu'il confirma, par une charte célèbre, les libertés et privilèges de la ville de Manosque (2).

L'ordre chronologique, que nous suivons en écrivant cette histoire, amène sous notre plume la question du lieu d'origine de Durand de Mende, surnommé le Père de la Pratique, un des canonistes français les plus distingués. Cet homme célèbre, élève d'Henri de Suze, professeur de droit canon à Modène, chapelain du pape Clément IV, légat de Grégoire X au concile de Lyon et finalement

---

(1) Acte à Draguignan, le 22 septembre 1297. — Arch. des-B.-du Rh., H, 864.

(2) .... *Datum in domo nostra de Podio moysono, XII. kal. septembris anno Domini M° CC° octuagesimo sexto.*

évêque de Mende, mourut à Rome, où il avait été délégué pour poursuivre la canonisation du roi Louis IX (1⁰ʳ novembre 1296). Son corps fut enseveli dans l'église de la Minerve.

Le point intéressant pour nous serait de savoir si la tradition qui fait naître à Puimoisson ce personnage célèbre repose sur de solides fondements. Parmi les biographes qui le mentionnent, les uns le font naître à Puimisson (Hérault), d'autres lui assignent comme lieu d'origine Puimoisson (Basses-Alpes). Qui a raison ? Ceux qui le font naître à Puimisson invoquent la tradition populaire, montrent la maison où étaient les Durand (qui ne sont plus) et allèguent un texte ainsi conçu : *Guilhermus Durand natus Puimissone in Gallia Narbonensi*. Nous pourrions alléguer qu'à Puimoisson aussi la tradition populaire fait naître Durand, qu'on y montre également la maison où il serait né, que plusieurs familles du nom de Durand, fort anciennes du reste, vivent encore dans le pays et dans les lieux circonvoisins. Nous aimons mieux convenir que ce ne sont pas là des raisons péremptoires, propres à faire triompher ni l'une ni l'autre de ces deux thèses. Toutefois, et pour ne rien omettre de ce qui pourrait éclairer l'opinion du lecteur, nous dirons que Feller, Nostradamus, Bouche surtout, personnalité éminemment provençale et dont le père était originaire de notre pays, berceau de sa famille, le font naître à Puimoisson. Ce dernier base son jugement sur la qualification de *Provençal* que se donne à lui-même Durand de Mende, au livre IV *de Feudis* (1), et sur le mot de Provence désigné comme pays d'origine du *Speculator* dans son épitaphe, qu'on voit encore dans l'église de la Minerve et qui,

---

(1) *Nos provinciales nobiles feudatorios, vassalos vero plebeios nostros vulgariter appellamus*, loc. cit.

d'après cet historien digne de foi, résout le doute en faveur de Puimoisson.

Quem memori laude genuit Provincia dignum
Et dedit a Podio Missone *diœcesis illum* (1),
Et Romam rediit domini sub mille trecentis
Quatuor amotis annis, tumulante Minerva,
Surripit hunc festiva dies et prima novembris.

---

(1) Nous ne pouvons nous prononcer sur la traduction qu'il convient de donner à *Podio missone*, mais nous devons à la vérité de dire que, dans aucun instrument des XIIe, XIIIe et XIVe siècles, nous n'avons vu écrit de cette manière le nom de notre pays. D'autre part, la confusion des noms de ces deux pays est chose commune. Dans ses lettres patentes, datées de Lyon (juin 1522) et adressées au commandeur Jacques de Montlor, François Ier écrit *Puimisson* pour *Puimoisson*; des erreurs de ce genre se commettent encore fréquemment de nos jours.

CHAPITRE IV

Démêlés concernant la juridiction (1300-1306). — Donation par Charles II du *merum imperium* (1307). — Péage de Gréoulx (1308). — Sentence arbitrale entre Elzéar de Sabran et le commandeur (1312). — Nomination d'Elyon de Villeneuve (1314). — Subsides. — Foire accordée à Puimoisson (1321). — Transactions et démêlés au sujet des fours (1327). — Visite priorale 1338. — Reconnaissance de Courbon (1354). — Invasions. — Affranchissement de l'Hospitalet (1366). — Permission de nommer des défenseurs (1380). — Donation (1381). — Enquête (1384). — Guerres de Raymond Turenne. — Rôle de Réforciat d'Agoult, commandeur. — Passage des reliques de Saint-Honorat à Puimoisson.

Au cours du chapitre précédent, nous avons pu constater que le commandeur était souvent inquiété dans l'exercice de ses droits juridictionnels.

Dans le but de prévenir le retour des empiétements que commettaient à son préjudice les juges de Digne et surtout de Moustiers, le commandeur avait sollicité et obtenu du comte de Provence une charte qui confirmait authentiquement tous ses droits, réglait l'étendue de sa juridiction et frappait d'une amende de 25 livres ceux qui y porteraient atteinte.

Malgré ces garanties, le juge de Digne n'avait pas craint de rendre certains jugements contre les vassaux de la commanderie. Isnard de Flayosc porta plainte au juge des secondes appellations de Provence, qui lui accorda des lettres ordonnant de faire croiser les jugements indûment rendus (1300) (1). De son côté, le juge de Moustiers avait fait arrêter, sans lettres réquisitoires et sans permission des officiers de la commanderie, un nommé Pierre Arnoux, coupable de divers *délits* et *maléfices* ; de plus, à la requête d'un juif nommé Aquinet, Hugues Rostang, Raymond Sauvaire et autres habitants avaient été assignés à comparaître par devant la cour de Moustiers. Le vice-commandeur, Guillaume d'Amphoux, requit le juge Jean Ardoin de lui remettre le prisonnier (1300), et lui fit connaître qu'il encourait l'amende de 25 livres pour avoir attenté aux droits de la commanderie (1301, 18 décembre) (2). A cette intimation, le juge répondit qu'il n'avait point eu dessein de contrevenir aux prescriptions de la transaction, ce qui ne l'empêcha pas de faire proclamer, la même année, son mandement de justice à Puimoisson (ce dont le commandeur fit appel), de juger des femmes qui n'étaient pas ses justiciables et de manifester la prétention de faire faire des criées dans notre pays, au mépris des droits juridictionnels du seigneur du lieu (3).

Il devenait urgent de mettre un terme à tous ces empiétements et de sauvegarder dans toute leur intégrité les privilèges et les droits de la commanderie. Il fallait aussi enlever à la cour de Moustiers le prétexte de s'immiscer

---

(1) Arch. des B.-du-Rh., H, 838, liasse.
(2) Arch. des B.-du-Rh., H, 838.
(3) Arch. des B.-du-Rh., H, 839, liasse.

dans les affaires juridictionnelles de Puimoisson, en accordant au juge du pays la juridiction la plus étendue. Foulque de Villaret, grand-maître de l'Ordre, porta sa plainte à Charles II, roi de Jérusalem et de Sicile, comte de Provence et de Forcalquier, qui, par acte donné à Marseille, l'an 1307, 23 octobre, indiction VI, concéda par libéralité et à titre purement gracieux, à Foulque de Villaret et à ses successeurs, le *merum imperium* dans le château de Puimoisson, juridiction qui avait appartenu jusque là à la cour royale (1).

Le 15 décembre de la même année, frère Bertrand Brude, hospitalier, juge de Puimoisson, se rendit à la cour royale de Moustiers et présenta aux juges Barras, Escoffier et Hugues Turrel le privilège royal, les requérant de le faire publier, de le faire transcrire sur les registres de la cour et de lui délivrer acte du tout, ce qui fut fait par

---

(1) ... *Venerabili et religioso viro fratri Fulconi de Villareto, ordinis hospitalis magistro præsenti et recipienti.... ac etiam ipsi ordini damus, donamus ac proprii motus instinctu in perpetuum concedimus de liberalitate mera et gracia speciali* merum imperium *ad nostram pertinens curiam in castro de Podio Moyssonno quod esse dignoscitur hospitalis ejusdem cum omnibus et singulis ad ipsum merum imperium spectantibus et spectare debentibus quoquo modo majori dominio nostri aliis et cujuslibet alterius juribus semper salvis...* L'acte eut pour témoins : Jacques, évêque de Fréjus, François de Lecto, sénéchal, Jean Cabassole, chevalier, Jacques Ardoin, procureur et avocat fiscal. — Arch. des B.-du-Rh., H, 839.

Le *merum imperium* signifiait haute justice ou juridiction criminelle : le haut justicier avait la connaissance des cas de mort naturelle ou civile, de mutilation et incision des membres ou autres peines corporelles, comme de fouetter, essoriller, écheler, exposer au carcan ou pilori, marquer au fer chaud ; il élevait les fourches patibulaires, avait droit sur les épaves, biens vacants, terres hermes, confiscation des biens d'un condamné à la mort naturelle ou civile; droit de prééminence à l'église, de faire prier Dieu pour lui au prône, de mettre ses armes et deuil à l'entour de l'église paroissiale, tant en dedans que dehors, etc. — Vid. *Traité des Fiefs*, II° partie, p. 40.

F. ELION DE VILLENEUVE,

NÉ EN 1270 ;

NOMMÉ COMMANDEUR DE PUIMOISSON EN 1314 ;

ÉLU GRAND-MAITRE DE L'ORDRE EN 1319

MORT EN 1346

Raymond Orset, notaire, dans la Cour de Moustiers, en présence de Raymond Chardousse, légiste, Jacques Bouisson, notaire, Hugues de Saint-Martin et Hugues Garnier, damoiseaux, etc., etc., le 15 décembre 1307.

Cette même année devait être marquée par un événement important, qui a une petite liaison avec notre pays et dont nous dirons un mot, en passant.

On sait qu'après la prise de Saint-Jean-d'Acre, lorsque la Palestine fut définitivement perdue, les chevaliers du Temple se dispersèrent dans leurs commanderies, et le Grand-Maître se retira à Paris, avec ce qui restait des trésors de l'Ordre. A tort ou à raison, les Templiers devinrent bientôt suspects à l'Église, aux nobles, au roi. Le peuple ne les aimait pas. Philippe le Bel se crut assez fort pour faire arrêter Jacques Molay, Grand-Maître de l'Ordre (13 octobre 1307). Les Templiers résidant en Provence furent arrêtés et saisis le 24 janvier 1308 et enfermés, vingt-sept à Meyrargues, et vingt-un à Pertuis.

La commanderie de Gréoulx, une des plus importantes de la contrée, n'échappa point à la loi commune. Les Templiers y furent arrêtés, et leurs biens mis sous séquestre.

Comme, en vertu d'une entente préalable entre le pape et le roi, les biens des Templiers situés en Provence devaient être donnés aux Hospitaliers, le commandeur de Puimoisson crut pouvoir faire percevoir à son profit le droit de péage sur les marchandises qui passaient à Gréoulx, se substituant ainsi à l'ancien titulaire de cette commanderie. Mais Philippe IV étant revenu sur la parole donnée et voulant s'adjuger la plus grande partie des richesses de l'Ordre, Hugues Turrel, baile de la Cour royale de Moustiers, adressa un mandement à Raymond de Saint-Donat, lui enjoignant de percevoir le péage sur les marchandises à Gréoulx, pour le compte de la Cour et non plus pour le compte de la commanderie (20 décembre 1308).

Pierre Fouque, mandataire du commandeur, fit appel de ce mandement par devant le juge des premières appellations de Provence (1). Nous n'avons pu savoir si ce mandement fut maintenu, ou si la commanderie continua de percevoir le droit de péage qu'on essayait de lui ravir (2).

En 1312, intervint une sentence arbitrale entre le commandeur, d'une part, et le procureur d'Elzéar de Sabran, seigneur de Puimichel, et Delphine de Signe, son épouse, par laquelle il fut réglé que les habitants de l'Hospitalet et de Saint-Etienne de la Brègue, possédant biens dans le terroir de Puimichel, payeraient au comte Elzéar la vingtième partie des blés et légumes, hormis ceux qui possédaient des terres relevant de la directe du commandeur.

La commanderie de Puimoisson était vacante. Foulque de Villaret la pourvut d'un nouveau titulaire dans la personne d'Hellion de Villeneuve, un des plus illustres chevaliers de son temps, homme austère, économe des deniers de son Ordre, devenu successivement lieutenant du Grand-Maître, Prieur du prieuré de Provence (3) et toujours jaloux d'augmenter les droits de la religion à la tête de laquelle il fut placé plus tard (1319), pour réparer les désordres qui s'y étaient introduits sous le magistère de Foulque de Villaret.

Nous pensons que, vu la qualité du personnage, on lira volontiers la traduction d'une partie de la lettre qui le met à la tête de notre commanderie ; ce document, d'ailleurs, le seul que nous citions de ce genre, est instructif en plus d'un point.

---

(1) Par lettres données à Marseille, le 4 décembre 1307, le roi Charles II, comte de Provence, avait décidé que, dans le ressort des terres que l'Hôpital tient de la Cour, les premières appellations seraient réservées à la Cour. (Puimoisson, Avignon, Ginasservis, etc., etc.)

(2) Arch. des B.-du-Rh., H, 840, pièce en mauvais état.

(3) Le prieuré de Provence fut créé en 1317. Puimoisson relevait de la métropole d'Aix.

Frère Foulque de Villaret, par la grâce de Dieu, humble maître de la sainte maison de l'Hôpital de Saint-Jean de Jérusalem et gardien des pauvres du Christ, et nous, Chapitre de la même maison, faisons savoir à tous ceux qui les présentes liront, présents et à venir, que, nous rappelant volontiers de l'obligeante douceur et des agréables services que notre cher frère en Jésus-Christ, Elyon de Villeneuve, nous a rendus à nous, à la Maison, qu'il nous rend assidûment et qu'il pourra nous rendre à l'avenir avec le secours de Dieu ; considérant aussi le mérite de sa grande probité, la gravité de ses mœurs, le commerce agréable de sa vie et les nombreuses qualités dont il a plu à Dieu d'orner sa personne ; voulant, en vue de ses mérites, lui donner un gage de notre libéralité ; dans notre chapitre général de Rhodes, heureusement célébré en 1314, le 3 des nones de novembre, nous avons donné et conféré et, par les présentes, donnons et conférons au susdit frère Elyon, trouvé digne, nos antiques maisons ou bailliages de Puimoisson et de Manosque, de notre prieuré de Saint-Gilles, ainsi que les lieux, possessions, terres, villages, fermes, appartenant en quelque façon que ce soit à nos dites maisons, avec tous les droits, juridictions, attenances, produits, revenus, et pour les cinq années à venir seulement, pour qu'il puisse les posséder, les garder, les régir, les gouverner et, s'il y vit justement et honnêtement, les posséder en toute paix et tranquillité.

Observant néanmoins que ledit frère Elyon devra donner, livrer, céder, payer à notre Ordre, à titre de responsion annuelle (1), le taux établi par le lieutenant nommé par nous dans ces régions, lesquelles responsions nous donnons ordre à notre lieutenant de fixer dans les dites maisons.

Nous voulons, en outre, et ordonnons que frère Elyon soit soumis à notre lieutenant dans le prieuré de Saint-Gilles, comme à son supérieur, qu'il lui obéisse avec dévouement en toute chose licite et

---

(1) On appelait *responsion* une certaine somme d'argent en rapport avec le revenu de la commanderie, somme qui était fixée par le Grand-Prieur de la Langue et que le titulaire devait payer chaque année à l'Ordre. En temps de guerre, le conseil de l'Ordre pouvait élever le taux de ces responsions.

honnête, qu'il le reçoive agréablement lorsqu'il descendra chez lui pour visiter la commanderie, qu'il le traite avec bonté, qu'il pourvoie à ses besoins et à ceux de ses envoyés et de ses familiers, prenne soin de ses chevaux, etc. Qu'appelé par le Grand-Prieur, notre lieutenant, pour tenir chapitre, il se rende, sauf empêchement légitime, qu'il administre, tant au *spirituel* qu'au *temporel*, gouverne fidèlement, améliore, soigne et augmente nos susdites maisons, tant dans le chef que dans les membres, etc., etc. (1314, 3 des nones de novembre.)

Le premier acte d'administration du nouveau commandeur fut un prêt de 200 livres réforciats, qu'il consentit à la Cour royale, à titre de subside, pour les besoins de l'Etat. Le grand sénéchal de Provence dut ordonner aux officiers en exercice sur le territoire de Puimoisson de contraindre les habitants à participer au payement de cette somme, empruntée dans un but d'intérêt public (1).

Elyon de Villeneuve ne garda pas longtemps la commanderie de Puimoisson ; ses hautes capacités et une réunion heureuse de qualités remarquables devaient, en peu de temps, l'élever aux plus hautes fonctions de l'Ordre. Mais il n'oublia ni Puimoisson, ni ses habitants, et, une fois devenu Grand-Maître de l'Ordre, il témoigna son attachement à notre pays en lui accordant un privilège fort apprécié à cette époque, la tenue d'une foire annuelle qui durerait trois jours, dans la semaine qui précédait la Pentecôte, et la tenue d'un marché tous les mardis de l'année. La bulle portant ce privilège est du 11 mars 1321 (2).

La constitution originaire du fief donnait au commandeur et par droit commun la banalité des fours. Celui-ci livrait ordinairement à ferme la perception de ces droits ; mais cette perception donnant lieu à de nombreux abus

---

(1) Arch. des B.-du-Rh., H, 840.
(2) Arch. des B.-du-Rh., invent. Combe.

de la part des fourniers, il devint nécessaire de déterminer authentiquement les droits des particuliers et les droits du seigneur. Une transaction intervint donc sur ce sujet, entre le commandeur François de Puyagut et la communauté, représentée par cent trente habitants. Il fut convenu : 1º que le commandeur prendrait un pain sur trente-huit, comme droit de fournage ; 2º que les habitants n'auraient aucun droit à payer sur les gâteaux ; 3º que, lorsqu'ils feraient cuire dans une même fournée du pain blanc et du pain bis, le droit de fournage ne serait acquitté qu'en pain bis, d'après la proportion indiquée ci-dessus, sous la réserve que, dans les quinzaines de Noël, de Pâques et de Pentecôte, le fournage se payerait en pain blanc sur toute la fournée ; 4º que les fourniers établis par le commandeur n'auraient qu'à s'occuper de la cuisson du pain, les habitants étant tenus de pétrir eux-mêmes, de fournir le bois nécessaire pour chauffer le four et de transporter le pain, avant et après la mise au four (19 avril 1327) (1).

Ces conditions n'étaient pas exagérées, le droit de fournage s'élevant aujourd'hui à un taux supérieur, toutes proportions gardées. Elles n'eussent donné lieu à aucune protestation, si les fourniers banaux avaient répondu à la confiance forcée des habitants, au lieu de se livrer à des manœuvres qui doublaient ou triplaient quelquefois les droits légalement établis. Ce fut pour se soustraire aux exactions des employés subalternes du château, plutôt que pour s'insurger contre un droit universellement reconnu à cette époque, que la communauté entreprit la construction d'un four.

Il fallait un grand courage, une grande indépendance et

---

(1) Acte reçu par Guillaume Jacques, notaire, et ratifié par le Grand-Maître Elyon de Villeneuve, de passage à Avignon. — Arch. des B.-du-Rh., H, 848, liasse.

une grande foi en la justice de sa cause, pour se dresser ainsi en face d'un pouvoir absolu, pour oser attenter aux droits d'un Haut-Justicier qui avait à sa disposition des juges, une prison et la potence !... Une dénonciation de nouvelle œuvre fut faite par le commandeur aux syndics de la communauté, au sujet de la construction de ce four communal entreprise au mépris des droits de la commanderie. Un procès s'ouvrit, dont l'issue ne pouvait être douteuse; mais, en attendant le prononcé du jugement et tandis que la procédure, toujours longue, suivait son cours, un compromis intervenu entre les deux parties établit que, jusqu'au jugement de la contestation : 1º le commandeur ne pourrait pas faire démolir le four entrepris par les syndics ; 2º que les habitants ne pourraient cuire leur pain ailleurs qu'au four de la commanderie. Le commandeur gardait ainsi la possession.

La tentative audacieuse de la communauté ne devait pas être couronnée de succès. Entre ces deux puissances, la lutte n'était pas égale, et la plus faible devait fatalement succomber. Or, en ces temps sombres du XIVe siècle, où la féodalité fleurissait encore, la plus faible était la communauté. Les syndics le comprirent à temps, et, avant que le jugement fût rendu, ils demandèrent à passer une transaction qui consacrait une fois de plus les droits féodaux, en même temps qu'elle était un aveu de leur propre impuissance et de l'inanité des efforts essayés ; les temps n'étaient pas mûrs !!!

Cette transaction, en effet, portait comme condition absolue que les habitants devraient faire cuire leur pain au four banal et moudre leur blé aux moulins du commandeur; que le droit de fournage resterait le même ; que le droit de mouture serait ainsi perçu, savoir : trois poignerées sur six setiers de blé, depuis la Saint-Jean jusqu'à la Noël, et deux poignerées depuis la Noël jusqu'à Saint-Jean. Les habitants s'obligèrent, en outre, à passer au commandeur reconnaissance de tous leurs biens, à lui payer toutes censes, services, trézains, selon les anciens titres, la taille annuellement et 20 livres de droits funéraires, conformément aux conventions passées en 1207, qui règlent aussi les droits de pâturage, d'arrosage et autres droits (1).

D'ailleurs, ces tendances libérales, qui se faisaient jour de loin en loin dans notre pays, se manifestaient également ailleurs, à cette époque, et c'était toujours un événement heureux à l'égal d'une conquête, quand une commune pouvait arracher au pouvoir autocratique quelque lambeau de liberté, fût-ce à prix d'argent. C'est ainsi que les habitants de Fos-Amphoux et de Saint-Jean-de-Bresc, relevant de la directe du commandeur, réussirent à obtenir de ce dernier la permission accordée déjà aux habitants de Puimoisson de tester et de disposer de leurs biens par donation ou autrement, en faveur de leurs parents, tant descendants qu'ascendants et collatéraux, pourvu que les héritiers vinssent reconnaître le commandeur comme Haut-Seigneur et lui payassent les lods et trézains usités en cas de vente. Il fut stipulé, néanmoins, qu'en cas de contravention aux susdites dispositions les biens ainsi cédés seraient confisqués au profit du commandeur; que les habitants de ces deux localités payeraient une cense annuelle de 20 sous au jour de Saint-Michel, en retour de ce droit nouveau, et que, si les possesseurs nouveaux étaient étrangers, ils devaient faire résidence dans le lieu où sont assis leurs biens. Une semblable transaction fut passée avec les habitants de Montfort (10 janvier 1331).

Le 18 août 1338, eut lieu, à Puimoisson, la première visite priorale dont le procès-verbal ait été conservé aux archives de Marseille. Elle avait pour but de prendre des informa-

---

(1) Arch. des B.-du-Rh., H, 848, liasse.

tions précises sur les biens, les droits, les revenus, les jouissances de chaque commanderie, non moins que sur les frères et les donats qui les habitaient. Les commandeurs Pierre Furon de Saint-Thomas de Trinquetaille et Isnard de Villemus-Claret furent nommés commissaires par Guillaume de Reillane, Grand-Prieur de Saint-Gilles, pour faire en son nom la visite de la commanderie de Puimoisson. Ils y trouvèrent *quatorze frères* avec le commandeur, dont trois chevaliers, savoir : Bertrand de Saint Maxime, Philippe de Reillane et Bertrand Babot ; sept chapelains, savoir : Guillaume Constant, Guillaume Reynaud, Michel Troubat, Jérôme Albe, Raymond Clapier, Guillaume Sacreste et Rostaing Chardousse ; quatre servants d'armes, savoir : Jean Jarjayes, Hugues Fabre, Guillaume Adalbert et Pierre Crochet ; huit donats, dont six nobles et deux non nobles, savoir : Villemur de Moustiers, Bertrand Amic, Jean de Bodou, Bertrand de Blieux, Pierre Ardoin, Guy des Prés, Isnard Arnoux et Guillaume Maurel. Il y avait donc une communauté de vingt-deux personnes dans le château, à cette époque, et la conventualité était en pleine vigueur. L'énumération des terres, droits, privilèges et revenus de la commanderie nous entraînerait trop loin et n'offrirait pas un grand intérêt au lecteur.

La peste épouvantable qui, de 1347 à 1350, avait fait tant de victimes en Provence, avait eu pour résultat d'amener des perturbations profondes dans la transmission des propriétés. Le commandeur jugea à propos de se faire passer reconnaissance par ceux des survivants sur lesquels devaient se prélever les droits seigneuriaux (1354).

La seconde moitié du XIVe siècle s'annonçait encore plus sombre, plus désespérante et surtout plus sanguinaire que la première. Notre malheureuse Provence fut littéralement en feu ; des troupes de toute nation, amies et ennemies, la piétinaient, la traversaient en tous sens ; il fallait payer et nourrir et les amis et les ennemis, et la distinction n'était pas toujours facile à établir. Les princes et barons, les moindres seigneurs convoquaient ban et arrière-ban; les évêques ceignaient parfois l'épée et se mêlaient de guerre. C'est d'abord Robert de Duras, cousin germain du roi, qui vient guerroyer en Provence contre la maison de Tarente (1355). Cette révolte est à peine étouffée qu'une troupe d'aventuriers et de pillards, guidés par Arnaud de Cervoles, dit *l'Archiprêtre*, se rue sur la Provence, « en voulant aux Etats de la reine Jeanne ». Les paysans en étaient réduits à dévaster eux-mêmes les campagnes, pour lui ôter les moyens de subsister. Le pape dut composer avec lui et le fit sortir des terres du Comtat, moyennant une indemnité de 40,000 écus (1355-1358).

Vinrent ensuite les bandes des routiers, des Tard-Venus, qui, alléchés peut-être par la perspective d'une indemnité semblable à celle d'Arnaud de Cervoles, menaçaient le pape Urbain V dans Avignon (1362).

Enfin, Henri de Transtamare, frère naturel du roi de Castille, se présente à la tête d'une troupe d'aventuriers où dominaient les Espagnols, ravage nos villages et vient faire le siège de Riez. Cette ville, n'ayant pas des forces suffisantes pour repousser un pareil ennemi, chercha à le désarmer par un autre moyen; on lui offrit une rançon. Il la fixa lui-même à 10,000 florins d'or pur, 10,000 setiers de blé et 2,000 bêtes à laine. Puimoisson paya un florin d'or par feu.

Détournons un instant nos regards de ces scènes de dévastation et de pillage et reportons-les dans l'intérieur de notre pauvre pays. Nous y voyons le commandeur sollicitant du Grand-Maître de l'Ordre une mesure générale d'affranchissement, en faveur des habitants de l'Hospitalet, membre de la commanderie de Puimoisson. Il est assez heureux pour obtenir ce privilège, qui, de serfs, faisait des hommes francs; il sollicite également et obtient pour eux la faculté de tester librement et de donner leurs biens à qui ils voudront (12 mai 1366) (1).

Un autre privilège qui nous touchait de plus près et qui marquait pour nos ancêtres un nouveau pas dans la voie de l'émancipation fut la permission accordée par le commandeur Guillaume de Laureïs, à notre communauté et à tous ses habitants, de nommer un ou plusieurs procureurs ou défenseurs pour agir dans les affaires en justice et par devant toutes les cours où ils devront se présenter. Ces lettres de permission furent publiées sur tout le territoire relevant de la juridiction du commandeur et provoquèrent chez tous une explosion de joie mêlée de reconnaissance (2).

Cette même année, la commanderie voit encore ses domaines s'agrandir. Hugues Terpol, de Riez, et Astruge, sa femme, lui donnèrent la totalité de leurs biens, consistant en un moulin à paroir, une maison au pas d'Angres, une vigne et un pré, au quartier de Rousset, le tout situé à Riez (1380) (3).

D'autre part, le Léopard de Moustiers nous apprend que les droits d'albergues et de cavalcades, à Puimoisson et à Saint-Apollinaire, s'élevaient à la somme 50 sous coronats, payables en deux fois (4).

---

(1) Arch. des B.-du-Rh., invent. Comb. — Le 27 novembre 1375, Jean Négrel, recteur de la maison de Saint-Étienne de la Brègue, agissant au nom de l'Hospitalet, se fait passer reconnaissance par Raymond Marron, Isnard Aillaud, Etienne Béroard, Guillaume Gipier, Michel Lancoyn, Pierre Aymes, André Bonnet, Vincent Aillaud, Hugues Blanc, Guillaume Taxil, tous habitant Chénerilles, des terres, fours, maisons qu'ils possèdent *in castro* de *Chanulrilles, sub dominio et seigneuria domus de Hospitaleto.* — Arch. des B.-du-Rh., pièce non inventoriée.

(2) Arch. des B.-du-Rh., H, 841. — Date des lettres, 10 novembre 1380 ; les publications furent terminées le 22 juin 1381.

(3) Arch. des B.-du-Rh., H, 854.

(4) Arch. des B.-du-Rh., B, 1056, *Leopardus Mosteriorum*, enq. de 1384. — Le sou coronat devait valoir, à cette époque, 1 fr. 25 c.

Mais voici que nos régions, qui commençaient à respirer en paix, sont replongées de nouveau dans les horreurs de la guerre. Une nouvelle invasion plus terrible que les autres devait s'ajouter à la sanglante série ; nous voulons parler de la guerre de Raymond de Turenne contre les partisans de la maison d'Anjou en Provence, au cours de laquelle beaucoup de châteaux et de villages furent rasés et de nombreuses archives détruites. Ce terrible brigand, issu d'une très illustre famille et possesseur de beaux et nombreux fiefs, fut poussé à cette effroyable guerre, entre autres motifs, parce que le duc d'Anjou, ayant réuni au domaine comtal toutes les aliénations que la reine Jeanne avait faites, se vit privé tout d'un coup des terres que son père avait acquises de la libéralité de cette princesse et lui avait transmises à lui-même. Il voulut donc, tout en gardant celles qu'il possédait encore, recouvrer celles qu'il avait perdues. On prétend encore que la Chambre apostolique, à qui appartenait le Comtat Venaissin, lui devait de fortes sommes, soit prêtées par son père, soit gagnées par lui en guerroyant pour le pape. Il menaçait donc aussi d'envahir le Comtat, afin de contraindre la Chambre apostolique à lui payer ce qu'il prétendait lui être dû.

Quoi qu'il en soit du motif qui lui mettait les armes à la main, ce guerrier farouche rassembla autour de lui les anciennes bandes de Charles de Duras, tous les meurtriers, voleurs, larrons, brigands, faux-monnayeurs et autres gens de sac et de corde qu'il put trouver, les réunit à ses troupes et se mit à faire des courses par toute la Provence, ravageant, pillant, brûlant, faisant mille outrages (1). Ceci se passait au commencement de l'année 1390.

Or, il y avait en ce moment à la tête de la commanderie

---

(1) Bouche, *Hist. de Provence*.

de Puimoisson un chevalier remarquable, d'une illustre famille et d'une grande valeur. C'était Réforciat d'Agoult, fils de Raymond, seigneur de Sault, vicomte de Reillane, et de Léonie ou Eléonore des Baux, des seigneurs de Meyrargues. Il tenait dans sa main les commanderies d'Aix et de Puimoisson, depuis 1385 (1). Ayant été nommé capitaine par le roi Louis II, dès le commencement de l'invasion, et chargé de la défense, il fit mettre en état les remparts du pays, ravitailla la place, garnit le château de soldats et de munitions de guerre. Le 20 février 1390, il se porta à Moustiers, ordonna aux habitants de fortifier leur ville, fit faire lui-même plusieurs redoutes et de nouvelles fortifications, et, après avoir assuré la défense du chef-lieu de la viguerie, vint attendre derrière les murs de son château les bandes du farouche Raymond de Turenne.

Cependant un édit royal venait de mettre le guerrier hors la loi et ordonnait une convocation générale des trois États de la Provence, pour le 15 août 1390, dans la ville d'Aix. Richaud Richanez y fut délégué par la ville et le bailliage de Moustiers. Riez et Valensole y envoyèrent un délégué spécial. Réforciat d'Agoult y assista. Il y fut résolu une alliance offensive et défensive contre Raymond de Turenne; une levée de gens de guerre comprenant trois cents lances, quatre mille arbalétriers, trois cent cinquante fantassins sous le commandement de Charles, prince de Tarente, frère du roi et gouverneur de Provence; enfin des subsides et des contributions de guerre à prélever tant sur les laïques que sur les ecclésiastiques, cardinaux, pape, communautés, ordres religieux, barons, seigneurs et gentilshommes. Comme cette façon d'imposer

---

(1) Suivant le journal de Jean Lefèvre, évêque de Chartres, Réforciat d'Agoult fit hommage à Louis II, pour ces deux commanderies, le 26 mars 1385 et le 24 juillet 1386, fut nommé Grand-Prieur de Saint-Gilles, en mars 1402, par Benoît XIII, regardé comme antipape.

les ecclésiastiques et les communautés à raison de leurs bénéfices pouvait paraître insolite et irrespectueuse, deux principaux et plus sages seigneurs de la province, Francisquet d'Arcussia de Cupro, seigneur de Tourves, et *Réforciat d'Agoult, commandeur de Puimoisson*, furent délégués par les Etats réunis pour aller représenter au pape l'état lamentable de la province et du Comtat, le prier d'agréer la taxe imposée pour la guerre et d'y contribuer lui-même (1).

C'est au cours des alarmes continuelles de ces guerres dévastatrices qu'eut lieu, à Puimoisson, le fait prodigieux que signalent Bouche, la *Chronologie de Lérins* et autres historiens recommandables, et que nous allons relater en terminant ce chapitre.

Les religieux qui desservaient l'église de Saint-Honorat, à Arles, et auxquels était confiée la garde des reliques de ce saint, craignirent de voir tomber ce dépôt entre les mains des bandes indisciplinées qui ravageaient le pays. Ils résolurent donc de les emporter secrètement dans le monastère de Ganagobie (Basses-Alpes), que le prieur connaissait bien pour y avoir habité autrefois. La translation eut lieu sans accident. Quelque temps après, le prieur, craignant que ces saintes reliques ne fussent pas en assez grande sûreté dans ce monastère ou guidé par quelque autre motif que l'histoire ne dit pas, les offrit au monastère de Lérins. L'abbé Jean de Tournefort les accepta avec grand empressement, et le prieur se mit en chemin, accompagné du frère sacristain et d'un autre moine. Arrivés à Ganagobie, ils prirent le précieux dépôt qui leur était confié et se hâtèrent de retourner à Lérins. « Mais, étant arrivés au lieu de Puimoisson, dit Bouche, comme un de ces moines commença à douter si ce qu'ils portaient

---

(1) Bouche, *Hist. de Prov.*, passim.

étaient les vraies reliques de saint Honoré, voilà que sur le champ il fut atteint de grandes douleurs par toutes les parties de son corps, en façon qu'il n'avait point de repos ; mais, ayant invoqué l'assistance de ce saint, il en fut incontinent délivré (1). »

---

(1) *Vide* Bouche, t. II, p. 421. — *Vid. Chronologie de Lérins*, Ire partie, p. 79, et *Hist. relig. et hagiog. du Dioc. de Digne*, par Cruvellier et Andrieu, p. 386.

CHAPITRE V

Règlement fixant le droit de mortalage (1407). — Différend au sujet du transport du bois (1415). — Plainte, enquête et ordonnance concernant le service divin, l'aumône, la permission d'aller travailler hors le terroir, de prendre des troupeaux à ferme, le mesurage, etc. (1416). — Saisie des juments du commandeur à Aups. — Confirmation de son droit de dépaissance (1425). — Donations et reconnaissances à Courbons (1454). — Moulin désemparé en faveur du commandeur. — Construction d'un four communal à la rue Basse. — Violences du commandeur. — Saisie de son temporel (1489). — Mainlevée et remise en jouissance (1489). — Transaction entre le commandeur et la communauté au sujet de la banalité des fours et moulins, du droit de cabestrage et d'arrosage (1491).

En sa qualité de Haut-Justicier et de seigneur spirituel du pays, le commandeur possédait le droit de mortalage, qui consistait à s'approprier une partie plus ou moins importante des biens laissés par les habitants décédés. Le montant de ce droit, n'ayant été fixé par aucun règlement, était fort arbitraire, et l'abus devenait d'autant plus facile, pour peu que le seigneur du lieu fût attaché à ses intérêts. Ce fut précisément le cas du commandeur Réforciat de Pontevès, qui émit la prétention de faire monter son droit jusqu'à la quatrième et même la troisième partie des biens du défunt, et poussa la rigueur jusqu'à ne pas souffrir qu'on ensevelît les morts dans le cimetière de l'église qu'auparavant il n'eût été satisfait de son droit de mortalage (1).

Ces prétentions exorbitantes provoquèrent des protestations et décidèrent les habitants à formuler une plainte au chapitre provincial du grand-prieuré de Saint-Gilles, par l'organe de leurs syndics et de leurs défenseurs. La vénérable assemblée députa Pierre de Gaubert, commandeur du Temple d'Arles et de Fos, pour se rendre sur les lieux et régler d'une façon définitive le montant du droit de mortalage.

Après avoir entendu le commandeur Réforciat de Pontevès, les syndics Etienne Toffan et André Jacques et, de plus, Bertrand Chardousse, Pierre Hugues, Pierre Andron et noble de Requiston, co-seigneur d'Asse, tous conseillers et défenseurs des habitants de Puimoisson (2), il arrêta : que le droit de mortalage serait, à l'avenir, de 24 sous pour les défunts riches, d'un florin pour ceux d'une fortune moyenne, *meïane opulentie*, et de 10 sous pour ceux qui seront considérés comme pauvres (3). Les parties s'engagèrent à respecter ce règlement, qui fut dressé dans le château de Puimoisson par le notaire Jean Roche, le 7 août 1407 (4).

---

(1) Arch. des B.-du-Rh., H, 842. — Cette prétention laisse supposer que les habitants ne se gênaient pas pour esquiver la loi quand ils pensaient pouvoir le faire impunément.

(2) *Consiliares et defensores*. — Loc. cit.

(3) *Minores vero in bonis seu illi qui pauca possident et quasi pauperes nominant solidos decem*. — Loc. cit.

(4) Arch. des B.-du-Rh., fonds de Malte, H, 842.

Les archives de Malte nous apprennent qu'en l'année 1415 le chevalier Louis Reynaud, commandeur de Puimoisson, avait fait faire des criées dans tout le pays et jusque dans la ville de Sisteron, portant défense aux habitants de transporter du bois hors du terroir de leur pays respectif, et qu'ayant fait condamner à l'amende deux particuliers qui avaient contrevenu à cette ordonnance la ville de Sisteron, qui se prétendait en droit de faire transporter du bois en dehors, en vertu de privilèges à elle précédemment concédés, demanda que la question fût tranchée par un arbitre. D'un commun accord, les deux parties dressèrent un compromis par lequel elles désignaient Guy Crespin, de Sisteron, pour arbitre (25 novembre 1415). La sentence fut rendue en faveur du commandeur (30 juin 1416). Hâtons-nous de dire qu'il se départit en faveur des habitants de Puimoisson de la défense portée et qu'il leur permit le libre transport du bois, de la chaux, du charbon, à la condition expresse, toutefois, qu'on l'en informerait, afin qu'en cas de besoin il pût le retenir (1).

Cette défense, toutefois, n'avait pas laissé que de mécontenter les habitants, dont elle gênait le petit commerce et amoindrissait les revenus. Ils pensaient qu'un commandeur qui était si rigoureux dans la revendication de ses droits ne devait pas l'être moins dans l'accomplissement de ses devoirs. Les tentatives qu'il essayait pour se soustraire à ses obligations et pour étouffer certaines libertés de ses vassaux déterminèrent les deux syndics, Bertrand Castel et André Chardousse, à adresser un mémoire au chapitre provincial, dans lequel ils relevaient les griefs des habitants contre Louis Raynaud.

Le chapitre de Saint-Gilles députa deux commissaires Elzéar Balbi, commandeur de Comps, et Constant de

---

(1) 18 juillet 1416. — Arch. des B.-du-Rh., H, 828.

« Montemalo », commandeur de Sainte-Marie-de-Rue, avec mission de se porter à Puimoisson, d'examiner les réclamations des habitants et de réglementer les obligations du commandeur.

Les deux délégués du chapitre, après avoir interrogé le commandeur, les deux syndics et plusieurs habitants de la localité, rendirent une ordonnance dont voici les points principaux :

1º Le commandeur de Puimoisson aura charge de tenir pour le service de l'église un curé, un secondaire et un clerc suffisants et capables.

2º Il devra dorénavant faire l'aumône selon qu'il a été établi et selon sa conscience.

3º Les hommes de Puimoisson pourront, dorénavant et à leur gré, labourer et cultiver hors du terroir de Puimoisson, ou dans toute l'étendue du terroir, à quelque endroit que ce soit, sans que le commandeur y trouve à contredire.

4º Les hommes de Puimoisson pourront, désormais et indéfiniment, recevoir des mègeries de n'importe quel bétail, gros ou menu, de tout genre ou espèce. Toutefois, quand le bailleur de mègerie sera étranger, il devra, au préalable, demander permission au commandeur ; dans le cas où il introduirait de l'avérage sur le terroir, sans avoir obtenu permission, il subira la peine de dénonciation accoutumée pour ce genre de délit, et, si le commandeur ne voulait pas donner la permission ou la différait sous quelque prétexte, le bailleur et le méger pourront introduire leur avérage dans le terroir, sans encourir de peine.

5º A l'avenir, le commandeur ni ses officiers ne pourront rien exiger à raison de la canne et de l'aune, c'est-à-dire à raison du mesurage des terres et des marchandises ; toutefois, on ne pourra se servir que de mesures marquées au coin de la cour du seigneur commandeur, *signo curie dicti Dni preceptoris*.

6º Quant aux cens et services dus par les habitants pour leurs possessions, il est ordonné que, chaque année, le commandeur fera publier, huit jours à l'avance, en tous les lieux accoutumés de l'endroit, le jour où les cens et services doivent être payés. Passé le terme indiqué, il sera payé un double cens ou fait un double service. Exception est faite pour les mineurs et les étrangers, dont les biens seront gagés pour leur dû, et, s'il y a lieu, la propriété sera distraite et vendue selon la coutume usitée au pays de Puimoisson, pour l'aliénation des gages ainsi faits pour semblable cause.

Ce règlement, dont nous venons de faire connaître les principales dispositions, fut dressé par le notaire Antoine Blanqui, en présence de noble Antoine Agnel, citoyen d'Aix, de Bertrand Geoffroy, d'Avignon, tous deux hommes de loi, et des témoins Antoine Bertrand et Antoine Balbi, le 24 février 1416 (1).

Il n'est pas sans intérêt de signaler cette nouvelle conquête de la commune sur le pouvoir féodal. La liberté de disposer de son travail, tant en dehors qu'au dedans du pays, sans aucun contrôle, la faculté de recevoir à mègerie, *a miè creï*, des troupeaux étrangers et de les garder sur toute l'étendue du terroir, la gratuité des opérations de mesurage étaient, pour cette époque, des privilèges appréciés et qui modifiaient heureusement la situation matérielle et sociale de nos pères, tandis que l'obligation d'avertir huit jours à l'avance ceux qui devaient des cens en espèces, des corvées de labour ou des corvées personnelles, leur permettait soit de se procurer les fonds, s'ils en étaient dépourvus, soit de parer aux nécessités les plus pressantes des travaux de leurs champs.

En vertu d'une donation de 1238, le commandeur avait le droit de pâturage dans toute l'étendue du terroir d'Aups. Ce droit, légitimement conféré, régulièrement exercé pendant près de deux cents ans, n'avait jamais été contesté

---

(1) Arch. des B.-du-Rh., Fonds de Malte, H, 834.

par personne. Il arriva pourtant que les officiers de Pierre de Blacas, seigneur d'Aups, se saisirent un jour d'un troupeau de trente-cinq juments appartenant au commandeur et réussirent à faire condamner le gardien à 100 sous d'amende et à faire confisquer les juments au profit du seigneur d'Aups. Une atteinte si grave portée à la commanderie et juridiquement consacrée par un arrêt constituait une injustice que le commandeur n'était pas disposé à subir. Il fit donc appel de cette sentence par devant Jordan Buc, juge des secondes appellations de Provence. Celui-ci prononça la cassation de la sentence, ordonna la restitution des trente-cinq juments saisies à tort, confirma au commandeur le droit de pâturage au terroir d'Aups, faisant expresse défense au sieur de Blacas de l'y troubler à l'avenir (1).

En 1455, le vice-commandeur Jean de Pont reçoit de Jean-Antoine Pralier la donation de la totalité de ses biens, situés à Courbons et à Thoard, et fait passer reconnaissance aux habitants de Courbons et de l'Hospitalet, relevant de sa juridiction (2).

Le fonctionnement de la vie communale durant le cours de ce siècle sombre et triste nous échappe, du moins dans ses détails. Toutefois, les quelques documents qui sont venus jusqu'à nous nous font constater la continuation, l'accentuation même d'un mouvement déjà signalé, d'une sorte d'évolution vers l'indépendance. L'avidité jalouse qu'elle met à conquérir quelque lambeau de liberté, à conserver les privilèges déjà acquis, les tentatives pour obtenir de nouvelles franchises, l'âpreté avec laquelle elle dispute pied à pied le terrain au pouvoir féodal, ne nous permettent pas de nous méprendre sur la nature des aspirations de notre population et sur ses tendances vers

---

(1) Acte à Aix, le 28 avril 1425. — Arch. des B.-du-Rh., H, 856.
(2) Arch. des B.-du-Rh., H, 862.

l'affranchissement complet. L'annexion définitive de la Provence à la France, prononcée par les Etats généraux réunis à Aix, le 9 avril 1487 (1), fut saluée par elle comme l'aurore d'un avenir nouveau. De jour en jour, les abus et les exactions lui devenaient moins supportables; on l'a constaté par les démarches tentées contre le commandeur ; et, tout en portant encore le joug que les nécessités de l'organisation sociale lui imposaient, on comprend qu'elle le subissait avec moins de docilité et, en tout cas, ne permettait pas qu'on l'aggravât.

Un des abus contre lequel elle lutta avec le plus d'énergie et de persévérance et dont plus tard elle devait saluer l'abolition avec bonheur était celui résultant de la banalité des fours. Depuis longtemps, cette banalité lui était devenue particulièrement odieuse, moins encore à raison des droits seigneuriaux qui y étaient attachés qu'à cause des exactions et des prélèvements exorbitants et frauduleux que se permettaient les rentiers de la banalité. Après bien des réclamations restées sans résultats, après de nombreuses plaintes toujours repoussées comme non justifiées, la communauté entreprit hardiment la construction d'un four communal dans la maison de la confrérie du Saint-Esprit, située à la rue Plus-Basse, au-dessus de la fontaine. C'était là un acte de courage et d'insubordination auquel le commandeur était loin de s'attendre. Elion de Demandolx dénonça la communauté dans la personne de ses syndics, et se plaignit du dommage que ce four porterait aux siens, qui étaient banaux. C'était le 28 mars 1488. Or, en ce temps-là, plus que de nos jours encore, la procédure était lente ; et, tandis que lentement l'affaire s'instruisait, l'œuvre du four allait à son achèvement. Le commandeur, fatigué d'attendre, irrité de l'obstination de la communauté, recourut à la force brutale, et, en compagnie de ses gens et de ses

---

(1) Les lettres patentes d'annexion sont du 24 octobre 1486.

affidés, se porta à de telles violences et à de tels excès contre les syndics, les ouvriers et autres habitants, que la communauté dut le dénoncer à son tour, et que la souveraine cour, sans égard pour la haute situation de l'inculpé, décréta la saisie de la temporalité de ses rentes (1488). Ce décret de la souveraine cour privait le commandeur de l'exercice de son droit juridictionnel et lui enlevait la faculté de rendre la justice. Il s'empressa de demander la permission de créer les notaires lieutenants de juge pour leur faire exercer la justice à sa place. Mais les officiers de Moustiers, qui jalousaient la puissance d'un seigneur voisin ne relevant pas de leur juridiction, s'emparèrent aussitôt de cette juridiction et continuèrent de la détenir et de l'exercer, alors même que le commandeur avait été remis en possession de tous ses revenus (20 février 1489). Elion de Demandolx dut porter plainte et obtint du sénéchal, Aymar de Poitiers, un jugement qui ordonnait aux magistrats de Moustiers de laisser au commandeur la juridiction du territoire de Puimoisson et le rétablissait lui-même dans le pouvoir d'exercer la justice (14 février 1490) (1).

Ces incidents étaient ainsi réglés à l'avantage du commandeur, mais les faits qui y avaient donné lieu demandaient une solution, car il était indispensable de déterminer à nouveau les droits et les devoirs de chacun, d'établir un *modus vivendi* entre le commandeur et la communauté. Une transaction eut lieu le 3 octobre 1491 (2). Il y fut décidé :

1º Que les habitants de Puimoisson resteraient dans l'obligation de faire cuire leur pain aux fours du commandeur et non ailleurs ;

---

(1) Arch. des B.-du-Rh., H, 842, H, 843.
(2) Cette transaction fut reçue par Jean Raynaud, notaire de Moustiers, et Pierre Fabre, notaire de Bargemou.

2º Qu'ils devraient faire moudre leur blé à ses moulins, sauf le cas de sécheresse ou autre empêchement ; auxquels cas, ils demanderont au commandeur ou au meunier la permission d'aller moudre ailleurs ;

3º Que le droit de fournage serait acquitté de la manière qu'il a été déterminé par la transaction du 19 avril 1327 ;

4º Que le droit de mouture serait fixé à trois poignerées sur la quantité de six setiers de grains quel qu'il soit, depuis la fête de saint Jean-Baptiste jusqu'à la Noël, et à deux poignerées seulement sur la même quantité, depuis la Noël jusqu'au 24 juin ;

5º Les habitants s'engagent à passer au commandeur et à ses successeurs reconnaissance de tous leurs biens, chaque fois qu'ils en seront requis : à payer les censes et services de leurs biens selon la valeur indiquée par les anciennes reconnaissances ; à acquitter la cense annuelle de 20 livres, à la Toussaint, et les droits funéraires tels qu'ils ont été réglés par la transaction du 7 août 1407 ;

6º Que le commandeur aura le droit de prendre une journée de chaque compagnie de juments qu'on amènera dans le terroir, pour le foulage et triturage de ses blés, sans qu'il lui en coûte autre chose que la nourriture à fournir aux animaux (1) ;

7º Que les habitants ne mèneront plus paître leur bétail au « prat-nouvel », quartier de Saint-Apollinaire ; en cas de contravention, il sera dû un gros par tête de gros bétail, 5 sous coronats par tête de bétail menu, sans préjudice du droit de dommage, de ban et d'information criminelle ;

8º Que les habitants ne détourneraient plus l'eau des moulins du commandeur, pour en arroser leurs prés, en

---

(1) Ce droit assez peu usité en Provence s'appelait « droit de cabestrage ». Claude de Glandevès en déchargea les habitants par transaction du pénultième février 1558.

dehors des jours déterminés ci après, savoir : depuis le mercredi à midi jusqu'au lendemain, au lever du soleil, et du samedi à midi jusqu'au lever du soleil du lundi, sous peine d'une amende de 5 sous coronats en cas de contravention (1).

Cette fois encore, la communauté dut succomber ; ses petits empiètements furent réduits, et les efforts tentés pour se soustraire à la banalité n'aboutirent qu'à provoquer une réglementation qui la mit à l'abri, pour un temps du moins, des exactions et des fraudes des préposés aux fours et aux moulins banaux.

---

(1) 3 octobre 1491. — Arch. des B.-du-Rh., H, 848.

CHAPITRE VI

Peste. — Fourches patibulaires. — Belle conduite du consul (1503-1504). — Arrêt concernant Labaud (1506). — Arrêt concernant Saint-Étienne-de-la-Brègue (1508). — Arrêt condamnant le commandeur à contribuer aux réparations de l'église et à l'entretien des cloches (1512). — Arrêt du Parlement ordonnant reconnaissance. — Confirmation des privilèges du commandeur (1522). — Transaction avec Riez au sujet de la dîme (1529). — Dénombrement de la commanderie (1540). — Puimoisson saisi (1541). — Lettres de chancellerie au sujet de la banalité (1543). — Accord entre le commandeur et Bras (1551). — Transaction entre Claude de Glandevès et la communauté (1558).

Le XVIe siècle venait de s'ouvrir sous de fâcheux auspices ; la peste faisait des ravages dans la Provence et passait des grands centres jusqu'aux moindres bourgs. A l'approche du fléau, les habitants aisés se hâtaient de fuir les pays contaminés, tandis que les moins fortunés, attachés au sol, tremblant d'épouvante, attendaient la mort.

Si, par l'impéritie des médecins et la négligence des

magistrats, beaucoup de localités de la Provence payèrent leur tribut au fléau dévastateur. Puimoisson n'en ressentit pas même les premières atteintes, et ce fut grâce à l'énergie, au rare sang-froid et à l'héroïque dévouement de son premier consul.

Gaspard Bouche, l'un des premiers anneaux de cette puissante famille Bouche qui, dans le cours de plus de trois siècles, fournit des consuls à Puimoisson, à Aix, des avocats au Parlement, des notaires, des magistrats, des historiens et des députés, remplissait, en ce moment, les fonctions de premier consul dans son pays (1). Une énergie de caractère peu commune, une grande probité, une vie irréprochable lui donnaient un grand ascendant sur la population. Sa noble conduite, dans les circonstances critiques que nous allons décrire, justifie, une fois de plus et de la manière la plus éclatante, la confiance dont l'avaient honoré ses concitoyens. Elle contraste, d'ailleurs, si heureusement avec celle de plusieurs consuls, et notamment de ceux de Marseille, qui se déshonorèrent en fuyant lâchement devant le danger, que nous croyons remplir un devoir en la faisant connaître.

Dès l'apparition des premiers symptômes du mal contagieux, Bouche donne l'ordre d'évacuer immédiatement le pays et dirige sa population au quartier des Condamines ; des tentes sont dressées ; une sorte de camp est formé, entouré de barrières ; des sentinelles sont disposées tout autour, pour intercepter toute communication avec les étrangers, tandis que d'autres sentinelles sont établies dans le village, pour garder les meubles délaissés et les soustraire à la rapacité des vagabonds, et que des

---

(1) Ce Gaspard Bouche était un ancêtre de l'historien Honoré Bouche, dont le père était né à Puimoisson, berceau de la famille, ainsi que nous le dirons plus tard.

mesures intelligentes sont prises pour assurer les approvisionnements.

Mais ce n'était là que le côté matériel et non le plus difficile. Pour gouverner ce peuple en pareille situation et rendre ces mesures efficaces, il fallait un règlement sévère et, à ce règlement, une sanction. Bouche, de concert avec ses collègues, dresse ce règlement, le fait connaître au peuple, lui fait jurer de l'observer et le fait afficher sur divers points du campement. Puis, il fait dresser des fourches patibulaires, comme une menace perpétuelle qui devra prévenir toute infraction.

« Je veux vous sauver, leur dit il, en vous préservant de la contagion, ou, si vous avez le malheur d'être atteints, vous empêcher de la communiquer aux populations voisines. Les lois que vous avez approuvées et juré d'observer sont affichées dans ce camp ; comme vous, je jure d'y être fidèle ; je serai le premier à braver le danger, le dernier à m'éloigner. Je vous fais ici le sacrifice de ma fortune, de ma tranquillité, de ma vie. Maintenant, jetez les yeux sur ce gibet ; qu'on m'y attache, si je trahis mes serments ; mais malheur aussi à celui qui enfreindra nos lois de police et de santé (1) ! »

Le peuple, soumis et respectueux, jura de nouveau obéissance. Trente jours s'écoulèrent, pendant lesquels le fléau gagnait les pays environnants ; Gréoulx, Albiosc et autres localités étaient atteints.

Une épreuve était réservée au patriotisme de notre intrépide consul. Son fils, Melchior Bouche, habitant Alle-

---

(1) A ce langage ferme, résolu, hardi, comme celui d'un général haranguant ses soldats avant la bataille, on reconnaît bien l'ancêtre de Balthazar Bouche (1591-1669), deux fois consul d'Aix, auquel sa fermeté et sa constance pour le soutien des libertés du pays contre les entreprises du ministère valurent les honneurs de la persécution et le glorieux surnom de « Martyr de la Patrie ». — *Vid.* Roux Alphéran, *les Rues d'Aix.*

magne, voulut se dérober au fléau. Il part, accompagné de sa femme, de ses enfants, se dirige vers Puimoisson, se présente aux barrières des Condamines, se fait connaître, invoque le crédit de son père et supplie qu'on le laisse entrer, affirmant que ni lui ni les siens ne sont atteints. La consigne était sévère ; la sentinelle menace de tirer sur lui, s'il ne s'éloigne. Le consul, instruit de ce qui se passe, arrive bientôt et, du haut des barrières, crie à son fils de s'éloigner. Les larmes de Melchior, de son épouse, de ses enfants ne parviennent pas à le fléchir. « Faites-vous une tente comme vous pourrez ; j'aurai soin de vous faire arriver des provisions et d'envoyer deux fois par jour le médecin du camp pour m'assurer de l'état de votre santé. » La quarantaine expirée, Melchior fut reçu dans le camp. Après six mois de campement aux Condamines, la population, heureuse de n'avoir eu à déplorer aucun cas de peste, rentra dans l'intérieur du pays.

Cependant des commissaires furent envoyés dans la province par ordre du Parlement, afin de prendre des informations sur l'état des lieux qui avaient souffert de l'épidémie. Apprenant que Bouche avait fait dresser des fourches patibulaires, ils virent là un excès de pouvoir et comme un empiètement sur la puissance royale, et le mandèrent pour lui demander raison de sa conduite. « Pourquoi avez-vous fait dresser cette croix patibulaire ? Ignorez-vous qu'au roi seul et à ses magistrats appartient le droit d'élever des gibets ? » — « Je le sais, répliqua Bouche avec fermeté ; mais je gouverne un peuple mutin ; pour le sauver de la mort, il fallait tous les jours lui en mettre le souvenir sous les yeux ; ce moyen a secondé mes vœux ; aucun habitant n'est mort de la peste. Je vous invite à remercier le ciel de ce que, par mes soins, un peuple entier a été sauvé. »

Cette réponse énergique, faite par un homme vertueux, désintéressé, béni du peuple, qui, à la seule expression de son nom, versait des larmes de reconnaissance, imposa silence aux commissaires. Ils se bornèrent à dresser rapport de leur mission et partirent pénétrés de vénération pour un homme qu'un travail pénible et continu pendant six mois n'avait pas découragé et qui, vêtu d'un simple habit de toile, avait veillé pendant la nuit, agi pendant le jour, donnant à tous l'exemple de la patience, du courage et d'un dévouement soutenu par une vive foi et un ardent patriotisme (1).

Reprenons maintenant le cours de notre récit.

Parmi les *membres* de la commanderie de Puimoisson, se trouvait le château de Labaud, terre située entre les Sauzeries et les Dourbes, ayant appartenu autrefois aux Templiers. Ce hameau, visité en 1242 par Aymar, archevêque d'Embrun, réuni au bailliage de Castellane par mandement du sénéchal, en 1352, passa à l'Ordre de Malte et releva de notre commandeur, qui y possédait la moyenne et basse juridiction (la haute appartenant au roi), des terres, deux prairies et la compascuité avec la terre de Clumanc. Comme il n'y avait en ce hameau ni forteresse, ni prison, quoiqu'il fût assez peuplé, le commandeur François de Blacas obtint du Parlement de Provence un arrêt l'autorisant à faire incarcérer à Puimoisson, *ubi sunt tuti carceres*, et à y faire juger les délinquants qui seraient pris au territoire de Labaud (2).

Nous avons déjà vu que la commanderie de Puimoisson possédait des terres et des droits féodaux à Puimichel. Les seigneurs, se succédant dans la possession de ce fief, ne voyaient qu'avec peine des hommes, habitant leur terre, échapper à leur juridiction et payer à un seigneur étran-

---

(1) D'après Fouque, avocat. *Les Fastes de la Provence*, t. II, pp. 308, 309 et seq. — Ce récit a été puisé par lui dans des mémoires particuliers tout à fait dignes de foi.

(2) Arch. des B.-du-Rh., B, 861. — Acte donné le 17 septembre 1506, à Brignoles, le Parlement y siégeant à cause de la peste.

ger des redevances qu'ils se croyaient seuls fondés à percevoir. Bien souvent, des procès s'élevaient entre les deux seigneurs ; mais les droits du commandeur, établis sur des titres d'une valeur indiscutable, triomphaient toujours. En 1507, le seigneur du Puimichel voulut affirmer ses prétentions et fit démolir le four du commandeur situé au hameau, aujourd'hui disparu, de Saint-Étienne-de-la-Brègue, terroir de Puimichel. Le Parlement, saisi de l'affaire, rendit un arrêt, le 29 août 1508, condamnant Guillaume de Sabran, comte d'Arian, seigneur de Puimichel, et mandant au juge de Digne de réintégrer le commandeur en la possession de la juridiction de Saint-Étienne-de-la-Brègue (1).

On ne comprend guère qu'un commandeur, qui recourait au Parlement pour venger ses droits, eût besoin de ce Parlement pour se faire tracer son devoir. C'est pourtant ce qui arriva. Des réparations urgentes avaient été faites à l'église et au clocher ; le commandeur fut invité à participer, en sa qualité de seigneur spirituel et de gros décimateur, aux dépenses occasionnées par ces réparations. Comme il refusait obstinément son concours, les consuls le traduisirent à la cour du Parlement, qui condamna Pierre de Grasse à prendre sa part de la dépense, suivant les conventions arrêtées entre les précédents commandeurs et la communauté (2).

Il n'est pas sans intérêt pour l'historien et pour le lecteur de considérer ces pauvres syndics d'un modeste village affirmant leurs droits contre les prétentions arbitraires d'un pouvoir absolu, ne craignant pas de se mesurer avec le seigneur puissant, le traduisant à la cour du Parlement pour le ramener, par la force de la loi, à une juste appréciation de ses devoirs et pour sauvegarder

---

(1) Arch. des B.-du-Rh., H, 865.
(2) Arch. des B.-du-Rh., H, 833. — 21 avril 1512.

les droits et privilèges du peuple qu'ils représentent. Décidément, ces hommes avaient du caractère !

Mais il arrivait parfois que ce caractère, au lieu de se traduire par la force d'âme, se changeait en obstination, leur devenant ainsi plus nuisible qu'utile.

Le chevalier Jacques de Montlor, dit de Maubec, venait de prendre possession de la commanderie. Suivant l'usage et conformément au droit qu'il en avait, il demanda aux habitants de lui faire le dénombrement de leurs biens et de produire leurs titres de possession. Cette opération était dispendieuse pour les particuliers. Parfois, les titres étaient égarés ; le papier était rare ; le parchemin était cher ; les tabellions demandaient des honoraires pour les extraits ; il fallait faire enregistrer les déclarations par notaire et aux frais de l'hommageable. Les syndics prièrent le commandeur de se contenter d'un hommage collectif, qui serait fait par eux, au nom de la communauté, et occasionnerait peu de frais ; le commandeur refusa. Que faire ? On ne pouvait pas le traduire au Parlement, puisqu'il agissait dans toute la plénitude de son droit. On se réunit donc en conseil général, et il fut unanimement décidé qu'on refuserait quand même, et qu'on opposerait aux prétentions, sinon injustes, du moins insolites, du commandeur, la résistance passive. Cette fois encore, le Parlement intervint, et ce fut pour condamner les habitants à se soumettre à la loi. Qui le croirait ? La population resta sourde à cette puissante voix du Parlement et ne se départit point de son inertie. Le commandeur eut alors recours à un autre moyen qui devait triompher de cette obstination. Il leur déclara qu'il allait leur imposer de nouvelles tailles et commença par exiger le payement du droit de cabestrage, qui leur était, paraît-il, spécialement onéreux. Devant ces menaces, qui visaient le côté sensible, les habitants désarmèrent. Une délégation fut chargée d'aller apaiser le commandeur irrité, et de le faire condescendre amiablement à une transaction. Il fut décidé que les syndics s'engageraient à faire donner le dénombrement par les habitants et à faire passer les reconnaissances exigées, à payer les droits de lods et une pension annuelle de dix livres ; moyennant quoi, le commandeur tiendrait quitte la communauté du droit de cabestrage et n'imposerait aucune nouvelle taille.

Toutefois, le commandeur, ayant cru reconnaître dans l'obstination de la communauté une sorte d'esprit de révolte et une atteinte portée à la légitimité de ses droits et privilèges, jugea prudent de les affirmer à nouveau et d'en demander une confirmation authentique. Il obtint de François Ier des lettres patentes datées de Lyon (juin 1522), dans lesquelles le roi dit :

Nous inclinans à la supplication et requeste de notre amé et féal frère Jacques de Montlor, dit de Maubec, chevalier de l'Ordre de Saint Jehan, commandeur de la commanderie de Puymisson (*sic*), au diocèse de Riés, tous et chacuns des privilèges, droiz, exemptions, franchises, libertez et conventions par noz prédécesseurs, comtes de Provence, aux commandeurs de ladicte commanderie passés et octroiés, avons audict suppliant, à présent commandeur dessusdit loués, confirmés, rattifiés et approuvés, et par la teneur de ces présentes, de notre certaine science, plaine puissance et auctorité royal et provensal, louons, confirmons, rattifions et approuvons pour en joïr et user par ledict suppliant et ses successeurs a toujourmés, perpétuellement, plainement et paisiblement, tant et sy avant que luy et ses prédécesseurs en ont par cidevant deuement et justement joy et usé et qu'ils en joïssent et usent de présent, etc. (1).

Ces lettres patentes, qui consacraient ses droits d'une manière complète et absolue, servirent au commandeur

---

(1) Arch. des B.-du-Rh., série H (Ordre de Malte), liasse 829. — Pièce origin., avec grand sceau en cire verte sur queue de soie verte et rouge.

pour combattre les empiètements du prévôt de Riez. Au mépris de la transaction passée le 13 juin 1286, qui désignait les terres sur lesquelles le prévôt du chapitre devait prendre la dime, tantôt seul, tantôt avec le commandeur, le prévôt la percevait seul depuis longues années sur des terres où le commandeur seul avait le droit de la prélever. Jacques de Montlor voulut faire cesser cet abus ; il se pourvut donc par devant le juge conservateur des privilèges de l'Ordre et fit condamner le prévôt à la restitution de la dîme indûment perçue, qui fut réglée à la somme de 200 florins au bénéfice de la commanderie, non moins qu'à la ratification et à l'exécution fidèle, pour l'avenir, de la transaction de 1286 (1).

Ce commandeur, un des titulaires qui ont possédé le plus longtemps, fit, en 1540, 15 mai, le dénombrement de sa commanderie. Il déclare qu'il a en sa qualité « bon droict, juste tiltre et de toute ancienneté que n'est mémoyre d'homme le lieu de Puimoisson et tous droits de justice qu'il peut distribuer à son plaisir, faire élever gibet et pilori, qu'il lève les droits de ban, de passage, pulvérage, tasque, censes, lods. etc., qu'il reçoit hommage des manants et habitants, qui lui doivent le droit de mouture et de fournage, qu'il possède deux vignes, trente-deux séterées de pré et un jardin, etc., etc. (2). »

Par édit de François Ier, donné à Compiègne, il avait été arrêté que tous les biens précédemment aliénés par le domaine royal devraient faire retour à la couronne. En vertu de cet édit, le procureur du roi au siège de Digne fit saisir la terre de Puimoisson (1541). Jean de Boniface, commandeur, présenta requête au lieutenant du siège de Digne pour être déchargé de la saisie, car, disait-il, « le domaine de Puimoisson ne saurait être visé par l'édit en

---

(1) 14 janvier 1529. — Arch. des B.-du-Rh., H, 833.
(2) Arch. des B.-du-Rh., B, 3308. — 15 mai 1540.

question, puisqu'il n'a, en aucun temps, appartenu à la couronne de France, mais a été donné par le comte de Provence à l'Ordre de Saint-Jean de Jérusalem (1150) et qu'il a été ensuite étendu et agrandi par le moyen de donations ou d'acquisitions faites à prix d'argent et pour la plupart antérieures à la réunion du comté de Provence à la France (1). »

La question des fours et moulins, un moment assoupie, se réveilla de nouveau par la tentative, non pas cette fois des habitants, mais d'un personnage puissant possédant terre à Puimoisson. François d'Agoult et Marie de Vintimille, sa femme, entreprirent la construction d'un moulin dans leur propre fonds, situé sur le terroir, en amont des moulins banaux. Jean de Boniface dénonça cette entreprise au roi lui-même, qui avait confirmé, peu de temps auparavant, les droits de la commanderie. Des lettres de la chancellerie de François Ier ordonnèrent au Parlement de faire respecter les droits du commandeur et obligèrent François d'Agoult et Marie de Vintimille à faire démolir ce moulin, qui portait préjudice au droit de la banalité (2).

D'autre part, la communauté de Bras, où le commandeur possédait pareillement la banalité, demanda à ce dernier la faculté de construire un four et un moulin. La permission fut accordée, et une transaction fut passée, suivant laquelle lesdits habitants pourraient construire un four et un moulin dans leur terroir, à la condition de payer au commandeur une cense annuelle de trois charges de blé (10 novembre 1550).

Il semble que la condition n'était pas onéreuse, eu égard à l'importance du privilège concédé et aux avantages qui devaient en résulter. Et cependant, l'année suivante, la communauté de Bras demanda à transiger de

---

(1) Arch. des B.-du-Rh., H, 829.
(2) 22 nov. 1543. — Arch. des B.-du-Rh., H, 848.

nouveau et à renoncer à ce privilège, que les habitants de Puimoisson auraient été heureux de posséder, « actendu la grande pouvreté de ladite communauté de Bras-d'Asse, laquelle ne peult payer et satifaire audit sieur commandeur ledict service de troys charges de bled ». Dans une nouvelle transaction, il fut donc fait remise et désemparation au commandeur de tous les droits qu'il exerçait sur la communauté de Bras avant celle de 1550, qui fut annulée « par la seulle exhibition de la présente » (17 décembre 1551) (1).

Mais voici que s'ouvre un procès considérable, motivé, d'un côté, par les prétentions du commandeur et, de l'autre, par l'obstination de la commune, et qui, après bien des péripéties diverses, se termine par une importante transaction.

Les habitants, nous l'avons vu, prenaient volontiers des allures d'indépendance vis-à-vis du pouvoir seigneurial et ne négligeaient rien pour faire prévaloir ce que, à tort ou à raison, ils considéraient comme leur droit. C'est ainsi que, bien des fois, ils éludaient la loi en ne demandant pas investiture de terres par eux acquises à prix d'argent ou recueillies en héritage. Ces mutations clandestines constituaient une sorte d'usurpation et occasionnaient, en même temps qu'un préjudice matériel par la suppression du droit de lods, un préjudice moral, une atteinte sérieuse aux privilèges d'investiture que possédait le commandeur.

Claude de Glandevès voulut enrayer la marche de cet abus. Il posa en principe qu'il possédait non seulement la juridiction générale, mais encore la directe particulière de toutes et chacunes terres du pays ; se plaignant ensuite de ce que plusieurs de ces propriétés avaient été usurpées

---

(1) Arch. des B.-du-Rh., H, 858. — Les deux actes sont enregistrés en un seul petit cahier.

sans titre, investiture et son légitime consentement, il demanda que les particuliers fussent tenus d'exhiber leurs titres emphytéotiques ou équivalents, de lui faire dénombrement, et que ceux qui ne pourraient montrer leurs titres fussent condamnés à désemparer.

La communauté déclara que les particuliers ne pouvaient être obligés à aucune exhibition de titres, « parce que les biens par eux tenus et possédés avaient esté tenus et possédés du tousjours par eux et leurs prédécesseurs desquels ils avaient cause, voyant et non contredisant ledit commandeur, laquelle patiance et tollérance leur doibt servir de titre ».

L'affaire fut portée au Parlement d'Aix, qui condamna les particuliers à faire le dénombrement réclamé par le commandeur, à exhiber les titres emphytéotiques ou équivalents par devant le commissaire à ce député par la cour (12 décembre 1555).

La communauté ne se tint pas pour battue ; elle s'adressa directement au roi, pour obtenir que l'affaire fût évoquée à un autre Parlement, « prétendant avoir nombre suffisant de récusables ». Le roi la renvoya à son grand conseil. L'avis du grand conseil fut que le roi devait évoquer à soi ladite instance. Il le fit et renvoya le procès par devant la cour du Parlement de Grenoble, condamnant le commandeur aux dépens, qui furent liquidés à la somme de 391 livres tournois.

Devant la cour de Grenoble, la communauté changea de tactique et prétendit simplement que tous ses biens étant *allodiaux* de leur nature, c'était au commandeur à exhiber les titres particuliers par lesquels lui ou ses prédécesseurs avaient acquis le droit de directe sur toutes et chacunes propriétés du terroir ; elle récusait aussi les transactions et l'arrêt de la cour d'Aix. Le commandeur se préparait à maintenir cet arrêt de toutes ses forces. Mais les parties, avant de s'engager dans ce nouveau procès, prêtèrent l'oreille aux persuasions d'un ami commun, qui les amena à sortir de procès à l'amiable par le moyen d'une transaction.

Elle fut passée sur la place, dans un appareil tout à fait solennel. Au jour indiqué, la grosse cloche convoqua le conseil général ; quatre-vingt-seize chefs de famille, « faisant la plus grande et plus saine partie des hommes manants, habitans, tenans biens audit Puimoisson, à scavoir de trois parties les deux et des plus entiens (anciens) pour lesquels la république est régie et gouvernée *per modum universi* et congrégés comme de coustume », se rendirent au lieu désigné. Bientôt, arrivèrent le commandeur Claude de Glandevès, Hodet Audibert, tabellion royal de Puimoisson, Antoine de Gallice, tabellion de la cité de Riez, Claude Serezen, juge, Jacques Paulonia, médecin, Antoine Gasquet, écuyer, tous de Manosque, et Antoine de Rochas, de Digne, chanoine de Riez, pris pour témoins ; Maximin Bouteille, Georges Gallois, Gaspard Ardoin, consuls, et finalement Suffrat Gallois, lieutenant du juge de la cour ordinaire de Puimoisson, qui autorisait la réunion et lui donnait un caractère officiel.

Il fut convenu :

1º Que tous et chacun propriétaires seront tenus de faire dénombrement de leurs biens au commandeur un mois après qu'ils en auront été requis ; de déclarer qu'ils se reconnaissent mouvant de sa directe ; de lui passer reconnaissance, de lui payer les droits de lods suivant et en la forme qu'il a été stipulé dans la transaction de 1491.

2º Qu'on ne pourrait aliéner que dans la forme de droit et selon les coutumes.

3º Que pour les droits de censes, tasques et services, la communauté payera au commandeur une rente annuelle de 10 livres tournois à chaque fête de Notre-Dame de février ; moyennant quoi, le seigneur tient quitte la communauté de tous droits de services, tasques, censes, etc.

4º Si quelqu'un venait à molester un particulier, prétendant que les biens qu'il possède relèvent de la directe d'un autre seigneur, le commandeur sera tenu d'assister au procès, de prendre la défense de celui qui sera mis en cause ; « toutefois, en cas de succombance, ce que on ne croyt, ne sera tenu le commandeur que de tenir quitte celluy qui succombera des droits à lui recogneus pour raison de sa directe et seigneurie, à cause de la pièce et propriété que se pourrait treuver de la directe d'un autre. »

5º Le seigneur renonce à prélever son droit de cabestrage, qui était d'une journée par troupeau de bétail étranger qu'on amenait dans le pays pour fouler le blé, et autorise la communauté à faire l'acquisition d'une maison commune, tenant à sa directe et franche de lausime.

6º De son côté, la communauté ne fera plus payer au commandeur aucune taille pour les biens, vignes, jardins acquis par lui ou ses prédécesseurs, biens non nobles, quoique incorporés à la commanderie, et sujets à la taille.

Cette transaction, après qu'elle aura été ratifiée par le chapitre provincial de l'Ordre, devra être soumise par les parties à l'homologation de la cour du Parlement de Grenoble. Mais, dans le cas où il interviendrait procès pour l'interprétation ou rescission de cet instrument, la communauté déclare que les parties ne pourront se pourvoir autre part que par devant le Parlement de Grenoble, « non entendant, en icelluy cas, se départir du droit de leur évocation dudit procès audit Parlement où la matière est évoquée ». Comme garantie, le commandeur engage tous ses biens personnels et ceux de la commanderie, et les consuls obligent les leurs et ceux de la communauté *per modum universi*.

Ainsi se termina à l'amiable ce procès qui durait depuis quatre ans.

A la vérité, la commune n'eut pas gain de cause sur le point fondamental du litige, et, comme par ci-devant, fut obligée aux reconnaissances, aux dénombrements et au droit de lods. Mais elle s'exonéra du droit de cabestrage ; se libéra, moyennant une modique rétribution annuelle, des droits de cense, tasque, services ; acquit la faculté de posséder une maison de ville, et l'on peut dire, en somme, que si la tentative essayée n'eut pas tout le résultat qu'on en attendait, elle eut encore un succès relatif, puisqu'elle donna lieu à une transaction qui améliorait la situation matérielle et morale des habitants, et constituait une sorte de petite conquête sur les droits féodaux et un pas de plus dans la voie de l'émancipation (1).

---

(1) Pénultième février 1558. — Arch. des B.-du-Rh., H, 847.

CHAPITRE VII

Guerres de religion. — Invasion d'Antoine de Mauvans (1560). — La chapelle de Saint-Apollinaire saccagée. — Procès entre le commandeur et le prieur de Moustiers. — Puimoisson est pris par Baschi, d'Estoublon (1574). — Il est repris par le maréchal de Retz (4 décembre 1574). — Puimoisson tient pour les Razats. — Il est pris par les Huguenots du parti. — De Vins s'en empare (1585). — Puimoisson tient pour la Ligue. — Tentative d'escalade du sieur d'Espinouse. — Il est tué sous les murs du château (26 décembre 1587). — Passage d'Epernon à Puimoisson. — Il y séjourne. — Puimoisson réduit à l'obéissance du roi par Lesdiguières.

Les cruelles guerres de la religion et de la Ligue, qui, pendant près de quarante ans, ensanglantèrent la France (1559-1598), eurent leur douloureux écho dans notre pays. La position de notre bourg, son voisinage de Riez et, par-dessus tout, la présence de sa forteresse féodale, avec ses huit tours crénelées et ses épaisses murailles, à l'abri desquelles l'ennemi devenait tout d'un coup puissant et pouvait facilement soutenir un siège, attiraient forcément l'attention et l'exposaient aux incursions des partis. Pris ou repris cinq fois successivement par les religionnaires, par les ligueurs, par les royalistes, Puimoisson ressentit plus cruellement que bien d'autres pays toutes les horreurs de la guerre civile.

Les archives municipales étant devenues la proie des flammes au cours de ces guerres malheureuses, nous serons réduits à utiliser les documents que pourront nous fournir soit l'histoire générale, soit certains mémoires particuliers, soit le trésor des archives des Bouches-du-Rhône.

A la suite des discussions sanglantes qui se produisirent à Castellane entre catholiques et protestants (1559) et que nous n'avons pas à relater ici, Antoine de Richieud, sieur de Mauvans, nouvellement converti à la religion réformée, se mit à la tête de trois cents sectaires et, après avoir saccagé le pays, massacré ou incendié tout ce qui se trouvait sur son passage, se jeta sur Senez, dont il dévasta la cathédrale, brûla le palais épiscopal. De là, il se précipita sur Barrême, où il rançonna les habitants, dépouilla les chapelles et livra aux flammes les archives communales. « Il courut ensuite, nous dit Bouche, par tous les villages voisins du diocèse de Senez, de Riez, de Glandèves, démolissant les églises, brûlant les images, emportant croix et calices, et fit toutes sortes d'indignités tant aux ecclésiastiques qu'aux catholiques (1). »

Puimoisson ne fut pas à l'abri des fureurs du farouche Mauvans, et c'est de cette incursion qu'il faut faire dater la disparition de nos archives et la dégradation de notre belle église de Saint-Apollinaire ; car, nous disent les archives des Bouches-du-Rhône, « durant lesdicts troubles, ladicte église Saint-Pollinart fut assaillie et prise par gens de guerre, ceux de la religion prétendue réformée, quy

---

Bouche, t. II, p. 628.

auraient desmoli et abattu les autels, ymaiges et portes de ladicte église, et fut désolée, polluée et contaminée par calamité du temps et courses de ceux qui portaient les armes, ennemis de la religion catholique (1). »

Ce misérable sectaire ne devait pas poursuivre longtemps le cours de ses brigandages. Tandis qu'il se rendait au château de Flayosc, où devait avoir lieu le jugement de sa cause et de celle de son frère, par devant Claude Ier de Villeneuve, marquis de Trans, il dut entrer dans la ville de Draguignan avec sa bande. La population l'ayant reconnu, elle voulut venger sur lui les excès journaliers dont le récit la comblait d'horreur ; Antoine de Richieud fut massacré, salé et porté à Aix, où il fut pendu (2).

Cependant, notre chapelle de Saint-Apollinaire avait été saccagée. Vases sacrés, ornements, tableaux, meubles, tout avait disparu. Les ruines des autels abattus jonchaient le sol. Des brèches considérables faites aux murs extérieurs lui donnaient l'aspect désolé d'une ruine. Le service divin, forcément interrompu, n'avait pas été repris, le commandeur ayant négligé de la remettre en état.

Le prieur de Moustiers, Guillaume Abeille, de concert avec son neveu, Jean Abeille, prétendit que la chapelle, ne servant plus au culte, avait perdu ses droits à la dîme et que, dès lors, lui, prieur, devait être seul en droit de la prélever sur les terres de Saint-Apollinaire, enclavées dans le terroir de Moustiers. « L'église, disait son avocat, ayant été polluée et contaminée par les religionnaires, a perdu son droit de dîme; d'ailleurs, ajoute-t-il, il n'y a plus les choses nécessaires au culte, qui n'y est plus célébré. »

A quoi, le commandeur Antoine Flotte, dit de la Roche,

---

(1) Arch. des B.-du-Rh., H, 851.
(2) Bouche, t. II, p. 628. — Gauffridi, *Histoire de Provence*, l. XI, f° 498. — Papon, t. IV., l. XI, f° 147.

répond : « Que si l'église de Saint-Apollinaire a été assaillie, prise, saccagée par les gens de guerre, elle n'a pas été totalement ruinée, mais seulement *désolée*, et que depuis il a fait *redresser* et mettre en état ladicte église et tout ce qui est nécessaire pour décence d'icelle, où le divin office est célébré suivant l'institution de coustume ancienne ; qu'en ce moment elle est droicte et en bon estat, garnie de toutes choses requises à une église où aux festes solennelles on célèbre plusieurs messes et y sont faites processions de grande dévotion ; que le second jour de Pasques, chasque année, on va en procession dudict lieu de Puymoisson à ladicte église Saint-Polinart, à laquelle de tous les lieux circonvoisins se trouve grand quantité de peuple en dévotion, où se célèbre l'office divin par les prestres qui sont aux gages du sieur commandeur tant pour son église de Puymoisson que dudict Saint-Polinart (1). »

Le procès, qui dura fort longtemps, fut terminé par une sentence interlocutoire, puis définitive, du juge, qui maintint le commandeur dans le droit de prélever la dîme au trézain sur tous les grains de cette partie du terroir selon les limites énoncées d'autre part (2).

Mais voici venir les guerres de la Ligue. A son début, cette guerre civile eut à la fois un caractère religieux et national ; elle fut aussi une guerre politique dirigée en faveur de l'ambition égoïste d'une famille.

Albert de Gondy, maréchal de Retz, successeur d'Honoré de Tende dans le gouvernement de la Provence, n'était pas encore à Aix. Mettant à profit son absence, les protes-

---

(1) Quelquefois l'affluence du peuple était si grande à cette procession qu'on était obligé de dire la messe hors de la chapelle, afin que tous les pèlerins pussent y assister.

(2) Cette sentence fut confirmée par un arrêt, peu de temps après. — Arch. des B.-du-Rh., H, 851.

tants lèvent l'étendard de la guerre civile. Cinq cents calvinistes, guidés par Thaddée de Baschi, seigneur d'Estoublon, et par Timothée du Mas de l'Isle, frère du baron d'Allemagne et beau-frère de Baschi, se mirent à guerroyer dans nos pays. Après s'être emparé de la ville de Riez, le 5 du mois de juillet 1574, ils vinrent faire le siège de Puimoisson, et, s'en étant rendus maîtres, ils exercèrent les plus incroyables cruautés et les plus indignes profanations. L'église fut souillée, les autels renversés, les images brûlées, les vases sacrés d'or et d'argent pillés. Il n'est pas d'excès auxquels ils ne se portassent contre les personnes et les choses. Un vénérable chanoine de la métropole de Saint-Sauveur, à Aix, François Bouche, frère de Balthazard Bouche et oncle du grand historien qui devait illustrer la Provence, étant venu à Puimoisson pour visiter sa famille, qui en était originaire et qui y résidait, fut impitoyablement massacré « par les libertins de la nouvelle religion » (août 1574)(1). Combien d'autres victimes ignorées ont dû succomber sous le fer de ces abominables sectaires !

Cette domination cruelle durait depuis cinq mois. Les calvinistes, fortifiés dans le château du commandeur, continuaient à semer l'épouvante dans tous les environs et semblaient défier les approches de l'ennemi. Et ce n'était pas Puimoisson seul qui gémissait sous le joug sanglant des religionnaires. Gréoulx, Allemagne, Riez, Espinouse, Digne, Seyne étaient entre leurs mains. Il devenait urgent de reprendre toutes ces places, de remédier à tant de maux et de couper chemin à la marche toujours de plus en plus envahissante d'un ennemi qui se croyait tout permis et menaçait d'occuper toute la Provence.

---

(1) Le 17 août 1575, il fut fait à Aix « le Cantar du bout de l'an », pour François Bouche, chanoine de Saint-Sauveur d'Aix, tué par les libertins de la nouvelle religion. — Roux Alphéran, les Rues d'Aix, t. I, pp. 235-236.

Le 19 novembre 1574, le maréchal de Retz partit d'Aix, accompagné d'Henri d'Angoulême, Grand Prieur de France, du comte de Carces, du vicomte de Cadenet, du sieur de Vins et d'autres gentilshommes de Provence, et, après avoir repris Gréoulx sur les religionnaires, vint hardiment mettre le siège devant Riez et Puimoisson. Ici, la place était commandée par Honoré de Grasse, sieur de Tanaron, Antoine de Grasse, sieur de Montauroux, Honoré Sartoux, dit le capitaine Collomb, Jacques Gastaud, Gaspard Moret, etc., etc.

Bouche semble dire que l'ennemi ne fit pas grande résistance. A la vérité, Riez capitula comme avait fait Gréoulx. Le déploiement considérable des forces amenées par le sieur de Flassans, le baron des Arcs, le renfort de trois mille Suisses qui venaient de Manosque pour prendre part à la lutte sous les drapeaux du maréchal de Retz (1) étaient bien faits pour déconcerter l'ennemi et lui faire perdre l'espoir d'une victoire. Néanmoins, les religionnaires renfermés dans le château de Puimoisson essayèrent de résister et le siège commença. Les assaillants pointèrent le canon vers la partie du château qui regardait le cimetière et parvinrent à faire une large brèche du côté des bas offices (2). La place fut vivement disputée. Le guidon du maréchal de Retz y fut blessé ; de Vins eut un cheval tué sous lui ; les catholiques y perdirent vingt hommes, mais parvinrent à s'emparer du pays (4 décembre 1574).

---

(1) Dans *les Mémoires du sieur du Teil*, sous le numéro VIII, on lit : « En ladite année 1574, logèrent en cette ville (Manosque) troys mille Suisses durant huit jours, qui reprirent Riez et Puimoisson. »

(2) « Dans la cuisine, on voyait encore la marque d'une brèche qui avait été faite du temps des guerres civiles ; on avait fiché dans cette brèche, visant au cimetière, trois boulets de gros calibre pour en perpétuer le souvenir. » Extrait d'un mémoire dressé, en 1789, par le sieur Martin et conservé aux archives paroissiales.

Les calvinistes y éprouvèrent des pertes sensibles. Ceux d'entre eux qui purent échapper se réfugièrent dans le couvent des Carmes de Trévans, qui leur avait déjà servi d'asile et de place forte, en 1560, et qui, l'année suivante, fut pris et rasé par le comte de Carces (30 août 1575).

En ces temps d'anarchie sociale et de perturbation universelle, les chemins n'étaient pas sûrs. Des bandes de pillards s'organisaient partout et, comme après la Révolution, profitaient du désarroi général pour accomplir leurs tristes exploits. Deux insignes malfaiteurs, Sébastien Fabre, de Mane, et Guillaume Ripert, de Saint-Étienne de Cruis, choisirent les avenues de Puimoisson pour y exercer leurs brigandages et, tombant sur Charles Giraud, muletier, de Callas, et sur Raymond, bâtier, de Moustiers, les assassinèrent et les pillèrent. Le crime, ayant été commis dans le terroir de Puimoisson, relevait de la juridiction du commandeur. Les deux assassins furent saisis, jugés et condamnés à être fouettés par l'exécuteur des hautes œuvres par tous les lieux et carrefours de la ville d'Aix jusqu'à la place des Jacobins, à avoir les deux oreilles coupées sur le pilori, et furent ensuite transférés sur les galères royales, avec défense d'en sortir sous peine d'être pendus et étranglés (1).

Après avoir chassé l'ennemi de ses murs, Puimoisson s'occupait à réparer les maux de la guerre, à relever ses ruines, à échapper à la disette qui menaçait les habitants, mettant ainsi à profit les bienfaits d'une paix relative qu'on croyait durable et qui ne fut qu'une trêve de quelques années. La disgrâce et la retraite du comte de Carces vint bientôt semer dans le pays de nouveaux germes de sédition et attiser le feu de la guerre civile ; l'on vit alors la Provence se diviser en deux partis : l'un tenait pour Jean

---

(1) Cette sentence du juge de Puimoisson fut confirmée par un arrêt du Parlement en date du 10 juin 1577. — Arch. des B.-du-Rh., H, 843.

de Pontevès et s'appelait le parti des Carcistes ; l'autre tenait pour le maréchal de Retz et prit le nom de parti des Razatz.

Puimoisson, fidèle au gouvernement et s'inspirant de la conduite de la ville de Riez, embrassa le parti du maréchal de Retz, qui, quatre ans auparavant, l'avait délivré du joug cruel des religionnaires. Or, le parti des Razatz comptait maintenant dans ses rangs, non seulement des catholiques, mais aussi des huguenots, et ces derniers, sous prétexte de soutenir le parti national, profitèrent des circonstances pour servir leur propre parti. Ils jugèrent donc à propos de s'emparer de nouveau de Riez et de Puimoisson, moins pour les empêcher de tomber au pouvoir des Carcistes que pour en faire des places huguenotes. Ils s'y établirent (1578) ; mais leur domination, cette fois, ne fut pas de longue durée. Henri de Valois d'Angoulême, nouveau gouverneur de la Provence, envoya des forces pour faire évacuer ces deux places, et les calvinistes durent se retirer (1578).

Sept années s'écoulèrent pendant lesquelles notre pays jouit d'une tranquillité longtemps désirée. La guerre, dite des trois Henri, vint bientôt rallumer toutes les fureurs de la Ligue (1). Ses partisans eurent hâte de s'emparer de Puimoisson, regardé comme une place importante. C'est dans ce but que le fameux de Vins, neveu du comte de Carces et généralissime des ligueurs de Provence, vint en faire le siège, après s'être emparé de Saint-Paul et de Riez. Ce fut le capitaine Cartier, ardent ligueur, qui s'en empara et en prit possession au nom de la Ligue (avril 1585).

Les calvinistes, cependant, s'agitaient toujours. De Vins méditait de les frapper au cœur en attaquant, dans son

---

(1) Henri III, roi de France ; Henri de Guise, ligueur ; Henri de Navarre, calviniste.

château, le fameux baron d'Allemagne, qui était leur chef. On sait quelle fut l'issue de cette lamentable bataille, qui eut pour théâtre le modeste village d'Allemagne et dans laquelle, d'après les mémoires du temps, périrent plus de douze cents catholiques sous les coups des huguenots, commandés par Lesdiguières (5 septembre 1586) (1).

Après cette sanglante défaite, de Vins se réfugia à Riez et doubla la garnison du château de Puimoisson, qui fut de nouveau converti en une véritable forteresse. Les meurtrières furent garnies de couleuvrines, les tours, garnies de soldats, les caves, remplies de munitions de guerre et de provisions ; des sentinelles faisaient la ronde, jour et nuit, sur les remparts. Plusieurs fois, les calvinistes avaient tenté de s'en emparer, soit par force, soit par surprise, afin de s'y retrancher et, de là, tomber sur de Vins, qui était à Riez, et l'écraser. Plusieurs assauts vigoureux avaient été tentés en plein jour, mais sans succès ; l'ennemi, réduit à l'impuissance devant ces formidables murailles, était obligé de battre en retraite, en laissant après lui des morts et des prisonniers. Déjà, Claude de Gabriellis, ardent calviniste, était enfermé sous bonne garde dans la tour du château ; un grand nombre des siens, prisonniers comme lui, remplissaient les cachots de Moustiers.

Le seigneur d'Espinouse, un des chefs du parti huguenot, forma le projet hardi de s'emparer de nuit du château et de délivrer ses coreligionnaires, voulant ainsi venger d'un seul coup tous les échecs que son parti avait éprouvés sous les murs de cette puissante forteresse.

Dans ce but, il se dirigea vers Puimoisson, à la tête de ses troupes, et le moment venu, afin de mieux tromper la vigilance des sentinelles, il fit tenir ses soldats à l'écart

---

(1) Voir Louvet, *Histoire des troubles de Provence* ; Fisquet, *Riez*, p. 400 ; Féraud, *Histoire et Géographie des Basses-Alpes*, p. 187, etc.

et s'approcha sans bruit des murs du château pour mieux le reconnaître et prendre ses dispositions en vue d'une escalade. Tandis qu'il essayait de planter un mât, il fut aperçu par la sentinelle et par la ronde. Il voulut fuir alors, mais un coup d'arquebuse l'étendit raide mort sur la place. C'était le 26 décembre 1587, vers l'heure de minuit. Mais laissons-nous raconter ce sanglant épisode par nos bons consuls, qui en furent les témoins. En effet, Jean de Selhare, prévôt des maréchaux, reçut ordre de la cour de venir faire une information secrète sur la tentative d'invasion du sieur d'Espinouse. Il partit d'Aix, le 31 décembre, accompagné d'un huissier de la cour, d'un greffier et de onze archers, et, étant arrivé à Puimoisson, fit comparaître Melchior Bouche, Barthélemy Nicolas et Jacques Surian, qui lui firent le récit qu'on va lire :

« ... Nous auraient dict et respondu que dimanche dernier et sur les minuit, ledict sieur d'Espinouze accompagné de quelques ungs estaient là venus aux fins de recognoistre ledict lieu, pour icelluy surprendre, et de faict se seroict, ledict feu sieur, approché du château dudict lieu pour icelluy recognoistre et commencé de faire ung trou en terre aux fins de poser une bigue, pour par ce moyen mettre une eschelle et prendre ledict lieu par escallade, et faisant le trou feut descouvert par la sentinelle dudict château et combien que ladite sentinelle dudit château heust crié par beaucoup de fois, dont personne n'aurait rien dict, et passant la ronde sur les murailles du château (1), entendant ladicte sentinelle crier et voyant ledict feu sieur d'Espinouze estre descouvert par ladicte sentinelle, se mist en fuite, et le voyant ainsi fouyr, luy feust tiré un coup d'arquebuzade ; et après une troupe des

---

(1) Il existait donc un chemin de ronde pratiqué en dessus des murs du château, dans leur épaisseur, permettant de circuler d'une tour à l'autre.

habitants dudict lieu sourtirent et apprès avoyr icelluy recongneu feut porté dans le fort dudict château, mort, lequel despuy ils ont faict acomoder *(sic)* et faict embaulmer par ung chirurgien et d'icelluy corp leve les entrailhes et les molles de sa teste ; quoy entendu, nous aurions requis lesdicts consuls de nous le fère voir en quel estat il estait. Et après, en compagnie desdicts consuls, nous serions acheminés aux forts ou estant aurions atreuvé ledict sieur d'Espinouze estant mort, le long d'une chaiz, vestu dun acoustrement de vellours gris et un bas de drap gris, et après avoir icelluy veu nous en serions revenus en notre dict lougis et neantmoings aurions requis lesdits consuls ou estait Claude de Gabriellis prisonnier, lesquels nous auraient dict qu'il estait dans le chateau et a ung lieu bien asseuré, les ayans néantmoings admonestés de le fère bien garder, ce qu'ilz auraient promis fère...... »

Suivant le pouvoir qu'il en avait reçu, le prévôt se saisit des coupables, séquestra leurs biens et fit transférer Claude de Gabriellis et ses complices dans les prisons d'Aix. Quant au sieur d'Espinouze, bien qu'il eût été tué, la procédure à son encontre n'en suivit pas moins son cours, et, selon la coutume de l'époque, le cadavre fut traduit en justice et convaincu du crime de lèse-majesté (janvier 1588) (1).

Cependant, le château de Puimoisson était toujours gardé, et le payement du commandant et la nourriture des gens de guerre constituaient de lourdes charges pour le pays. Le 2 décembre 1590, le chevalier de Tournon, qui commandait la place, ne parvenant pas à se faire payer

---

(1) Arch. des B.-du-Rh., B, 1494. — Cahier de trente-deux pages, ayant trait à l'invasion de Puimoisson. Document intéressant à cause de la façon de procéder pour les crimes de cette nature, laquelle est mentionnée dans très peu d'actes contemporains.

ses états de gouverneur et les contributions de guerre, fit saisir Balthazar Bouteille, Jacques Rougon, Gaspard Bouche « et quelque nombre de gros bétail » et contraignit Antoine Giraud, marchand, de Riez, de le payer. Celui-ci n'en voulant rien faire, la communauté députa, à Digne, le capitaine Louis Maistre et le chargea d'acheter un cheval pour M. de Tournon. On allait l'amener, lorsque le chevalier de Saint-Jeannet, sieur de Mouresse, leur fit remarquer que le cheval pourrait bien être pris en chemin par les ennemis. La communauté le paya; M. de Saint-Jeannet le garda à la disposition de M. de Tournon, et les détenus furent relâchés (1).

Cependant, le duc d'Epernon venait d'obtenir du roi le commandement général des troupes; or, c'était le gouvernement de la Provence que ses amis et lui sollicitaient avec instance. Il était donc mécontent. Au lieu de saluer, dans l'abjuration du roi (1593), l'avénement d'une paix si universellement désirée, cet homme factieux n'y vit que la cessation de la guerre, qui en était une conséquence, et la perte de son autorité. Le roi, qui se rendait compte de ses dispositions et de son impopularité, l'avait fait engager par toutes les voies de la persuasion à se démettre de son gouvernement, lui promettant toutes les satisfactions qu'il désirerait. Il ne reçut jamais que des réponses froides et évasives.

Malgré les ordres du roi et la répugnance du pays, Puimoisson et Riez tenaient encore pour le duc d'Epernon. Il comptait même beaucoup sur ces deux places et y entretenait de fortes garnisons, lorsqu'il apprit qu'elles lui échappaient, grâce à la défection d'Antoine de Pontevès, qui passait pour un de ses amis. Ce dernier, en effet, gouverneur de Moustiers, secondé par les troupes de Lesdiguières, rival d'Epernon, venait, par un habile coup de

---

(1) Arch. municip., P, 15.

main, de s'emparer de la ville de Riez, dans la nuit du 26 octobre 1595. Bien que la citadelle eût résisté et refusé de se rendre, l'ennemi n'était pas moins dans les murs et la défection de Riez pouvait amener, à brève échéance, celle de Puimoisson.

En apprenant cette nouvelle, dit Louvet, « d'Epernon partit de Sisteron au commencement de novembre, par un si mauvais temps de pluie, qui avait continué toute l'automne, et un si grand débord d'eau, que ce fut miracle quand il ne se noya au passage des rivières plus de gens qu'il ne fit, et, après avoir séjourné deux jours à Puimoisson et visité la citadelle de Riez, qu'il ravitailla, il se retira précipitamment à Brignoles (1) ».

Pendant ce temps, le pouvoir du duc de Guise, comme gouverneur de la Provence, avait été vérifié (17 novembre 1595), et Puimoisson, néanmoins, tenait toujours pour le parti du duc d'Epernon, ainsi que Norante, Blieux, Saint-André, etc.

Le roi, étant à Lyon, avait persuadé à Lesdiguières d'accepter la lieutenance générale de la Provence et le gouvernement de Sisteron. Il voulait, par ce moyen, l'intéresser davantage à chasser d'Epernon de la Provence et guider les armes du duc de Guise, le nouveau gouverneur.

Le comte de Carces, qui ne voyait pas de bon œil cette lieutenance générale de Lesdiguières et sa nomination au gouvernement de Sisteron, dirigea des menées contre lui et fit si bien que, lorsque Lesdiguières se présenta à Aix pour faire vérifier les lettres patentes le nommant lieutenant général du roi en Provence, le Parlement refusa de les vérifier, sous prétexte qu'il était protestant. Il dissimula cette injure, et, pour sortir avec honneur de la Provence, aussi pour témoigner sa reconnaissance au roi, il

---

(1) Louvet, *Histoire des troubles de Provence*, IIe partie, p. 552

prit Martigues et Marignane. Puis, ayant reçu un canon de Pertuis et de Sisteron, il attaqua et prit Vinon, la citadelle de Riez, Puimoisson, Blieux, Saint-André, Norante, qui étaient restés fidèles à d'Epernon, les soumit au roi et se retira de bonne grâce en Dauphiné (décembre 1595) (1).

Puimoisson, en ce moment, n'était pas en état d'opposer une longue résistance. La garnison était affaiblie par des défections journalières. Les quelques soldats qui restaient trouvaient à grand'peine les subsistances nécessaires dans ce pays épuisé par de longues luttes et miné par la disette. D'autre part, la fuite du duc d'Epernon n'était pas faite pour ranimer le courage de ses partisans, et ce fut sans coup férir, sans même essayer de la résistance, que le capitaine Mouton, pour lors gouverneur du château, céda la place à Lesdiguières et fit sa soumission entre les mains de ce grand capitaine (décembre 1595) (2).

---

(1) D'après, Louvet, *Additions*, II° partie, p. 315.

(2) Dans les procès-verbaux de réduction des dettes de la communauté, nous avons pu constater que « le lieu était dans une grande extrême nécessité de grains » et que les consuls en empruntaient à des prix exhorbitants « pour fournir vivres au capitaine Mouton et à ses hommes qui gardaient le château ». — Arch. municip., P, 15.

CHAPITRE VIII

État et consistance des biens de la commanderie (1597). — Réduction (1599) et réformation des créances de la communauté (1600). — Procès au sujet de l'aumône et transaction (1603). — Tentative d'empoisonnement général (1613). — Procès, saisie des revenus de la commanderie, main-levée. — Transaction avec le commandeur (1619). — Reconnaissances. — Andronys, fratricides condamnés et exécutés en effigie (1620). — Procès d'améliorissement (1622). — Établissement du Saint-Rosaire (1626). — Pénitents. — Réparations à Notre-Dame de Belle-Vue.

Après les luttes sanglantes de la Ligue, la paix était enfin rendue au pays. Puimoisson avait cruellement ressenti tous les maux de la guerre et servi de théâtre à plus d'un combat. Successivement au pouvoir des huguenots, des ligueurs, des royalistes, des révoltés, pris par les uns, repris par les autres, il avait vu couler le sang de ses ennemis et aussi de ses amis et disparaître ses ressources en argent et en grains. Ces incursions incessantes, ces garnisons qui séjournaient dans ses murs et se renouvelaient sans cesse, parfois s'augmentant, avaient complètement épuisé le pays. Les terres laissées en friche ou ensemencées dans de mauvaises conditions, ne donnant que des demi-récoltes, avaient eu pour conséquence d'accentuer l'état de gêne en élevant le prix du grain.

La communauté avait dû emprunter à de nombreux particuliers de Puimoisson et d'ailleurs des secours en blé, en espèces, en bestiaux. Profitant des circonstances troublées dans lesquelles s'opéraient ces emprunts, les prêteurs avaient eu soin de prélever, au moment du prêt, les intérêts d'un an ou même de deux à des taux usuraires, variant du dix au douze. Lorsque la paix fut rétablie, les créanciers se présentèrent pour être remboursés. Les uns réclamaient plus qu'ils n'avaient prêté ; d'autres voulaient qu'on leur payât le blé au cours actuel, qui était de beaucoup supérieur au taux en vigueur lors de la livraison. La communauté fut effrayée à la vue du gouffre immense qu'elle voyait creusé devant elle et comprit qu'il était nécessaire de faire rabattre par qui de droit ces prétentions exorbitantes et de faire réduire les créances à leur légitime valeur. Elle présenta donc une requête à Nosseigneurs tenant la souveraine Cour au Parlement de Provence, afin d'avoir commission pour faire assigner les créanciers et pour faire procéder à la réduction des contrats faits à son préjudice.

Par décret du 24 mars 1598, la Cour commit et députa Guillaume de Faucon, sieur de Sainte-Marguerite, conseiller du roi et lieutenant principal des soumissions au siège de Digne, à l'effet de procéder à la vérification des dettes et à la réduction des contrats. Balthazard Audibert, notaire, fut délégué pour lui porter sa commission.

Le commissaire, Guillaume de Faucon, arriva à Puimoisson le 18 janvier 1599, en compagnie de Jacques Saunier, son secrétaire, descendit à l'auberge « où pend pour enseigne la figure du Soleil », tenue par Étienne Nicolas, et, dès le lendemain, 19 janvier, fit comparaître les créanciers devant une commission nommée par lui et composée des trois consuls en exercice, de quatre délégués de la communauté et de l'avocat Louis Bernard, chargé d'*impugner* les obligations et d'en demander la réduction. Les titres furent produits et discutés ; le blé fut coté au cours moyen de l'année et du mois où il avait été vendu ; les intérêts furent tous invariablement réduits au taux du cinq pour cent, et il fut tenu compte de ceux prélevés lors de la passation du contrat (1).

Dans cet intervalle, une Chambre spéciale fut créée par le roi pour s'occuper du fait des réductions dans le pays de Provence, conformément aux dispositions d'un règlement particulier établi à cet effet. Les consuls de Puimoisson, qui avaient pris l'initiative de faire procéder à ces réductions avant la promulgation de ce règlement, demandèrent qu'il fût procédé à la *réformation* des réductions opérées.

La Chambre délégua de nouveau Guillaume de Faucon, sieur en partie d'Aiglun et de Mallemoisson, conseiller du roi et lieutenant principal des soumissions au siège de Digne. Le 25 septembre 1600, le commissaire se transporta donc à Puimoisson et, dès le 26 septembre, fit comparaître les créanciers devant une commission analogue à celle qui avait présidé aux réductions de 1599. On réforma les créances et les réductions qui paraissaient le demander, d'une manière conforme aux dispositions du règlement. Peu se regardèrent lésés dans leurs intérêts et firent appel ; le plus grand nombre se soumit et accepta la réduction.

Cependant le chevalier d'Astros venait de prendre possession de la commanderie et voulut faire dresser un état détaillé de ses biens et revenus. Nous pensons que le

---

(1) Le prix du blé fut coté à 3, 4 ou 5 écus la charge, suivant l'époque d'achat, et le vin au prix unique de 36 sous la coupe. — Arch. mun., P, 15.

lecteur sera bien aise de connaître d'une manière exacte l'étendue de ces biens et l'importance de ces revenus, en 1597; nous allons donc résumer cette pièce, qui ne manque pas d'intérêt.

Les terres de la commanderie situées dans le terroir de Puimoisson, en y comprenant le domaine de Mauroue, contiennent la valeur de quatre-vingts charges de semence de froment. Seize bœufs et deux mulets labouraient cette grande superficie de terre.

Deux membres ou filholles, comme dit le procès-verbal, dépendaient du chef, qui était Puimoisson; l'un, en terre de Clmmanc, nommé Labaud, rendait quatorze charges de froment; l'autre, appelé l'Hospitalet de Puimichel, en rendait douze.

Les terres *descartens* et la dîme de Saint-Jean-de-Bresc, terroir de Fos, rendaient huit à dix charges de blé par an.

Courbon, membre assez important jadis, ne rendait plus que quatre sestiers de fèves.

Il est à noter, dit l'exposant, que les devanciers ont laissé *couller* plusieurs censes, services et droits seigneuriaux, tant à Puimichel, Courbon, « Chénerilles et Bras, que une grande partie s'en recouvreraient y ayant, grâces à Dieu, bons titres ».

Voilà pour ce qui concerne les biens fonds. Quant aux droits et juridiction, la pièce que nous analysons nous apprend que le commandeur y est seigneur haut, moyen et bas, spirituel et temporel.

Comme seigneur spirituel, il prélève la dîme au trézain sur tous les grains, et au dizain sur le vin, les chevreaux et les agneaux.

Comme seigneur temporel, il a le droit de lods à raison de six un, « qui est un lods fort advantageux »; les censes et services sont réduits à une pension féodale de 30 livres payées annuellement par la communauté. Le rapport ne spécifie pas l'évaluation du produit annuel du droit de lods; mais le taux en étant fort avantageux et les transactions assez nombreuses, il est permis de supposer que le commandeur réalisait de ce chef un revenu assez considérable.

Les deux fours et les deux moulins étaient banaux et s'arrentaient à 100 charges de blé par an.

Le greffe rendait 20 écus de rente.

Le droit de passage, de pulvérage et du poisson venant de Marseille était également arrenté, « mais cela n'est chose de grande valleur, dit le commandeur, tous hommes menant beste chargée et passant par ledict lieu doibt la parolle (1) ».

Voici maintenant l'énumération des charges dont ces revenus étaient grevés :

Le commandeur devait assurer le service divin dans la paroisse, rétribuer les quatre prêtres, ainsi que le prédicateur du carême, fournir l'huile, le vin, les cordes pour les cloches et douze charges de grain à l'évêque de Riez.

L'aumône du jeudi saint, qui absorbait six charges de blé et quatre sestiers de fèves (2), les trois charges de blé données au juge pour ses gages et l'unique charge donnée au procureur d'office étaient prises sur ce revenu.

De plus, l'ordre de Saint-Jean de Jérusalem prenait annuellement 227 écus de 60 sous pièce 58 sols 5 deniers, et le roi 84 écus pour décimes, soit un prélèvement total de 311 écus 58 sols 5 deniers.

La commanderie était affermée pour la somme de 2,000 écus par an, payable un tiers en or, un tiers en grosse monnaie d'argent et le reste en sous, le tout porté dans les villes d'Avignon, Marseille ou Arles, en deux payements égaux, à la Noël et à fin mai.

Outre ces 2,000 écus, les rentiers devaient, au cours de

---

(1) Nous expliquerons, au chapitre XI, en quoi consistaient les droits de passage, de pulvérage, etc.

(2) Nous aurons à faire connaître bientôt la destination de ces fèves.

leur arrentement, qui durait deux ans, fournir 15 charges de blé, 10 de seigle, 18 d'avoine, 50 coupes de vin (1), 200 quintaux de foin, 300 quintaux de paille, sans préjudice de la somme stipulée dans le bail.

Le commandeur cède les bâtiments tels qu'ils sont, s'engage à faire réparer le couvert de la galerie intérieure du château, donne 73 écus pour la réparation des fours et de la métairie de Saint-Apollinaire et ne s'engage à autres réparations que dans le cas où quelque bâtiment serait ruiné ou démoli par guerre « que Dieu ne veuille » (2).

On sait que, par une sage disposition, tout gros décimateur, quel qu'il fût, était obligé de prélever la part des pauvres sur le produit de la dîme perçue. Le taux de cette part variait, selon les provinces, de la vingtième à la vingt-quatrième du produit total. En sa qualité de décimateur, le commandeur de Puimoisson devait cette part. Il faut croire qu'il la payait, et de bonne grâce. Mais, le plus souvent absent du pays, il était obligé de s'en rapporter, sur ce point, à la délicatesse des fermiers, qui peut-être ne la donnaient pas en totalité, ou la distribuaient de manière à rendre le contrôle impossible. Les pauvres étaient donc lésés.

Les consuls demandèrent qu'on les chargeât de distribuer eux-mêmes cette aumône. Les rentiers s'y refusèrent énergiquement. Un procès s'ensuivit, dont l'issue fut favorable à la communauté (1599). Le commandeur pressa, de son côté, la communauté de distribuer aux pauvres l'aumône à laquelle elle était obligée et qui, depuis quelque temps, était négligée. Une transaction intervint donc (27 décembre 1603), par laquelle la commune s'obligea à payer annuelle-

---

(1) Ce vin devait être fourni par le rentier à ceux qui communiaient à Pâques.
(2) Ce mémoire fut dressé à Arles, le 3 novembre 1597. — Arch. des B.-du-Rh., série H, Ordre de Malte, liasse 830. Pièce originale.

ment aux pauvres une pension de 105 livres, représentant les intérêts de capitaux reçus et destinée soit à marier les filles pauvres, soit à donner du pain aux plus nécessiteux (1).

Dans l'énumération faite ci-dessus par le chevalier d'Astros des charges de la commanderie, on a dû remarquer la mention d'une aumône de blé et de fèves au jour du jeudi saint.

Il existait, en effet, à Puimoisson et de temps immémorial, l'usage de distribuer un pain et une écuelle de fèves bouillies à tous les particuliers qui, ce jour-là, se présentaient au château. Cette aumône était distribuée par le rentier de la commanderie, qui devait fournir également tout le vin qu'on donnait à boire, le jour de Pâques, à ceux qui avaient communié.

Cet usage de donner du vin à boire à la sainte table même, et de suite après l'accomplissement du devoir pascal, n'a pas été sans nous surprendre. Serait-ce un souvenir lointain de la communion sous les deux espèces, qui fut en usage assez longtemps dans certaines églises, alors même que la pratique de la communion sous une seule espèce était universellement répandue ? Nous n'avons vu l'existence de cette coutume nulle part à cette époque dans aucun de nos pays de la Provence, et nous n'oserions la signaler si nous n'en avions trouvé la preuve indiscutable dans un document que nous possédons et que nous allons transcrire tout au long. C'est une requête en information adressée par la communauté à Nosseigneurs du Parlement contre les rentiers de la commanderie, accusés d'empoisonnement.

Le jeudi saint de l'année 1613, il arriva que tous les particuliers qui avaient mangé les fèves distribuées à

---

(1) Acte passé rière Maximin Maty, aux écritures de M⁰ Bausset.

l'aumône, éprouvèrent les symptômes de l'empoisonnement. On conclut à un « vénéfice » méchamment préparé par les fermiers pour se soustraire, à l'avenir, à une aumône qu'ils trouvaient gênante, ou pour se venger de quelques ennemis particuliers. On joignit à ce premier grief le refus de donner du vin aux communiants, le jour de Pâques, et on rédigea la supplique qu'on va lire :

Du 23 avril 1613.

A Nosseigneurs du Parlement.

Supp. humblement les consuls et commu. du lieu de Puimoisson que de tout temps le seigneur comandeur dudit lieu, en conséquence de se quil tire plus de six mil livres de rante, tous les ans, sont en coustume de faire une ausmonne génuéralle et de donner a chasque jour du judy saint ung pain et une escueille de fèves, a chasque particulier dudit lieu, quy le va quérir. En conséquance de quoy Marc André et Balthazard Girauds fils d'Anthoine, modernes rantiers, auraient le judy saint dernier faict lad. donne a plusieurs desdicts particuliers en nombre de cinq ou six cens, la plus part des quels les mangerent et se truverent tost après atteints de plusieurs dolleurs et maux en leur personne, ce qui leur ayant donné quelque rellache le lendemain jour du grand vandredy estant tout le peuple assamble a lesglise pû entendre la Passion lesdits particuliers quy avaient mangé desdites fèves feurent constraints dans lesglise randre leur bouche et faire plusieurs ordures mesme par le fondement, en sorte quy furent constraints rompre leur dévotion, au grand escandalle du public, ce qui a continue jusques a lendemain samedy, auquel jour beaucoup de ceux qui avaient fait leur dévotion feurent atteints du mesme vomissementz que lesditz jour judy et vendredy, pour raison de quoy, il y a plusieurs femmes ensaintes quy sont en azard de se blesser et aultres personnes notables quy en ont este et sont encore bien mallades en danger de perte de leur vie, craignant comme il est vray semblable que cella soit une espesse de venefice, comis par lesditz Girauds en consequance de quelque inimitié particulière qu'ilz ont conceu contre lesditz particuliers, combien quils ayent tire tous leurs moyens et commoditez dudict arrantement pour lavoir son dict père tenu plus de vingt ans.

Une des femmes desquels estant à la basse cour du chaû. dudict lieu, voyant quelques uns desdicts particuliers quy se plaignaient de se que on ne leur donnait pas desdictes fèves a lacoustumée cria a haulte voix a ses serviteurs qui les distribuaient : *Dounas nin que ben las paguarant*, ce quy faict voir quicelle femme et lesdictz rantiers avaient appresté et faict led venefice, se voyant lesd suppl. a ung tel escandalle sen seraient retires aud. André Giraud et a icelluy remonstre a lamiable ledict acidant lequel au lieu quy le deubst prandre en bonne part et leur donner raison, comme cela estait advenu, leur aurait dict plusieurs injures, jusques a leur donner ung demanty et s'ils neussent heu plus de discretion que luy se feust ensuivy ung grand accidant.

Comme de mesme sont tenus lesdictz rantiers contribuer tout le vin quest necessaire a ceulx quy font la saincte communion laquelle ayant faict plus de cinq cens personnes le jour de Paques, ne sen trouva point dans leglise, de quoy ayant donne advis auxdictz rantiers pour en envoyer, dirent tout court ne le vouloir faire combien que tous les jours precedants neussent faict nulle difficulté den donner et feurent constraintz ceulx quy avaient faict la saincte communion partir de la Table sans en avoir pris après y avoir demeure ung fort long temps et parceque les susdicts faicts sont escandaleux ayant esgard a la callite du temps quy sont este comis pour raison desquels doibvent lesdictz Girauds, rantiers, estre punis affin que a ladvenir ceulx qui auront ledict arrantement ne cometent semblables escandales.

Ce considere plaisra a la cour attendeu limportance du faict ordonner que sur ce que dessus sur sierconstances et depandances en sera informe par le premier juge rouïal ou huissier de la cour pour linformation faicte et rapport estre proveu aux suppl. ainsi que la gravite du faict le requiert et sera bien (1).

L'information demandée eut lieu. A notre grand regret, il nous a été impossible de connaître l'issue de cette affaire, les archives municipales et celles des Bouches-du-Rhône étant muettes sur cette grave accusation. Nous avons tenu quand même à citer cette pièce, parce qu'elle nous fait connaître deux faits intéressants : la distribution de pain et de fèves au jeudi saint; la distribution et l'absorption du vin dans l'église après la communion pascale.

Nous ne saurions dire si ce vaste empoisonnement était imputable à la malice des rentiers ou à la malpropreté des ustensiles employés à préparer les fèves ; le procès nous l'aurait sans doute appris. Ce que nous savons mieux, c'est que généralement, les fermiers du commandeur, se prévalant un peu trop du prestige que leur donnait leur position, le prenaient de haut avec la communauté. Au lieu de tempérer par la bienveillance et l'affabilité ce que leurs fonctions pouvaient avoir de pénible, ces étrangers, toujours âpres au gain, affectaient une contenance hautaine vis-à-vis de la population et s'aliénaient ses sympathies, essayant d'ailleurs par tous les moyens, d'atténuer leurs obligations. C'est ainsi que, sous un prétexte futile, ils refusèrent, une année, de faire aux pauvres la distribution de grain à laquelle ils étaient rigoureusement tenus en vertu de leur bail. Les consuls, outrés de cette injustice et voulant quand même défendre les droits des pauvres, eurent recours à un moyen extrême : ils firent saisir et séquestrer tous les grains appartenant au commandeur. A cette nouvelle, François de Boniface

---

(1) Au bas de la pièce, il y a un *soit montré au procureur général*, et plus bas un *soit informé*. — Arch. mun. pièces diverses.

la Molle fit aussitôt tenir un comparant aux consuls et envoya Mᵉ Héraud, son procureur, demander à Arnoux de Joannis, sieur de Châteauneuf, conseiller au Parlement, qu'il voulut bien prononcer main-levée sur les grains appartenant au commandeur, saisis à la requête des consuls (1). C'était le 10 mai 1619. Le commissaire donna à ces derniers un délai de trois jours pour se pourvoir et contredire ce que demandait Héraud, procureur du commandeur.

L'affaire fut jugée, et la communauté fut confirmée dans ses prétentions, car le Parlement rendit un arrêt qui condamnait François de Boniface la Molle à « fournir 140 sextiers mescles pour estre distribués aux pauvres indigens et nécessiteux habitans dudit lieu de Puimosson, et les avoir chascune année distribuables a chascun jour de dimanche par les ageans ou depputés dudict commandeur appellés ou présents, lesdicts consuls...., lesquels seront tenus de justifier de la bonne distribution par toutes sortes de preuves » (17 juin 1619) (2).

Le commandeur dut s'exécuter ; mais, pour affirmer ses droits, il se fit passer reconnaissance par tous les habitants (1619).

L'année suivante, un événement tragique vint impressionner douloureusement la population. A la suite de misérables querelles d'intérêt, Esprit et Cléophas Androny, qui depuis longtemps nourrissaient une vive jalousie contre leur frère Melchior, époux de Marie Audibert, se ruèrent sur lui et l'accablèrent de coups avec tant de fureur qu'ils le laissèrent mort sur la place. Le crime eut pour théâtre la campagne des Andronys, située au quartier de Fontandrone, non loin de la métairie des Chardousse et aujourd'hui complétement détruite. Le fratricide

---

(1) Arch. des B.-du-Rh., série H, Ordre de Malte, 831.
(2) Arch. des B.-du-Rh., série H, Ordre de Malte, 835.

une fois consommé, les coupables prirent la fuite. Des recherches furent faites pour les appréhender ; les témoins furent entendus (11 septembre 1620); un monitoire fut lancé (12 octobre). Les coupables ne paraissaient jamais. La procédure contre eux n'en suivit pas moins son cours ; les officiers de justice de Puimoisson les condamnèrent tous les deux au supplice de la roue (1), comme contumax et défaillants. Voici l'extrait de jugement qui les condamne :

Nous, juge du conseil, déclarons lesdits Andronys querellés, atteints et convaincus de meurtre fratricide a eux imposé, pour réparation de quoy les avons condamnés à faire amende honorable teste et pieds nuds, la hart au col et un flambeau ardent en leurs mains au devant la porte de l'église paroissiale dudict lieu et illec demander pardon à Dieu, au roy, a justice et au seigneur dudict lieu, et ce faict, avoir chascun deux le poing du bras droict coupé, et en après estre leurs membres brises et rompus sur une croix qu'a cest effect sera dressee a la place publique dudict lieu pour y demeurer sur une roue jusques a ce que mort naturelle s'en ensuive, faisant inhibition et defense a toute personne de leur donner assistance a peyne de punition corporelle et la ou ne pourront être apprehendes seront executes en effigie. Les avons neanmoins condamnes a 50 livres chascun pour faire prier Dieu pour l'âme du défunt et en 300 livres d'amende pour chacun.

---

(1) Ce cruel supplice, inventé en Allemagne et que François Ier ordonna d'infliger aux voleurs de grand chemin (édit de 1534), consistait à briser les os du coupable avec une barre de fer sur un échafaud, puis à l'exposer et à le laisser mourir sur une roue. La roue de charrue était le symbole du serf attaché à la glèbe, comme le chien, le faucon et l'épervier étaient le symbole de la noblesse. De là, le terme de roturier, venant de *rota*, roue. Nous avons encore, non loin du village, un quartier nommé « le Champ de la Rode »..

A la suite de ce jugement, Jean Hugou, sergent de la juridiction, redoubla d'activité pour appréhender les deux coupables. Plusieurs fois, il se transporta à la métairie ou Bastide des Andronys ; les deux coupables avaient pris la fuite et plus jamais n'avaient reparu (1).

Le 5 juillet 1621, à 7 heures du soir, la sentence de mort fut publiée par le greffier sur la place publique, près du château, dans les formes prescrites, et les deux frères Androny furent exécutés en effigie, en présence de tout le peuple rassemblé, « sur un eschaffaut a ceste fin dressé à la susdite place par Pierre Roux, exécuteur de la haute justice (2) ».

Mais hâtons-nous de détourner les yeux de ce lugubre tableau.

En 1622, François de Boniface la Molle fit procès-verbal d'améliorissement. Les commanderies étaient de simples concessions amovibles, dont l'administrateur était comptable au trésor commun de l'Ordre. Après cinq ans de possession, le titulaire d'une commanderie devait obtenir de sa langue des commissaires spéciaux qui se transportaient sur les lieux et faisaient un procès-verbal de la situation matérielle et morale de la commanderie. Ils s'informaient si le commandeur n'avait point commis de scandale dans sa commanderie, s'il avait géré les biens de l'Ordre en bon père de famille, s'il avait payé exactement les responsions, s'il avait entretenu ou réédifié les églises et les bâtiments qui dépendent de sa commanderie et si, selon l'esprit de son Ordre et ses propres obligations, il avait eu grand soin des pauvres. C'est là ce qu'on appelait le procès d'améliorissement. Si ce procès-verbal était reçu et approuvé à Malte, le titulaire pouvait, à son tour et

---

(1) Rapport du sergent Hugou Jean (28 mai 1621).
(2) Arch. mun., pièces diverses. et arch. des B.-du-Rh., série H, Ordre de Malte, 843. — Chef, juridiction.

selon son ancienneté, *émeutir* c'est-à-dire requérir une commanderie plus importante qui viendrait à vaquer. C'est à cette sage précaution que l'Ordre était redevable de la conservation de ses biens et de ses bâtiments, y ayant très peu de commandeurs qui, dans l'espérance d'acquérir de plus grands biens, n'aient un grand soin de ceux dont on leur a confié l'administration (1). Or, le commandeur de Puimoisson fit faire ce procès en 1622. Nous ne savons pas si le chapitre de Malte l'approuva ; toujours est-il que ce commandeur passa encore quelques années chez nous.

La dévotion au Saint-Rosaire faisait de rapides progrès dans nos pays, mais la confrérie n'était pas encore établie chez nous.

Le Frère Balthazard du Fort, prieur du couvent des Frères Prêcheurs de la Baume-les-Sisteron, étant venu prêcher le carême à Puimoisson, en 1626, fut vivement sollicité par le clergé, les consuls et les notables de l'endroit d'y établir cette confrérie. L'érection eut lieu le 29 mars de cette même année, selon les formes canoniques ; et, ce jour-là, plus de deux cents récipiendaires furent enrôlés, parmi lesquels nous voyons figurer les noms suivants : Mlle de Châteauredon ; Mlle de Bouche ; J. Constantin de Sallagriffon ; Claire de Grasse ; Louise de Constantin ; Angélique de Bourdin ; Louise de Juramy ; Françoise de Castellane ; Balthazar de Bouche ; de Bouche, écuyer ; Jeanne de Chauvet ; Marquis de Joannis, etc., etc. Cette pieuse confrérie prit des accroissements si importants qu'au bout de quelques années elle compta dans ses rangs plus de six cents membres (2).

Parallèlement à cette institution pieuse, se fondait et se développait une conférie ayant spécialement pour but

---

(1) Vertot, t. V, pp. 339-340.
(2) Arch. parois. — Voir l'acte d'érection aux pièces justificatives.

de maintenir les hommes dans leurs devoirs religieux ; c'était la confrérie des pénitents blancs érigée sous le vocable de Notre-Dame de Pitié. Le lieu de réunion était l'immeuble connu sous le nom de chapelle des Pénitents, aliéné par la fabrique en faveur de la commune et vendu par celle-ci à Basile Arnoux, qui en est le propriétaire actuel. Une élégante cloche de deux quintaux, acquise par Pierre Catarnet (1673), servait à convoquer les frères aux exercices religieux. Tous les dimanches, on y chantait l'office de la Sainte Vierge, entre la première messe et la messe du prône ; les vêpres, après celles de la paroisse, les psaumes pénitentiaux et les litanies des saints. La confrérie assistait aux processions solennelles, aux enterrements, et jouissait de certains revenus, grâce aux fondations nombreuses et aux legs pieux de ceux qui choisissaient leur sépulture dans la chapelle. Les élections avaient lieu tous les ans, au jour de la Pentecôte. On y nommait un recteur, un sous-recteur, quatre maîtres des cérémonies, six choristes, douze conseillers, un maître des novices, deux secrétaires, deux trésoriers, quatre messagers et quatre sacristains. La confrérie fonctionna régulièrement jusqu'à la suppression des corporations ; elle portait comme armoiries : « D'azur à un crucifix d'or, accompagné en pointe de deux pénitents affrontés à genoux, affublés de leurs habits d'argent, les mains de carnation jointes (1). »

C'est de cette année 1626 et des deux suivantes que datent les réparations et agrandissements exécutés à la chapelle de Notre-Dame de Belle-Vue. Les comptes du trésorier nous apprennent qu'il fallut enlever une grande quantité de terre de l'intérieur, afin de pouvoir carreler

---

(1) *Armorial général*, t. I, généralité d'Aix, sénéchaussée de Digne.

le sol (1). Il fut employé à cette réparation : 1,500 moellons ordinaires et 625 vernis ; 80 sestiers de plâtre, etc. On perça également l'ouverture qui sert aujourd'hui de porte d'entrée, et on condamna la porte latérale. Un bénitier en marbre fut apporté de Fréjus ; la cloison qui séparait le grand autel de la sacristie fut également reculé (2).

Les marguilliers de cette chapelle étaient nommés par le conseil, chaque année, lors de la création du nouvel état. Les évêques de Riez s'étaient plu à enrichir ce modeste sanctuaire de précieuses indulgences, afin d'augmenter de plus en plus la dévotion des fidèles envers la Mère de Dieu (3).

---

(1) Payé 5 escus 36 sous, pour faire retirer la terre qu'est dans la chapelle pour le mallonage. — Comptes du trésorier.

(2) Payé 5 escus 6 sols à Gaspard Carbonel de Moustiers, pour 625 tuiles vernissées pour Notre-Dame ; id. à Pierre Reynier, taullier, de Brunet, pour 1,500 mallons pour paver Notre-Dame, à 26 sous le cent ; huitante cestiers gip à 3 sous le cestier. A Hugues et Jean Bausset, maçons, pour avoir fait la porte, soustrait le buget du grand autel, plus la petite porte au-dessus la grande porte, etc., etc. Onze écus 44 sols, pour achat et port de Fréjus d'un bénitier en pierre de marbre pour Notre-Dame. — Arch. mun., comptes du trésorier, *passim*.

(3) Avons donné à Jean Chabrier 32 sous, pour avoir fait et enchâssé trois des copies des indulgences de Nostre-Dame. — Archiv. mun., comptes du trésorier, *passim*.

CHAPITRE IX

Peste à Puimoisson (1630-1633). — Règlement pour les élections (1638). — Amis de la communauté. — Fontaine accrue (1646). — Les Protestants obtiennent un cimetière (1646). — Guerre de Sémestre. — Garde du château (1649). — Peste (1650). — Disette (1651). — Fondation d'une chapellenie. — Dénonciation contre le prieur (1651). — Legs Augier pour marier les filles pauvres et apprendre des métiers aux garçons (7 octobre 1651).

« Le cahier des délibérations de 1630 à 1638 ayant disparu et personne ne voulant l'avoir trouvé, malgré le monitoire qui fut lancé pour le faire rendre (1) », nous ne pourrons que glaner dans les comptes du trésorier les rares documents concernant la peste de 1630 dans nos pays. Les quelques notes, malheureusement trop laconiques, renfermées dans ces cahiers, nous permettent

---

(1) C'est en ces termes que s'exprime le conseil de la communauté, dans une délibération du 26 juin 1644.

d'avancer que le fléau fit son apparition à Puimoisson, mais qu'il n'y exerça point d'aussi cruels ravages qu'au sein des populations voisines et notamment à Riez.

Dès les premiers jours de juillet, il fut constaté qu'il y avait dans cette ville du *mal contagieux*. Le conseiller d'Agut assembla, dès le 1er août, les représentants des communes de Puimoisson, Moustiers, Valensole, Brunet, Allemagne, Roumoules, dans notre château de Puimoisson, afin de conférer sur les moyens à prendre pour circonscrire les progrès du mal. Il fut décidé que les communes ci-dessus nommées fourniraient un certain contingent d'hommes pour former un cordon sanitaire autour de la ville de Riez. Puimoisson fournit sept hommes pour sa part, et, dès le lendemain, la garde fut établie sous le commandement de Charles d'Isoard, co-seigneur de Roumoules. Malgré ces précautions, le fléau poursuivit sa marche et vint visiter Puimoisson. On eut recours, chez nous, au grand principe préservateur de l'époque, à l'isolement. Quelqu'un était-il soupçonné de mal contagieux ? Vite, on investissait sa maison, on la gardait de nuit et de jour jusqu'au dénouement fatal ou au rétablissement complet (1). Et lorsque l'un ou l'autre se faisaient trop attendre, les gardiens de quarantaine dressaient des guérites devant la maison des pestiférés (2). Après le décès et l'enlèvement du corps, qui se faisait promptement, les gardes *parfumaient* la maison et les effets au moyen

---

(1) 5 livres 18 sous payés à Balthazard Sicard, pour avoir gardé Joseph Gallois et sa famille dans sa maison, à cause du soupçon de mal contagieux.

(2) 5 livres 8 sous pour tuiles de la cabane dressée devant la maison d'Ozias Nicolas et pour le *dressé* de ladite cabane. — 6 livres pour l'enterrement de Marius Romieu, etc., etc. — Livres du trésorier, 1630.

d'un mélange de soufre et de sucre (1). Le total des dépenses occasionnées par la présence du fléau s'éleva à la somme de 172 livres, dont 42 livres au chirurgien Maty, pour les soins qu'il donna aux pestiférés. La libre entrée de la ville de Riez fut prononcée par le Parlement, le 20 avril 1630.

Trois ans plus tard, la peste fit de nouveau son apparition à Puimoisson, et peut-être eut-elle un caractère de gravité plus accentué qu'en 1630, à en juger par les dépenses plus considérables auxquelles elle donna lieu. Nous avons sous les yeux « l'issue du comptable des payements qu'il a faictz pour les impanses faites lhors que la malladie contagieuze estoit en ce lieu que feust en l'année 1633 ». Malheureusement, les très nombreuses notes payées sous cette rubrique sont d'un laconisme désespérant et se bornent à énoncer la quotité de la somme versée, le nom du preneur et la désignation invariable : « Pour les causes contenues en son mandat. » Trois seulement contiennent une mention spéciale, sans doute parce que, les destinataires étant étrangers au pays, l'énonciation de l'objet rendait plus facile le contrôle du compte (2). C'est là tout ce que nous savons sur cette

---

(1) 10 livres 12 sous à deux portefaix, pour avoir parfumé les bastides de Marius Romieu et de Jean Androny, etc... La peste avait dû être communiquée aux habitants de ces campagnes par les pestiférés qui faisaient quarantaine à Mauroue et certains habitants de Riez qui étaient venus établir des cabanes sur les plaines.

(2) « Se décharge de trente livres payées à Joseph Reinoard, appothiguere de la ville de Riez, pour avoir fourny des mediquementz et drogues lhors de la malladie. » — Comptes du trésorier.

» Se décharge de septante-cinq livres payées à Balthazar Maty, appothiquere de la ville de Riez, etc...

» Se décharge de septante-cinq livres dix-huit sols payés à Antoine Isnard, chirurgien. » — Comptes du trésorier, *passim*.

seconde apparition du fléau, les délibérations municipales et les registres mortuaires qui pourraient nous renseigner faisant défaut.

A partir de l'année que nous abordons, la tenue des écritures municipales, qui se poursuit presque sans lacune jusqu'à nos jours, nous permettra d'étudier de plus près le fonctionnement de la vie communale. Il n'y avait pas, alors, l'uniformité d'administration que nous voyons aujourd'hui ; en cela, chaque pays suivait un peu ses usages propres, et c'est même cette différence dans la manière de se gouverner qui donne à chaque pays cette physionomie particulière qui en rend l'étude plus intéressante.

Dans notre pays, la première chose qui nous frappe, et qu'on sera bien aise de connaître, est la façon de procéder aux élections annuelles des conseillers et surtout des consuls. Un *règlement de la communauté* excessivement compliqué, et qui ne devait laisser aucune entrée à la fraude, donnait en détail la manière dont devaient se faire ces importantes opérations, qui, jusqu'en 1700, eurent lieu invariablement le 27 décembre.

La veille au soir, la réunion du conseil était annoncée par la grande cloche et convoquée le lendemain par le crieur-juré. Après avoir assisté en corps à la messe du Saint-Esprit, on se réunissait dans la maison commune, où lecture était faite en public du règlement de la communauté. Après quoi, le conseil, composé de dix conseillers, des trois consuls précédents et des trois en exercice, soit un total de seize, faisait élection de dix-huit prudhommes de la qualité portée par le règlement, c'est-à-dire des plus allivrés. On écrivait séparément leurs noms sur dix-huit billets qu'on pliait et qu'on faisait tirer au sort par un enfant de dix ans. Les neufs premiers sortants étaient élus conseillers ; on les appelait sur le champ, on leur faisait prêter serment et on les installait.

. Cette élection une fois terminée, on procédait à la création des consuls ; voici de quelle manière :

Le conseil choisissait dans son sein quatre hommes qui, avec les trois consuls de l'année précédente, se retiraient dans un appartement séparé, et là, sous la présidence du lieutenant de juge, choisissaient trois noms pour un premier consul. Ils se rendaient ensuite dans la salle du conseil et proclamaient les trois noms sur lesquels devait se porter le choix du premier consul.

Si ces trois candidats étaient acceptés par l'assemblée, on écrivait leur nom sur trois billets séparés que le lieutenant de juge pliait lui-même, entourait d'un petit fil et mettait dans un chapeau. On les tirait au sort. Le premier nom qui sortait était *ballotté*, c'est-à-dire qu'il devenait l'objet d'un nouveau vote. Pour cette opération, qui était l'épreuve suprême et décisive, deux coupes étaient disposées sur une table ; l'une était appelée *coupe d'approbation,* et l'autre, *coupe de réprobation*. Chaque conseiller apportait alors le nom de l'unique candidat et le plaçait, à son gré, dans l'une ou l'autre coupe. Le vote terminé, on vidait les deux coupes et on comptait les voix. Si le plus grand nombre était dans la coupe d'approbation, le candidat était définitivement élu et créé premier consul ; dans le cas contraire, il était évincé et l'opération recommençait. On procédait ainsi pour l'élection du second et du troisième consul.

Généralement, les trois catégories d'habitants étaient représentées par les trois consuls, dont l'un était bourgeois, l'autre artisan et l'autre laboureur. Les trois consuls ne pouvaient être parents entre eux. Ils portaient comme marque consulaire un magnifique chaperon en velours noir et rouge cramoisi. Leur pouvoir du reste était assez étendu.

Dans cette même séance, les nouveaux élus nommaient le greffier, les auditeurs de compte chargés d'entendre et de vérifier les comptes de l'année écoulée, les estimateurs pour estimer les dommages causés aux propriétés d'autrui et fixer l'indemnité, les luminiers du *Corpus Domini*, de Notre-Dame, les gardes champêtres, les repeseurs, pour surveiller les abus dans le poids des marchandises, et deux maîtres de police, « pour la manutantion des franchises, libertés, exemptions de la communauté et pour maintenir les habitants en leur devoir ». On comprend que la multiplicité des formes qui présidaient à ces élections, en vue, évidemment, d'écarter les fraudes, dussent prendre un temps bien long, et qu'il fallut quelquefois emprunter sur les heures de la nuit pour arriver à un résultat définitif.

Dans ces temps où florissait la procédure, où la moindre vétille éveillait un procès, souvent long, toujours dispendieux, il était d'une sage administration de se créer des amis à la cour, des protecteurs prêts à défendre les droits de la commune contre les prétentions féodales ou les chicanes de quelque mauvais payeur. Nous constatons, en parcourant les archives, que nos magistrats ne négligeaient rien pour se concilier la bienveillance et l'attachement de pareils personnages. *Les bons amis* d'Aix reçoivent souvent de ces petits cadeaux, qui, selon l'adage connu, entretiennent l'amitié. Tantôt, ce sont des perdrix, des chapons, des chevreaux, des œufs par centaine qu'on leur envoie ; un jour (15 février 1646), on leur écrit qu'il y a à Aix un *ami puissant qui s'occupe de soulager la communauté*. Dans un élan de naïve reconnaissance, les consuls décident de lui faire cadeau d'un cheval ! On va l'acheter à Seyne (151 liv. 10 s.), et on le fait conduire à *l'ami puissant*, pour lui faire une surprise. Mais la surprise fut pour les consuls. Le protecteur désintéressé déclara qu'il ne servait la communauté que par affection et refusa noblement le coursier, qui fut ramené et vendu à Moustiers pour 16 pistolles de 10 livres (13 mars 1646). Mais les deux amis les plus influents et sur le crédit desquels la communauté comptait le plus étaient l'auditeur Augier Annibal, conseiller à la cour des comptes, et Balthazard Bouche, qui fut deux fois consul d'Aix et mérita le glorieux titre de martyr de la patrie ; c'était le frère aîné de notre grand historien Honoré Bouche. Ces deux personnages professaient un particulier attachement pour notre pays, lieu d'origine de leurs ancêtres (1). Ils s'en étaient constitués les protecteurs à la cour du Parlement et faisaient souvent eux-mêmes des cadeaux, au nom de la communauté. Le 13 octobre 1647, l'auditeur Augier leur écrit que le baron de Bras et l'écuyer Bouche, ayant été nommés procureurs du pays, il convient de les féliciter en leur envoyant « une charge de vin claret de Riez à chacun » ; la communauté était généreuse ; au lieu de deux, elle en acheta quatre qu'elle leur envoya, avec d'autres menus présents (2).

L'année 1646 fut marquée par une amélioration qui, à raison de son importance exceptionnelle, mérite d'être signalée. La grande et belle source qui alimente les fontaines du village ne donnait pas ses eaux avec l'abondance d'aujourd'hui, et il arrivait parfois que la sécheresse persistante de l'été tarissait complétement la fontaine à faible débit et obligeait les habitants à s'approvisionner d'eau aux sources qui naissaient aux Condamines. Se préoccupant justement d'un état de chose si préjudiciable à la population, les trois consuls, Jean de Bouche, écuyer,

---

(1) Balthazard Bouche, bourgeois, époux de Louise de Meyronnet et père de l'historien Bouche, était né à Puimoisson. Quand son fils aîné, nommé Balthazard comme lui, venait à Saint-Jaume-les-Barrême (Saint-Jacques) passer quelques mois auprès de son frère, qui en possédait la prévôté, c'étaient les gens et bêtes de Puimoisson qui portaient les hardes à l'aller et au retour, sans vouloir rien accepter, « à cause des grands services qu'il rend à la communauté », etc.

(2) Ce vin blanc de Riez, qui, à l'époque, jouissait d'une certaine renommée, coûta 3 livres 5 sous la coupe.

Louis Arnaud, notaire, et Barthélemy Roubaud, bourgeois, tentèrent d'y remédier ; leurs tentatives furent couronnées du plus heureux succès. Un fontainier de la Tour-d'Aigues, nommé Pons Philippe, appelé par eux, se chargea d'accroître le débit de la fontaine, en y ajoutant les eaux d'une source qui devait se trouver, affirmait-il, dans la maison à côté. Cette maison, propriété indivise de Jacques Beraud et d'Olivier Audibert, fut aussitôt achetée par la communauté, à raison de trente livres (1). On pratiqua des fouilles dans le sous-sol et cave de cet immeuble, qui appartient encore actuellement à la commune, et l'on vit jaillir bientôt des eaux abondantes et limpides qui, depuis lors, n'ont plus cessé de couler. Le petit abreuvoir ne suffisant plus à contenir les eaux de cette belle source, on mit aux enchères la construction de deux *barquieux*, à chaque extrémité du réservoir, de la largeur de *douze pans en bonne pierre, avec des grampons de fer au-dessus, plombés d'une pierre à l'autre pierre*. Le maître maçon, Antoine Chardousse, fit ce travail pour la somme de 18 écus (2), la communauté fournissant les matériaux ; l'heureux fontainier reçut 120 livres de gratification, et le travail fut terminé le 18 décembre 1646.

Grâce à cette abondance d'eau, il devint possible d'arroser des jardins et de créer des prairies. Mais il arriva que le défaut d'organisation dans la distribution de l'eau amena des conflits, des disputes, des rixes même. Le conseil dut intervenir. Un premier partage des eaux eut lieu (19 juin 1661), approuvé par l'autorité et édictant des peines contre les délinquants. Un deuxième devint nécessaire (1671). Claude Bouteille et Sauvaire Isoard furent chargés de le dresser, avec le nombre d'heures pendant lesquelles chaque propriétaire pourrait disposer de l'eau, et fut mis immédiatement à exécution (16 août 1671).

---

(1) Acte du 10 septembre 1646, chez M° Bausset.
(2) Acte passé par-devant M° Bausset, notaire.

L'hérésie de Calvin, introduite à Puimoisson par quelques familles huguenotes chassées des grands centres, s'y était longtemps maintenue. Grâce aux dispositions bienveillantes de l'Edit de Nantes (1598), qui accordait aux protestants la liberté de conscience et réglait l'exercice de leur culte, les calvinistes y vivaient tranquillement sous la houlette de leur ministre, payé par la communauté (1). Dès l'année 1623, ils avaient obtenu du commandeur François de Boniface la Molle l'autorisation d'ensevelir leurs coreligionnaires dans un cimetière spécial. Un contrat avait été passé par lequel la communauté cédait un terrain de 20 pans de longueur sur 22 pans de largeur, au bout du village, près la chapelle Saint-Roch, comme lieu de sépulture pour les huguenots (2). Mais rien n'avait été fait, et la commune avait négligé de remplir ses engagements.

Le 23 mars 1646, Ozias Maty, chaud partisan de la réforme, somma la communauté d'exécuter sa promesse, de concéder le terrain, de faire des murs d'enceinte, et menaça de se pourvoir devant qui de droit en cas de refus. Devant cette mise en demeure, la communauté n'osa plus reculer, et, dès le 8 avril, un terrain de 20 pans de longueur sur 12 de largeur, *joignant la chapelle Saint-Roch au bout du village, allant à Riez du côté du levant*, fut clos de murs, fermé et remis à Maty et Bouche recevant au nom de leurs coreligionnaires, qui se déclarèrent satisfaits.

Mais voici venir des années calamiteuses pour la Provence, pendant lesquelles notre malheureux pays vit s'abattre sur lui et presque simultanément les trois plus

---

(1) Le pasteur protestant s'appelait Gaudemar, originaire de Manosque. Il émarge au budget communal et possède ici une maison au portail de Guillenjaume, acquise par lui d'Honoré Audibert. — *Vid.* comptes du trésorier, *passim*, et livre-terrier, 1639, f° 293.

(2) Acte rière M° Fleur, notaire, 23 avril 1623.

terribles fléaux, la guerre, la peste et la disette, qui en fut la douloureuse conséquence.

Depuis quelque temps, la division s'était glissée entre le Parlement d'Aix et le comte de Valois, gouverneur et lieutenant-général de Provence. En 1649, la division s'accentua, la haine se raviva ; deux partis se formèrent, l'un pour le gouverneur, l'autre pour le Parlement, le premier sous le nom de Semestre, le deuxième sous le nom de Parlementaires. Les partisans du gouverneur prirent comme signe distinctif un ruban bleu au chapeau ; ceux du Parlement adoptèrent le ruban blanc, et la guerre dite de Semestre fut déclarée. « Tous les chemins de la Provence, dit Bouche, ressemblaient être en ce temps-là des bois et des forêts, où l'on ne voyait que meurtres, que voleries, et les voyageurs de condition ne pouvaient s'exposer en chemin sans être bien escortés de grand nombre de fusiliers, un village tenant le parti du Parlement, un autre le parti du gouverneur, faisant prisonniers les voyageurs passant en leur terroir qui estaient du parti contraire (1). »

Naturellement, chaque parti s'étudiait à prendre les plus fortes places de la province. Puimoisson était regardé comme une place importante, à raison de son château, qui pouvait être transformé, en temps de guerre, en une véritable forteresse, d'où il n'eût pas été facile de déloger l'ennemi.

Dès le 14 juin, M. de Tartonne arriva à Puimoisson, muni d'une commission de la Cour, afin d'établir la garde du château. Il nomma, pour gouverner la place, M. de Saint-Andéol et réquisitionna des hommes pour former la garde. Les habitants, on le conçoit, n'avaient que faire de la querelle du Semestre et des Parlementaires. La

---

(1) Bouche, t. II, p. 953. Voir aussi Pitton, *Histoire d'Aix*, et le manuscrit de la bibliothèque Méjanes, intitulé : *Relation des troubles du Semestre*, etc.

question importante pour eux était la moisson qui mûrissait. Peu satisfaits d'être enlevés à leurs travaux des champs pour monter la garde, ils supplièrent M. de Saint-Andéol « de se contenter du moins d'hommes qu'il pourra et de faire la garde par capage (1) ». En même temps, ils déléguèrent auprès de M. le baron de Bras, à Aix, pour « tâcher d'avoir quelque soulagement ».

Cependant, le président de Régusse, commissaire délégué par la Cour, convoqua une assemblée des communes à Riez. Il communiqua à tous les délégués un arrêt de la Cour, portant qu'on devait s'opposer par tous les moyens possibles à la descente des troupes qui étaient dans la Provence, sans ordre du roi, ni des procureurs du pays, troupes qui faisaient de grands ravages dans les pays circonvoisins, et il imposa aux communautés de la viguerie une fourniture de 2,000 livres prélevées à proportion de la quotité des feux.

Les délégués de Puimoisson essayèrent de rejeter sur les communes de la viguerie les frais de garde du château. Ils n'y purent réussir. Ils obtinrent cependant que M. de Saint-Andéol et ses soldats, logés ici pour garder la place, seraient payés seulement à raison de 45 livres par jour, et que cette somme, qui devait être payée de quinzaine en quinzaine, serait prélevée sur les communautés de Montpezat, Saint-Martin-de-Brômes, Saint-Laurent, Esparron, Levens, Trévans, Brunet, Saint-Martin-le-Rimat et Entrevennes, à raison de 4 livres 2 sols par feux.

Vers la fin du mois de juin, le pays était sillonné de gens de guerre, et Puimoisson offrait l'aspect d'un véritable camp. M. de Majastres s'y était installé, avec sa compagnie de quarante-cinq chevaux légers. M. de Rou-

---

(1) C'est-à-dire un jour par maison. Il y avait à cette époque à Puimoisson quatre cent onze maisons sujettes au capage.

moules y logeait avec une compagnie d'infanterie. Aux soldats qui gardaient le château, le président de Régusse ajouta un contingent de vingt hommes et nomma l'écuyer Jean de Bouche pour gouverner la place. C'était le 1er juillet. Bouche fait aussitôt barricader soigneusement toutes les portes du village et ravitaille le château. On y introduit un demi-quintal de poudre, un quintal de plomb, un demi-quintal de mèche, trente charges pour douze mousquets et quatre fusils, cinq charges de blé réduit en farine, quinze livres de chandelles, cinquante livres d'huile et une panal de sel. Il est convenu, en outre, qu'au signal d'alarme qui serait donné par la grande cloche, le peuple se rendrait en armes devant l'église, pour assister les consuls et pour défendre le pays (1).

Tous les soirs et plusieurs fois la nuit, des patrouilles composées de dix hommes parcouraient les rues et carrefours du pays, et, le 23 juillet, le danger devenant plus pressant, la garnison du château dut être renforcée de trente hommes choisis parmi les plus valides du pays. Hélas ! la moisson était là, pressante, et ce n'était guère le moment de mettre le mousquet aux mains de gens qui plus volontiers auraient manié la faucille. L'écuyer de Bouche, gouverneur de la place, fit tout ce qu'il put pour concilier les intérêts de la défense avec ceux de la récolte, et souvent, au lieu de prendre trente hommes, n'en prenait que quinze.

D'autre part, les communes imposées pour les frais de garde de notre château mettaient en jeu toutes les influences pour se soustraire à cette onéreuse obligation. La communauté d'Entrevennes, en particulier, parvint, grâce à de puissantes influences, à obtenir un arrêt de la Cour qui la déchargeait et lui substituait la commune de

---

(1) Arch. municip. — Délibération du 1er juillet 1649.

Saint-Jeannet. Nos consuls, ne tenant pas compte de cet arrêt, firent saisir tout le bétail d'Entrevennes ; mais ils durent donner bientôt main-levée de la saisie, la commune de Saint-Jeannet ayant consenti à payer la contribution.

Sur ces entrefaites et pour compliquer encore une situation malheureuse, arriva un arrêt de la souveraine Cour enjoignant de refuser l'entrée du pays à tout voyageur venant de Marseille, où la peste venait d'éclater (28 juillet 1649).

En effet, des compatriotes fuyant le pays contaminé ne tardèrent pas à se présenter, demandant entrée libre. On les mit en quarantaine, tandis que la seule porte du village restée libre était gardée rigoureusement par une sentinelle chargée « d'arrésonner ceux qui viennent et de leur délivrer des billettes, s'il y a lieu ».

En janvier 1650, l'état sanitaire était bon à Puimoisson, tandis que le mal contagieux promenait ses ravages aux pays circonvoisins. Mais les habitants se lassaient de garder, le péril leur paraissant éloigné. Il fallut recourir à l'amende pour les forcer à continuer la garde, lorsque surtout arriva la nouvelle que le fléau sévissait à Aix (25 avril 1650). Le village fut complétement fermé ; un bureau permanent fut créé à l'auberge Notre-Dame, située sur la route, et c'est là qu'on délivrait les billettes au marc du village, et qu'on assignait les quartiers de quarantaine aux voyageurs qui arrivaient des pays contaminés (1).

---

(1) Le 3 juin 1650, la fille d'Antoine Arnoux arrive de Marseille ; Jean Britton et Laurent Meynier arrivent d'Aix. Le bureau les met en quarantaine à leurs dépens et sous bonne garde, au bastidon de Jacques Esparron. Le 19 juin, on en place d'autres au quartier de Valensolette et on ne leur permet la libre entrée que le 10 juillet suivant, à condition qu'ils purifieront leurs hardes et meubles, en présence des consuls, pour plus grande précaution. On décide également que nul de ce lieu n'ira aux pays bas pour moissonner. — Arch. municip., 1649-1650, *passim*.

Grâce à ces mesures énergiques, le pays fut exempt, pour cette fois, des atteintes de la peste. D'autre part, les alarmes des guerres de Semestre s'étant dissipées, le château fut évacué et le village reprit sa physionomie ordinaire.

Mais, ces deux fléaux écartés, il en surgit un troisième aux étreintes duquel le pays ne put pas se soustraire aussi facilement : la misère. Les nécessités du temps, l'obligation de se défendre contre les ennemis et contre la maladie avaient privé l'agriculture de ses bras valides ; le découragement, les appréhensions continuelles avaient paralysé l'énergie : beaucoup de terres étaient restées incultes ; le peu de récolte que des bras affaiblis avaient pu produire avait été enlevé en un clin d'œil par une tempête épouvantable (juillet 1650). Les réserves en grains avaient été rapidement consommées par les gens de guerre qui, durant plusieurs mois, avaient campé à Puimoisson. Pour compléter leur ruine, tout un régiment de M. de Boissac était venu séjourner pendant dix jours, attendant une nouvelle destination, et la ville de Toulon, remplie des soldats du comte d'Alais, exigeait 50 livres par jour pour la subsistance du régiment d'Angoulême (1).

La communauté, dépourvue d'argent autant que de vivres, était aux abois. Elle eut recours au crédit de ses bons amis. Elle emprunta d'abord la somme de 3,000 livres à Mlle Flore d'Audibert, de Forcalquier, veuve de l'apothi-

---

(1) Le conseil taxa ainsi qu'il suit le fastigage du régiment de Boissac. Le cavalier : 10 sous par jour ; le cheval, 4 sous, y compris le déchet du foin et de l'avoine ; le valet, 4 sous ; un capitaine, un cheval et un valet, 40 sous ; un lieutenant, son cheval et son valet, 30 sous ; la cornette, avec son cheval, son valet, 26 sous ; le manescal de lougis, son cheval et son valet, 24 sous ; les chevaux et valets qui se trouveront par-dessus se payeront 4 sous ; le foin de l'étape fut fixé à 24 sous le quintal. — Archiv. municip. — On porta à Toulon, pour quinze jours, la somme de 750 livres.

caire Maty (25 avril) ; 750 livres à M⁰ Fleur, notaire, pour acheter du grain ; vingt charges de blé à Antoine Robert et cinquante charges au rentier de la commanderie, qui, profitant du désarroi général, ne payait plus depuis trois ans l'aumône de la vingt-quatrième.

D'un autre côté, Maty, marchand, de Manosque, redemandait à grands cris le remboursement de 300 écus prêtés par lui à la communauté, et la ville de Riez, créancière peu commode de Puimoisson, fatiguée d'attendre, n'avait pas craint de faire une saisie générale de tout le bétail du pays. 800 écus furent empruntés à François Monge, de Montagnac, pour payer les créanciers les plus pressants. Mais tous ces emprunts, faits coup sur coup, ne triomphaient pas de la misère qui allait toujours grandissant, et, s'ils parvenaient à en atténuer momentanément les rigueurs, ils grevaient d'autre part le budget communal d'une façon inquiétante et le faisaient monter au chiffre énorme pour ce temps de 22,960 livres (1650).

Sur ces entrefaites, l'auditeur Augier, ami et protecteur du pays, eut la louable pensée de fonder une chapellenie dans la paroisse. « Touché de dévotion pour la consolation du peuple du présent lieu et augmentage du service de Dieu en l'église parrochiale, faict résolution de faire dire et célébrer dans ladicte église parrochiale, tous les jours ouvriers de la semaine, une messe au point du jour, afin que les travailleurs et manouvriers puissent comancer leur journée, après avoir servy Dieu et invoqué son ayde et secours....; et oultre ce, que pour l'advancement de la junesse dudict lieu elle soit instruite ez discipline de la foi et religion catholique par l'enseignement que leur sera fait du catéchisme tous les jours de dimanche et festes de commandement, et pour cest éfaict de fonder en ladicte églize parrochiale une chapellanie et y establir ung recteur quy sera tenu faire et acomplir les choses cy-dessus et docter la dicte chapelle de la somme de 150 livres pour a laquelle subvenir le sieur auditeur désire que la communauté recoyve de luy la somme de 2,400 livres a pantion perpétuelle, à raison du denier seize qui fournira ladicte pantion », etc., etc.

On passa acte de la pension perpétuelle; on l'hypothéqua, comme de coutume, sur tous les biens de la communauté, et la chapellenie fut fondée dans la paroisse, sous le titre de Notre-Dame de Miséricorde (10 octobre 1650) (1).

Il avait été décidé tout d'abord que ce capital de 2,400 livres servirait à éteindre la dette de Riez. Mais on envoya à Aix supplier de permettre que, « attendu la grande pauvreté qu'il se rencontre la présante année en ce lieu et la difficulté qu'il y a de trouver de l'argent à prest, cette somme soit employée à l'achept de bled pour subvenir aux nécessités du lieu », et, de fait, on s'en servit pour acheter cent charges de grains aux fermiers de la commanderie (30 octobre 1650).

Et comme si toutes ces misères n'eussent pas suffi pour rendre cette année à jamais calamiteuse et faire ardemment souhaiter la paix, elle dut s'achever dans une de ces questions irritantes qui jettent toujours le trouble et la discorde au sein d'un pays.

Les consuls, se faisant, un peu à la légère, l'écho de certaines plaintes dirigées par les malveillants contre le vicaire perpétuel, rédigèrent une dénonciation contre lui, basée sur des griefs futiles et nullement justifiés.

« Par pieuse advarisse, dit-on, il a introduit et érigé un luminaire à l'autel de saint Michel et sous des apparences

---

(1) Par un acte passé le même jour, l'auditeur Augier fonde une messe à dire tous les jours « à la chapelle Notre-Dame de Beauvezer, à l'honneur de la Sainte Vierge, pour augmenter la dévotion que le peuple dudict lieu a en ladicte chapelle, à la réserve de la feste de Saint-Etienne, vingt-septième jour de décembre, jour destiné à faire le nouveau estat audit Puymoisson que sera dict messe du saint Esprit dans ladicte église, afin qu'il lui plaise par sa bonté illuminer le conseil », etc., etc. — Arch. municipales.

de dévotion l'a fait autoriser par l'évêque et sous prétexte d'une augmentation de service d'une messe matinière, bien qu'il en ait supprimé une qui se disait de tout temps à huit heures, il s'approprie non seulement le revenu de ladicte luminaire qu'il fait quester par l'églize et autre part, mais encore d'autres luminaires qu'il fait subsister inutilement pour son profit particulier, et, pour obliger les paroissiens à sustanter plus facilement le vicaire, il fait protester par deux ou trois idiots marguelliers que c'est la volonté du monde...; sont aussi informés que le sieur vicaire n'est pas doué des qualités requises et nécessaires à ung prédicateur pour l'avoir ainsi fait connaître plusieurs fois qu'il a voulu prêcher en cette église et autre part ou il est tombé en confusion..., qu'il sollicite l'évêque de lui donner la chère *(sic)* de ladicte églize pour la prochaine caresme, ce qui serait une mortification la plus grande que jamais pourrait arriver audict lieu, etc., etc. »

Le conseil décide d'aller voir l'évêque, pour le prier d'interdire tous luminaires autres que ceux nommés par le conseil et le supplier surtout de donner pour le carême tout autre prédicateur que le sieur vicaire.

La délégation de la commune trouva l'évêque à Roumoules, se disposant à partir pour une tournée pastorale. Le vicaire perpétuel, André Nicolas, mandé auprès du grand-vicaire, refusa de s'y rendre. Les consuls pressèrent alors plus vivement l'exécution de leur requête. Nous ne savons ce qu'il en advint et si les requérants eurent la *grande mortification* d'entendre prêcher le carême par ce peu éloquent prédicateur. Ce que nous savons mieux, c'est que frère André Nicolas, *docteur en sainte Théologie*, frère d'obédience de Saint-Jean de Jérusalem et vicaire perpétuel de Puimoisson, y exerça ses fonctions jusqu'en 1678, époque où il démissionna ; qu'il mourut le 7 juin 1684 et fut enseveli à l'église, dans le caveau réservé aux ecclésiastiques.

L'auditeur Annibal Augier, animé d'une grande bienveillance à l'égard de Puimoisson, son pays d'origine, légua par testament à la commune la somme de 4,800 livres, pour, les intérêts en provenant, être employés à marier les filles pauvres et à donner des métiers aux garçons indigents, avec clause que ses pauvres parents paternels et maternels soient préférés dans l'attribution de cette aumône (1). Il fonda également une pension annuelle et perpétuelle de 300 livres, qui devaient être employées à acheter du blé à la récolte, pour le distribuer aux pauvres pendant l'hiver. Ces deux pensions furent régulièrement servies jusqu'en 1789, où le capital fut nationalisé et disparut à jamais dans le gouffre révolutionnaire.

En terminant ce chapitre, mentionnons que Puimoisson ne fut jamais remboursé des dépenses occasionnées par les guerres de Semestre, bien qu'il eût eu plus à souffrir que d'autres localités et qu'il eût supporté de plus lourds sacrifices. Dans l'assemblée des communes tenue à Manosque en 1651, nos délégués firent bien entendre les réclamations les mieux motivées. Toutes les démarches, toutes les réclamations furent peine perdue. L'assemblée résolut qu'il y avait lieu ni d'en faire la demande, ni d'en donner compensation, *pour ne se souvenir plus des malheurs passés et pour abolir la mémoire de 1649 !!!...* (2).

---

(1) Le testament, en faveur de son petit-neveu, Melchior Bouche, fils de Gaspard, et dans lequel est compris ce legs charitable, est du 7 octobre 1651, reçu par Me Beaufort, notaire à Aix.

(2) Le bon moyen « d'abolir » la mémoire de 1649 n'était-il pas de guérir, dans la mesure du possible et par des indemnités proportionnelles, les maux innombrables que cette année malheureuse avait vu se produire chez nous ? L'autre moyen fut trouvé plus facile et surtout plus économique !....

CHAPITRE X

Agrandissement de l'église (1659). — Foires rétablies. — Défenses concernant l'avérage (1660). — Boucherie. — Plaintes contre le rentier seigneurial. — Bons rapports avec le commandeur. — Larcin à la chapelle de Notre-Dame (1662). — Visite priorale (1669). — Reconnaissance (1669). — Nouvelle visite (1681). — Mort du commandeur enseveli chez nous (1683). — Abjuration des protestants (1685). — Réaffouagement (1698). — Elections au 1er mai (1700). — Acquisition de l'office de maire, de contrôleur d'eau-de-vie, de crieur-juré, etc. — Assemblée de viguerie. — Recrue (1703). — Régence donnée à la dispute (1703). — Plaintes contre le prieur et ordonnance du commissaire chevalier de Vintimille. — Condamnation du sieur *** (1704). — Disette (1705-1718). — La communauté saisie (1718). — Transaction entre le commandeur et le baron de Fos (1718).

La confrérie du Saint-Rosaire, récemment établie dans la paroisse, avait pris en peu de temps un développement considérable. Après trente ans d'existence, elle comptait dans ses rangs plus de six cents affiliés, à la tête desquels figuraient toutes les notabilités du pays (1). La nécessité de posséder une chapelle spéciale pour y tenir les réunions de la confrérie s'imposait. Les membres les plus influents de la pieuse association en proposèrent la construction aux consuls et offrirent d'affecter à cet établissement la totalité de leurs ressources, auxquelles viendraient se joindre les oblations spontanées des habitants. La demande fut favorablement accueillie des consuls, qui la transmirent au commandeur, en le priant de se pourvoir, auprès du chapitre de l'Ordre, des autorisations nécessaires. Il fut décidé qu'on percerait la muraille de l'église du côté du couchant, vers le cimetière, sur la largeur de deux arceaux, et qu'on construirait deux chapelles, l'une en l'honneur du Saint-Rosaire, l'autre en l'honneur de saint Joseph.

L'autorisation sollicitée, une fois obtenue et les ressources recueillies, on se mit résolument à l'œuvre. Dès le 14 septembre 1659, Jérôme Reynaud, maçon, vint déclarer au conseil que les murailles étaient ouvertes, les arcades formées (2) et qu'il ne restait plus qu'à faire les murailles du côté du cimetière. On mit aux enchères cette construction, conjointement avec celle de l'arc doubleau qui doit séparer les deux chapelles. Dès le 8 février 1660, ces divers travaux étaient achevés et seules les voûtes des deux chapelles restaient à faire. On en mit la construction aux enchères, avec clause « qu'elles seront faites de plastre, soutenu par un croisillon aussi de plastre de la façon que sont faits ceux de l'église, lequel croisillon sera soustenu par un queue (sic) de lampe à chasque

---

(1) Ce chiffre est attesté par un vieux registre contenant les noms de tous les associés, et faisant partie des archives de la paroisse (1626).

(2) Une pierre qui sert de clef de voûte à l'arceau ouvert porte gravées les rmes du pays, avec la date de 1659.

coin ; devront blanchir en plastre blanc les chapelles au dedans, etc. »

Reynaud et Antoine Chardousse furent déclarés adjudicataires pour la somme de 170 livres, et le 22 août 1660 tout était terminé. Les maçons Bausset et Fleur insinuèrent bien « que les voûtes n'etaient pas faites selon l'architecture de l'église et nullement conformes aux paches ». Les ouvriers leur prouvèrent que tout allait pour le mieux ; les consuls furent contents ; c'était, en somme, l'essentiel (1). On démolit alors la grande tribune construite au-dessus de la porte et devenue moins nécessaire depuis l'agrandissement de l'église (2) ; on fit placer un banc pour le juge et les trois consuls. Le cimetière fut réduit et reculé vers le couchant en droite ligne de l'angle de la nouvelle construction, et par ce moyen se trouva dégagée en même temps qu'agrandie, la place de devant l'église, où se tenait, chaque dimanche, une sorte de marché.

En sa qualité de décimateur, le commandeur était tenu de contribuer pour un tiers aux dépenses occasionnées par toutes ces réparations. Le conseil se demanda s'il y avait lieu de réclamer cette part contributive ; il fut unanime à décider que, « puisqu'il a eu des bontés pour la communauté, qu'il l'a exemptée des gens de guerre, sans vouloir jamais accepter ni récompense, ni gratification (3), on le tiendra quitte, et on priera M. de Montmeyan, son neveu et procureur, de continuer ses bonnes affections à notre endroit et d'obliger M. André Nicolas, vicaire, de dire une messe

---

(1) Le total des sommes dépensées s'éleva à 1,800 livres.

(2) La boiserie fut donnée aux pénitents, qui l'employèrent à construire une tribune dans leur chapelle.

(3) Ce commandeur si dévoué et si désintéressé était Gaspard de Castellane-Montmeyan, qui, cette même année 1660, fit procès d'améliorissement et quitta la commanderie.

matinière pour la plus grande commodité et satisfaction du peuple. »

On le voit, la communauté n'était pas ingrate et savait reconnaître, à l'occasion, les bons procédés de son seigneur.

Ce désintéressement était d'autant plus appréciable qu'elle se relevait avec peine de l'état précaire où l'avaient réduite de récents fléaux, et qu'elle luttait en ce moment même pour prévenir le retour de la gêne où elle s'était débattue pendant quelques années.

Un des moyens qu'elle crut à propos d'employer à cette fin fut le rétablissement des deux foires accordées autrefois par le comte de Provence, fixées au lundi après le 15 août et au 21 septembre « et qui avaient esté discontinuées au moyen des pestes et guerres dont cette pauvre province a esté affligée ». On devança la première et on la fixa au 15 août, « auquel jour presque tout le voisinage de ce lieu est assemblé ici à reson de la devotion quest en ce jour à la chapelle Notre-Dame au terroir de Puimoisson ». A ce point de vue, le jour était bien choisi, car la fête patronale du 15 août attirait ici une foule considérable de peuple. La traditionnelle bravade avait lieu, où se consumait une grande quantité de poudre en l'honneur de la Mère de Dieu et aux frais de la communauté (1).

D'autre part, afin de permettre aux pauvres de glaner avec quelque profit dans les chaumes, le conseil décida qu'à l'avenir les particuliers du lieu et les forains seraient

---

(1) Il paraît qu'à l'occasion de cette fête on se livrait volontiers ici à des récréations chorégraphiques..., au son d'un grand tambour! « Ont reçu plainte de plusieurs particuliers du lieu qui se plaignent des danses qui se font avec un *grand tambour*, aux jours de feste, et qui scandalize tout le monde.... Le conseil décide que cela ne se doit plus souffrir et donne charge à qui de droit de congédier le *grand tambour*, et au cas de refus se pourvoiront ». Arch. municip. (1659).

obligés de faire sortir leurs troupeaux du terroir le jour de Saint-Bàrnabé (11 juin) et ne pourraient les y ramener que le jour de Saint-Barthélemy (24 août), sous peine de confiscation (27 décembre 1660). Exception est faite pour le boucher communal, qui ne pourra toutefois garder plus de cinq trenteniers et de quarante-cinq menons.

Cette exception en faveur du boucher se comprend aisément. La boucherie était donnée à bail par la communauté, et le droit de dépaissance dans le terroir durant toute l'année était stipulé dans le contrat. Le conseil, d'ailleurs, en lui délivrant la ferme de la boucherie, prenait soin de régler le prix de vente de la façon la plus rigoureuse. Qu'on en juge. Le bail du 27 mars 1661 porte : que depuis Pâques jusqu'à Saint-Michel la livre de mouton se vendra 2 sous 4 deniers ; depuis Saint-Michel jusqu'au Carême, 2 sous 3 deniers. La chair de bœuf devait être vendue 2 sous la livre, au pascour (1) et 1 sou 8 deniers le reste de l'année. Le menon, 2 sous la livre ; la grosse chair, 6 liards la livre. La graisse et les chandelles, 4 sous. Au carême, la livre de mouton subissait une augmentation et se vendait 3 sous. « La levade, les testes et le ventre, comme les bêtes de chaque espèce, fors le bœuf (2). »

C'est aussi dans le but d'améliorer la situation des agriculteurs que le conseil renouvela l'interdiction d'introduire du vin étranger dans le pays, sous peine de confiscation de la marchandise et des mulets qui la transportaient. Cette mesure eût été excellente et eût facilité la consommation du vin du pays, dont on ne parvenait pas à se débarrasser, si les aubergistes ne se fussent obstinés à

---

(1) Le pascour désignait le temps compris entre le jour de Pâques et le jour de sainte Madeleine.

(2) Ce bail fut passé, le 27 mars 1661, à Gaspard Amaudric, de Mezel.

l'enfreindre dans le but de contenter, d'augmenter surtout la clientèle et de réaliser ainsi de plus gros bénéfices.

La vigilance des consuls dut bientôt s'exercer d'un autre côté, où se commettaient de plus nombreux et de plus graves abus. Les deux fours étant banaux, le rentier seigneurial prélevait le droit de fournage à raison de trente-huit pains l'un, ainsi que nous l'avons dit déjà, et prenait sur ce revenu de quoi payer et nourrir les fourniers et les mandarelles. Or, non seulement le rentier n'avait plus à payer, ni à nourrir les ouvriers, mais, chose énormément abusive, c'était le contraire qui avait lieu, et « les choses en étaient venues à un point que les mandarelles et les fourniers eux-mêmes donnaient de l'argent au rentier, ce qui ne pouvait se faire qu'au moyen de prélèvements abusifs de la pâte sur les habitants ». (Délib. du 7 mai 1662.)

On coupa court à cet abus par une surveillance très rigoureuse, et, du coup, on interdit au rentier Robert et à son fils, qui comprenaient d'une si étrange façon le septième précepte du décalogue, d'aller chasser dans les vignes, conformément aux arrêts.

Mais, si la population avait peu de sympathie pour le rentier seigneurial, elle en avait par contre beaucoup pour son commandeur, Balthazard de Demandolx, avec lequel elle entretenait des rapports empreints de la plus grande cordialité. Le commandeur de Pézenas, son frère, a-t-il besoin d'argent ? La communauté en emprunte et lui prête (1). Le commandeur est-il malade ? La communauté s'émeut, prie pour lui et, en apprenant son rétablissement, juge à propos de lui adresser des félicitations qu'elle fait accompagner d'un beau présent de douze paires de perdrix, vingt-quatre chapons, six massapans de prunes, quatre

---

(1) On prêtait plus volontiers aux communautés parce qu'elles étaient regardées comme corps solvable et présentaient bonne caution.

quintaux de fruits, pommes et poires (12 décembre 1662) (1). Reçoit-il dans son palais la visite des commissaires de l'Ordre ? On lui fait présent d'un veau, de chapons, de poulets, de pigeonneaux, etc. (2). En un mot, la communauté ne négligeait aucune occasion de témoigner à ce commandeur l'affection qu'elle avait pour lui, et, en entretenant ses bonnes grâces par ces attentions auxquelles on le savait sensible, elle se ménageait son bon vouloir et son influence.

En 1662, un audacieux voleur, ayant pénétré par effraction dans la chapelle de Notre-Dame de Belle-Vue, fit main basse sur tous les objets précieux à sa convenance (3). Le misérable fut arrêté à Cannes, au moment où il essayait de vendre le fruit de son vol sacrilège. Sur la plainte et les procès-verbaux des consuls, quelques-uns des objets volés furent rendus, et le coupable fut condamné aux galères perpétuelles. Ce fut alors qu'on songea sérieu-

---

(1) Les perdrix coûtèrent 1 livre 10 sous la paire ; les 6 massapans, 4 livres. Ce présent fut porté à Marseille, où le commandeur avait été malade.

(2) Le veau coûta 17 livres 5 sous, et la somme dépensée pour ce présent s'éleva à 36 livres 5 sous.

(3) Les inventaires de 1648 et de 1656, passés à la chapelle, nous font connaître qu'il y avait : « un soleil d'argent pour mettre le Saint Sacrement en dedans, une image de la Sainte Vierge d'argent tout : un lampier à treize branches, deux petits pots d'étain fin, un encensoir, deux lampes, quatre bassins de louton, trois pierres sacrées, huit *suaris* en toile de Rouen, huit chasubles, dont une à parements d'or fin, trois pavillons de damasquin fleury, plusieurs estuys (bourses) en bourderie garnis de parements d'or fin, plusieurs courpouraux de belle toile de Paris, beaucoup de voiles en taffetas, avec pointes d'or autour et de toiles en bourderie, onze nappes de toiles de méson, quatre aubes, six purificatoires en toile de Rouen, deux aiguyères de bois doré, douze chandeliers, une image de Notre-Dame en bois doré (existe encore), trois grandes toiles d'une canne de long pour quand on fait la sainte communion, deux coussins avec sa bourderie de soye, deux coffres de boys noyer, etc., etc., un calice d'argent avec sa patenne, un bénitier en pierre de marbre apporté de Fréjus », etc.

sement à placer un ermite à la chapelle. Ce fut Claude Touche, de Moustiers, qui ouvrit la série des ermites de Notre-Dame, qui se succédèrent jusqu'à la Révolution et au delà (1).

Depuis vingt-neuf ans, les habitants n'avaient plus passé reconnaissance à leur commandeur. Balthazard de Demandolx la demanda, le 26 février 1669. L'accomplissement de cette formalité entraînait une dépense, les habitants devant produire les titres qui établissaient la légitimité de leur possession. La communauté ne refusa point de s'y soumettre ; mais, afin de diminuer la dépense, elle fit prier le commandeur, par l'intermédiaire des consuls et des notables de l'endroit, d'avoir pour agréable que les emphytéotes fussent dispensés de produire leurs titres. Les mandataires ajoutèrent qu'une transaction passée, le 28 février 1558, entre Frère Claude de Glandevès et la communauté, les dispensait de cette exhibition, que dans les reconnaissances passées, en 1560, en 1622, en faveur de Boniface la Molle, en 1647 en faveur de Latis, d'Entrages, les particuliers furent seulement nommés et ne produisirent pas de titres, etc.

Le commandeur refusa de se rendre à ces bonnes raisons.

La communauté, dès lors, délégua Bouteille et Melchior Bouche pour aller consulter sur ce point le *plus fameux avocat* d'Aix (13 avril) et défendit aux particuliers de passer aucune reconnaissance tant que les délégués ne seraient pas de retour.

Sur ces entrefaites, Frère François Laugeiret, commissaire visiteur général, vint à Puimoisson pour faire la

---

(1) Ces ermites devaient garder la chapelle, servir les messes qui s'y célébraient, sonner la cloche en temps d'orage, etc. La communauté leur fournissait un habit de *courdeilhat* ou cadis. Le produit des quêtes faites dans le pays suffisait à les faire vivre.

visite de la commanderie ; il était accompagné de Balthazard de Demandolx. Les consuls ne s'empressèrent pas moins d'aller lui offrir leurs hommages, lui protestèrent de leur obéissance, le priant *de leur être bon seigneur comme ils désiraient être ses bons sujets* (8 juin 1669) (1).

Cependant les délégués à la consultation rapportèrent du *fameux avocat* d'Aix une consultation qui donnait plein droit au commandeur, et dès cette même année les habitants passèrent reconnaissance par devant Fleur, notaire, aux frais de la communauté.

Toutefois nous constatons que cette décision, basée sur le droit strict, ne refroidit point les bonnes relations de la communauté avec le commandeur. Ce dernier eut recours à son intermédiaire pour un emprunt de 6,000 livres (1671), qui furent rendues peu à peu en nature. Son frère, le sieur de Pézenas étant mort au service du roi, à Ostende, on fit prier pour le repos de son âme, en même temps qu'on faisait les vœux les plus ardents pour l'heureux retour du commandeur, qui, comme son frère, commandait dans les armées du roi. Le commandeur fut même si touché des sentiments pleins de délicatesse et de dévouement que lui témoigna la population, à son retour, qu'il résolut de ne plus quitter sa commanderie et voulut être enseveli dans l'église paroissiale (2). En se montrant intraitable sur le

---

(1) Ce procès-verbal de visite, déposé aux archives des Bouches-du-Rhône, nous apprend qu'il y avait à l'église, outre le grand autel, celui du Corpus Domini, de Sainte-Anne, de Saint-Blaise et de Saint-Michel ; dans la chapelle nouvellement construite, le Saint-Rosaire, Saint-Joseph et Saint-Eloy, trois cloches au clocher et une à l'horloge. Que le commandeur a converti le four du château en glacière ayant dix-sept pans de diamètre et autant de fonds ; que dans les caves il y a dix-huit grands tonneaux en bois de chêne, etc., etc.

(2) En 1670, il tint, avec Mlle Françoise de Fauris-Saint-Julien, le baptême de Françoise Britton, fille de Balthazard et de Madeleine Surian.

sujet des reconnaissances, il n'avait fait qu'obéir à des ordres qu'il devait exécuter. Il sut bien, du reste, effacer dans l'esprit de ses vassaux l'impression pénible qu'aurai pu y produire cette rigueur, soit en se départant de son droit de demi-lods sur les terres de l'hôpital qu'on venait de vendre parce qu'elles ne rendaient plus rien, soit en obtenant de l'évêque de Riez qu'il se désistât de ses prétentions sur ces biens, qui lui revenaient de plein droit en cas d'aliénation, soit enfin en décidant le baron de Bras de permettre aux habitants de prendre du bois dans ses terres, etc., etc.

Cependant Louis XIV venait de révoquer l'édit de Nantes (17 octobre 1685). Cet acte considérable du pouvoir souverain eut quelque écho dans notre pays. Les religionnaires de Puimoisson, qui, au nombre de vingt-cinq, se trouvaient pour ainsi dire noyés au sein d'une population catholique à la foi vive et ardente, saisirent cette occasion de rentrer dans le giron de l'église catholique. Le 1er novembre 1685, ils abjurèrent tous l'hérésie de Calvin, qu'ils avaient professée jusqu'alors et dans laquelle ils avaient été élevés. L'abjuration se fit entre les mains de Frère Jean Nicolas, recteur perpétuel, en présence des prêtres, du juge, des consuls et d'une assemblée nombreuse (1).

---

(1) Voici les noms des calvinistes de Puimoisson qui abjurèrent l'hérésie : Mathieu Pic, marchand, et Honorade Bouche, sa femme, Marc Antoine Sarrazin, écuyer, son gendre, et Honorade Pic, sa femme, Claire, Pierre, Marguerite, Françoise Sarrazin, leurs enfants ; Hodet Maty, bourgeois ; François Maty, rasetier ; Louise Féraud, femme Maty ; Madeleine et Pierre Maty, fils de François ; Pierre Maty, *paralitic*, fils d'Hodet ; Elisabeth Maty, femme du sieur Orgueilleux, du Luc, Elisabeth Orgueilleux, sa fille ; Jean Maty, bourgeois, Louise Caudier, sa femme, Marguerite Maty, Lucrèce Maty, Louise Maty, André Maty, leurs enfants ; Lucrèce Caudier, fille de Caudier, de Draguignan ; demoiselle Jeanne de Latour, fille de noble Daniel de Latour et

En 1698, eut lieu le réaffouagement général. Puimoisson fut affouagé 41,242 francs cadastraux de douze livres le florin, soit de six livres tournois le franc cadastral et réduit de treize feux à onze feux et demi (1).

C'est en 1700 que les élections municipales, auparavant fixées au 27 décembre, furent transférées au 1er mai, commencement de l'année maltaise, et que la commune fit l'acquisition de l'office de maire (667 livres), de l'office de lieutenant de maire (131 livres), de l'office de contrôleur d'eau de vie (280 livres) et de l'office de crieur-juré de la communauté (50 livres), tout autant de charges vénales créées par Louis XIV, dans un but purement fiscal.

Le 17 septembre 1700, eut lieu l'assemblée de viguerie à Moustiers, qui était chef-lieu (2). Romany, maire et premier consul, y fut délégué par le conseil, pour y représenter Puimoisson. On y décida que l'assemblée annuelle des communautés de la viguerie aurait lieu le lundi de la Pentecôte, sans avertissement préalable. On y imposa deux livres par feu pour réparation des chemins, et on y donna communication d'une déclaration du roi (25 juillet 1700) qui obligeait les mendiants valides d'aller travailler aux champs, leur défendait de mendier, sous peine d'être fustigés la première fois et de cinq ans de galère en récidive, si le mendiant est âgé de plus de 20 ans. Défense est faite aussi de favoriser leur paresse en leur donnant l'aumône, sous

---

d'Elisabeth de Renard, et son frère cadet, Charles de Latour. Ce Charles de Latour était le frère de Marguerite de Latour, qui, le 9 novembre 1676, avait épousé, à Puimoisson, Jean Auguste de Lamanon, de la ville d'Aix.

(1) En 1747, Puimoisson fut réduit à neuf feux, et en 1780 à huit feux trois cinquièmes.

(2) La viguerie de Moustiers comprenait : Moustiers, Allemagne, Aiguines, Alboisc, Beauduen, Cranet, Chante-Reine, Montpezat, Montagnac, Puimoisson, Riez, Roumoules, Saint-Jurs, Sainte-Croix, Saint-Martin-de-Brômes, Saint-Martin-le-Rimat, Taillas, Valensole.

peine de 50 livres d'amende. Cette déclaration fut lue solennellement au prône et mise à exécution (1).

Des prescriptions de ce genre n'offraient pas grande difficulté d'exécution, et les habitants n'avaient aucune peine à s'y conformer.

Il en fut autrement de l'ordre qui arriva le 11 décembre 1703, portant de faire une recrue. Les jeunes gens du village de l'âge requis furent officiellement convoqués pour venir tirer au sort. La carrière des armes ne leur souriait pas, et nos bons gars éprouvaient une singulière aversion pour le noble métier de soldat. Tous s'excusèrent : l'un dit qu'il était forain ; l'autre, qu'il était fils de bourgeois et qu'il ne partirait qu'à la convocation de l'arrière-ban ; l'autre, qu'étant allivré six écus francs cadastraux et par-dessus fils de notaire, ne pouvait partir, devant remplacer son père incessamment ; un autre alléguait qu'il n'avait par l'âge ; un autre, qu'il était receveur des deniers du roi, etc. Bref, il fallut recourir à un brave volontaire, Pierre Beraud, auquel les jeunes gens donnèrent 180 livres, quatre chemises, une paire de souliers et un chapeau, et le voilà parti pour Manosque. Le commissaire de guerre, M. de Valcroissant, le récuse...., parce qu'il a les cheveux rouges !... Ordre d'en envoyer immédiatement un autre. A cette nouvelle, nos jeunes gens se cachent, et à grand peine les consuls parviennent-ils à en trouver quatre qu'on conduit à Manosque, où ils tirèrent au sort. Barthélemy Alezard fut désigné, et sa mère, une veuve, reçut 118 livres d'indemnité.

Peu après, le même ordre arrive ; la même difficulté se présente ; la trompette officielle qui les assignait au tirage

---

(1) A la suite de l'ordonnance, se trouve un état des lieux et des chemins que devront suivre les mendiants pour rentrer chez eux.

au sort leur servait d'avertissement pour disparaître. A l'heure indiquée, aucun jeune homme ne s'étant présenté, les consuls rédigèrent les billets, firent tirer au sort un enfant de sept ans; François Audibert fut désigné, et, comme il avait pris la fuite avec les camarades, on fit emprisonner son père, sa mère et son oncle, par ordre de l'intendant, qui déclara que, si dans trois jours le déserteur ne s'était pas rendu, il le trouverait, quelque part qu'il fût et l'enverrait aux galères; le conscrit réfractaire n'attendit pas cette extrémité, et son retour fit relâcher les prisonniers.

Quelque efficace qu'eût été la mesure, on ne pouvait cependant recourir chaque fois à des moyens si rigoureux. D'autre part, l'opération du recrutement, qui relevait de la compétence des consuls, devenait pour ces honorables magistrats non seulement une corvée ennuyeuse, difficile, mais quelquefois dangereuse par la tournure dramatique que les circonstances lui donnaient. Qu'on nous permette une parenthèse sur ce côté curieux et instructif de nos mœurs locales. Le comte de Grignan ayant ordonné une levée, on trouve un volontaire; le maire, Chardousse Jérôme, le mène à Sisteron; l'intendant le refuse. Il retourne promptement, pour faire tirer au sort; les jeunes gens qui avaient eu bruit de la nouvelle s'étaient évadés; impossible d'en trouver un. On apprend cependant que Gayde Antoine est au château de Rousset. Chardousse et Beraud partent à sa recherche. A leur vue, le déserteur s'enfuit à travers champ; les consuls se mettent à sa poursuite, le rattrapent et se mettent en devoir de l'emmener. Mais voilà que « Louis Pascalis, fils de la fermière, aurait mis le fusil contre ledit Beraud, lui disant que, s'il ne le laissait, il le tuerait ». Nos intrépides consuls avaient la poigne solide et ne voulaient point lâcher une proie qui leur avait tant coûté. Ils maintiennent donc le pauvre conscrit et se hâtent de l'entraîner vers l'urne fatale. « Ils étaient à demi-lieue de Rousset, lorsque Pascalis revint, accompagné cette fois de douze ou treize hommes masqués et de six valets armés daches, batons et fusils, et par violence leur auraient osté et enlevé ledit Gayde et blessèrent Beraud. » A cette nouvelle, l'intendant fit emprisonner tous les parents du réfractaire et ceux des déserteurs.

Tandis que les consuls exécutaient la campagne qui leur réussit si mal, d'autres chercheurs avaient battu les vallons et les bastides à la recherche d'autres conscrits. Après bien de la peine, on put organiser un tirage au sort et Gayde dut partir, non toutefois sans avoir reçu 150 livres de la part des autres jeunes gens, qu'on relâcha après onze jours de détention.

D'autres fois, l'opération du recrutement prenait un caractère plus gai. Au reçu de l'ordre de levée, les jeunes gens, selon la coutume, s'empressaient de prendre la clef des champs. Un matin de décembre, nos bons consuls vont par les villages environnants et sont assez heureux pour saisir Pierre Beraud, Pierre Androny et Maximin Rougon, cachés à Sainte-Croix. On les amène non sans peine et on les emprisonne, avec d'autres fuyards saisis aux environs, dans la cuisine du château (le cachot étant trop froid), donnant ordre au cordonnier Jean Martin de garder les prisonniers. Or, pendant une courte absence de leur geôlier, les détenus brisent la porte, renversent une cloison et parviennent à s'évader. On tira au sort quand même, et, Beraud ayant été désigné, ses parents furent emprisonnés. C'était le 18 décembre. Or, le 27 décembre, Beraud se rendit et se tint à la disposition. Mais voilà que le 17 janvier, veille du départ, Beraud se blesse à la tête et déclare qu'il est incapable de partir. Médecins et chirurgiens se réunissent en consultation autour du conscrit malade et, à l'unanimité, le déclarent bon pour le service. L'intendant de Sisteron ne fut pas de l'avis de la Faculté et refusa de l'enrôler. Il fallut donc revenir et recommencer le tirage au sort. Ripert Joseph fut désigné ; il était à Barjols. Claude Romany et Gaspard Bausset, consuls, partent donc à sa recherche. Mais quelle n'est pas leur surprise quand les consuls de cette ville leur déclarent que leur conscrit est en prison et qu'il n'en sortira pas. Intimations aux consuls, requêtes sur requêtes, rien n'y fit. L'intendant de Sisteron, cependant, réclamait son homme et le voulait de la *qualité requise*. On lui fit conduire André Rey, qui fut accepté et mit fin aux alarmes des jeunes gens et aux nombreuse démarches des consuls (1).

Cependant, les malins, et il y en a eu de tout temps, ne se gênaient guère de ridiculiser les pauvres consuls, de rire de leur embarras, de plaisanter sur leurs diverses mésaventures ; les malveillants les taxaient d'incapacité administrative, etc. Or, ces magistrats n'entendaient pas devenir la risée de leurs concitoyens à raison de fonctions que leur insubordination avait rendues particulièrement difficiles ; ils voulaient être respectés, et, le 1er mai, avant de résigner leurs fonctions, et les nouveaux, avant de les accepter, ils firent entendre des protestations : ils représentèrent « qu'il y a diverses personnes qui se jactent de mal traitter les sieurs consuls vieux et nouveaux à l'occasion du soldat de recrue que la communauté a esté obligée faire les années précédentes ; requièrent le conseil qu'en cas que telles insultes arrivent pour ce subject de prendre le faict et cause diceux attendu que c'est un faict général ». Le conseil délibéra « que lorsqu'il y aura quelque habitant qui se tirera du respect de la personne des sieurs consuls, yceux en donneront connaissance au conseil pour y délibérer et pourvoir ».

---

(1) Les dépenses faites pour trouver un pauvre soldat de recrue s'élevèrent à 168 livres, plus 26 livres données à Jean Martin, pour avoir gardé cinquante-deux jours la jeunesse renfermée. — Arch. mun., *passim*, et Comptes du trésorier *passim*.

En même temps, s'agitait ici un procès qui alla au Parlement et troubla pendant plusieurs années notre pays ; l'affaire, qui tout d'abord paraissait de minime importance, se compliqua et prit des proportions auxquelles les parties étaient loin de s'attendre. Il s'agissait de la régence du collège devenue vacante. Plusieurs candidats la sollicitaient. Or, en pareil cas, l'usage du pays était de mettre la *régence à la dispute*, c'est-à-dire d'établir une sorte de joute littéraire, dans laquelle les concurrents faisaient montre de tout leur savoir. Le clergé, les consuls, les plus *apparents* du lieu formaient le jury et décernaient au vainqueur la régence, qui était rétribuée à raison de 100 livres, plus la nourriture. Cette joute solennelle avait lieu dans l'église et devait présenter un certain intérêt.

Quoi qu'il en soit, cette année 1703, le conseil voulut donner la régence à Feraud, secondaire du lieu, présenté par les pères de famille. Or, André Nicolas, fils de Denis-Pantaléon Nicolas, médecin à Riez, briguait le poste et fit si bien qu'il amena le grand vicaire à refuser l'approbation au régent, en même temps qu'il somma le conseil de mettre la régence à la dispute. Elle eut lieu devant le grand vicaire et les juges nommés par lui, mais en dehors de l'église et à l'insu des juges ordinaires que Nicolas écarta comme suspects. Il fut vainqueur, cela va sans dire ; mais, quand il fallut passer le contrat, les consuls refusèrent, disant que la dispute n'avait pas eu lieu à l'église, qu'elle s'était faite à l'insu du conseil et en dehors de sa participation. Ils exigèrent une dispute publique, ainsi que la résignation des fonctions, et donnèrent le soin de l'école à un indifférent. Nicolas ne voulut ni résigner ses fonctions, ni rendre la clef. On le somme ; il en appelle ; on veut installer un autre titulaire à sa place ; il tient bon et adresse requête au Parlement, pour faire enjoindre aux consuls de lui passer le bail sollicité, et assigne en même temps la communauté.

Esparron, autre médecin de Riez, se mêle à la lutte, prend parti pour la communauté; on devine pour quel motif. Il va à Aix, prend des consultations, intéresse les avocats à la cause des consuls et ne néglige rien pour évincer le fils de son concurrent. Une circonstance parut un moment le favoriser; une recrue était à faire. C'était une occasion de se débarrasser de l'importun maître d'école. Vain espoir! Quand on l'assigne pour tirer au sort, il s'en défend et excipe de sa qualité de forain et de régent. Enfin le Parlement rendit un arrêt qui condamnait la communauté aux dépens et au payement d'une indemnité de 47 livres 11 sous 6 deniers à André Nicolas, qui toutefois dut quitter la régence.

L'instituteur évincé s'en retourna à Riez, laissant ici des colères et des désirs de vengeance dont son oncle, messire Jean Nicolas, vicaire perpétuel du pays, ne devait pas tarder à subir le contre-coup.

Les consuls, faisant cause commune avec les ennemis personnels du curé, rédigèrent un mémoire pour se plaindre du surexigé que, d'après eux, il prélevait sur les mariages, baptêmes, sépultures et autres fonctions. De plus, afin de donner à leur plainte un caractère spécial de gravité, ils subornèrent vingt-cinq témoins qui devaient déposer contre la conduite et les mœurs du vicaire perpétuel. Or, ce vicaire perpétuel était alors âgé de soixante-cinq ans et, depuis quarante-deux ans, il exerçait son ministère dans la paroisse.

Le chapitre provincial de l'Ordre, tenu à Arles, le 5 mai 1704, ayant été saisi de la plainte par le commandeur de Callissane, visiteur de l'Ordre, députa le commandeur de Grézan, des comtes de Vintimille-Montpezat, pour se porter à Puimoisson, afin d'informer sur les griefs formulés par la communauté contre le vicaire perpétuel.

Le chevalier de Montpezat arriva donc, muni de pleins pouvoirs, accompagné de Joseph Segond, de Montagnac, notaire de l'Ordre, et voulut commencer une enquête (28 novembre 1704) (1).

Mais il se produisit alors ce qui se produit souvent en pareille occurrence. Le conseil, qui, obéissant à un sentiment de vengeance, s'était fait inconsidérément l'écho de plaintes non justifiées, essaya de se dérober au dernier moment, et voulut se décharger sur d'autres de la difficile mission d'articuler et de soutenir ses griefs devant le commissaire enquêteur. Personne ne voulait plus avoir à se plaindre ; chacun disait « que ce n'était pas la peine de déranger un commandeur pour si peu, et que ceux auxquels on demandait un surexigé n'avaient qu'à le refuser et à se pourvoir à leurs propres frais, etc., etc. ». Mais les plaignants, dont les noms étaient désignés dans le mémoire, ne purent pas se soustraire aussi facilement ; cités à comparaître, sommés d'articuler des faits contre la moralité du vicaire perpétuel, ils soutinrent si mal leur triste personnage qu'ils furent complétement démasqués et durent se retirer couverts de honte et de confusion.

Le chevalier de Montpezat voulut quand même remplir l'objet de sa mission. Il rédigea un règlement en vingt-trois articles (2) et quitta Puimoisson, non toutefois sans avoir exhorté les habitants et les prêtres de la paroisse à vivre en union, paix et concorde, pour le bon exemple et la plus grande gloire de Dieu (1er décembre 1704).

Ces sages recommandations ne furent pas écoutées. Sous prétexte que le nouveau règlement portait atteinte aux droits de la communauté dans l'affectation et la

---

(1) Le chevalier de Montpezat descendit chez Ardoin, « hoste des Troys Roys », et ne voulut recevoir de la communauté que le remboursement de ses dépenses, qui s'élevèrent, pour trois jours, à la somme de 51 livres 16 sols.

(2) Voir ce règlement aux pièces justificatives.

distribution des aumônes, de nouvelles représentations furent adressées au grand-prieur de Saint-Gilles.

Le chapitre délégua le chevalier François de Bausset, pour donner une explication plus précise de l'article visé dans la plainte. Il décida que la destination et la distribution de l'aumône Augier aux pauvres filles à marier et de l'aumône du blé, provenant de la vingt-quatrième, auraient lieu du consentement et en présence du vicaire perpétuel et des officiers de la commanderie. Or, le but de la protestation était précisément d'éluder l'intervention du curé et de ne lui laisser aucun contrôle dans l'application de ces secours. Ils ne furent donc pas satisfaits, surtout lorsqu'ils apprirent que le chevalier de Bausset avait apporté des certificats émanés du visiteur de l'Ordre rendant hommage à la bonne conduite et aux bonnes mœurs de messire Nicolas. Ils rédigèrent un troisième comparant. Mais le chapitre refusa de se prêter plus longtemps à ces misérables vexations, qui dissimulaient mal un malin vouloir avéré contre un homme irréprochable, et répondit qu'on eût à s'en tenir à ce qui avait été réglé par les commissaires enquêteurs.

Malgré cela, les ennemis de Jean Nicolas ne désarmaient pas ; n'ayant pu parvenir à le chasser du pays, ils entreprirent de le perdre dans l'estime publique et organisèrent une odieuse campagne de dénigrement et de diffamation. L'un d'eux, en particulier, plus passionné, encouragé secrètement par les autres, se fit remarquer par la violence de ses attaques. Il mit en usage les armes ordinaires des lâches, propos injurieux et indécents, calomnies, diffamations secrètement répandues ou affichées nuitamment en divers lieux du village. Puis, passant des injures aux voies de fait et jetant bas le masque, il eut l'impudence de chasser ce vénérable ecclésiastique d'une maison où un malade réclamait les secours de son ministère (26 mai 1705).

L'évêque de Riez, Jacques Desmarets, instruit de ces

odieux procédés, enjoignit au curé d'appliquer à ce pauvre égaré les censures canoniques et de le poursuivre conformément aux lois.

Le procureur juridictionnel requit contre lui, et un premier jugement fut rendu « qui déclarait le sieur *** atteint et convaincu du crime d'injures diffamatoires tant verbales que par écrit proférées et affichées en divers lieux publics de Pimoisson, tendant à ternir et à détruire la réputation du sieur Nicolas, le condamnant à déclarer en audience publique que témérairement, malicieusement et calomnieusement il avait proféré et fait écrire ces injures contre le sieur Nicolas, qu'il s'en repent, le tient pour homme d'honneur, lui demande pardon, ainsi qu'au Roy, à la justice, au commandeur, et de plus à payer 25 livres au procureur juridictionnel, 50 livres au sieur Nicolas et les frais de justice taxés à 81 livres 8 sols 6 deniers, avec contrainte par corps, attendu ce dont s'agit, etc. » (16 décembre 1705).

Les quelques hommes haineux qui poussaient le diffamateur dans cette voie lui conseillèrent de déclarer appel de cette sentence. Il le fit. De son côté, Jean Nicolas prit des lettres d'appel à la chancellerie (22 décembre 1705). Mais le coupable jugea prudent de se dérober par la fuite à la sentence qui l'attendait.

La procédure à son encontre n'en suivit pas moins son cours, et, le 24 mars 1706, le sieur ***, défaillant, fut jugé par contumace et condamné par la Cour d'Aix aux galères perpétuelles. Quatre voix votèrent la mort, et le président déclara que, si le coupable se fût présenté et eût soutenu son dire en présence de la Cour, il courait risque d'être pendu le même jour.

Pendant ce temps, le sieur *** vivait tranquillement à Orange, qui n'était pas encore terre française. Il semble qu'il devait se féliciter d'être hors de portée des mains de la justice. Mais, tant il est vrai que la haine aveugle ! après quinze mois d'exil dans la principauté, on le vit reparaître un jour à Puimoisson, non point repentant et soumis, mais plus furieux que jamais, « menaçant de tuer et de brûler » le vicaire perpétuel et toute sa famille (30 juin 1707).

Ses complices d'autrefois avaient sagement déposé les armes. Ils lui conseillèrent d'en faire autant et de pourvoir à sa sûreté par une prompte fuite. Il s'y décida, mais un peu tard. Le 14 juillet, tandis que, triste et confus, il reprenait le chemin d'Orange, il fut arrêté à Valensole, traduit aux prisons d'Aix, où il dut attendre pendant cinq mois son jugement, à cause des vacations de la Cour.

A la rentrée du Parlement, la procédure fut reprise ; l'affaire fut jugée avec beaucoup d'éclat et de bruit. L'attitude impertinente de l'accusé fit sur tous la plus fâcheuse impression et lui aliéna les dispositions de ceux qui auraient pu être portés à l'indulgence. L'arrêt fut rendu le 7 décembre 1707 ; nous en extrayons le passage suivant :

« .... Il sera dit que la Cour a mis l'appellation du sieur *** au néant ; faisant droit à celle dudit Nicolas, a mis son appellation et ce dont est appel au néant ; et, par nouveau jugement, a déclaré et déclare ledit *** atteint et convaincu du cas et crime à lui imposé pour réparation duquel l'a condamné et condamne à faire amende honorable un jour d'audience en chemise, tête et pieds nuds, la hart au col, tenant un flambeau ardent entre les mains et à genoux, demander pardon à Dieu, au Roy et à la justice, et ce fait, sera mené et conduit au port et havre de la ville de Marseille pour y servir le Roy sur une de ses galères tirant la rame par force, pendant le temps et terme de dix années, lui a fait et fait inhibitions et défenses d'en évader et de cometre à l'avenir semblables crimes sous peine de la vie, le condamne en outre à 100 livres d'amende moitié au Roy, moitié au procureur juridictionnel de Pimoisson, en 200 livres en faveur dudit

Nicolas querelant, à l'amende du fol appel envers le Roy modérée à 12 livres et à tous les frais et dépens de justice faits par ledit Nicolas, même à ceux de l'arrêt de contumace, ordonne que Rigordy, lieutenant de juge de Pimoisson, sera ajourné en personne à la diligence du procureur général du Roy, pour répondre sur ce dont il sera requis et interrogé par le commissaire rapporteur du présent arrest pour ses réponses veues et communiquées au procureur général et rapportées, être ordonné ce qui appartiendra par raison (1) ; et ce fait, que les *réponses* dudit *** seront tirées du greffe criminel de la Cour, et la grosse d'icelles de la procédure par Gautier, audiencier, et le tout par lui déchiré ; et en ce qui est de l'appellation dudit *** envers les décrets de contrainte rendus par le juge dudit lieu de Pimoisson, a ordonné et ordonne que les parties poursuivront icelle en jugement à l'audience publique ainsi qu'il appartient. Délibéré le sept décembre mil sept cent sept. Signés : de Valbelle, président de Tourves, le conseiller de Montaud, Gautier, greffier criminel. »

Tel fut le triste épilogue de cette lutte acharnée contre le vicaire perpétuel, lutte qui, engagée sur une question de minime importance, s'envenima par le choc des intérêts rivaux, s'attisa par le désir de la vengeance, donna lieu au déchaînement des passions mesquines, occasionna la perte de *** et tourna finalement à la confusion de ceux qui l'avaient imprudemment ouverte, à l'instigation de quelques malveillants.

Quant au vicaire perpétuel, sorti victorieux de ce conflit, il continua d'exercer à Puimoisson les fonctions de son

---

(1) Jean Rigordy, lieutenant de juge de Puimoisson, fut décrété d'ajournement personnel, pour n'avoir pas mis en état d'arrestation et fait incarcérer le sieur *** lors de ses interrogats et de ses réponses.

ministère jusqu'en 1728, année où il mourut, entouré de la vénération publique et âgé de 89 ans (1).

Mais voici que s'ouvre une série d'années calamiteuses. A partir de 1705 jusqu'en 1720, il n'y eût peut-être pas une récolte de rendement moyen. On eût dit vraiment que tous les éléments fussent conjurés pour ruiner nos pauvres pays ; ce que le froid avait épargné était emporté par la grêle, et le reste de la grêle devenait la proie d'un soleil desséchant d'août ou de quelque orage épouvantable. Et cependant le fisc était là, réclamant les impôts ! Quand se réunissait le conseil pour voter les fonds, « il ne votait qu'une imposition qui n'était pas bastante ». Les consuls protestaient ; les receveurs menaçaient ; l'intendant donnait des ordres ; mais que faire devant l'impossible ?

La trésorerie n'était plus aux enchères ; on la confiait à celui qui pouvait faire les avances les plus considérables. Ceux-ci, connaissant la situation, ne se faisaient pas

---

(1) Après avoir transcrit dans son registre les péripéties douloureuses de cette lamentable histoire, messire Nicolas ajoute, avec un accent d'amertume bien excusable : « Ceci servira de mémoire à mes successeurs pour être sur leurs gardes avec de tels paroissiens qui luy ont fait la guerre durant trois ans après quarante-cinq ans de service ! » (Dont dix-sept ans comme secondaire et vingt-huit ans comme vicaire perpétuel.) Et messire Gal, qui avait eu également à souffrir dans cette paroisse, souligne ces réflexions par les paroles suivantes : « La renommée apprendra à mes successeurs qu'en 1773 je ne fus guère mieux traité. » Malgré le respect que nous inspirent ces plaintes, malheureusement trop justifiées, nous croyons qu'il est équitable de restreindre ce qu'elles ont de trop général et de séparer la cause de la population proprement dite de celle de quelques hommes violents et haineux, dont la race, hélas, n'est pas même éteinte encore de nos jours ! Il n'est que juste de dire que les habitants de Puimoisson, calmes par tempérament et foncièrement honnêtes par principe, virent toujours de mauvais œil les persécutions gratuitement dirigées contre leurs prêtres et ne firent jamais cause commune avec les détracteurs systématiques des représentants de l'autorité civile et de l'autorité religieuse.

scrupule de l'exploiter et, outre l'intérêt de leur argent, exigeaient des honoraires exorbitants. Par ce moyen, les charges augmentaient et les ressources diminuaient. En 1708, la somme à payer atteignit le chiffre considérable de 25,396 livres, à laquelle vint s'adjoindre une autre somme de 4,000 livres empruntée à divers particuliers pour acheter du blé (1709). Encore n'en trouvait-on qu'avec beaucoup de peine et le payait-on 36 livres. Cette même année, les consuls constatent avec douleur... « qu'il n'y a plus que quelques charges d'avoine dans le lieu, et qu'il est à craindre que la communauté se trouve en peine d'en trouver assez *pour la nécessité des pauvres habitants qui en mangent à cause de la cherté des grains* ».

Et cette misère ne fut pas un état passager ; en 1712, le conseil se préoccupe de convertir le blé des aumônes en seigle, mêlé avec l'orge et l'épeautre, pour rassasier un plus grand nombre de misérables affamés.

Cette misère persistante devait avoir de funestes résultats. En 1715, la taille votée n'atteignait que la moitié des impositions à payer ; le blé manquait pour ensemencer les terres. Le bon consul Claude Romany partit pour Moustiers, le cœur plein d'angoisses, pour exposer la situation lamentable du pays et tâcher d'obtenir un peu de pitié. Mais le fisc, qui, pas plus que de nos jours, n'était tendre, s'empara du consul, le fit emprisonner et conduire à Aix, jusqu'à ce que les deniers du roi et du pays eussent été soldés.

On devait même aller plus loin. L'année 1718 fut particulièrement désastreuse pour le pays ; les grêles et vents extraordinaires avaient presque anéanti la récolte. Tout ce que put faire le conseil fut de voter une somme de 9,000 livres qui laissait à découvert une dette de 7,540 livres. L'intendant leur enjoint de se réunir de nouveau et de voter la somme suffisante ; on se réunit, mais il resta encore un déficit de 5,160 livres 16 sous 1 denier.

Le sieur Monge, receveur de la viguerie, le même qui, quelques années auparavant, avait fait emprisonner le consul Claude Romany, eut recours à un moyen extrême qui atteignait plus directement la collectivité. Il fit gager toute la commune (21 mai). Les grains, foins, amandes, raisins de tout le terroir, toute la récolte pendante, les troupeaux d'avérage au nombre de cinquante-trois trenteniers, tout fut saisi.

On vit alors un spectacle lamentable, désolant. Les consuls de la communauté de Roumoules, députée séquestre, envoyèrent des hommes pour enlever tout ce qu'ils pourraient en bétail, foin, paille, grains, et le diriger sur Roumoules. En vain, nos consuls se portèrent-ils à leur rencontre, suppliants, les larmes aux yeux ; en vain, leur offrirent-ils une déclaration les relevant de leur engageure ; en vain, supplièrent-ils de laisser ici le bétail et s'engagèrent-ils à le présenter quand il le faudrait : tout recours était fermé. L'intendant leur refusa de donner main-levée. Monge leur écrivait que tout serait impitoyablement vendu. Déjà, le 29 mai, les envoyés de Roumoules étaient ici pour la seconde fois, emportant le foin nouvellement coupé, et, dans leur précipitation, grâce à l'hébètement des cultivateurs saisis, ne prenaient plus le temps de le peser (1).

Dans cette extrémité cruelle, on eut recours à Jean Denans, auquel on confia la trésorerie, à la condition qu'il ferait l'avance de 2,500 livres, et on lui promit la somme énorme de 600 livres de gages ; on vendit sur place le peu de foin qui restait, à 18 sols le quintal ; on vendit des troupeaux à n'importe quel prix, et on arriva, avec de grandes pertes et au prix d'énormes sacrifices qui ne furent jamais

---

(1) Seul, un homme de caractère, Jacques Milany, « s'est roidy à ne pas le vouloir laisser emporter sans le peser ». — Arch. mun.

compensés, à réaliser enfin les 5,150 livres demandées (1718) (1).

Nous terminerons ce chapitre en relatant le différend qui eut lieu entre le baron de Fos et le commandeur, au sujet de la juridiction de Bresc, et en faisant connaître la transaction qui établit les droits des deux parties.

Le sieur Gaufridy, baron de Fos-Amphoux, avait fait poser un pilori et un carcan à Saint-Jean de Bresc, qu'il considérait comme dépendant de sa baronnie, et avait fait publier, en son nom, défense de chasser. De son côté, le commandeur de Puimoisson, Annibal de Séguiran, avait fait faire les mêmes proclamations devant la porte de l'église, avait fait arracher le pilori du sieur Gaufridy et y avait substitué un pilori aux armes de l'Ordre, car ils prétendaient tous deux avoir le droit de haute, moyenne et basse justice à Saint-Jean de Bresc. De là, le conflit.

Les deux parties décidèrent de soumettre leur différend à l'appréciation du bailli du grand-prieuré de Saint-Gilles et à Me Simon, avocat.

Après examen des nombreuses pièces relatives aux droits réciproques des parties, les arbitres déclarèrent que, seules, les prétentions du sieur de Gaufridy étaient fondées et que l'Ordre de Malte aurait à acquitter les frais élevés « dans un procès dont l'événement ne pouvait pas lui être favorable ».

Durant le temps pris par les arbitres pour étudier les pièces de l'affaire, la seigneurie de Fos-Amphoux changea

---

(1) En cette malheureuse année 1718, de nombreux vols furent commis, occasionnés par la misère; on eut même à déplorer deux assassinats : celui d'un soldat qu'on tua au vallon d'Eu-Palus et qu'on laissa nu sur le chemin, recouvert seulement d'une mauvaise chemise, à laquelle on reconnut qu'il était soldat, et celui d'Antoine Boulegon, qu'on assassina dans sa campagne, laquelle fut complètement mise à sac (16 oct. 1718). — Arch. municip., E, 3.

de propriétaire, et le sieur du Chaîne, président au Parlement de Provence, succéda à Gaufridy.

Ce dernier transigea avec le commandeur, qui reconnut n'avoir aucun droit de justice au lieu de Saint-Jean de Bresc, s'engagea à faire enlever le carcan aux armes de l'Ordre, substitué par lui à la porte du château à celui placé par le sieur de Gaufridy. De son côté, le président du Chaîne, reconnut au commandeur les droits de cense, de dîme, de chasse et de pêche que l'Ordre continua d'y percevoir jusqu'à la Révolution (1).

(1) Acte à Aix, le 4 juillet 1718. — Arch. des B.-du-Rh., H, 864.

CHAPITRE XI

Peste de 1720. — Reconnaissances (1724). — Nouveau cadastre (1730). — Acquisition du presbytère (1734). — Démêlés avec le commandeur (1737). — Création d'une école de filles (1739). — Construction du clocher (1741). — Bruits de guerre (1746). — Suppression du droit de pulvérage (1747). — Reconnaissances (1750). — Droit de piquet (1751). — Nouveaux démêlés avec le commandeur (1753). — Nouveau règlement pour les élections (1759). — Poste (1773). — Reconnaissance et tentative de refus d'hommage (1783). — Chapelles. — Nomination du bailli de Suffren (1784). — Aperçu de l'état social, religieux, financier et moral du pays, à la veille de la Révolution.

La communauté de Puimoisson se débattait sous les étreintes de la misère et s'efforçait péniblement de sortir de la crise qu'elle traversait, par des sacrifices et des emprunts renouvelés (1), lorsqu'elle apprit qu'un autre fléau

---

(1) Juillet 1720. Emprunt de 3,100 livres à Joseph Nicolas, curé de Mison, originaire de Puimoisson, pour acheter cinquante charges de blé à 34 livres et cinquante charges de seigle à 28, pour faire du pain à distribuer aux plus nécessiteux. — Arch. municip., délib. 1720. Comptes du trésorier. — Par son testament, Joseph Nicolas laissa plus tard cette somme aux pauvres de Mison.

plus redoutable et plus meurtrier s'avançait, menaçant et terrible. La peste ravageait Marseille et semait la terreur dans tous les environs (3 août). Aussitôt, le conseil s'assemble et donne plein pouvoir à ses consuls, Claude Romany et François Rey, pour aviser aux moyens les plus efficaces de préserver le pays des atteintes du mal contagieux.

Après avoir imploré le secours de Dieu par des prières publiques, les consuls établissent une quarantaine sévère, postent douze gardes aux avenues du village et chargent le greffier de délivrer, quand il y aura lieu, les *billettes* de santé. Un bureau se forme composé des dix plus apparents du bourg, qui devra siéger en permanence, afin de statuer rapidement selon que le cas l'exigera (11 août).

Bientôt, les nouvelles de Marseille arrivant de plus en plus alarmantes, on crut devoir recourir au principe préservateur à la mode, l'isolement. Des barricades furent élevées ; des fossés profonds furent creusés à toutes les entrées du village, pour interdire toute communication avec les étrangers (1). Deux corps de garde furent établis aux deux issues laissées libres ; l'un campa sur la place, dans une baraque construite à cet effet non loin de la porte (2) ; l'autre fut logé à l'autre extrémité du village, sur le chemin de Roumoules et dans le bâtiment appelé la *Tourache*, autrefois tour avancée qui défendait l'approche des remparts. Chaque poste comptait sept hommes commandés par deux bourgeois.

Mais, tant il est vrai que le peuple ne comprend pas toujours ses véritables intérêts, ces précautions si sages trouvaient encore des contradicteurs parmi ceux-là mêmes qui en bénéficiaient ; et il arrivait souvent, nous disent les

---

(1) Payé 128 livres aux hommes qui ont travaillé aux fossés et barricades, pour fermer l'entrée du village. — Comptes du trésorier.

(2) Payé 10 livres pour tuiles pour le corps de garde de la place. — Ibid.

procès-verbaux de l'époque, que « des gens mutins profitaient des ténèbres de la nuit pour renverser ou enfoncer les barricades, afin de pouvoir entrer et sortir plus librement ». Les consuls ne se décourageaient pas pour cela. Conscients de la grande responsabilité qui pesait sur eux, ils relevaient les barricades, les renforçaient au besoin, et la garde continuait de s'exercer plus rigoureuse que jamais (1).

La contagion gagnait du terrain et, de proche en proche, s'avançait vers Puimoisson. Il fallait entraver la marche du fléau. L'ordre vint de faire garder les rives du Verdon. Puimoisson fut appelé à fournir un contingent de dix-neuf hommes, qui, avec armes, munitions et vivres, partirent vers le 17 septembre dans la direction de Quinson, pour être disséminés dans les soixante-quatre baraques construites sur les bords de la rivière. Le 28 octobre, six gardes nouveaux durent aller rejoindre les dix-neuf premiers, et sept autres allèrent s'adjoindre à eux le 2 novembre (2). Un autre contingent de huit hommes fut levé dans le pays, pour aller garder les bords de la Durance.

Cependant des fuyards partis de Marseille ou autres lieux contaminés, ne pouvant pénétrer dans l'enceinte des bourgs et des villes, erraient çà et là à travers les champs, demandant asile aux gens de la campagne, et constituaient un danger permanent pour la salubrité publique. L'intempérie de la saison, les privations auxquelles ils étaient exposés et surtout leur état d'esprit pouvaient favoriser

---

(1) Les archives des Bouches-du-Rhône (C. 934) nous apprennent que l'éclairage et le chauffage des deux corps de garde, durant cinq mois, coûta 183 livres 15 sols à la communauté.

(2) A cette occasion, on acheta six fusils nouveaux à Foucou, de Riez, à 14 livres la pièce. — (Comptes du trésorier.) — Ces gardes étaient taxés à raison de 7 sous par jour. Au seul mois d'octobre, la communauté dut leur payer 512 livres de solde.

l'éclosion et le développement du germe infectieux et en hâter la propagation. Le marquis de Castellane, commandant de la viguerie, ordonna la formation d'un corps de garde à Saint-Apollinaire et fit enfermer sous les voûtes séculaires de l'antique chapelle tous les vagabonds ou contaminés qu'on rencontrerait dans la viguerie (1).

De son côté, l'intendant de la province ne négligeait aucun moyen d'entraver la marche du fléau. En vertu de son ordonnance du 27 octobre, le bourg de Puimoisson fut divisé en trois quartiers, ayant chacun à leur tête un capitaine, un lieutenant et quatre sergents. Ces trois quartiers furent : 1° le faubourg du Bouchon, comprenant toutes les maisons sises au nord du village, en dehors du portail ; 2° le second fut le faubourg Guillhemjaume, comprenant les habitations situées au midi, en dehors du mur d'enceinte ; 3° le troisième, de beaucoup le plus important, comprenait tout ce qui était enfermé dans l'enceinte des murs, « ne pouvant, ledit lieu, être partagé autrement attendu l'usage de la fontaine, laquelle fontaine sera partagée afin que les quartiers ne communiquent pas ensemble en cas de maladie » (24 novembre) (2).

Cette dernière phrase nous prouve qu'au 24 novembre la peste n'avait pas fait son entrée dans nos murs.

Y vint-elle dans le cours de l'année 1721 ? Nous ne le croyons pas ; à défaut de la preuve positive que le registre des délibérations de 1721 aurait pu nous donner, s'il n'avait disparu, le livre du trésorier nous fournit une preuve négative qui a bien quelque valeur. Ce registre, qui mentionne très exactement les sommes dépensées pour les palissades,

---

(1) La chapelle de Saint-Apollinaire avait été interdite par sentence épiscopale du 22 juillet 1718, ainsi que les chapelles de Saint-Sébastien et de Saint-Roch, jusqu'à ce qu'elles fussent *parées des ornements nécessaires*.

(2) Arch. municip., délibérat. du 24 nov. 1720.

les fossés, le bois, l'huile, consommés au corps de garde, ainsi que la solde des hommes chargés de garder le pays, ne fait aucune mention de dépenses pour honoraires de médecins, drogues, parfums, gages d'enterre-morts ; il n'aurait pas manqué de le faire, si la contagion eût fait des victimes au sein de notre population, comme en 1631 (1).

En 1724 et le 16 février, Pierre-Julien de Villeneuve-Beauregard se fait passer reconnaissance par les habitants.

Depuis longtemps, la communauté et surtout les forains demandaient la confection d'un nouveau cadastre, qui permettrait d'établir plus équitablement leur cote. Dès l'année 1713, à la requête d'Estienne Sarraire, bourgeois de Riez et forain peu commode, qui suscitait sans cesse des procès à la communauté, on avait obtenu du roi la permission de procéder à cette longue et coûteuse opération (2). Le manque de ressource fut cause que la confection de ce travail traîna en longueur, et l'imposition ne fut votée sur le nouveau cadastre qu'à partir de l'année 1730. Au franc cadastral, qui était l'unité de l'ancien cadastre, lequel en contenait 41,242, et avait une valeur représentative de 6 livres, on substitua la livre cadastrale d'une valeur représentative de 1,000 livres tournois. Le nouveau cadastre contient 330 livres et 612 cotes. Il fut décidé que le journal vaudrait 625 cannes ; la soteirée de pré, 900 cannes ; la fosserée de vignes, 100 cannes ; la sestieirée de chenevier, 49 cannes, tout autant de mesures agraires qui ont eu cours dans nos pays jusqu'à l'introduction du système

---

(1) Le seul cas mortel de peste désigné dans les registres de l'état civil, en 1720, est celui de Madeleine Jaubert, femme de Balthazar Nestolat, qui mourut le 26 novembre, « dans la chapelle de Saint-Apollinaire, où étaient renfermés les vagabonds dans le temps de la peste ». Elle fut ensevelie derrière la chapelle, en présence de Charles Second, directeur des infirmes, et d'André Constantin, soldat de garde. — Arch. municip., E, 3.

(2) Les experts demandaient 1,050 livres pour leurs vacations.

métrique et dont l'usage n'est même pas encore complétement aboli chez nous, au moins dans le langage commun.

L'édit royal du mois d'avril 1695, concernant la juridiction ecclésiastique, imposait aux communes l'obligation de fournir un logement aux vicaires perpétuels. Puimoisson, ne possédant pas de maison curiale, fournissait une indemnité annuelle de 18 livres au curé, qui prenait logement à son gré. Sur la demande de messire Segond, curé, la communauté, qui était bien aise de se libérer en une fois de cette pension annuelle, fit l'acquisition d'une maison appartenant à Gueydan, pour la modique somme de 150 livres (1). Mais cette maison était en si mauvais état que le curé ne put jamais l'habiter, et, dès le 4 novembre 1729, il prit logement dans la maison de Joseph Boulegon, bourgeois, en face de l'église. La communauté n'osa jamais entreprendre l'appropriement de la maison acquise par elle, craignant à juste titre que les dépenses à y consacrer ne l'entrainassent trop loin. Joseph Boulegon et son fils, Pierre Boulegon, prêtre, offrirent à la communauté d'échanger leur propre maison, qu'occupait depuis cinq ans le curé à titre de locataire, contre celle récemment acquise, moyennant 600 livres de retour. La commune, qui ne possédait ni salle de mairie, ni boucherie, ni presbytère, consentit à l'échange proposé. On pratiqua donc une seconde porte d'entrée pour pénétrer dans la salle affectée aux réunions du conseil. A l'intérieur, on sépara par des cloisons la partie qui devait servir de presbytère de celle qui était affectée aux réunions municipales. L'acte d'échange fut passé par devant Angelfred, notaire, le 30 décembre 1734, et les travaux d'aménagement furent livrés à Louis Nicolas, maçon, pour la somme de 400 livres (2). C'est donc depuis 1735 que les

---

(1) Acte rière Arnaud, notaire, 10 oct. 1729. — Arch. municip., L, 6.
(2) Acte reçu par Arnaud, notaire, 26 septembre 1735. — Arch. municip. — La partie de la maison qui servait d'hôtel de ville et de boucherie a été vendue par la commune à Joseph Michel, en 1887, 18 février.

curés de Puimoisson occupent sans interruption le presbytère actuel.

Nous avons vu plusieurs fois, au cours de cette histoire les tentatives essayées à diverses époques par la communauté pour se soustraire au joug du commandeur. L'absence continuelle de ce dernier de sa commanderie laissait un champ plus libre à l'action de l'autorité municipale, qui, se voyant de jour en jour moins gênée, s'enhardissait à quelque nouvel empiètement et essayait de substituer son autorité propre à celle de son seigneur. Le choc des intérêts rivaux amena le conflit dont nous allons parler. Il eut pour cause la distribution annuelle de l'aumône fournie aux pauvres par le commandeur et l'affectation de la pension Augier aux filles pauvres à marier. Le commandeur Léon de Grasse Dubar, officier de galère, prétendait avoir seul le droit de fixer la destination de cette aumône ; les consuls prétendaient que ce droit leur appartenait exclusivement. Le commandeur fit assigner les consuls par devant la Cour du Parlement. Ceux-ci lui écrivirent pour lui dire la peine qu'aurait la communauté de plaider contre lui et protestèrent qu'ils n'avaient jamais prétendu s'opposer à l'exécution des transactions qui règlent les droits du commandeur et de la communauté. Leurs paroles démentaient bien un peu leurs actes. Aussi, le chevalier Dubar se contenta, pour toute réponse, de leur adresser un extrait de la transaction de 1619, où il est dit que » ladite aumône sera distribuée tant par ledit sieur commandeur que ses agents, facteurs, procureurs et autres ayant de lui pouvoir et charge..., et que les consuls pourront assister, si bon leur semble, à ladite aumône... ; de même en est-il pour l'aumône aux pauvres nécessiteux dans lequel nombre sont comprises les filles pauvres à marier ». Le conseil, voyant bien qu'il était allé trop loin dans ses prétentions et que la cause serait perdue pour lui, évita sagement le procès, paya les frais occasionnés par cette affaire, déclara qu'il exécuterait la transaction de 1619 au pied de la lettre, et, pour montrer son bon vouloir, exécuta les prescriptions de la visite priorale de 1736, qui obligeait la communauté à réparer le pavé de l'église, faire construire deux confessionnaux et remplacer par une chaire en bois de noyer la chaire en plâtre qui tombait en ruine (1er novembre 1737).

Il fut beaucoup mieux inspiré lorsque, deux ans plus tard, il prit l'initiative de la création d'une école de filles. L'instruction de cette partie intéressante de la population enfantine était absolument négligée, car ce n'était qu'au sein de la famille que la jeune fille pouvait recevoir quelques notions rudimentaires. Or, l'ignorance, le manque de temps, l'obligation de pourvoir aux nécessités de la vie par un travail continuel, mettaient les parents hors d'état de remplir cette tâche importante. De concert avec un grand nombre de pères de famille, le conseil décida la création d'une école de filles, et la direction en fut confiée à Mlle Besson, de Montagnac, qui reçut comme gages 18 livres par an, en sus de la nourriture fournie par les parents (14 juin 1739). Afin que cette institution ne fût pas un surcroît de dépenses pour la communauté, un personnage important, originaire de Puimoisson, nommé Olivier, officier de la maison de la reine, eut la généreuse pensée d'offrir, par l'intermédiaire de l'évêque de Riez, une somme de 600 livres pour, les intérêts en provenant, être affectés au traitement d'une régente. On ne fit pas à cette bonne volonté l'accueil qu'elle méritait, et, dans sa séance du 25 septembre 1740, le conseil, considérant « que la communauté est surchargée de dettes et de pensions inextinguibles, venant du commandeur ou de l'auditeur Augier, qui l'accablent depuis plus de quatre-vingts ans et qui font sentir de plus en plus le poids d'une pareille servitude », remercia l'évêque et M. Olivier et refusa de se charger de la pension offerte. On ne comprendrait guère qu'une communauté qui se plaint d'avoir des dettes refuse une générosité, si l'on ne tenait compte de cette particularité qu'en acceptant le don Olivier les parents étaient libérés de la contribution personnelle de la nourriture pour la régente et que, dès lors, les 30 livres de revenu étant insuffisantes pour constituer le traitement de l'institutrice, la commune devait suppléer à ce qui manquait (1).

Malgré sa mauvaise situation financière, la commune ne recula pas devant la dépense que devait lui occasionner la construction du clocher. En 1720, on avait démoli, par mesure de prudence, la petite tourelle qui soutenait l'horloge et se trouvait construite sur l'épaisseur du mur de la façade. Les cloches étaient donc à découvert, et le bois ne tarda pas à se détériorer. D'autre part, le sonneur n'était pas à l'abri en temps de pluie et devait monter sur le dôme de l'église pour mettre les cloches en mouvement, lesquelles, du reste, étaient placées fort bas, au niveau presque du mur. Le conseil prit donc une délibération dans laquelle il décidait « de faire couvrir les cloches, les relever pour que le son en fût entendu de tout le village, ce qui pouvait être fait sur la même muraille de la façade qui les supporte, en en plaçant deux de front et une supérieure entre deux, ce qui figurerait une pointe ou angle triangulaire dont l'aspect figurerait (sic) et faire au derrière, sur la voûte de l'église, un engard couvert de tuiles pour y mettre à couvert de la pluie ceux qui sonneraient ». C'était, comme on le voit, un campanile en pointe qu'il fallait reconstruire sur le mur de façade. Le projet n'avait rien d'architectural, ce qui n'empêcha pas les maçons qui se présentèrent de demander

---

(1) Notons, en passant, le fameux procès criminel en fabrication et exposition de fausse monnaie, qui fut jugé à Aix, le 29 octobre 1739, et dans lequel trois de nos concitoyens furent compris au milieu d'une multitude d'autres. L'un d'eux fut marqué aux épaules de la marque GAL. et condamné aux galères à perpétuité ; les deux autres furent mis hors de cause et de procès.

1,500 livres pour son exécution (19 février 1741). Le conseil était perplexe, et la disproportion entre le projet et la somme demandée le rendait hésitant, lorsque arriva Tardieu, maçon, de Mezel, qui réussit à leur faire abandonner le projet primitif et proposa de construire « un véritable clocher, qui se prendrait au pied, à l'angle de l'église, près la petite porte, moyennant la somme de 1,850 livres ». Son projet fut adopté, et chacun mit de la bonne volonté à son exécution. Une imposition particulière produisit la somme de 1,300 livres ; le commandeur appliqua à cette œuvre les vacances du service de l'église et, pour avoir les matériaux sous la main, autorisa la démolition de la tour ronde du château, qui faisait face au cimetière (22 avril), et cette même année le clocher fut commencé. Quatre clefs en fer formant le millésime de la construction, fournies par le maréchal Louis Galicy (72 livres), contribuèrent à le consolider en le rattachant au corps de l'édifice.

On décida, en même temps, de faire « le couvert de l'église, qui était découverte, en donnant la pente du côté de la grande porte ». Mais Tardieu fit observer très justement « que cela n'était pas dans les règles, attendu que le toit serait venu trop bas et aurait gâté la façade ». Sur son observation, on construisit le couvert à deux pentes, l'une du côté de la place, l'autre du côté de la rue. Le 9 janvier 1744, les travaux étant achevés, Guillaume Gleize, de Valensole, et Louis Gaubert, d'Oraison, furent invités par les consuls à venir les examiner. Les experts trouvèrent l'œuvre exécutée conformément aux conditions du contrat, et Tardieu reçut la somme stipulée dans la convention (1).

---

(1) Les experts reçurent 8 livres 9 sols pour leur peine. On fit exécuter en même temps et pour le prix de 70 livres le tambour en bois de noyer qu'on voit encore à la petite porte de l'église.

Notre communauté jouissait tranquillement des améliorations de ces derniers temps et se reposait de ses nombreux sacrifices, lorsque des bruits de guerre vinrent la troubler ; ce n'était pas une vaine terreur ! L'armée austrosarde s'avançait à grands pas vers nos contrées.

Le 13 novembre 1746, on fait publier, par ordre du subdélégué, de porter à la mairie tous les fusils qu'on pourra trouver dans le pays. Cet ordre n'eut aucun résultat, ce qui s'adresse à tous, d'une façon générale, étant considéré comme ne touchant personne en particulier, et nul aussi n'étant bien aise de se trouver désarmé à l'approche de l'ennemi. Il fallait cependant exécuter les ordres du subdélégué. Les consuls demandèrent main-forte et, allant de maison en maison, réussirent à recruter vingt fusils qu'on porta à la mairie.

Le 18 décembre, les maires de Moustiers et de Riez écrivirent aux consuls de Puimoisson que l'armée austrosarde, commandée par le chevalier Machaolico et augmentée des deux mille hommes du marquis d'Orméa (1), s'était emparée de Castellane, que la viguerie avait été mise à contribution, etc., etc. A cette nouvelle, on dresse à la hâte le rôle des habitants les plus aisés que l'on cotise à proportion de leur fortune ; les uns payent immédiatement ; les autres refusent avec des façons de faire indignes d'un bon citoyen, dit le procès-verbal, et souffrent qu'on procède militairement.

Les prévisions des maires de Moustiers et de Riez ne tardèrent pas à se justifier. Le 26 décembre, le marquis d'Orméa leur écrit de se rendre à Moustiers, pour verser la

---

(1) Ce marquis d'Orméa avait frappé Digne d'une contribution de 40,000 livres. Le capitaine l'Enfernet tomba sur les porteurs, du haut du col de Chaudon, où il s'était posté, et leur enleva cette contribution de guerre.

taxe imposée tant en argent qu'en fournitures, et les menace d'exécution militaire en cas de délai.

Au reçu de cet ordre, les consuls partent pour Riez et vont exposer la situation à Jean-Baptiste de Saint-Hilaire, commandant les troupes du roi. Celui-ci les rassura, leur enjoignit de refuser toute contribution et leur écrivit un ordre ainsi conçu : « J.-B. de Saint-Hilaire, lieutenant-du régiment de Périgord, commandant pour le roi à Riez. Il est ordonné à M. le maire et consuls de Pimoisson de rester chez eux sans s'embarrasser de tous les ordres qui pourraient leur venir de la part de M. d'Orméa et autres venant de la part des ennemis, sous peine d'exécution militaire, n'ayant d'autres ordres à recevoir que de la part des officiers commandant les troupes de Sa Majesté très chrétienne. — A Riez, 26 décembre 1746. Signé : Saint-Hilaire. »

Pourvus de cette défense officielle qui leur traçait une ligne de conduite dans des conjonctures si difficiles, les consuls revenaient à Puimoisson, bien résolus à ne pas s'écarter des ordres reçus. Quel n'est pas leur étonnement lorsque, à peine de retour et vers la nuit tombante, leur arrive l'ordre de partir immédiatement pour Moustiers, de porter la contribution de guerre déjà demandée, sous peine d'être punis exemplairement ! L'ennemi venait de s'emparer de Moustiers, et c'est de là qu'il envoyait ses ordres aux localités de la viguerie. Nos consuls partent de nouveau et vont montrer cette deuxième sommation à M. de Saint-Hilaire, qui les rassure de son mieux, leur disant « qu'ils n'ont rien à craindre ». — Le lendemain matin, une dernière sommation leur arrive, portant qu'au moindre retardement l'ennemi viendrait brûler et saccager le pays. Ces menaces, volant de bouche en bouche, sèment l'épouvante au sein de la population, On voit déjà l'ennemi, entrant dans nos murs, farouche et sanguinaire, égorgeant, pillant, incendiant les demeures. Les uns veulent qu'on paye la contribution de guerre et qu'on écarte l'épouvantable fléau de l'invasion ; les autres accusent les consuls et font retomber sur eux la responsabilité des horreurs qui vont se commettre. Mais laissons la parole au procès-verbal : « Dans cette cruelle situation, dans les allarmes où ils se trouvaient, ils envoyèrent ledit troisième ordre à M. de Saint-Hilaire, qui leur réitéra les mêmes défenses, ce qui ne calmait pas entièrement les alarmes du peuple, surtout lorsqu'on apprit que la communauté de Roumoules avait été forcée de payer la contribution par un détachement ennemi, composé de hussards et de pandoures... La juste crainte dans laquelle les habitants étaient détermina les consuls de prier Bouche, bourgeois, d'aller à Roumoules, où il était arrivé neuf compagnies de grenadiers, et le fils d'Arnaud, notaire, de se porter à Riez, pour tâcher d'obtenir du commandant de l'un ou l'autre endroit qu'il envoyât une troupe qui vint loger ici le même soir, pour notre défense, ce qui eut l'effet que nous souhaitions. »

En effet, le même soir, sur l'ordre du commandant Saint-Hilaire, le capitaine l'Enfernet partit de Roumoules, traversa les collines qui séparent les deux pays et arriva à Puimoisson à la tête d'une compagnie franche de cent quarante volontaires et de trois compagnies de grenadiers. Il fut salué et acclamé par la population comme un libérateur ; les habitants se disputaient les soldats, pour les héberger. Mais le capitaine, en homme prudent, ne laissa point ses soldats disséminés. Après avoir pris possession du château et s'y être solidement fortifié, il établit des corps de garde à toutes les avenues du village, posta des sentinelles aux alentours et commanda à ses troupes de rester sous les armes toute la nuit. Ceci se passait le 27 décembre, au soir. La précaution était sage. L'ennemi, irrité de la résistance de Puimoisson, partit de Moustiers et à la faveur des ténèbres s'avança sans bruit pour surprendre le bourg et le mettre à feu et à sang, comme il l'en avait menacé. Les hussards vinrent jusqu'au delà de l'aire de la bastide du sieur Romany, nous dit la délibération.

Mais, avertis par les éclaireurs envoyés en reconnaissance, que le château était rempli de soldats et que des corps de garde nombreux veillaient, l'arme au poing, aux avenues du bourg, l'ennemi rebroussa chemin. Le lendemain, 28, la troupe logea chez l'habitant, mais, pendant la nuit, garda le château, pour éviter un coup de main, et, le 29, ces troupes partirent pour aller chasser l'ennemi qui s'était cantonné à Moustiers et s'en alla occuper le château de Senez, où il demeura jusqu'au 3 janvier.

Les habitants se félicitaient d'avoir échappé au malheur qui les avait menacés quelque temps ; aussi, c'est volontiers et avec reconnaissance qu'ils payèrent les dépenses faites en bois, foin, viande, vin et chandelles, et qu'ils offrirent 15 louis d'or de 24 livres au sieur de la Tour, lieutenant du capitaine l'Enfernet, qui leur demanda, avant de partir, « quelque petit présent en forme de gratification ».

Mais le danger, conjuré pour le moment, pouvait revenir. C'est pourquoi le commandant Saint-Hilaire, en donnant l'ordre au capitaine l'Enfernet de chasser l'ennemi de Moustiers et autres lieux, envoya deux bataillons suisses à Puimoisson.

Ces deux bataillons, sous l'ordre du commandant de Salis, séjournèrent depuis le 30 décembre jusqu'au 20 janvier. Un magasin à fourrage fut établi dans la chapelle des pénitents, et Pantaléon Nicolas fut chargé de contrôler le foin que les habitants apportaient, de leur délivrer récépissé et de faire les distributions journalières.

L'ennemi une fois chassé des environs et tout danger ayant disparu, les deux bataillons partirent. On fit revenir en même temps les vingt hommes du pays qu'on avait envoyés aux rives du Verdon, pour garder le pont d'Esparron, et tout rentra dans le calme (30 janvier 1747).

On a pu voir, au cours de ce travail, que, entre autres droits féodaux attachés à la commanderie, se trouvait le droit de passage et pulvérage. Ce droit, qui avait été accordé aux commandeurs par les anciens comtes de Provence et confirmé par lettres patentes de François Ier, le 1er juin 1522, ne se percevait pas partout sur le même pied et de la même façon. A Puimoisson, le bétail menu se payait à raison d'un liard par trentenier. « Le poisson devait treize paires poissons des petits, et le commandeur lui baille deux pains bis pour chaque bête de somme et remplit au conducteur d'icelles un flacon de piquette ou de vin. Le gros poisson doit trois sols par charge, sans rien donner. Poisson salé, sardines, anchois, etc., doivent un sol par charge ; arants, mollues et autres poissons salés doivent trois sols par charge, etc. » Or, par arrêt du roi, en date du 12 août 1747, il fut interdit au commandeur de prélever les droits de passage et pulvérage « qui demeurent abolis ».

En 1750, le nouveau commandeur, Pierre de Thomas de Chateauneuf, chef d'escadre des armées navales de Sa Majesté, nouvellement pourvu de la commanderie, vint visiter le château et demanda reconnaissance des biens relevant de la directe possédés par les habitants et par les forains.

L'année suivante fut marquée par un incident qui aurait pu avoir des conséquences fâcheuses et nous montre sous son vrai jour l'esprit qui animait la population.

Le budget était en déficit. Le conseil, tenant compte des plaintes des cultivateurs au sujet des impôts toujours croissants, ne votait pas toujours une taille *bastante*, comme on disait alors, et le déficit s'aggravait au lieu d'être comblé. Dans le but d'augmenter un peu le chapitre des recettes du budget communal, les consuls Maximin Jaubert, François Rigordy et Donat Laugier eurent l'idée d'établir ici le droit de piquet, inconnu jusque-là chez nous, mais qui se prélevait dans une multitude de pays de Provence. Le piquet était un droit qu'on prélevait sur les farines de consommation. Le blé était pesé avant d'entrer au moulin, et la farine en provenant se vérifiait au moyen de son poids comparatif avec celui du blé. Ce système réalisait le double avantage de prévenir la fraude et de constituer une source de revenus pour la commune.

On acheta donc, pour 30 livres, une terre appartenant à Arnaud, notaire, située entre les deux moulins banaux, et les maçons Martin et Aymes commencèrent la construction du bâtiment, dont le devis s'élevait à la somme de 500 livres. Mais ils durent bientôt abandonner l'œuvre entreprise. Une foule de femmes et d'enfants allaient, pendant la nuit, démolir les travaux exécutés pendant le jour ; on s'enhardit même au point que, « lorsque, en plein jour, les maçons perdaient un instant le chantier de vue, on démolissait leur besogne et que même, *en leur présence,* des femmes démolissaient des pans de mur » (1). En présence de ce parti pris et de l'impossibilité de faire accepter cette mesure, le conseil eut la sagesse de ne pas persister ; il indemnisa les ouvriers et l'entreprise fut abandonnée (2).

Qui ne voit ici cet état d'esprit particulier, qui s'est manifesté déjà en maintes circonstances et qui ira s'accentuant jusqu'à la Révolution ? Le peuple cherchait à secouer le joug, aspirait à l'indépendance ; le moment était mal choisi pour l'aggraver.

Après avoir résisté aux consuls, on voulut résister au commandeur. Ce dernier réclamait le paiement d'un droit de demi-lods de la maison curiale achetée par la communauté. On refusa de payer ; un ajournement s'ensuivit. Alors, la commune dressa un mémoire sur les abus relatifs à la perception des droits de fournage. De son côté, le commandeur leur enjoignit d'avoir à exécuter au plus tôt la sentence des commissaires visiteurs de l'Ordre, concernant la réparation de la grande porte de l'église, des degrés

---

(1) Arch. municip., délib. 1751.
(2) Les maçons reçurent 166 livres.

d'entrée et des pieds-droits. La communauté satisfit sur ce point à ses obligations (1).

Mais la lutte était ouverte, et la communauté voulait avoir le dernier mot. Ayant appris que la communauté de Régusse avait plaidé contre son commandeur, elle délégua Pantaléon Nicolas auprès des consuls de ce pays, pour les prier de leur prêter le *sac* du procès. Elle le fit porter à un avocat de la Cour et y joignit une requête incidente, dans laquelle étaient formulées les demandes suivantes : 1º que le commandeur fût condamné à fournir lui-même la maison curiale, puisque Puimoisson appartenait à l'Ordre ; 2º à payer sa part et portion de la construction du clocher élevé par la communauté ; 3º à entretenir une des cloches, à perpétuité ; 4º à distribuer aux pauvres la vacance du service des prêtres et des carêmes qui avaient manqué. On le voit, les choses commençaient à s'envenimer, lorsque, le commandeur étant parti, l'instance demeura impoursuivie, et la communauté, débarrassée du souci de ce procès, songea à opérer des réformes utiles et à améliorer de plus en plus la situation des habitants.

On a vu, au chapitre IX, combien était compliqué le règlement de 1638, d'après lequel se faisaient les élections annuelles des consuls. Par suite de diverses circonstances, ce règlement était devenu impraticable (2). Dans sa séance du 30 avril 1759, le conseil rédigea une requête à la Cour du Parlement, pour avoir permission d'assembler un conseil général et de faire un autre règlement (3).

---

(1) Ce fut le menuisier Jean Lance, de Riez, qui fit la grande porte de l'église pour 102 livres. Les pieds-droits et les degrés de la grande porte furent faits par Pierre Gay, maçon, pour la somme de 37 livres (1er décembre 1754).

(2) « Il est difficile de suivre ce règlement, parce qu'il manque beaucoup d'hommes de la condition requise et qu'on est obligé d'y brécher. » — Délib. municip.

(3) Un décret du 16 mai 1759 accorda la permission sollicitée.

On demanda en même temps et on fut assez heureux d'obtenir un édit interdisant l'entrée du vin étranger dans le pays, sous peine de confiscation, et, comme on contrevenait aux dispositions de cet édit, le conseil, sur la plainte des propriétaires, désigna un entrepôt où les muletiers, passant la nuit au village, devaient déposer leur vin. Mais rien n'y faisait ; le vin étranger entrait en fraude quand même ; les cabaretiers le débitaient, tandis que les pauvres cultivateurs ne parvenaient pas à vendre le leur, sans doute de moins bonne qualité. Pour couper court à cet abus, le conseil finit par imposer une rêve de 15 sols par coupe de vin étranger qui entrerait dans le pays, et le prélèvement de ce nouvel impôt *protectionniste* fut affermé par régie. On ne dit pas s'il augmenta beaucoup les revenus du budget communal !

Une amélioration était également désirée par tous les habitants dans le fonctionnement de la poste. Dans l'assemblée de viguerie tenue le 22 décembre 1773, le maire Bœuf émit le vœu que les correspondances vinssent par Barjols, au lieu de venir par Manosque, les débordements de la Durance retardant souvent les communications. Le député de Valensole fut opposant ; on fit vider l'opposition, et on s'adressa au directeur des postes pour obtenir le changement demandé. Et comme il n'y avait point de receveur de poste ici et que parfois le distributeur qui allait prendre les correspondances à Riez était illettré, il fut décidé qu'on ferait confectionner une boîte à deux clefs, dont l'une serait entre les mains du maître des postes à Riez, et l'autre entre les mains des consuls, qui s'improvisèrent ainsi receveurs des postes, et que cette boîte servirait à porter les correspondances de Riez à Puimoisson et vice versa (1).

---

(1) Il y avait deux courriers par semaine à cette époque. En 1790, il y en eut trois. Le courrier Ardoin, qui allait chercher les correspondances à Riez, recevait 18 livres par an et 2 deniers pour chaque lettre.

Un nouveau commandeur venait d'être nommé. Claude Silvestre de Thiembronne de Valence, lieutenant des armées du roi, commandeur de la Villedieu, et qui, en 1778, tenait en remorque la commanderie de Puimoisson, en était, à présent, définitivement pourvu. Son premier soin fut de se faire passer reconnaissance par les habitants (10 août 1779). Quelques années plus tard, il voulut en exiger une nouvelle, suivant une formule qu'il rédigea lui-même. Or, le conseil de la communauté trouva dans ce libellé l'énumération de droits seigneuriaux dont il n'avait plus été parlé depuis cent ans! Il demanda le temps de la réflexion. Ceci se passait le 24 août 1783. Or, le 27 du même mois, le commandeur, trouvant que c'était assez avoir réfléchi, adressa au maire et aux consuls, par le ministère de l'huissier Chéris, un acte interpellatif leur enjoignant d'aller dès le surlendemain dans le palais seigneurial prêter hommage personnellement, au nom de l'universalité des habitants. Les consuls se récrièrent, prétextant que depuis cent ans ils n'avaient plus prêté hommage au commandeur dans de pareilles conditions et qu'ils prétendaient bénéficier de la prescription. Dans tous les cas, ils le priaient de vouloir bien surseoir aux poursuites intentées et de leur donner le temps de consulter. Irrité de ce refus auquel il était loin de s'attendre et voulant les contraindre quand même à ce qu'il exigeait, le commandeur demanda le payement immédiat du droit de demi-lods de la cure, de la boucherie, de l'école, et fit fermer les cloaques et les canaux, afin de recueillir les eaux pluviales du village dans les terres de la commanderie, comme il en avait le droit (1).

---

(1) Les eaux pluviales ou les ruisseaux qu'elles forment appartenaient au seigneur haut-justicier, nonobstant toute possession même immémoriale. — *Vide* Chorrier, *Jurisprudence de Gui-Pape*, sect. 12, art. 18. — Arrêt du Parlement de Grenoble, 9 juillet 1672. — Basset, t. II, livre III, titre VII, ch. 1er, etc.

Cependant les délégués de la communauté rapportèrent bientôt une consultation écrite du barreau d'Aix, sur la conduite qu'ils avaient à tenir devant l'injonction du commandeur. L'avocat leur disait : que le seigneur était en droit d'exiger hommage de la part des consuls ; que l'hommage était une dépendance nécessaire à la haute justice et imprescriptible de sa nature, comme le sont tous les droits seigneuriaux ; que le commandeur prêtant hommage au roi pour son fief, il aurait le droit de l'exiger de chaque particulier à chaque mutation et aux frais des hommageables ; qu'ils ne seraient, par conséquent, fondés à le lui refuser que s'il l'exigeait dans une forme contraire au droit commun ou de la part des forains. Toutefois, comme il n'y a ni usage ni titre qui l'ait établi dans une forme particulière, ils pourront ne le rendre que de la façon la moins rude et la plus ordinaire, c'est-à-dire debout, découverts, sans gants, sans manteaux et sans épée. L'hommage fut donc prêté suivant le cérémonial prescrit, dans la salle du château et en présence de M⁰ Cogordan, notaire, le 19 septembre 1783 (1).

Ce fut la dernière fois que nos consuls prêtèrent hommage. Il est à peine besoin de dire que c'est à contre-cœur qu'ils subirent les nécessités humiliantes d'un usage contre lequel ils se réjouissaient d'avoir prescrit, et que cette contrainte du commandeur chevalier de Valence eut pour résultat de les mécontenter et de leur faire désirer avec plus d'ardeur l'avénement d'un état social plus conforme à leurs tendances libérales.

A ce premier motif de mécontentement vint bientôt s'en ajouter un autre. Il existait deux chapelles auxquelles la population tenait beaucoup : l'une, dédiée à saint Roch,

---

(1) Cette décision était conforme à la jurisprudence réglant le cérémonial de l'hommage. — *Vide* Dupérier, t. I⁰ʳ, livre II, quest. 22. — *Vid. et.* Arrêt rendu par les commissaires délégués, le 15 avril 1711, entre le seigneur et la communauté de Rougiers.

était à l'entrée du village du côté de Riez, à l'endroit où se trouve l'oratoire dédié à ce saint ; l'autre, dédiée à saint Sébastien, était bâtie au dessus du village, sur l'avenue de Digne. La piété de nos pères avait placé là ces deux saints éminemment populaires en Provence depuis les désolations des pestes qui l'avaient ravagée, comme deux sentinelles chargées d'empêcher *l'entrée de la contagion* dans le pays. Beaucoup de localités, du reste, avaient élevé des chapelles ou de simples oratoires en l'honneur de ces deux saints, soit à l'entrée du terroir, soit à l'entrée du village, dans des circonstances analogues et pour le même motif.

Or, ces deux chapelles avaient été interdites par l'évêque de Riez, comme n'étant plus dans un état décent. Pour répondre aux vœux de la population, le conseil en avait voté la restauration et avait présenté à l'intendant de la province un devis estimatif, s'élevant à 282 livres. Or, l'intendant Latour refusa d'approuver la délibération, rejeta le devis et fit défense aux consuls de le mettre à exécution, sous peine d'être personnellement responsables (20 décembre 1784). La population éprouva un vif mécontentement de cette opposition, qui condamnait à une ruine inévitable ces deux chapelles de dévotion. Celle de saint Sébastien fut découverte pour réparer la toiture de l'église paroissiale (1797), et ses ruines même ont complétement disparu. Celle de saint Roch fournit des tuiles pour la réparation du couvert de la maison commune (1789), et un modeste oratoire élevé en 1804 indique seul l'emplacement de cette ancienne chapelle (1).

Sur ces entrefaites, le peu sympathique commandeur de Valence vint à mourir (1784), et le chevalier de Foresta,

---

(1) L'oratoire de saint Roch fut bâti en 1804 et coûta 15 livres. Il existait un oratoire dédié à saint Michel au sommet de la montée du pas de la Val. Il fut détruit lors de la première rectification de la descente, en 1784.

receveur et procureur général de l'Ordre, fut chargé de la gestion pendant la vacance.

Bientôt, le bruit se répandit dans le pays que la commanderie allait être confiée au célèbre bailli de Suffren, grand-croix de l'Ordre, ambassadeur extraordinaire de la religion à la cour de Versailles, grand amiral de France, etc., etc. (1). Le bailli était un homme de réputation universelle, et le choix ne pouvait être que très flatteur pour les habitants de Puimoisson. Le conseil se réunit, en apprenant cette nouvelle, et rédigea une adresse dans laquelle il donne libre cours aux démonstrations de la joie la plus vive et que nous ne résistons pas au plaisir de faire connaître aux lecteurs.

« .... La mort de M. de Valence, arrivée en 1784, ayant laissé la commanderie de ce lieu vacante, nous aurions appris par la voix publique que M. le bailly de Suffren l'avait prise la même année. La joye indicible que cette annonce procura à l'universalité des habitants ne fut troublée que par la crainte de quelque événement qui déterminât M. le bailly de Suffren à laisser cette commanderie, pour en prendre quelque autre. Le retour du mois de may qui opère le renouvellement de l'année malthaise, en faisant cesser nos craintes, nous permet enfin de nous livrer sans réserve aux transports de notre joye, et c'est à présent que nous devons offrir au héros de la France l'hommage de nos respects, luy témoigner la satisfaction que nous avons de voir réaliser ce

---

(1) Pierre André de Suffren, fils du marquis de Saint-Tropez, naquit à Saint-Cannat (Provence), en 1726, fut admis dans l'Ordre de Malte en 1749. En 1786, il nomma pour procureur fondé Pouget, frère donat, qui arrenta en son nom la dîme des grains à Antoine Romany, négociant à Riez, pour la somme de 4,600 livres, plus six charges de blé, six d'orge à l'évêque de Riez et vingt-trois charges mescle aux pauvres. A noter que la dîme du grain se prélevait à la cote quinze, sauf sur les terres de la commanderie, qui étaient franches.

HISTOIRE DE PUIMOISSON

BAILLI DE SUFFREN S^T-TROPEZ (Pierre-André),
GRAND-CROIX DE L'ORDRE, GRAND-AMIRAL DE FRANCE,
COMMANDEUR DE PUIMOISSON (1785-1788)

NÉ A St-CANNAT, LE 17 JUILLET 1729

MORT A PARIS, LE 8 DÉCEMBRE 1788

qui pendant deux ans a fait l'objet de tous nos vœux (1)...
Le conseil, d'une voix unanime et par acclamation,
a chargé les sieurs maire et consuls de porter à
M. le bailly de Suffren le vœu de la communauté, en luy
témoignant combien elle se félicite d'avoir pour seigneur
le héros du siècle et combien elle sera flattée de voir
inscrire le nom de ce lieu à la suite des titres brillants
que son mérite, ses vertus, sa bravoure luy ont acquis.
Trop heureux si M. le bailly veut lui permettre de se
renger sous les ailles de sa protection et si, après avoir
soutenu d'une manière si glorieuse les intérêts de l'Etat,
protégé si efficacement ses alliés et donné la paix aux
quatre parties du monde, il daigne se détourner un instant
de ces grands objets qui l'occupent, pour recevoir le faible
hommage des respects dont le corps de la communauté et
chacun en particulier sont pénétrés pour M. le bailly. »

Le commandeur de Suffren était pour lors absent; le
conseil députa une délégation composée du maire Arnaud,
Puget, juge en chef de la commanderie, Jean-André
Bausset, bourgeois, Louis Bœuf, chirurgien, J.-B. Arnaud,
avocat, et Pierre Nicolas, bachelier ès-droits, auprès de
Monseigneur de Suffren Saint-Tropez, évêque de Sisteron,
frère du bailli, pour lui porter un extrait de cette délibération et les hommages de la communauté (1786).

Le nouveau titulaire ne jouit pas longtemps de sa
commanderie, qu'il ne visita jamais; il mourut à Versailles,
le 8 décembre 1788; les uns disent d'une attaque d'apoplexie foudroyante; d'autres, plus nombreux, dans un

---

(1) Ceci était écrit le 14 mai 1786, deux ans après la mort du titulaire.
Il faut savoir que, quand un titulaire de commanderie venait à mourir, le
temps qui s'écoulait depuis la date de la mort jusqu'au 1ᵉʳ mai suivant
s'appelait *mortuaire*; à ce moment, s'ouvrait le *vacant*, qui durait une année
et courait au profit de l'Ordre, comme le mortuaire. Ce n'était qu'au bout d'un
an de *vacant* qu'un nouveau titulaire pouvait entrer en jouissance de la
commanderie.

duel, sur la cause duquel les biographes eux-mêmes ne sont pas d'accord.

Il fut remplacé dans la commanderie par le chevalier Louis d'Yze de Rozan, procureur général de l'Ordre de Malte et précédemment pourvu de la commanderie de Gap. Suivant la règle de l'Ordre, il n'entra en jouissance que le 1er mai 1790, date à laquelle la bulle et les titres lui furent expédiés, le mortuaire et le vacant courant toujours au profit de l'Ordre. Il se disposait à se rendre à Puimoisson, en compagnie de sa nièce, Mlle de Miribel, qui demeurait avec lui, et formait même le projet d'y fixer sa résidence. Les malheurs des temps ne le lui permirent pas ; il donna procuration à Jean-Jacques Faudon, négociant, d'Avignon, pour régir et administrer les biens de la commanderie, et émigra à Nice, trois mois avant la séquestration des biens de l'Ordre de Malte. Après avoir erré plusieurs mois en Piémont, en proie à la dernière misère, séjourné quelque temps à Naples, il se rendit à Malte, pour retirer une créance de 10,000 livres à lui due par le grand-maître. Mais, obligé de fuir devant l'armée française sans avoir recouvré sa créance, successivement réfugié à Pise, à Naples, où Mlle de Miribel épousa un avocat septuagénaire du nom de Ruggieri, toujours secouru par la générosité inépuisable de son ancien procureur Faudon et par une pension bien modeste que lui servait la Cour d'Espagne, pour actions d'éclat dans les dernières guerres, il revint à Avignon. Ce fut donc lui qui termina la longue série des commandeurs qui, pendant six cent quarante ans, se sont succédé dans la commanderie de Puimoisson (1).

---

(1) Rectifions une assertion erronée de J.-J.-M. Feraud, *Histoire et Géographie des Basses-Alpes*, troisième édition, 1890, page 178. — Le dernier commandeur de Puimoisson ne fut pas Pierre-André de Saint-Tropez de Suffren, mais bien Louis d'Yze de Rozan.

Au point de notre histoire où nous a conduit l'ordre des événements, à la veille de l'effondrement général des institutions politiques de notre pays, il ne sera pas sans intérêt de nous arrêter un instant pour jeter un dernier regard sur ce passé qui disparait et de montrer, dans un exposé très sommaire, la situation de notre bourg au moment où se produisit le grand événement politique et social qui bouleversa la France. Ces quelques données compléteront ce que nous avons dit déjà au cours de l'ouvrage, et pourront servir d'élément à une étude comparative entre les deux régimes, étude qui permettra à chacun de mieux apprécier les résultats avantageux ou nuisibles de l'œuvre révolutionnaire dans notre pays.

Comme la plupart des villages, Puimoisson était sous la puissance d'un seigneur qui s'appelait ici « commandeur », relevait de l'Ordre de Malte (langue de Provence, grand-prieuré de Saint-Gilles) et du roi, auquel il prêtait hommage. Le commandeur était un chevalier chargé par le chapitre général de l'Ordre d'administrer les terres et possessions de la Religion dans un canton, pour le temps que le conseil trouvait bon. La Religion le chargea primitivement de l'éducation de quelques jeunes chevaliers novices et de l'administration des biens ; de là, le nom de *preceptor*, auquel plus tard fut substitué celui de *commendator*, deux noms qui rappelaient au titulaire que l'éducation des novices et le soin des biens lui étaient seulement *confiés, commendati*, et non donnés.

Le commandeur prélevait sur les revenus des biens de quoi nourrir sa communauté, où vivaient plusieurs chapelains, plusieurs donats, servants, novices, etc., pour le service religieux, de quoi assister les pauvres, et versait au trésor commun une somme en rapport avec l'importance de ses revenus et qu'on appelait *responsion*.

Ces petites communautés s'étant plus tard fondues, on

laissa à un seul chevalier l'administration et le revenu de toute une commanderie, mais seulement à titre de pure administration et pour un temps limité par le conseil (1). La mauvaise conduite dans les mœurs, les malversations, les duels, les prêts usuraires étaient des motifs de dépossession. Après cinq ans de possession, un commandeur pouvait demander des commissaires pour faire procès d'améliorissement; et, si ce procès était reçu à Malte, il était admis à émeutir une plus riche commanderie.

Quand un sujet se présentait pour entrer dans l'Ordre à titre de chevalier, il devait justifier que ses bisaïeuls avaient été reconnus pour gentilshommes de nom et d'armes, avaient vécu noblement, et présenter huit quartiers de noblesse. L'Ordre, du reste, était très exact et très rigoureux pour ces preuves, qui étaient au nombre de quatre :

1º Preuve *testimoniale*, résultant du témoignage de quatre gentilshommes nobles de nom et d'armes ;

2º Preuve *littérale*, résultant des écrits, contrats, aveux, dénombrements ;

3º Preuve *locale*, prise sur les lieux de la naissance du présenté et dans les pays d'origine de ses ancêtres ;

4º Preuve *secrète*, qui se faisait à l'insu du présenté, par les mêmes quatre enquêteurs, ordinairement anciens commandeurs.

Quand ces quatre preuves étaient favorables, on en dressait procès-verbal, qui était envoyé au chapitre du prieuré, examiné par deux nouveaux commissaires et envoyé à Malte, avec le blason des huit quartiers ; après

---

(1) *Ad decem annos aut amplius ad beneplacitum nostrum*, portent les provisions émanées de la chancellerie de Malte.

quoi, venait l'ordre de donner l'habit de la Religion au présenté (1).

Nos commandeurs étaient nommés par le grand-maître et étaient solennellement installés à l'église, selon un rite qui ne différait guère de celui suivi aujourd'hui pour l'installation des curés et, au château, par la tradition des clefs, la prise de possession du siège de justice, prestation d'hommage, etc..., car ils réunissaient dans leurs mains la double puissance spirituelle et temporelle. La seigneurie spirituelle avait été donnée à l'Ordre par l'évêque de Riez, Augier (1120-1125), et la seigneurie temporelle lui avait été en partie donnée par Raymond-Béranger (1150), en partie vendue par Raymond-Béranger V (1231).

Comme seigneur temporel, le commandeur possédait la haute, moyenne et basse justice, la directe universelle, percevait les droit seigneuriaux, consistant en droits de tasque, droits de lods et trézain, droit de prélation, de censes et service, droit de péage, la banalité des fours, réglée à un pain sur trente-huit et la banalité des moulins, à la quarantième pendant six mois, à la trentième pendant les six autres.

En qualité de haut justicier, il connaissait des crimes et délits commis dans toute l'étendue de sa juridiction et rendait la justice par moyen d'un tribunal composé : 1° d'un juge, ordinairement avocat de la Cour; 2° d'un lieutenant de juge ; 3° d'un procureur d'office ; 4° d'un

---

(1) Tiré du *Traité du gouvernement de l'Ordre*, etc., par Vertot, *passim*. — Nous avons sous les yeux un procès-verbal de ce genre (1719), pour Jacques de Roux d'Arbaud, que sa mère, Marguerite de Félix, veuve d'Antoine de Roux d'Arbaud, seigneur de la Pérusse, conseiller du roi, présente comme page, destiné au service du grand-maître. Il n'a pas moins de trente-quatre feuilles. Les pages pouvaient être reçus à l'âge de douze ans, quittaient à quinze et étaient reçus de majorité à seize ans. Le droit de ce *passage* était de 260 écus d'or.

greffier de la juridiction ; 5° d'un sergent. Le prétoire était dans la grande salle du château, à l'extrémité de laquelle s'ouvrait la prison, dans la tour ronde, située à l'angle est du bâtiment. Les audiences se tenaient le lundi et le jeudi de chaque semaine, et les sentences allaient jusqu'à la condamnation à mort et exécution. Les officiers de justice étaient rétribués par le commandeur, qui arrentait le greffe pour 20, 30, 40 écus (1).

La seigneurie spirituelle fut exercée directement et immédiatement par l'Ordre tant que dura la conventualité. Après la dispersion du personnel qui composait « l'Hôpital », elle fut exercée médiatement par le commandeur, qui choisissait lui-même le prêtre auquel il confiait le soin de la paroisse. Ce prêtre, désigné tantôt sous le nom de curé, tantôt sous celui de vicaire perpétuel, recevait de l'Ordre ses « provisions », de l'évêque de Riez le « *formà dignum* », et devait prendre la croix de l'Ordre dans le plus prochain chapitre provincial ; il devenait, dès lors, *frère d'obédience*. Dans l'exercice de ses fonctions, beaucoup plus multipliées que de nos jours, il était secouru par trois prêtres, nommés secondaires, entretenus par le commandeur, qui donnait annuellement au vicaire perpétuel 550 livres exemptes de toutes charges, conformément à l'édit des congrues pour les curés de Malte, et 40 écus à chaque secondaire, lesquels jouissaient de leurs honoraires et participaient, dans une certaine mesure, aux revenus casuels de la paroisse.

De plus et comme décimateur, il était tenu à la fourniture des matières pour le saint sacrifice, à l'entretien de la sacristie, au payement de 90 livres pour le prédicateur du carême, de douze charges de grain à l'église de Riez,

---

(1) Dans l'*Etat des biens de la commanderie* (1597), il est dit que le juge a trois charges de blé pour ses gages, et le procureur d'office une charge.

de vingt-trois charges aux pauvres de Puimoisson, de trois au juge et d'une charge au procureur d'office. N'omettons pas les décimes payées au roi et les responsions versées au trésor de l'Ordre.

En retour et pour faire face à ces dépenses, il percevait le droit de dîme dans toute l'étendue du terroir. Cette dîme, généralement affermée à un rentier, se prélevait au taux du quinzain sur les grains, au douzain sur les raisins et au dizain sur les chanvres et les agneaux.

La totalité des revenus de la commanderie était sujette à quelques variations, provenant soit de l'instabilité des récoltes, des vicissitudes du temps, du plus ou moins de transactions opérées et aussi un peu du plus ou moins d'exactitude dans l'évaluation et la déclaration des produits récoltés. Pour permettre au lecteur d'en faire une évaluation moyenne, nous allons donner ci-dessous le relevé de ces revenus durant l'année de *vacant* qui suivit la mort du bailli de Suffren et précéda l'entrée en jouissance du chevalier de Rozan.

Nous l'extrayons d'un rapport fait par M⁰ Cogordan, notaire, procureur fondé de M. de Foresta, économe de l'Ordre, pour l'année 1789. Il y est dit que :

Saint-Apollinaire rendit, cette année-là..	600 livres.
Entrages.............................	108 —
Hospitalet, la Brègue-Puimichel........	240 —
Bresc (Fos-Amphoux).................	118 —
Château et terres du village............	1,325 —
Telle et Mauroue.....................	1,465 —
Fournage, jardins, vignes..............	1,135 —
Moulins (60 charges à 30 fr. la charge)...	1,800 —
Dîme des grains......................	4,600 —
Soit un total de...............	11,391 livres.

En cette année, les recettes excédèrent les dépenses de 5,193 livres 8 sols 10 deniers.

D'après le procès-verbal d'allivrement, les biens fonds de la commanderie situés dans le terroir représentent la douzième partie environ du territoire de Puimoisson. Cette constatation relevée dans un procès-verbal parfaitement authentique détruit un peu la légende d'après laquelle la Révolution aurait rendu la terre aux paysans. Cette formule, répétée de bouche en bouche, arrivée chez certains à l'état de dogme, n'est plus exacte, tout au moins chez nous (1). La propriété s'est seulement déplacée. Aujourd'hui, ce n'est pas la douzième portion de notre terroir dont les revenus nous échappent, mais presque le tiers, dont le produit va se consommer en grande partie hors de chez nous (2). Il se passe ici, toute proportion gardée, ce qui se pratique ailleurs sur une plus grande échelle. Nos grands domaines, jadis seigneuriaux, sont possédés par des étrangers. A force d'argent, de nouveaux domaines se forment, s'arrondissent par des achats successifs, et la grande propriété foraine, exploitée au profit d'étrangers par des serfs d'un genre nouveau, guère plus mitigé, représente une superficie qui dépasse de beaucoup la superficie de la propriété foraine telle que la trouva la Révolution. Cet état de choses pourrait se prouver par des chiffres et par l'étude comparative des terriers d'autrefois et des

---

(1) Il paraît qu'elle n'est pas plus exacte ailleurs. D'après les statistiques de 1887, la grande propriété de 50 hectares et au-dessus englobe près de 18 millions d'hectares de terre cultivable. — *Vid.* Chirac, *Prochaine révol.* — Et d'après Toubeau (*Impôt métrique*), sur 49 millions d'hectares, 4 millions seulement appartiennent aux petits propriétaires cultivateurs.

(2) D'après Toubeau (*loc. cit.*), la part des petits propriétaires cultivateurs, en France, serait de moins d'un neuvième. Sur 3,500 hectares qu'occupe le terroir de Puimoisson, la propriété foraine est représentée par 1,047 h. 1 a. 88 c. Tous ces domaines sont de plus de 50 hectares et trois dépassent 100.

matrices cadastrales d'aujourd'hui. Point n'est besoin de recourir à une statistique détaillée lorsqu'on n'a, pour se convaincre, qu'à ouvrir les yeux. La dure nécessité d'exploiter un fonds d'autrui, la vileté d'un produit qu'il faut arracher d'un sol ingrat au prix de tant de fatigue et dont la plus large part revient au maître, expliquent l'abandon du pays et donnent la cause de l'émigration vers la ville, où attire la perspective souvent trompeuse d'une vie plus facile. C'est par ce point que ce sujet touche à notre histoire ; voilà pourquoi nous avons voulu, en passant, l'effleurer.

A côté du pouvoir féodal, s'éleva, d'abord timide et faible, puis de plus en plus grandissant, le pouvoir communal. Ici, comme dans la plupart des localités d'une importance secondaire, l'établissement communal se fit, non en vertu de charte spéciale, mais par une substitution lente et progressive à l'état de choses précédemment établi, substitution qui fut le résultat de transactions successives, de vicissitudes diverses et de bouleversements politiques généraux et locaux. La population agricole de Puimoisson, composée de nombreux vilains, peu différents par leur condition des anciens colons romains dont ils descendaient selon toute vraisemblance, jouissaient de quelques droits qu'ils défendirent toujours avec une énergique persévérance, auxquels, dans l'occasion, ils ajoutèrent des droits nouveaux, et c'est dans cette classe, qui dut faire cause commune avec les habitants de Riez, que se recruta en partie la population appelée à recueillir les fruits de la liberté communale. En tout cas, la présence de syndics et d'un conseil dès le XIIIe siècle (1) nous prouve que la commune était déjà organisée et fonction-

---

(1) La requête des habitants sollicitant la faculté de tester et présentée en 1270 fut rédigée dans le *conseil* et présentée au chapitre par les *syndics*.

nait depuis plusieurs années. D'ailleurs, les commandeurs, favorisant la mission émancipatrice de l'Eglise, qui accordait généralement la franchise à ses hommes, en avait obtenu pour les habitants les privilèges de témoigner en justice, de se défendre dans les causes judiciaires, de tester librement, de prendre des défenseurs, etc., etc., et cela à une époque où ces libertés étaient encore inconnues à bon nombre de pays.

Deux syndics, puis trois consuls, annuellement nommés selon le mode convenu et décorés du chaperon, étaient à la tête du pouvoir communal et géraient les affaires municipales. Ils nommaient aux emplois municipaux, tels que gardes, peseurs, gabeliers, conducteurs d'horloges, médecins, sages-femmes. Ils veillaient aux soins des pauvres, faisaient les recrues et nommaient les instituteurs, car chez nous, pas plus qu'ailleurs, la municipalité n'avait pas attendu le décret de la Convention nationale (27 brumaire an III) pour établir une école primaire. Sous le nom un peu prétentieux de « collège », une école communale fonctionnait ici bien avant 1600 ; les enfants du pays y recevaient les éléments de grammaire, d'arithmétique, de géographie et d'histoire, moyennant une modique rétribution scolaire destinée à compléter le traitement que servait la communauté. Le régent, secondé par un adjoint, était ordinairement un vicaire de la paroisse, parfois un ecclésiastique non encore dans les Ordres, parfois aussi un docteur en médecine ou un consul du pays (1). En 1739, une école de filles fut ouverte, ainsi que nous l'avons dit en son lieu, et fonctionna sans interruption jusqu'en 1789. Les consuls, du reste, s'occupaient avec une louable sollicitude du bon fonctionnement des écoles, mettaient

---

(1) En 1648, Brunel, docteur en médecine ; en 1667, Pantaléon Nicolas, docteur ; en 1702, Esparron, docteur et maire du pays, etc.

beaucoup de circonspection dans le choix des régents, dont la nomination devait être approuvée par l'évêque diocésain ; ils fixaient leurs honoraires, réglementaient leurs attributions et leur devoir d'une manière conforme à l'esprit du temps (1), et l'on peut dire en toute vérité que l'instruction était assez répandue dans le pays en 1789 et qu'à ce point de vue nos ancêtres n'auraient eu rien à envier à la première partie du XIXe siècle, période pendant laquelle l'instruction primaire, confiée à un seul instituteur d'une capacité contestable, fut reléguée à un rang bien secondaire.

L'assistance des pauvres et des malades était loin d'être négligée à Puimoisson. Un hôpital, dénommé « hôpital Saint-Jacques », recevait les malades indigents qui y étaient gratuitement soignés par l'hospitalière désignée par le conseil. Des dames de charité visitaient les malades à domicile, leur distribuaient des secours en vivres, en vêtements et en espèces. Cet établissement, doté, dès l'année 1600, de plusieurs rentes et de nombreuses terres de bon rapport, vit ses ressources s'augmenter graduellement par des legs nombreux et importants qui venaient, de temps à autre, accroître le patrimoine des pauvres. C'est ainsi qu'en 1651 (16 octobre) le bureau de bienfaisance hérita du conseiller Augier d'un legs de 4,800 livres, pour, les intérêt en provenant, servir à donner des métiers aux garçons indigents et à marier les filles pau-

---

(1) Joseph Bertrand, *habile* et *pieux*, est nommé régent ; « accompagnera les enfants les dimanches et festes à l'église, sans ly donner aulcun judy *pour vacances!* » (1701, 4 sept.). Que nous sommes loin de ce temps !... En 1791, Ant. Garcin, de Moustiers, est nommé régent, à la condition de mener tous les jours les enfants à la messe. Le 8 ventôse an III, Jérôme Martin est nommé instituteur national, à cause de son civisme, sous condition qu'il enseignera « la haine des tyrans ». — Arch. municip., *passim*.

vres (1) ; d'une pension de 300 livres émanant de la même source, etc... D'autre part, le commandeur payait, chaque année, vingt-trois charges de grains aux pauvres ; la commune, une pension de 510 livres, provenant de capitaux reçus ; de sorte que la Révolution trouva, à Puimoisson, l'œuvre essentiellement humanitaire et chrétienne des pauvres jouissant d'un revenu de :

1º 510 livres, payées par la communauté, ci..	510 livres.
2º 420 livres, revenus de l'hôpital, ci.....	420 —
3º 23 charges de grains, au prix de 30 livres, ci...	690 —
Soit un total de..............	1,620 livres.

somme considérable pour l'époque, où l'argent avait plus de valeur. Notre bureau actuel de bienfaisance serait, assurément, très heureux de pouvoir distribuer annuellement à ses pauvres la moitié de ce revenu !...

Quel était l'état financier de la commune ? De quelle manière et sur quel pied se prélevaient les impôts ?

On sait que l'impôt était prélevé proportionnellement au nombre de feux auquel un pays était affouagé (2). Puimoisson etait affouagé : à treize feux, en 1646 ; à onze feux et demi, en 1698 ; à neuf feux, en 1747, et à huit feux et trois cinquièmes, en 1782.

La Provence devait fournir, chaque année, une somme déterminée. La répartition de cette somme était faite sur toutes les communautés, à proportion du nombre de leurs

---

(1) En 1661, le conseil décide qu'on ne donnera plus rien de l'aumône du sieur Augier aux filles *dont la dot en biens ou en argent excédera 300 livres.* Combien de filles se marient aujourd'hui qui seraient dans le cas de recevoir la dot Augier !!!....

(2) Le feu est estimé 50,000 livres.

feux. L'unité d'impôt fut d'abord le franc cadastral ; le terroir en contenait 41,242. La moyenne de l'impôt voté varia généralement de deux sols et demi à trois sols par franc cadastral, plus deux deniers pour la taille négotiale, sauf à partir de 1701, où la taille monta jusqu'à sept, huit et même treize sols par franc cadastral, grâce au nouvel impôt de la capitation, qui, de 100 livres par feu en 1701, s'éleva toujours et atteignit, vers la fin, la somme de 1,782 livres. A la réformation du cadastre, on substitua au franc la livre cadastrale, qui valait 1,000 livres tournois ; le cadastre en contenait 330 (1). La taille, qui varia d'abord de 27 à 32 livres tournois par livre cadastrale, atteignit ensuite 40 livres. A cette imposition, s'ajoutait celle de la viguerie, votée, chaque année, à l'assemblé de Moustiers, pour entretien des chemins et autres objets et variant de 30 à 36 livres par feu. Tous ces impôts réunis s'élevèrent, pour l'année 1792 et pour notre seule commune, au chiffre considérable de 17,860 livres 2 sols 6 deniers.

Chaque communauté avait son percepteur, qu'on nommait trésorier. Ces fonctions étaient mises annuellement aux enchères et délivrées à celui qui offrait les conditions les plus avantageuses ; la rétribution varia beaucoup et de 30 livres s'éleva successivement jusqu'à 250 et même 300 livres. Dans ce cas, le trésorier qui prenait le cazarnet devait faire toute cote bonne.

A la fin de sa gestion, cet employé municipal rendait son compte par entrée et par issue en présence de deux auditeurs désignés par le conseil, des trois consuls sortant de charge, qui remplissaient le rôle de *soutencurs*, et des trois consuls en exercice, qui étaient *impugnants*. Ces divers auditeurs avaient de ce chef 6 livres de gages et

---

(1) A cause des mutations survenues, on faisait, tous les deux ou trois ans, le *revideri* du cadastre.

droit à un petit repas qui se prenait en commun, quand les comptes étaient liquidés.

La situation financière n'était pas bonne, un peu par suite de l'état général de gêne provenant des mauvaises récoltes, beaucoup par suite de l'élévation progressive de l'impôt et aussi, il faut bien le dire, par l'effet de la mauvaise gestion des deniers communaux. Les pensions accumulées dont les capitaux avaient servi à combler des dettes grevaient le budget d'une manière inquiétante ; les tailles votées ne suffisaient plus à payer les deniers du roi et du pays. Par surcroit de malheur, à mesure que les charges grossissaient, les revenus diminuaient ; les grains étaient rares, se vendaient cher ; le vin, très abondant à l'époque, n'avait pas d'acquéreur.

Avec la gêne, se glissait l'immoralité. De nombreux gardes champêtres exerçaient en vain leur vigilance sur les récoltes, qui tentaient la convoitise et disparaissaient, sans qu'on pût appréhender les coupables.

D'autre part, les registres du greffe de la juridiction de Puimoisson nous font constater une grande licence de mœurs et nous montrent, durant les cinquante dernières années, un nombre attristant d'expositions de grossesse, allant parfois jusqu'à trois dans une seule année.

Quatre auberges, le Cheval Blanc, le Lion d'Or, les Trois Rois, la Croix d'Or, servaient de lieu de réunion et souvent de tripots clandestins, où s'engouffraient les petites épargnes des cultivateurs. Une passion effrénée du jeu, que l'état de gêne ne parvenait pas à ralentir, ruinait la plupart des ménages et amenait souvent, avec la misère noire, la dispute et la désunion au foyer domestique (1). Le cruel hiver de 1788-1789, qui avait gravement

---

(1) Les archives du greffe de la juridiction de Puimoisson renferment plusieurs informations contre les cabaretiers et de nombreux procès-verbaux dressés par le procureur juridictionnel contre es joueurs, depuis l'année 1778 jusqu'en 1788. — Archiv. municip., D, 32.

compromis la récolte du blé, des amandes, des raisins et des olives, vint aggraver la misère qui rongeait le pays; la disette se présentait hideuse, désespérante, et, comme la faim est mauvaise conseillère, le peuple murmurait, se soulevait. Quelques meneurs aux idées avancées, émissaires des sociétés secrètes, attisaient le mécontentement général. Dans les réunions, ils haranguaient le peuple trop crédule, lui dépeignaient la situation sous les couleurs les plus noires et lui faisaient entrevoir, dans un changement de l'état social, une ère nouvelle, toute de prospérité et de bonheur. Un souffle d'indépendance et de révolte passait sur les têtes; plus que jamais, on devenait impatient du joug porté. On sentait qu'un orage planait dans l'air, que le sol mal affermi tremblait sous les pieds, que les droits féodaux étaient en grand discrédit, que les institutions anciennes allaient se disloquer. Comme on le voit, le terrain était bien préparé chez nous pour recevoir la semence des idées nouvelles, lorsque s'ouvrit l'ère de la Révolution française.

TROISIÈME PARTIE

Puimoisson depuis la Révolution

CHAPITRE Ier

PUIMOISSON SOUS L'ASSEMBLÉE CONSTITUANTE
(20 juin 1789 — 30 septembre 1791)

Etats de Provence (25 janvier 1789). — Convocation à la chapelle des pénitents (29 mars 1789). — Cahier des doléances. — Attroupements. — Formation de la troupe nationale (9 août). — Alarmes et troubles. — Encadastrement des biens nobles. — Contribution patriotique de l'Ordre. — Puimoisson entre dans la confédération de Brignoles. — Banalité supprimée (26 juin 1790). — Démolition de la tribune seigneuriale. — Marchés et foires rétablis. — Démêlés avec le commandeur (novembre 1790). — Sectionnement. — Prestation de serment (2 février 1791). — Service funèbre pour Mirabeau. — Levée d'hommes. — Canton.

Les Etats de Provence avaient été tenus à Aix le 25 janvier 1789. Le maire de Puimoisson, Jean-Baptiste

Arnaud, avocat, devenu plus tard procureur général, y fut délégué par délibération de la viguerie de Moustiers, et le chevalier Emmanuel de Guignard de Saint-Priest reçut ordre d'y représenter la commanderie de Puimoisson, tombée en vacant par la mort de son titulaire, le bailli de Suffren (1).

Un décret royal donné à Versailles (2 mars 1789) venait de convoquer les Etats généraux du royaume. Des publications à son de trompe (23 mars), des affiches apposées aux carrefours du village (25 mars), une annonce solennelle faite par le curé à la messe paroissiale du dimanche 29 mars firent connaître cet événement politique au peuple et invitèrent tous les chefs de famille de Puimoisson, de nationalité française et âgés de 25 ans, à se réunir, ce même jour, à une heure du soir, dans la chapelle des pénitents, au faubourg Guillenjaume, pour procéder à la rédaction du cahier des doléances.

Les documents imprimés de cette nature étant, croyons-nous, assez rares, et le nôtre nous ayant paru mériter d'être connu par le nombre, l'étendue et le caractère des désiderata exprimés, nous le reproduisons ci-dessous dans son intégralité. Placé au frontispice de la période révolutionnaire, où le met naturellement l'ordre chronologique des faits, il éclairera d'une lumière intéressante les divers épisodes qui s'y sont produits et nous fera mieux connaître l'état des esprits dans notre pays, à cette époque troublée de notre histoire.

---

(1) Arch. des B.-du-Rh., C, 252.

Cayer des doléances, plaintes et remonstrances

délibérées par la communauté du bourg de Puimoisson

le vingt-neuf mars mille sept cent quatre-vingt-neuf.

Les députés qui représenteront les habitants de ce bourg aux États généraux demanderont en leur nom :

1º Que la dette nationale soit consolidée.

2º La réformation du code civil et criminel.

3º La suppression de tous les tribunaux inutiles et onéreux.

4º Une attribution de souveraineté jusques à une somme déterminée, mais modique, à ceux qui ont arrondissement.

5º Que les juges des juridictions royales et seigneuriales qui ne ressortissent pas nuement aux cours souveraines puissent juger souverainement, sans frais et sans ministère de procureur, jusqu'à dix livres, mais qu'au dessus de cinq livres le juge ne puisse prononcer seul et qu'il se fasse assister par deux assesseurs.

6º L'abrogation de toutes lettres attentatoires à la liberté des citoyens.

7º Que la vénalité des offices de judicature soit supprimée.

8º La faculté aux citoyens de quelque ordre qu'ils soient de concourir pour tous emplois militaires, bénéfices et charges attributives de noblesse.

9º L'abolition de touts droits de circulation dans l'intérieur du royaume et notamment le reculement des bureaux de traites dans les frontières.

10º Demanderont une modération dans le prix du sel; se plaindront de la mauvaise qualité de celui qu'on distribue et de son mélange avec de la terre, des pierres, du fumier et autres ordures.

11º Se plaindront de la mauvaise qualité du tabac, qu'on vend presque toujours mouillé et souvent corrompu, au point que la santé des consommateurs en est altérée.

12º Se plaindre des visites que les employés aux fermes font dans les maisons des citoyens de tout état, d'une manière véritablement tirannique, sous prétexte de contravention pour fait de contrebande, lesquelles visites ont souvent pour objet des voleries exercées par les gardes et plus souvent encore le projet de jetter dans les maisons des paquets de contrebande au moyen desquels ils dressent des procès-verbaux dont ils effraient les citoyens qui, pour n'être pas exposés à des poursuites toujours dangereuses, achètent le silence des employés à beaux deniers comptans.

13º Se plaindront de l'extension insoutenable donnée aux droits de controlle et centième denier, et observer que la diversité des loix et jugements rendus sur cet objet en font un cahos dont les receveurs prennent avantage pour tracasser des citoyens, surtout les habitants de la campagne ; les abus frappent principalement sur les droits dus à raison de la qualité des contractans.

14º Que les citoyens de touts les ordres soient réintégrés et maintenus dans le droit et faculté de n'être jugés que par leurs pairs et, pour obvier à toutes contestations et réclamations à cet égard, demander que les tribunaux, surtout ceux qui jugent souverainement, soient mi-partie, c'est-à-dire que la moitié de leurs membres soient nobles et l'autre moitié roturiers.

15º Demander au Roi et aux Etats généraux une loi qui obvie aux inconveniens de la mandicité ; demander que cette loi ordone aux communautés de retenir et nourrir leurs mandians invalides, et, quant aux mandians valides qui, au mépris de la loi, vagueront dans les provinces, demander qu'il soient arrêtés, punis de prison et traduits dans des hopitaux auxquels ils seront nourris, en les faisant travailler à des atteliers qui y seront établis pour cet effet.

16º La suppression des moines et religieux quelconques qui sont absolument inutiles à l'Etat et qui, sous plusieurs raports, sont à charge aux peuples ; leurs revenus considérables pourraient être utilement employés à l'établissement de congrégations de prêtres séculiers, soumis à l'ordinaire, qui seraient chargés des séminaires, des collèges, de l'aumônerie des hopitaux, de la marine, des régimens, et dans lesquelles on puiserait des secours pour les paroisses.

17º Parmi les ordres religieux, le plus inutile de touts est celuy des Hospitaliers de Saint-Jean de Jérusalem appelés Chevaliers de Malthe. Les individus de France qui en sont membres sont soumis à un souverain étranger et exportent ou envoient tous les ans hors du royaume des sommes immenses qui, jointes au revenu dont ils jouissent individuellement, s'élèvent peut-être à plus de huit millions de livres qui pourraient servir pour des établissements patriotiques. Ces sommes, distribuées à quatre ou cinq mille officiers qui ont servi fidellement la patrie, aux dépens de leur sang et souvent de leur fortune, leur assureraient une retraite honnête. La suppression de cet ordre, en faisant un sort aux individus qui ont des bénéfices ou des commanderies, serait très avantageuse à l'État.

18º Obliger le clergé, séculier et régulier, et toutes les mains mortes sans exception de vendre leurs immeubles (a ce non compris les objets consacrés pour l'utilité publique, comme les bâtimens servant pour les hôpitaux, collèges, maisons curiales, hôtels de ville, etc.); du prix que les vendeurs retireraient, ils commenceraient par payer toutes leurs dettes sans exception, et l'excédent serait placé sur les provinces, qui en payeraient l'intérêt fixé sur le pied du produit des biens aliénés, mais dans aucun cas au-dessus du quatre pour cent.

19º Demanderont que la justice soit rendue et administrée au nom du Roi, dans toute l'étendue du royaume, et que Sa Majesté seule pourvoie dorénavant à la nomination de touts officiers de justice, à l'exclusion des seigneurs non obstant toute possession contraire, le droit de faire administrer la justice étant inséparable de la couronne.

20º Demanderont une diminution des charges imposées sur les terres. On pourrait remplacer le produit de ces charges par des impositions sur les capitalistes, les rentiers en viager, les célibataires, sur les hôtels et maisons des grandes villes et sur le luxe.

21º Demander un règlement qui obvie à la cherté des bœufs de labourage. On pourrait y parvenir en prohibant la conduite des bœufs hors du royaume et en mettant des bornes à la consommation excessive qui se fait des vaux *(sic)* dans les grandes villes. Si les États généraux n'obvient pas à ces inconvénients, les agriculteurs de cette province seront dans peu obligés d'abandonner la culture des terres de médiocre et de mauvaise qualité. Le règlement à faire sur cet article devrait deffendre les accaparemens que font aux foires les négotians de bestiaux et prohiber que des bœufs ne pussent être achetés et revendus à la même foire.

22º Demanderont la suppression totale de la dîme, à la charge par les communautés de payer et loger leurs curés et vicaires, et, dans le cas où cette demande ne serait pas accueillie, demanderont qu'il soit permis à touts propriétaires des terres de prélever, avant de payer la dîme des grains, les semences qu'ils avaient jettées en terre, et, pour faciliter cette opération et aller au devant des abus et contestations, il serait à propos de faire, pour chaque territoire, un rapport qui fixât le produit des semences, année commune, suivant la qualité des terres et une qualité comportant l'autre pour chaque territoire.

23º Si on ne supprime pas les dîmes, demander que les aumônes à faire par les décimateurs soient fixées à la moitié du revenu de leurs bénéfices, toutes charges prélevées, pourvu que la moitié qui leur restera égale la portion congrue des curés et que ces aumônes soient mises entre les mains des administrateurs des hôpitaux et autres œuvres pies, sauf le concours des décimateurs pour la distribution.

24º Demanderont qu'à l'avenir aucun membre du clergé ne puisse réunir sur sa tête plusieurs bénéfices dont le revenu pri *(sic)* ensemble excederait la somme à laquelle sera fixée la portion congrue des curés.

25º Demanderont que les vicaires des paroisses ne puissent les desservir contre la volonté des habitans manifestée par des délibérations de conseils généraux de touts chefs de famille.

26º Que les décimateurs des paroisses qui, en l'état des choses, sont chargés de payer les portions congrues des curés et vicaires, prennent encore sur les revenus très considérables qui leur restent de quoy fournir un logement à ces mêmes curés et vicaires, à la décharge des communautés, sur lesquelles cette tache a été injustement rejettée depuis plusieurs années.

27º Qu'il soit pourvu pour l'avenir à une nouvelle augmentation des dittes portions congrues, si besoin est, afin qu'inhibitions et deffenses soient faites aux curés et vicaires des paroisses de rien exiger de leurs paroissiens pour l'administration des sacremens et accessoires à titre de casuel ; l'usage actuel est très onéreux à la classe la plus indigente des citoyens et ne peut être maintenu qu'au détriment de la religion.

28º Demanderont que la dernière ordonnance de M. Levêque de Riez, portant règlement pour l'augmentation du casuel, homologuée par arrêt du Parlement rendu sur simple requette, sans entendre les parties intéressées, soit declarée nulle et regardée comme non obvenue.

29º Demanderont qu'on cherche un moyen pour retenir en France les sommes immenses qui sont portées annuellement à Rome.

30º Le retour périodique des États généraux touts les cinq ans.

31º Qu'aux prochains États généraux les voix soient comptées par tête et non par ordre.

32º Qu'il soit établi une commission intermédiaire pour supléer les États généraux et toujours prête à s'assembler dans l'intervalle d'une tenue à l'autre.

33º Que le produit de toutes impositions royales soit porté directement dans les coffres du Roi, sans passer par les mains d'aucuns fermiers généraux.

34º Demanderont au Roi la convocation générale des trois ordres de cette province pour former ou réformer la constitution du pays.

35º Qu'il soit permis aux communes de se nommer un sindic, avec entrée aux Etats, prérogative qui n'avait jamais été contestée à cette charge.

36º S'élèveront contre la perpétuité de la présidence et contre la permanence de tout membre ayant en l'état des choses entrée aux Etats.

37º Requerront l'exclusion des mêmes États des magistrats et de touts officiers attachés au fisc.

38º La désunion de la procuration du pays du consulat d'Aix.

39º Que les procureurs du pays n'assistent dorénavant aux États que comme mandataires chargés de rendre compte de leur gestion, sans avoir droit d'y voter ny individuellement ny comme représentans.

40° Demanderont pour la reddition du compte trésoraire de la province une forme plus légale et plus authentique que celle que l'on suit et que le Tiers État coopère à l'audition avec la même égalité qu'il demande pour les autres objets d'administration.

41° L'admission aux Etats des gentilhommes non possesseurs de fiefs et du clergé du second ordre.

42° L'égalité de voix pour l'ordre du tiers, contre celles des deux premiers ordres réunis, tant dans les Etats que dans la commission intermédiaire.

43° L'égalité de contribution pour toutes charges royales et locales sans exception aucune et nonobstant toute possession ou privilèges quelconques.

44° L'impression annuelle des comptes de la province, dont envoy sera fait dans chaque communauté, et que la répartition des secours que le Roi accorde au pays, ensemble de l'imposition de quinze livres par feu affectée à la Haute Provence, sera faitte dans le sein des Etats et par eux arrêtée.

45° Que, dans le cas de partage sur une délibération quelconque prise à haute voix dans les Etats, aucun membre n'ait la pondérative, mais que dans ce cas on recomence la délibération au scrutin.

46° Demanderont que les maire-consuls de toutes les communautés de la province sans exception jouissent des droits et prérogatives attachés aux offices municipaux, créés par l'édit du mois d'août 1692. Le droit des communautés est constaté par une foule de titres et spécialement par les arrêts du conseil du 17 novembre 1699, du 6 avril 1700, par un édit de 1733 et par un autre arrest du conseil du 21 mars 1757. Cependant les communautés sont privées depuis longtemps d'une partie des droits et prérogatives attachés aux dits offices et notamment du droit attribué aux maire-consuls de présider leurs assemblées tant générales que particulières, à l'exclusion de touts officiers des seigneurs et d'avoir la presséance dans toutes les cérémonies publiques sur les mêmes officiers ; et que les dits maire-consuls soient rétablis et maintenus dans le droit d'exercer la police, conformément à ce qui est porté par l'édit de 1699, portant création d'offices de lieutenans généraux de police, qui ont été réunis au corps de la province.

47º Demanderont que les seigneurs de main-morte qui, suivant l'édit de 1749, ne peuvent acquérir aucuns immeubles et qui, par conséquent, ne peuvent exercer pour eux le droit de prélation sur les aliénations faittes par leurs amphitéotes, ne puissent céder en aucune manière ce droit à autrui, ces sortes de cessions étant une véritable vexation et l'exercice odieux d'un droit qui doit être considéré comme personel.

48º Que les communautés et hôpitaux soient dispensés pour l'avenir de payer aux seigneurs directs aucun droit d'indemnité pour les immeubles qui ont pour objet l'utilité publique, ou qui sont une suite des charges des communautés ; tels sont les bâtimens des hôpitaux, les maisons curiales, les collèges, les hôtels de ville.

49º Demander qu'il soit nommé de l'autorité du Roi, en suite d'une délibération prise par les Etats généraux, une commission mi-partie de nobles et de roturiers chargée de revoir les arrêts rendus depuis cent ans par le Parlement de Provence sur les procès mus entre les seigneurs et leurs communautés ou leurs vassaux, lesquels arrêts servent de fondement à la jurisprudence féodale de ce Parlement, et néanmoins tous ont été rendus par des juges possesseurs de fiefs, suspects par conséquent aux communautés et aux vassaux et emphitéotes, pour être le raport de la ditte commission rapporté au conseil du Roi, qui statuerait de nouveau et deffinitivement sur les questions jugées par ces arrêts.

50º Que touts les arrêts de règlements rendus par les cours souveraines de la province ne puissent avoir d'exécution qu'après qu'ils auront été enregistrés et consentis par les États provinciaux ; ce procédé serait conforme à celuy que le Roi veut bien adopter luy-même pour les loix qui intéresseront la généralité du royaume, qui seront dorénavant enregistrées et consenties par les Etats généraux.

51º Se plaindront de la rareté des bureaux de controlle et demanderont qu'il en soit étabIi un dans chaque communauté.

52º Demanderont qu'il soit fait un règlement pour la taxe des notaires.

53º Que les commis établis pour la régie soient supprimés et les droits sur les cuirs modérés.

64° Demander au Roi que le prix du blé soit modéré et fixé ; il est dans ce moment cy d'une cherté excessive ; il est impossible que le pauvre puisse subsister, si on ne vient pas à son secours (1).

L'article 31 du règlement du 24 janvier 1789, portant qu'on nommerait un député par cent feux et fraction de cent, et le bourg de Puimoisson en comptant quatre cent cinq à cette époque, cinq députés furent nommés dans cette même séance, pour porter les doléances du bourg à l'assemblée convoquée à Digne, chef-lieu de la sénéchaussée, le 1er avril suivant. Ces députés furent Jean-Paul Gueydan, docteur en médecine, Toussaint Arnaud, notaire, Pierre Nicolas, bachelier ès droits, Charles Romany, avocat, et Jean-Baptiste Arnaud, avocat.

Cette réunion de quatre cent cinq hommes, au sein de laquelle s'agitèrent, durant de longues heures, les questions les plus brûlantes, eut néanmoins un caractère assez calme et se prolongea fort avant dans la soirée. Mais, au sortir, un attroupement se forma. Sous prétexte de la rareté et de la cherté du grain, en réalité pour manifester contre les droits féodaux et en particulier contre le Père Pierre, capucin du couvent de Riez, vicaire de la paroisse, qui, chargé des intérêts du commandeur, s'était constitué assez mal à propos le champion un peu trop ardent d'un système social qui croulait de toute part, une bande ameutée, composée d'une centaine de mutins, se rua vers le château, résidence du peu sympathique capucin, et s'y porta à des excès regrettables. Des cris tumultueux furent poussés ; des chansons inconvenantes furent chantées ; puis, passant des paroles aux faits, les vitres volèrent en éclats

---

(1) Arch. municip., I, n° 4. — Cahier écrit en dix pages cotées et signées par Romany Charles, juge du lieu.

sous une grêle de pierres; les tuiles furent brisées; les portes, enfoncées et souillées. La fermentation, qui augmentait à chaque instant, était si grande au sein de cette assemblée surexcitée, qui s'enhardissait toujours, grâce aux ténèbres de la nuit, qu'on eût eu certainement à déplorer des malheurs, sans le calme et le sang-froid du maire, J.-B. Arnaud, dont l'intervention et les promesses parvinrent à calmer l'effervescence populaire et à disperser l'attroupement. Voici en quels termes mesurés ce magistrat s'en exprime, dans une délibération du 17 mai suivant : « Des scènes affligeantes qui se passèrent parmi nous le 29 mars, jour de la tenue du conseil général, *scènes que nous désirerions voir ensevelies dans un éternel oubli et dont nous regrettons d'être obligés de faire la plus légère mention*, justifièrent nos craintes, et nous résolurent d'acheter des grains pour les faire vendre aux habitans nécessiteux, à un prix modéré que nous fixâmes pour le blé à 34 livres, et pour le seigle à 24 livres (1). »

A la faveur des troubles qui suivirent la transformation des Etats généraux en Assemblée constituante (23 juin), des

---

(1) Arch. municip., 17 mai, délib. — Quelques notes tirées de la correspondance de M⁰ Cogordan, procureur fondé du commandeur, suppléeront à la réserve et au laconisme du maire, au sujet de cet incident; les voici : « Frère Pierre, ayant pouvoir et charge du chevalier de Rozan, reçoit 50 livres pour *réparation au château*. » (27 juillet 1789.) — Même jour et même année : « Il reçoit de M⁰ Cogordan, procureur fondé de Foresta, 40 livres, en remboursement des *frais occasionnés par les attroupements qui ont eu lieu à Puimoisson au cours de la présente année*. » Comptes de M⁰ Cogordan. — Le 12 septembre 1789, de Foresta écrit : « J'ai appris l'évasion forcée du Père Pierre; il s'agit de ne pas laisser languir les affaires qui lui étaient confiées; il est très essentiel que quelqu'un veille *aux réparations du château...* », etc. D'autre part, le conseil dresse un état des dégâts que le froid excessif de l'hiver a causés, et y joint le « *relevé des pertes que la communauté a essuyées en suite de l'émotion du 29 mars 1789* ».

bandes se formèrent pour ravager et piller. Les hommes sans aveu, qui les composaient, avaient déjà commis des excès çà et là, lorsque, le 31 juillet, deux exprès arrivèrent à Puimoisson, porteurs de lettres des maires de Valensole et de Riez, annonçant au maire du pays que des bandes de brigands armés étaient près de Manosque ; que les habitants de cette ville avaient pris les armes pour opposer une énergique résistance à ces hordes, qui, après avoir pris Romans, ravagé Cadenet et autres lieux, menaçaient d'envahir notre contrée. On l'invitait à faire prendre les armes aux habitants et à signaler le danger aux communautés voisines.

Ces nouvelles jetèrent le trouble dans le pays. D'autre part, les perturbateurs du repos public (et il y en a partout en ces moments critiques) semaient encore de fausses alarmes parmi le peuple, exagéraient le danger et contribuaient à entretenir, augmentaient même l'agitation des esprits.

Dans ces conjonctures et pour maintenir l'ordre au dedans, comme aussi pour se prémunir contre les attaques du dehors, le conseil municipal, renforcé des principaux allivrés, s'assembla, le 9 août, et décréta l'établissement d'une troupe nationale ou compagnie bourgeoise ; et, tandis que le projet de règlement, composé de trente-quatre articles (1), était soumis à l'approbation du comte de Caraman, lieutenant-général des armées du Roi, commandant en chef en Provence, on s'occupa de réunir à la mairie toutes les armes et toutes les munitions de guerre qu'on pourrait recruter dans le pays. Il ne fut trouvé que soixante-quatre fusils et quatre baïonnettes ; ce n'était pas suffisant pour armer tant de bras ! On dut commander quatre-vingts piques, pour donner à ceux qui

---

(1) Archiv. municip., H, 7, cahier de 19 pages.

n'auraient pas de fusil. D'autre part, les consuls d'Estoublon consentirent à vendre à la communauté 100 livres de poudre à 30 sous la livre ; ceux de Valensole en offrirent 60 au même prix, et Moustiers fournit 408 livres de plomb en lingot.

Le comte de Caraman ayant fait connaître son approbation, la troupe nationale s'assembla dans l'église pour procéder à l'élection de ses officiers. Les huit compagnies qui la composaient d'abord furent réduites à quatre. Toussaint Arnaud fut élu colonel commandant ; Jean Paul Gueydan, lieutenant-colonel major. L'avocat Chaudon fut nommé capitaine de la première compagnie ; Hilarion Gueydan, de la seconde ; Dominique Isoard, de la troisième, et Nicolas, de la quatrième. Tous prêtèrent serment, savoir : le commandant et l'aide-major entre les mains des consuls, et les officiers entre les mains du commandant ; la loi martiale fut solennellement proclamée devant les deux drapeaux blanc et rouge, et la troupe fut installée. En même temps, un bureau de police fut établi pour juger incontinent toute infraction au règlement. Ces diverses mesures contribuèrent à maintenir, temporairement au moins, une tranquillité relative dans ce pays que les factieux ne cessaient d'agiter.

Cependant, le maire, cédant aux instances réitérées de la population, qui, déjà, en 1786 (2 avril) et 1787 (20 octobre), avait adressé un comparant à l'Évêque pour demander le changement du Père Pierre « pour des motifs dont on devait lui laisser la connaissance », dut se résoudre à décréter des informations contre ce religieux, « dont les propos séditieux, les menées sourdes et l'esprit d'intrigue font un mal infini ». (Délib. municip.)

Le capucin essaya bien de tenir tête à l'orage qui, en ces derniers temps, s'était déchaîné contre lui plus furieux que jamais. Il comprit assez à temps qu'une plus longue résistance lui serait funeste. Ecoutant la voix de la prudence, il quitta secrètement Puimoisson dans la nuit d=21 août 1789, se retira dans son couvent de Riez, d'où ses supérieurs le firent évader plus loin. Il n'était que temps ! Une correspondance du notaire Cogordan à M. de Foresta nous montre jusqu'à quel point l'exaspération populaire était arrivée contre ce religieux. « Le Père Pierre, dit-il, ne pouvait plus tenir à Puimoisson, d'après la fermentation violente qui s'était élevée contre lui, qu'il serait trop long de vous détailler. Les choses en étaient au point qu'on menaçait de venir le chercher ici à Riez, à main armée, de manière qu'il n'était pas plus en sûreté ici, à Riez, qu'à Puimoisson, et on ne peut pas dire jusques à quels excès ils se seraient portés contre lui, s'il ne s'était évadé.... »

L'évasion forcée du Père Pierre parut désarmer ses ennemis et ramener le calme au sein de la population. Les informations dirigées contre lui et ses partisans furent abandonnées. « L'absence de la personne soupçonnée d'être le principal auteur de la fermentation, qui nous avait tant donné de craintes, a été suivie de la tranquillité (1). »

Par un décret du 26 septembre 1789, l'Assemblée nationale avait ordonné l'encadastrement provisoire de tous les biens privilégiés. Les procureurs du pays adressèrent une lettre au maire et aux consuls, les exhortant à procéder avec célérité à cette opération, leur enjoignant de nommer dans ce but un expert de la communauté et de faire tenir un acte extrajudiciaire au commandeur, pour nommer le sien dans la quinzaine; faute de quoi, ils seraient en droit de le nommer eux-mêmes (8 novembre).

Ce même jour, la commune choisit pour son expert Jean-Baptiste Guigou, notaire royal de Sainte-Croix, et,

---

(1) Arch. municip., délib. du 8 novembre 1789. — Les enfants du pays l'avaient surnommé : *lou barbo salo.*

attendu la vacance de la commanderie, fit tenir un acte extrajudiciaire à M. de Foresta, receveur de l'Ordre de Malte, par l'intermédiaire de M⁰ Cogordan, son procureur fondé. La communauté de Courbons en fit autant le 17 novembre. Le 20 novembre, c'est la communauté de Clumanc, qui demande à Cogordan de lui désigner un expert. Le 2 décembre, la communauté de Brunet fait tenir son acte extrajudiciaire ; le 14 décembre, Entrages fait la même demande ; le 21, Puimichel ; les habitants de Fos en demandent un pour l'encadastrement de la dîme de Saint-Jean de Bresc, bien que Sigaud de Bresc (1), par lettre d'Aups du 21 novembre 1789, prétendit que la terre de Bresc ne dépendait pas de Fos. A toutes ces interpellations, Cogordan, qui avait reçu le mot d'ordre du chevalier de Foresta, répondait invariablement « qu'il n'avait ni ordre ni pouvoir relativement aux interpellations qui lui étaient faites et qu'il ne pouvait ni ne devait y prendre aucune part ». Si bien que le conseil de Puimoisson crut devoir user de son droit, et, par délibération du 8 décembre, un mois par conséquent après l'envoi de l'acte extrajudiciaire, il nomma Jean-Baptiste Chaudon, avocat royal de Roumoules, domicilié à Riez, pour procéder, conjointement avec Guigou, à l'allivrement des biens fonds, droits et facultés appartenant au commandeur dans toute l'étendue du terroir de Puimoisson.

Les deux experts désignés prêtèrent serment pardevant Charles Romany, juge, le 17 décembre 1789, et,

---

(1) La famille de Sigaud avait acquis la terre de Bresc de François de Gauffridi, baron de Fox-Amphoux, le 2 mai 1709. Démembrée de la commanderie de Puimoisson en faveur de Guillaume d'Arbaud, sauf la majeure directe et le droit de dîme, en 1461, la terre de Bresc a passé successivement entre les mains de la famille d'Arbaud, de Leuze (1621), de Borely (1658), de Savournin (1697) et de Gauffridi (1702).

accompagnés d'Honoré Borrelly et d'Etienne Constantin, indicateurs nommés, procédèrent comme il suit :

Le palais seigneurial et la cour, contenant ensemble 262 cannes, furent allivrés .... 694 l.
Le tinage, contenant 17 cannes....... 25 l. 10 s.
L'écurie de la Bouverie, quartier du Bouchon, contenant 45 cannes.......... 67 l. 10 s.
Le cloaque à côté.................... 22 l.
Le jardin, le pré et réservoir du pradon, contenant 1,050 cannes............. 1,360 l.
Vigne et terre inculte à Reymond Nègre, 28 fosserées, plus 495 cannes.... 277 l. 10 s.
Pré et terre arrosable, au Pré-de-Cour, 8,820 cannes............................. 4,879 l. 12 s.
Terre arrosable, séparée de celle-là par le chemin, 2,576 cannes .... 1,234 l. 4 s.
Pré, appelé le Pasquier, au quartier de Pré-de-Cour, 661 cannes............. 462 l. 14 s.
Condamine de Saint-Roch, 44 journaux et 492 cannes..................... 1,715 l. 17 s.
Aire et condamine de Saint-Sébastien ; aire, 400 cannes, terre, 51 journaux et 593 cannes .... 2,017 l. 5 s.
Pré de Guillaume, au quartier de la Tuilière, contient 4 journaux et 100 cannes, allivré .... 130 l. 18 s.
Terre au-dessous du village, appelée la Plus Basse Condamine, traversée par le chemin de Pré-de-Cour et s'étendant du chemin de Moustiers au chemin de Roumoules, et du béal du moulin au jardin de la commanderie, 112 journaux et 492 cannes.......................... 8,770 l. 7 s.
Terre, vigne et incult, au quartier de

Saint-Alary, va du chemin de Moustiers à celui de Touïres, 6 journaux 437 cannes .... 183 l.

Autre terre, au même quartier, 2 journaux 97 cannes .... 54 l.

Autre terre, au même quartier, 390 cannes........................... 12 l. 10 s.

Bastide de Saint-Apollinaire, contenant 64 journaux de terre culte, 10 journaux bois et buissière et 109 cannes de maison, patègue et aires................................. 1,796 l. 4 s.

Terre inculte, à l'hubac de Couirouès, 5 journaux 412 cannes .... 2 l. 16 s.

Terre arrosable et non arrosable, jonquière à l'Adrech de Saint-Apollinaire. Terre arrosable, 3,409 cannes; le pré, 724 cannes ; la jonquière, 250 cannes; la terre non arrosable contient 9 journaux et 216 cannes.......... 1,942 l. 17 s.

Bastide, four, écurie, patègue, jardin, terre plantée d'amandiers et bois, à Telle, 165 journaux 459 cannes.......... 4,676 l. 12 s.

Autre terre, au même quartier, agrégée d'amandiers, 7 journaux............ 70 l.

Autre terre, au même quartier, id., 3 journaux 208 cannes.................. 33 l. 6 s. 8 d.

Dîme des grains au quinzain, raisins au douzain, chanvre et agneaux au dizain................................ 33,725 l.

Deux moulins banaux, dont la mouture se perçoit pendant six mois au quarantain, et les autres au trentain.... 5,271 l. 10 s.

Deux fours banaux à cuire le pain, dont le fournage est fixé au trente-huitième............................. 3,572 l.

Pension féodale de 30 livres due par la communauté .... 150 l.

Droit de lods et trézain calculé sur un relevé des mutations opérées en vingt ans.. 4,000 l.

Le total de l'allivrement fut de 77,077 l. 2 s. 8 d., et le sommaire général du cadastre de la communauté était de 328,630 livres.

L'imposition pour 1789 étant de 40 livres par livre cadastrale, et la livre cadastrale se composant de mille livres tournois, le commandeur avait donc 78 livres cadastrales, qui, à raison de 40 livres, constituaient une imposition à payer de 3,120 livres.

Ce travail fut terminé le 11 janvier 1790. Nous verrons plus tard que le nouveau commandeur, qui entra en jouissance le 1er mai 1790, éleva des réclamations au sujet de cet allivrement, prétendant qu'il était exorbitant. Mais n'anticipons point sur les événements. Disons seulement, à titre de renseignement, que l'Ordre de Malte, pour ses biens fonds et propriétés situés en France, s'obligea lui-même, par le chevalier d'Estournel, procureur général de l'Ordre, chargé par intérim des fonctions d'ambassadeur extraordinaire en France, à payer une contribution patriotique du quart du revenu net, total et fixe. Ce revenu fut estimé à 3,321,965 livres.

En y ajoutant le revenu de l'Ordre de Saint-Antoine de Viennois, incorporé à celui de Malte, qui, d'après le dépouillement opéré en 1785, s'élevait à 195,600 livres et dont le quart était 48,900, on arriva à la somme de 879,391 livres, qui fut versée par l'Ordre à titre de contribution patriotique.

Les officiers municipaux de Marseille invitèrent, par lettre du 9 mai 1790, les municipalités des trois départements de Provence à déléguer des députés à l'assemblée de Brignoles (15 mai), pour y former une confédération qui aurait pour but de maintenir la nouvelle constitution du royaume. La municipalité de Puimoisson ne fut pas sourde à cet appel. « Considérant, dit une délibération prise sur ce sujet, que les Français ne sauraient prendre trop de mesures pour le maintien de la salutaire régénération qui s'opère, pour le soutien de la liberté naissante et pour la consolidation du bonheur public, fondé sur la fidélité et le respect dus à la nation, à la loi et au roi, a unanimement arrêté avec empressement et reconnaissance (d'accepter) l'invitation faite par la ville de Marseille et nommé Jean-Paul Gueydan, docteur en médecine, pour aller représenter la commune à la réunion de Brignoles. »

Les fédérés y conclurent un pacte solennel débutant par ces paroles : « Nous sommes libres et citoyens français, députés en ce lieu par les municipalités des départements, pour y jurer, en leur nom, le pacte fédératif d'union fraternelle et civique... Nous arrêtons de réunir le concours de nos lumières et de nos forces pour défendre les grands intérêts (de la liberté, de la constitution)... Nés pour vivre libres sous l'empire des lois, unis désormais par les liens d'une égalité patriotique, fiers et uniquement jaloux du titre de citoyen français, nous abjurons tout privilège, toute qualité, tout titre qui tendrait à nous distinguer de la grande nation. Enfin, pour assurer l'exécution du pacte dont notre intérêt même est le garant, c'est au nom de Dieu, qui lit dans le cœur des parjures, c'est en présence de nos frères, témoins de l'imposant appareil de cet acte religieux, que nous jurons d'être fidèles à la nation, à la loi, au roi, et de maintenir la constitution jusqu'à notre dernier soupir. »

Cette constitution, pour laquelle ils avaient juré de vivre et de mourir, offrait aux habitants de Puimoisson certains avantages dont ils avaient grande hâte de jouir. Dès le 15 mars 1790, l'Assemblée législative avait aboli les droits de banalité des fours et des moulins, sous les exceptions que les propriétaires des banalités devraient représenter leurs titres primitifs. Mais déjà, avant que ce décret fût porté, la population, ayant à se plaindre des prétentions exagérées des fourniers, avait formulé un comparant, revêtu d'une multitude de signatures, dans lequel elle se plaignait que les fourniers des deux fours seigneuriaux exigeaient des droits sur le pain, en dehors des droits de fournage stipulés dans la transaction de 1327, établissant le prélèvement d'un pain sur trente-huit (23 janvier 1790) (1). Aussi, dès que le décret de l'Assemblée lui fut connu, elle eut hâte de faire tenir au nouveau commandeur, le chevalier de Rozan, un acte extrajudiciaire, pour le mettre en demeure de produire les titres primitifs de la banalité des fours et des moulins (10 juin 1790). M. de Rozan écrivit d'Arles qu'il existait, sur le fait des banalités des fours, une transaction détaillée passée entre les habitants et le commandeur à la date du 3 octobre 1491, reçue par Jean Reynaud, notaire de Moustiers, et Pierre Fabre, notaire de Bargemont, et qui constituait le titre primitif réclamé; il terminait en demandant quelque délai pour pouvoir s'en procurer un extrait (2). Mais les habitants, impatients de se libérer enfin d'une vieille servitude contre laquelle ils luttaient depuis quatre siècles, décidèrent que, en attendant la production du titre demandé, ils jouiraient de la liberté accordée par

---

(1) Le droit contre lequel la population protestait était ce qu'on appelait *œuvres de surérogation*, usage abusivement introduit, qui faisait suite au fournage et dont les fermiers tiraient parti en donnant le four à des gens en sous-ordre, qui en bénéficiaient. Ces œuvres de surérogation dépassaient souvent le droit de fournage lui-même.

(2) On peut voir les dispositions principales de cette transaction à la fin du chapitre V du présent ouvrage (deuxième partie).

la loi, « les règlements particuliers d'aucun ordre ne pouvant faire suspendre l'exécution des décrets de l'Assemblée nationale »; et incontinent le conseil fit publier à son de trompe que la banalité était supprimée dans toute l'étendue de la commune (26 juin 1790).

C'est le même jour et au cours de la même séance que Jean-André Bausset, procureur de la commune, se faisant l'écho de réclamations souvent formulées au sujet de la tribune seigneuriale qui s'ouvrait du château dans l'église, en demanda la démolition. Ces réclamations étaient fondées, paraît-il, sur une foule d'inconvénients que nous laisserons au conseil le soin de nous faire connaître :

« .... Considérant, dit-il, que l'établissement de la tribune dont il s'agit n'a pu être fait dans aucun temps qu'au mépris des droits de la communauté et sans égard pour le respect dû au temple du Seigneur ; que les décrets de l'Assemblée nationale ont aboli tous les droits honorifiques dont jouissaient les cy-devant seigneurs; que l'existence de la tribune dont s'agit ne tend qu'à troubler le culte divin, tant à cause du bruit qui s'y fait continuellement que du vent qui, passant par la porte de communication avec le château, rend l'église très froide et donnant en plein sur les flambeaux de l'autel et sur l'autel lui-même, au point que mille fois les prêtres disant la messe ont risqué de voir enlever la sainte hostie ; qu'il se commet trop souvent et depuis longtemps des indécences dans cette tribune ; que son état de vétusté doit faire craindre une chute prochaine qui pourrait faire périr une foule de personnes ; que l'existence de ce monument du despotisme féodal est incompatible avec le respect dû au culte divin, avec la nouvelle constitution et les droits sacrés de l'homme reconnus et décrétés par l'Assemblée nationale, a unanimement délibéré qu'à la diligence du corps municipal M. de Rozan sera dûment requis de la faire abattre, de faire enlever les décombres, et boucher le trou et portes avec des pierres de taille ; et attendu la suppression des droits honorifiques, enlèvera le banc armorié que l'Ordre a dans l'église, le tout dans la quinzaine. »

Nous avons inséré cette délibération, moins à cause de l'importance de l'objet qu'elle vise qu'à cause de la nature des considérants qui y sont invoqués. Ils sont très propres, en effet, à nous faire connaître ce qu'il importe de connaître surtout durant une période troublée, l'état d'esprit d'une population, la manière plus ou moins prompte, vive, enthousiaste, avec laquelle elle reçoit des droits nouveaux et en fait usage. Cet état d'esprit, au début de la période révolutionnaire, la correspondance de M⁰ Cogordan avec M. de Foresta nous le fait encore mieux connaître. « Les effets de l'insurrection, lui écrit-il, se sont manifestés à Puimoisson comme partout ailleurs....; la chasse est ouverte à tous ceux qui trouvent bon d'en user. Je craind s un peu pour la dîme des raisins (1)....; l'effervescence est générale, et il y aurait à craindre de vouloir se formaliser de quoi que ce soit.... Il faut la plus grande modération pour entretenir la tranquillité. » Et, quelque temps après, il lui dit : « Les fermiers se prévalent furieusement de l'état des choses pour ne plus payer ; il semble qu'ils ne doivent plus craindre les exécutions.... On va moudre ailleurs qu'aux moulins banaux ; le droit de fournage est aussi entamé, on va se fournir de pain à Riez....; les droits féodaux sont en grand discrédit, etc.... (2). »

Sur ces entrefaites, il vint à la connaissance de nos

---

(1) Ceci se passait avant la suppression du droit de chasse (4 août 1789) et avant la suppression de la dîme, qui ne fut effective qu'à partir de 1790, bien qu'elle eût été décidée le 7 août 1789.

(2) Nos remerciments à M. Chais Maurice, qui a bien voulu mettre à notre disposition, avec une obligeance parfaite, la correspondance si intéressante de M⁰ Cogordan, son parent, avec M. de Foresta, au début de la période révolutionnaire.

officiers municipaux que les habitants de Roumoules sollicitaient l'annexion à leur commune du prieuré rural de Saint-Martin d'Alignosc. Il s'empressèrent de demander pour eux la faveur que leurs voisins ambitionnaient. Pour décider l'administration, ils firent valoir que le chemin de Saint-Martin à Puimoisson étant plus beau, les habitants pourraient y venir plus facilement entendre la messe ; que la distance était moins grande ; qu'on voyait le clocher !.... et que, d'ailleurs, une partie de ce prieuré avait dû être autrefois démembrée en faveur de Puimoisson, puisqu'un quartier de son terroir a toujours payé la dîme au commandeur, etc. Toutes ces belles raisons n'eurent pas grand poids dans l'esprit des administrateurs, et, malgré des réclamations réitérées et de nombreuses démarches, le hameau de Saint-Martin fut uni à la commune de Roumoules.

Ils furent plus heureux dans les démarches qu'ils tentèrent pour obtenir l'établissement de foires et marchés, car, nonobstant la vive opposition de la municipalité de Riez, un arrêté du directoire du département, daté du 21 janvier 1791, accorda à la commune de Puimoisson un marché tous les vendredis de l'année, avec deux foires, l'une au 1er avril, l'autre au 1er octobre. Les foires devaient se tenir sur la place publique, et les marchés devant l'église paroissiale et devant la maison ci-devant seigneuriale, depuis le portail attenant à la tour jusqu'au clocher.

Nous avons dit plus haut que le commandeur, en recevant le procès-verbal d'encadastrement de ses biens, avait cru reconnaitre qu'ils avaient été allivrés à un taux exorbitant. Dans une supplique adressée par lui aux administrateurs du département (29 novembre 1790), il s'efforce de prouver le bien fondé de ses réclamations, en établissant le chiffre des charges de sa commanderie, conclut en disant qu'il y a eu partialité dans l'allivrement et qu'il y a lieu d'y revenir.

La communauté présenta, en réponse, un mémoire justificatif dans lequel elle réfutait les allégations du requérant, en opposant au tableau des charges celui des revenus, année commune, établis d'après une combinaison proportionnelle. Elle ajoutait que la dîme, rendant 6,726 livres et étant allivrée 1,319, ne payait que le sixième du revenu, tandis que les propriétaires payent le tiers ou le quart ; que les biens-fonds, allivrés 30,358 livres 15 sous 8 deniers, faisaient à peine le douzième du terroir. En vain, le commandeur demanda que dans l'allivrement on prît pour base les revenus de l'année 1790, qui avait été particulièrement mauvaise ; on prit pour base d'évaluation l'année commune, et il dut subir cet allivrement, qui n'était, du reste, qu'une mesure provisoire et préparatoire à la nationalisation et à la vente de ces biens.

Pour se conformer aux dispositions des décrets de l'Assemblée nationale des 20-22-23 novembre 1790, on dut diviser le terroir en huit sections, qui furent ainsi dénommées :

1re section. — Saint-Roch.
2e section. — Saint-Sébastien.
3e section. — Saint-Apollinaire.
4e section. — Notre-Dame de Belvezet.
5e section. — Saint-Pierre.
6e section. — Anagis.
7e section. — La Grande Telle.
8e section. — La Petite Telle.

On n'ignore point que, par un décret du 12 juillet 1790, décret sanctionné à regret par Louis XVI, le 26 décembre de la même année, l'Assemblée constituante avait imposé une organisation nouvelle au clergé de France et exigé des ecclésiastiques le serment à cette constitution civile. Le clergé paroissial de Puimoisson et les prêtres y résidant furent invités à se soumettre à cette loi et à prêter le serment que le Pape Pie VI devait interdire quelques jours plus tard (1).

Le 2 février 1791, à 11 heures, à l'issue de la messe, dans l'église et en présence du conseil et des fidèles, Charles Cotte, curé, « après un discours fort pathétique et patriotique, dans lequel il a exprimé, à la grande satisfaction des habitants, un sincère dévouement à la nouvelle constitution, a prononcé, à haute et intelligible voix et la main levée, le serment solennel de veiller avec soin sur les fidèles de la paroisse qui lui est confiée, d'être fidèle à la nation, à la loy et au roy, et de maintenir de tout son pouvoir la constitution décrétée par l'Assemblée nationale et acceptée par le roy ».

Jean Joseph Bausset, vicaire, Jean Louis Poitevin, autre vicaire et curé de Saint-Martin d'Alignosc, âgé de 39 ans, Jean-François Augier, ecclésiastique, de Riez, régent, et Nicolas Nicolas, recteur de la chapelle des Saints-Apôtres de Saint-Julien-d'Asse, prêtèrent le même serment et signèrent, séance tenante, le procès-verbal qui en fut rédigé. Quelque temps après (12 mai), Antoine Nicolas, âgé de 72 ans, bénéficier de la cathédrale de Toulon, et Jean Jaubert, prêtre, de Puimoisson, non fonctionnaires, demandèrent à être admis à prêter le serment civique, dans la forme voulue. Autant en fit Antoine Garcin, ecclésiastique, de Moustiers, récemment nommé régent du collège, « pour suivre, dit-il, l'impulsion de son patriotisme (2) ».

---

(1) Cette constitution fut condamnée, et le serment fut interdit par le Pape Pie VI. (Bref du 10 mars et du 13 avril 1791.)

(2) Fut nommé régent par le conseil en 1791, à 300 livres par an. « Mènera *tous les jours* les enfants à la messe, et les jours de fêtes et dimanches aux offices. »

Le peuple ne séparait pas encore, dans son enthousiasme, l'idée patriotique de l'idée religieuse, et la foi survivait ardente, profonde, au sein des agitations politiques qui préoccupaient les esprits. La mort de Mirabeau donna lieu à l'explosion spontanée, à la manifestation simultanée de ces deux sentiments. « Vous avez appris, dit le maire, la triste nouvelle de la mort de M. de Mirabeau. Vous sentez la perte que vient de faire la France entière en la personne de ce grand homme ! Vous exprimer la sensibilité que nous devons tous en avoir éprouvé ne serait point remplir entièrement la tâche que la reconnaissance à ses bienfaits nous impose. Je viens, en vous les rappelant, accompagner nos regrets d'une proposition que la loi du devoir exige de nous. J'ai donc l'honneur de vous proposer de faire en la mémoire de cet ami de nos droits, de celui qui a fait triompher la liberté des bras cruels du despotisme, de celui qui, le premier et du sein même de l'esclavage, a fait de violents efforts vers la liberté, de cet homme, enfin, dont la perte en est une irréparable pour la France entière, un service religieux, pour tâcher, par nos prières, de lui ouvrir les portes du ciel ! » Prenant en considération une proposition si juste, le conseil décida de faire célébrer un service solennel, le 11 mai, à 6 heures du matin, pour le repos de l'âme de M. de Mirabeau.

Le 22 juillet 1791, l'ordre vint de recruter 8,036 hommes de troupe dans les quatre départements des Basses et Hautes-Alpes, de l'Isère et de la Drôme. L'arrêté des administrateurs du directoire de Digne, ayant fixé à vingt-un le contingent de notre commune, on se réunit dans la chapelle des pénitents et on laissa au sort le soin de désigner les vingt-un gardes nationaux que Puimoisson devait fournir.

N'omettons pas de dire, en terminant ce chapitre, que, dans la nouvelle division administrative de la France préparée par l'Assemblée nationale, Puimoisson fut érigé en chef-lieu de canton, avec une circonscription cantonale qui comprenait les communes de Saint-Jurs, de Roumoules, de Bras-d'Asse et de Saint-Julien, et une population totale de 3,753 habitants.

CHAPITRE II

PUIMOISSON SOUS L'ASSEMBLÉE LÉGISLATIVE
(30 septembre 1791 au 20 septembre 1792)

Misère. — Disette des grains. — Différend Faudon, au sujet de la vingt-quatrième. — Formation de la société patriotique populaire. — Garde du château. — Recrudescence de la misère. — Prestation de serment. — Vente des biens nobles décrétée.

Tandis que la population poursuivait avec une ardeur soutenue la réalisation des rêves de prospérité et de bonheur que lui faisait entrevoir la constitution nouvelle, la misère avait fait du chemin. Déjà, elle avait frappé à plus d'une porte, s'était assise à bien des foyers. Les greniers se vidaient; les grains, achetés à Marseille et ailleurs, avaient été rapidement consommés. D'autre part, les apparences de la récolte pendante étaient loin d'être rassurantes, et le méteil, qui se vendait 37 livres la charge, devait bientôt atteindre le prix de 48 livres. La mendicité faisait des progrès croissants. Les grands chemins, les avenues des bourgs et des villages étaient envahis par des rôdeurs qui, ne pouvant plus vivre chez eux, allaient de maison en maison prélever leur pain quotidien sur la charité publique. Ces affamés, sans feu ni lieu, unis ensemble par le lien de la misère commune, pouvaient, d'un moment à l'autre, constituer un véritable danger pour la sécurité publique.

Sur l'invitation des administrateurs du département, tous les maires, officiers municipaux et curés du canton de Puimoisson vinrent se réunir en assemblée cantonale, afin de s'entendre sur les moyens à prendre pour détruire la mendicité. « Dans ce pays, dit-on, où la population est de 1,609 habitants, il n'y a ni industrie, ni commerce. Le terrain est stérile par défaut d'engrais ; le pays est dévasté par l'ancien régime féodal et surchargé d'impositions. »

Pour remédier à cet état de choses, l'assemblée proposa : 1º la diminution des impôts ; 2º l'encouragement à l'agriculture ; 3º l'établissement de manufactures pour donner du travail aux femmes et aux enfants, durant la saison d'hiver ; 4º la police rigoureuse des cabarets et des maisons de jeu, « où se confondent toutes les petites fortunes des gens du peuple ».

Mais toutes ces mesures, quelque sages qu'elles fussent, ne pouvaient momentanément produire les effets qu'on en attendait, et la faim hurlait à la porte.

Le 12 janvier 1792, la municipalité, cédant aux réclamations du peuple, adressa un comparant à Jean-Jacques Faudon, procureur fondé de M. de Rozan, pour avoir jour et heure de la distribution des vingt-trois charges de grain que le commandeur fournissait aux pauvres chaque année.

Faudon, surpris d'une pareille demande, qui, dorénavant, n'était plus fondée en droit, répondit que, d'après l'usage et le droit commun, cette aumône était prise sur la vingt-quatrième des grains de la dîme ; or, la dîme n'étant plus payée, il ne pouvait ni ne devait être dans le cas de faire cette distribution.

La communauté, contrariée de ce refus, répondit que

cette aumône s'était faite de temps immémorial et que ce n'était pas seulement à titre de décimateur, mais à titre de commandeur que M. de Rozan la devait ; ce qui n'était nullement fondé en justice, puisque les décisions des Parlements, qui ont établi l'aumône de la vingt-quatrième, l'ont prélevée sur le produit de la dîme due au seigneur spirituel, et non sur la tasque qu'on payait au seigneur temporel.

Comprenant le mal fondé de ses réclamations, la municipalité s'adressa au directoire du département et le supplia de ne point priver les pauvres de cette ressource, qui devait être regardée comme une chose sacrée. Tout ce que put faire le directoire, en cette circonstance, fut de demander la présentation des titres à l'appui du droit prétendu. Les recherches qu'on fit dans les archives communales et dans les papiers de famille n'ayant donné aucun résultat satisfaisant, la municipalité se décida à implorer l'assistance de M. J.-B. Arnaud, juge. Elle lui fit part de l'insuccès de ses recherches, de la détresse où les habitants se trouvaient et de l'intensité de la misère qui allait augmentant chaque jour.

Ce zélé protecteur de la commune eut le bonheur d'obtenir, par des démarches réitérées, la somme de 600 livres du département, pour procurer du pain à ceux qui en manquaient (11 février 1792).

Mais toutes ces souffrances physiques ne ralentissaient pas la marche de l'idée révolutionnaire, qui se frayait un chemin parmi les embarras financiers, la disette et toutes les coalitions.

Le 13 mai 1792, cent cinquante citoyens de ce bourg se présentent par-devant Louis Bœuf, maire, pour lui déclarer qu'ils veulent former une société populaire et patriotique, qui sera affiliée à celle de Manosque et de Digne et, par elles, aux Jacobins de Paris, et qu'ils choisissent la chapelle des ci-devant pénitents blancs pour y tenir leurs séances tous les dimanches, de deux à quatre heures du soir. Ce club, un des douze cents qui correspondaient avec les Jacobins de Paris, composé des démagogues les plus exaltés du pays, étendit bientôt son influence sur toutes les communes du canton, pesa sur les délibérations de l'assemblée communale, à qui il dicta ses volontés, acquit une prépondérance très considérable et donna le jour à la compagnie des sans-culottes et à ce fameux comité de surveillance, qui, pendant quelque temps, terrorisa le pays.

Le chirurgien Louis Bœuf, qui avait donné sa démission après avoir révoqué Allemand des fonctions de secrétaire, malgré l'opposition du conseil, avait fini par revenir sur sa décision, en présence de la presque unanimité des suffrages qui s'étaient de nouveau portés sur son nom. Au reçu de la loi du Corps législatif qui déclarait la patrie en danger, il s'empressa d'établir des gardes aux avenues du pays, déclara que le conseil siégerait en permanence. « Je vous ai convoqués le 22 juillet pour veiller à ce qui serait contraire à la liberté, que nous avons juré tant de fois de soutenir jusqu'à la mort ; nous serions blâmables si nous laissions ignorer aux administrateurs du département que nous avons dans ce bourg une maison forte, qui domine tout le bourg, et que, si les ennemis de la patrie venaient à s'en emparer, ils ne pourraient en être chassés que par la force du canon, et une fois maîtres d'un pareil poste, où pourraient se réfugier plus de cinq cents hommes, ils feraient un mal infini dans la contrée. »

L'assemblée décida de s'en emparer sur le champ, y établit un fort détachement de la garde nationale et demanda au département un supplément de cinquante fusils et une caisse de cartouches à balle (1er août 1792).

Les voilà donc à l'abri des surprises de l'ennemi du dehors ! Mais il en existait un, contre les atteintes duquel ils parvenaient plus difficilement à se garantir, car il était depuis longtemps dans leurs murs. Il était bon sans doute de crier « nous sommes libres », mais il fallait vivre quand même, et le pain manquait !... Un orage épouvantable, survenu le 11 juillet, au moment où les grains étaient encore sur pied, vint jeter la consternation parmi les habitants en détruisant leurs dernières espérances ! Blé, fruits, raisins, amandes, tout avait été saccagé ! « De mémoire d'homme, écrit le maire à la date du 19 août 1792, il n'y a eu ici récolte si misérable que celle de l'année courante. Le peuple, dénué de toute ressource, commence à murmurer, et je craints un soulèvement. » Tout ce qu'on put faire, pour calmer momentanément ces justes alarmes, fut d'acheter cent cinquante charges de blé pour parer aux besoins les plus urgents, sauf à y revenir plus tard.

Le maire Bœuf connaissait bien l'état d'esprit de sa population en formulant la crainte d'une émeute populaire : un événement, qui se passa quelques jours après, vint justifier ses appréhensions. L'ordre étant venu de faire une levée de neuf hommes pour servir dans un régiment de grenadiers, on assembla le conseil. Au sein de l'assemblée, des réclamations s'élevèrent, des murmures éclatèrent ; on refusa non seulement de procéder au tirage au sort, mais de passer à la toise, et, pour éviter un plus grand désordre, le maire dut dissoudre l'assemblée. Il voulut du moins faire payer l'impôt de l'argent à ceux qui refusaient si obstinément l'impôt du sang ; une souscription fut ouverte ; personne n'y versa, et on dut taxer les habitants feu par feu. Hélas ! il était plus facile de faire des serments que de les tenir, et ce qui paraissait bon à dire ne leur paraissait pas toujours bon à faire. Ce qui n'empêchait pas qu'ils ne manquaient jamais une occasion de se lier, vis-à-vis de cette constitution qu'ils défendaient si mal, par les serments les plus solennels et les plus redoutables.

Le 3 septembre 1792, en effet, eut lieu, dans la chapelle des pénitents, une assemblée générale pour prêter le serment prescrit par la loi du 14 août. Cette cérémonie civique fut entourée de toute la solennité possible. Tout d'abord, Cotte, curé, Bausset et Poitevin, vicaires, Nicolas Nicolas, Jean Jaubert, salariés par la nation, et Delphine Gueydan, ci-devant religieuse ursuline à Aups, le juge de paix, le maire et tous les fonctionnaires du canton prêtèrent le serment dans la forme suivante : « Je jure d'être fidèle à la nation, de maintenir de tout mon pouvoir la liberté et l'égalité, ou de mourir à mon poste. » Tous les citoyens présents, et ils étaient multitude, répétèrent ce serment. Nicolas Antoine, chanoine de Saint-Martin, à Marseille, et originaire de Puimoisson, ne voulut pas être en retard sur ses confrères ; mais, comme il ne pouvait jurer de mourir à son poste, puisqu'il l'avait déserté, il jugea à propos de modifier légèrement la finale de la formule et jura..... de mourir en les défendant..... (la liberté et l'égalité).

Celui prescrit par l'article 7 de la loi du 3 septembre 1792 fut prêté dans l'église, à l'issue de la grand'messe, le 21 octobre, avec le même appareil.

Nous terminerons ce chapitre en disant que, la loi du 17 septembre ayant décrété la vente des biens de l'Ordre de Malte, l'assemblée municipale décida qu'elle ferait l'acquisition de tous les biens de la commanderie situés à Puimoisson, à Riez et à Brunet, et en particulier du château, « qui est assez vaste pour fournir un hôtel de ville, un collège, un hôpital, un auditoire pour la justice de paix, une maison d'arrêt et un logement pour les prêtres de la paroisse, dans le cas où les communautés seraient encore obligées de les fournir ».

Ces dispositions dénotaient un esprit sage et pratique chez nos administrateurs. Il valait mieux utiliser que détruire. La municipalité, présidée plus tard par le fougueux Allemand, eut le tort de ne pas le comprendre, et nous allons voir bientôt de quelle manière ces projets intelligents furent réalisés.

CHAPITRE III

PUIMOISSON SOUS LA CONVENTION
(21 septembre 1792 — brumaire an IV)

Inventaire des objets d'église. — Fête civique (18 novembre an Ier). Assemblée primaire (2 décembre). — Registres portés à la mairie (3 janvier 1793). — Attroupement pour cause de disette (8 mars 1793). — Nouveau serment. — Service de Saint-Fargeau (9 avril 1793). — Abjuration des chenilles demandée par la société patriotique (9 mai 1793). — Nomination de Gueydan, maire ; sa noble démission. — Avénement d'Allemand. — Château démoli (4 frimaire an II). — Compagnie des sans-culottes (9 thermidor an II). — Vente des biens nationaux. — Réjouissances à l'occasion de la reddition de Toulon.

L'article 17 de la loi du 18 août 1792, relative à la suppression des congrégations séculières et des confréries (1), ordonnait aux municipalités de procéder à l'inventaire de tout leur mobilier.

---

(1) La suppression des congrégations, même employées à l'instruction publique et au service des hôpitaux, fut votée dans la séance du 6 avril 1792.

Cette sorte de main-mise des biens d'église était le prélude et comme le premier pas vers la spoliation sacrilège que la loi devait opérer quelques mois plus tard.

Les officiers municipaux de Puimoisson ne se pressaient pas d'obtempérer à cette loi ; il ne fallut pas moins que les instances réitérées des administrateurs du district, pour les y résoudre : « Cette opération, leur écrivait-on une dernière fois, sera faite dans les vingt-quatre heures. » Donc, le 15 octobre, Jean-André Bausset, Jacques Mourgues, Jean Antoine Jaubert et Joseph Berard procédèrent à l'inventaire du mobilier de l'église. Le court extrait que nous en donnons, accompagné de la valeur estimative consignée par le curé de l'époque, nous révèle une certaine richesse. On trouve donc : un bel ostensoir en vermeil, estimé 700 livres ; une grande croix en argent massif, qu'on estimait 800 livres ; une petite croix pour les processions, 36 livres ; quatre calices, dont un de Notre-Dame et un des pénitents, 340 livres ; une statue de la Vierge en argent, 500 livres ; un encensoir avec sa navette en argent, 300 livres ; un grand ciboire, 200 livres ; un plus petit pour porter le viatique, 54 livres ; une boîte destinée ci-devant à cet usage, 24 livres ; une crémière pour le baptême et l'extrême-onction, 40 livres.

Nous ne mentionnons pas les nombreux objets en laiton qui furent pareillement inventoriés. Bornons-nous à dire que le linge d'église, les bannières, parements d'autel, ornements sacerdotaux sont évalués à 4,450 livres, somme considérable pour l'époque. Nous verrons bientôt tous ces objets sacrés prendre le chemin de la monnaie, alimenter le bûcher révolutionnaire, ou devenir la proie de gens avides et peu délicats.

Pour se conformer au décret de la Convention du 22 septembre 1792, on célébra ce qu'on appelait « la fête civique ». Le jour choisi fut le 1er novembre. Tout se borna, pour cette fois, à l'assistance officielle aux vêpres, au chant du *Te deum* et à une sorte de parade sur la place de la Révolution, « où se trouve l'arbre de la liberté, où on chanta l'hymne des Marseillais, et chacun répondit aux belles maximes qu'il renferme par les démonstrations de la joie la plus vive ».

Quelques jours après, se tint l'assemblée primaire du canton, au cours de laquelle furent nommés le juge de paix, les assesseurs de la justice et le greffier.

Claude Romany ayant été nommé officier public délégué pour recevoir les actes de baptême, de mariage et de décès (30 décembre 1792), Jean-François Esparron, maire, se porta au presbytère pour inventorier les actes de catholicité, tenus jusque-là exclusivement par le clergé, et les transférer aux archives communales (3 janvier 1793). Cette translation, faite en vertu d'une loi générale (1), n'avait pas, dans l'esprit de nos municipaux, le sens d'un acte hostile à la religion ; le conseil continuait de nommer les marguilliers du Corpus Domini et de Notre-Dame, suivant les attributions consacrées par un usage immémorial, et leur allouait, ainsi, du reste, qu'au curé, les secours nécessaires pour l'exercice du culte (2).

Cependant la disette des grains s'accentuait de jour en jour ; le méteil atteignait la somme exorbitante de 90 livres la charge ; beaucoup de pauvres gens pâtissaient, et, comme la faim est mauvaise conseillère, on résolut de manifester. Le 8 mars, au soir (1793), tandis que le conseil était à délibérer dans la maison commune, quelques perturbateurs s'attroupèrent et, dans un rassemblement tumultueux, tambour en tête, se portèrent à la mairie, en vociférant et demandant du grain. Cette manifestation

---

(1) Décret de l'Assemblée législative du 22 juin 1792.

(2) Janvier 1793, payé à Charles Cotte, curé, 75 livres, pour les frais du culte de l'année précédente d'après la lettre du comité ecclésiastique ; id. 30 livres aux Marguilliers du Corpus Domini et 23 livres à ceux de Notre-Dame.

jeta l'émoi dans le pays. Le maire Esparron exposa le fait à la société populaire réunie. Il fut décidé qu'on nommerait des commissaires, pour procéder immédiatement à la visite de tous les greniers tant des campagnes que du bourg. Cette enquête permit de constater que le pays n'était pas encore dans une nécessité extrême. Néanmoins, des mesures furent prises pour assurer la subsistance. Une somme de 3,000 livres fut employée à l'acquisition du méteil étranger, pris à Toulon au prix de 67 livres la charge, augmentée de 21 livres pour le transport ; les boulangers reçurent l'ordre de pétrir le pain *avec son tout*, c'est-à-dire farine et son mélangés ; on surveilla les agissements des mauvais citoyens, qui étaient réputés accapareurs et soupçonnés de spéculer sur la misère publique, et, finalement, on adressa une pétition à la Convention, pour tâcher d'obtenir les vingt-trois charges de grain que leur payait autrefois le commandeur. « Puisque, disent-ils, la commanderie a été nationalisée, c'est à la nation qu'incombe le devoir de nous fournir ces vingt-trois charges de grain. » La nation ne fut pas de cet avis et ne tint aucun compte de la requête des habitants de Puimoisson.

La société populaire, qui s'intitulait « la Société des amis de la liberté et de l'égalité », prenait chaque jour une extension plus grande et une prépondérance plus considérable. Elle voyait les principaux citoyens et le clergé du lieu grossir ses rangs, et les diverses sociétés républicaines du canton solliciter la faveur d'une affiliation. Grâce à la contribution patriotique versée par chacun de ses membres, elle disposait de moyens de propagande efficaces. On y recevait les journaux du temps, *le Marat*, *les Hommes libres*, etc., etc. Dans les réunions, qui devenaient plus fréquentes et avaient lieu à la chapelle des pénitents, on lisait à haute voix « les papiers et nouvelles du gouvernement ». Dominique Isoard et Pantaléon Rey, délégués à l'assemblée fédérative de Digne (4 mars 1793), leur ayant appris une nouvelle formule de serment, tous se levèrent avec enthousiasme pour le prêter ; il s'agissait de maintenir l'unité et l'indivisibilité de la République, le salut du peuple, ou de mourir. Les mêmes délégués leur annoncèrent que Michel Lepelletier de Saint-Fargeau avait été assassiné, à Paris, pour avoir voté « la mort du Tyran », et que la Convention lui avait décerné les honneurs du Panthéon. Aussitôt et d'un commun accord, ils demandèrent pour lui une messe funèbre, et le 9 avril 1793, à 10 heures du matin, l'on vit tous les membres de la Société populaire se rendre solennellement à l'église, escortés de la garde nationale, « où la messe a été célébrée, avec toute la solennité possible, en l'honneur de ce martyr de la liberté, pour prouver que quiconque a su mourir pour la liberté doit être assuré de l'immortalité ».

Ce n'est pas sans quelque étonnement qu'on voit le peuple rester fidèle à sa foi et à ses vieilles traditions, au milieu de tous ces bouleversements politiques. Le sentiment religieux était si profondément enraciné dans l'âme de nos populations campagnardes qu'elles associaient spontanément l'élément religieux à tout événement politique et social, quel qu'il fût, et il est assez curieux de voir toute cette grande Société populaire adresser un comparant à la municipalité, pour « obliger les prêtres de la paroisse à faire des prières publiques pour l'extermination des insectes pernicieux (chenilles) qui causent du dégât aux arbres fruitiers » (1).

On n'aura pas de peine à comprendre combien difficile devenait l'administration de notre pays, durant cette

---

(1) Délibérations de la société populaire, 9 mai 1793. Document précieux en deux cahiers, contenant les délibérations de la société populaire patriotique et les délibérations des sans-culottes, gracieusement mis à notre disposition par M. Maurice Estublier, qui en est le propriétaire.

époque troublée. Des réclamations, des plaintes, des protestations surgissaient à chaque instant. Il fallait répondre à des exigences sans cesse renaissantes, faire face à des dépenses urgentes, et la caisse municipale était vide ! On avait dû faire fabriquer d'urgence cent nouvelles piques, « pour défendre la République contre les tirans coalisés » (avril 1793). Le grain manquant toujours, il avait fallu en acheter à Marseille, à Toulon, ailleurs, à des prix exorbitants. Des hommes ambitieux et jaloux aggravaient encore la tâche déjà si lourde des administrateurs par des menées sourdes, des cabales, des critiques injustes. Toutes ces difficultés réunies décidèrent Esparron à se démettre des fonctions peu enviables de maire (22 mai 1793).

Les suffrages se portèrent unanimes sur Gueydan Frédéric, jeune homme ardent, chaud partisan des idées nouvelles, animé du patriotisme le plus sincère. Après quelques jours de gestion, il donna sa démission dans des termes que nous voulons rapporter et qui contrastent singulièrement avec l'apathie et le défaut de patriotisme des jeunes gens du pays, à cette époque : « Je soussigné, maire de ce bourg de Puimoisson, ayant tâché jusqu'à ce jour par ma conduite et mon travail de justifier la confiance à moi donnée par mes concitoyens, jaloux d'aller partager aux frontières les dangers et la gloire de tous les jeunes soldats combattants contre les esclaves des tirans coalisés contre cette République qui doit faire le bonheur de tous les Français, et reconnaissant que la place que j'occupe sera plus dignement servie par un citoyen père de famille, avancé dans l'âge, que par un jeune homme de 26 ans, que l'amour de la patrie doit appeler à sa défense, déclare me démettre de la place de maire dès aujourd'hui, pour aller de suite me consacrer entièrement aux frontières à la défense de la patrie et marcher volontairement à l'ennemi. A Puimoisson, le huitième jour de la première décade du deuxième mois de l'an II de la République une et indivisible. — F. Gueydan. »

Si le spectacle de cette bravoure et de ce patriotisme est réconfortant, la démission de ce jeune patriote est attristante, parce qu'elle amène au pouvoir l'homme le plus néfaste, le démagogue le plus exalté, le sans-culotte le plus fanatique que la Révolution ait fait éclore dans nos pays. Pierre-Léger Allemand, ancien chirurgien de vaisseau, fils de Pierre-Jean-François et de Marie Anne Perraimond, originaire de Beauduen, avait épousé, à Puimoisson, Anne Eyssautier, fille de Jean, chirurgien, et d'Anne Britton, et était devenu citoyen de ce bourg. Homme remuant et sans conviction arrêtée, ambitieux comme pas un, il ne se trouvait pas à sa place dans ses modestes fonctions de greffier de la juridiction ; quand s'ouvrit l'ère révolutionnaire, il essaya, en faisant de l'opposition, de conquérir le premier rang. Suspendu de ses droits de citoyen actif pendant six mois, à la suite d'un mémoire calomnieux dirigé contre la municipalité (12 décembre 1789), révoqué de ses fonctions de secrétaire municipal par le maire Louis Bœuf (11 avril 1792), il fut enfin nommé maire, grâce à la démission de Gueydan et au refus d'Esparron. Nous allons le voir, farouche sectaire d'abord, jaloux de renchérir sur l'odieux des mesures prises par la Convention, abjurant pour ainsi dire son baptême pour s'affubler de prénoms empruntés au calendrier républicain, se mettre à la tête du mouvement révolutionnaire et, par son éloquence de tribun exalté, entraîner cette pauvre population, par elle-même assez docile, dans tous les égarements et les excès où peut conduire un zèle outré et irréfléchi ; puis, plus tard, tournant sa bannière, devenu ardent royaliste et catholique très pratiquant, sous la Restauration, poursuivre avec la dernière rigueur et en qualité de maire l'exécution des mesures les plus vexatoires et les plus contraires à la liberté de ses concitoyens.

Les débuts de son administration néfaste furent marqués par la destruction de pièces et titres concernant la commanderie et qu'un maire plus avisé et moins sectaire eût pu, sans beaucoup de peine, sauver de l'incendie.

En effet, Cogordan, notaire à Riez, fut sommé de venir déposer à la mairie de Puimoisson les titres récognitifs des hommages et reconnaissances passés au commandeur par les habitants, en 1783, formant un cahier de sept mains. Ce dépôt était ordonné par l'article 7 du décret de la Convention du 17 juillet 1793. Le fameux Barras, représentant du peuple, était installé alors dans le château d'Ayguines. C'est de là qu'il envoya le citoyen François Martin, pour brûler tous ces documents en présence du conseil, qui n'eut pas même le courage de protester (9 novembre 1793).

Le magnifique palais des commandeurs ne devait pas trouver grâce non plus devant le vandalisme révolutionnaire, et ce grandiose monument, qui, d'après le projet d'une municipalité plus intelligente et plus sensée, devait servir de local à un collège, à un hôpital, à un prétoire, à un presbytère, à un hôtel de ville, fut vendu stupidement à un maçon pour la somme dérisoire de 60 livres et livré à la destruction.

Voici en quels termes ridicules et mensongers le citoyen maire Allemand annonce cette belle prouesse.

C'était le 4 frimaire de l'an II. Devant le conseil réuni, le maire, prenant la parole, dit : « Enfin, la Convention nationale a ordonné la démolition du cy-devant château (1). La joie des citoyens de cette commune est à son comble ! Ils n'auront plus devant les yeux cette masse énorme digne de son esclavage ! Ce monument féodal et aristocra-

---

(1) Cette ordonnance n'avait été rendue que sur les demandes réitérées d'Allemand.

tique va disparaître du sol de la liberté. La société populaire, qui y a tenu ses séances pendant quelque temps (1) et qui a pour ainsi dire purifié les myasmes impurs et aristocratiques dont ce monument était impreigné, est obligée de chercher un autre local pour se rassembler. La cy-devant chapelle des cy-devant pénitents blancs avait été choisie pour cet effet. Ce local est, j'ose le dire, le plus propre relativement aux comodités qu'il procure aux sans-culottes républicains, soit par les sièges qu'il y a, soit à ce que cette cy-devant chapelle est spacieuse au point de contenir beaucoup de monde.... » Il propose donc de l'accepter comme local définitif et de la *débaptiser*.

Le conseil général..., « considérant qu'en débaptisant cette chapelle c'est tout à la fois suivre les intentions de la Convention nationale, en détruisant les signes de la superstition et du fanatisme, a délibéré de l'appeler *la salle des Républicains* ».

A la suite de cette délibération, un acte fut passé avec Maurel, maître maçon de Mezel, qui, moyennant la somme de *soixante livres*, acquit ce superbe édifice et se chargea de le démolir dans l'espace de trois mois.

Mais il n'était pas facile d'abattre, en trois mois, un monument flanqué de huit tours, dont quatre avaient 16 mètres de hauteur, des murailles d'une épaisseur de 1^m,50 et d'une hauteur de 12 mètres, occupant une superficie de 524 mètres carrés ! Aussi s'empara-t-il des tuiles, bois, fers, pour s'indemniser de la somme versée ; mais le travail de la démolition allait lentement.

Le 1er messidor, soit six mois après, Allemand, impatient de voir disparaître du sol de la liberté ce *receptacle de myasmes aristocratiques*, écrivait aux directeurs du

---

(1) Pendant que la chapelle des pénitents, qui menaçait ruine, était en réparation.

département : « Les adjudicataires de la démolition du cy-devant château ont interrompu depuis longtemps leur opération ; les rues sont en partie encombrées, et les habitants, ayant besoin de pierres, ne trouvent pas dans les adjudicataires des citoyens raisonnables à leur en fournir, moyennant une juste indemnité. Veuillez leur enjoindre de finir au plus tôt leur travail de démolition. »

Malgré ces plaintes, le marteau révolutionnaire n'allait pas vite en besogne. D'autre part, comme les habitants ne se gênaient pas pour venir enlever, dans la cour même du château, les plus belles pierres que les démolisseurs déplaçaient avec beaucoup de peine, Maurel imagina d'enlever la barre en fer qui servait à tenir les seaux du puits seigneurial, pour ôter tout prétexte aux gens de s'introduire, et ferma la porte de la cour. Ce fut un nouveau sujet à de nouvelles réclamations. Le 2 vendémiaire, soit dix mois après la vente, le fougueux Allemand écrivait : « ...... Les adjudicataires n'ont pas repris leur travail, et les quatre cinquièmes de cette maison aristocratique choquent encore la vue des patriotes et des amis de l'égalité. Le cy-devant cimetière (1) est encombré de pierres, et on ne peut presque plus enterrer les morts !....... » Le 25 brumaire, revenant à la charge, il écrivait de nouveau : « ...... Ils n'ont pas repris leurs travaux !...... Ils ont même fermé à clé la porte de la cour et privent les habitants d'aller puiser de l'eau, comme ils en avaient la permission même du temps de nos *tyranneaux subalternes* que nous appelions seigneurs !...... Le peuple a gémi en silence,

---

(1) L'expression à la mode de « cy-devant », appliquée mal à propos au cimetière, n'indique pas qu'on n'y fît plus les inhumations. Mais on l'avait aussi débaptisé, et, en style de l'époque, on l'appelait « le lieu du repos éternel ».

mais sa patience est à bout ; il est à craindre qu'il n'arrive quelque accident. »

Or, cet accident, lui-même faillit en provoquer l'explosion, en adressant, ce jour-là même, des remontrances peu modérées aux maçons, leur disant que le château était seulement dégradé, alors qu'il devrait être abattu depuis longtemps, leur reprochant d'avoir encombré les rues, d'avoir fermé le puits, etc., etc... Il fut insulté « avec une insolence indigne d'un républicain » ; des propos indécents furent tenus sur son compte et celui de la municipalité, au point que Allemand, qui était sans doute plus fort pour faire les injures que pour les supporter, écrivit avec l'adjoint aux administrateurs du département une lettre finissant par ces mots : « .... Si vous ne faites punir ces adjudicataires, nous nous verrons forcés de déposer entre vos mains une autorité qui doit être respectée. » Le directoire du département, fatigué de ces plaintes, enjoignit aux adjudicataires de laisser l'usage de l'eau aux habitants et, pour en finir, invita la municipalité à lui faire connaître le moyen à prendre pour hâter la disparition du château. Allemand se hâta de répondre : « Vous voulez bien nous inviter de vous proposer des moyens rapides pour effectuer au plus tôt la démolition. Eh bien ! quel autre moyen plus simple et en même temps plus prompt que celui de donner un plein pouvoir aux habitants de démolir et enlever les matériaux, qui, en les dédommageant de leurs peines, nous délivreront bientôt de ce fantôme du despotisme ; nous pouvons nous flatter qu'il disparaîtra bientôt, si vous adoptez ce parti. »

Le parti fut adopté, et la prévision d'Allemand se justifia. Les habitants, autorisés par l'administration départementale et encouragés par l'administration locale, eurent bientôt fait de chasser les démolisseurs trop lents et de se mettre à leur place. Ce fut à qui pourrait avoir les plus belles pierres. Bien des particuliers, les maçons surtout, en firent des magasins ; on en remplit des caves ; on en bâtit des maisons, des écuries, des granges. On les vendit d'abord un sou, puis on éleva le prix, qui atteignit huit sous. Il n'y eut pas jusqu'aux habitants de Riez qui vinssent en faire des chargements.

Que le lecteur nous permette d'ouvrir ici une parenthèse et de suspendre le récit des événements, pour lui faire connaître en quelques lignes la forme, la disposition et les dimensions de ce monument qui va disparaître à jamais. Nous ne pourrions le faire autrement que par conjectures, si un contemporain qui était né, avait grandi sous son ombre, l'avait visité souvent et avait suivi d'un œil de regret la marche de sa destruction, n'avait eu la pensée d'en faire une description détaillée et de nous la transmettre. Cette description, due à la plume du curé Martin, est datée du 1er septembre 1802 ; elle présente tous les caractères désirables de vérité, si elle ne brille pas toujours par le choix des expressions techniques.

Le palais du commandeur se dressait au sommet du bourg, sur l'emplacement devenu aujourd'hui la place publique, tout à côté de l'église, dont le mur de façade à l'ouest était mitoyen, et occupait une superficie de 262 cannes. Il se présentait sous la forme d'un rectangle allongé, flanqué aux quatre angles de quatre tours rondes crénelées, de 16 mètres de hauteur (1), et de quatre autres tours carrées, également crénelées, de 12 mètres de hauteur, dont deux sur la face ouest, une sur la face nord et une au levant, où se trouvait la grande porte d'entrée du château. Ces tours étaient reliées entre elles par des entremurs crénelés, derrière lesquels circulait le chemin de ronde. Les murs, revêtus à l'extérieur de pierres dures de grand appareil, avaient une épaisseur uniforme

---

(1) On en avait détruit une pour faire le clocher, en 1741.

de 1m,50, une hauteur de 12 mètres et présentaient l'aspect que présente aujourd'hui la façade est de l'église paroissiale. « A six pas de la porte, en dedans, on voyait au dessus une grande voûte en taille, faite en forme d'étui de savonnette, ayant une ouverture au bas environ d'une canne de large. Là était suspendu un gril de bois fort épais qu'on descendait pour servir de barrière, en cas que la porte vînt à être forcée ; de cette voûte, on lançait alors quantité de pierres. »

Nous voici à l'intérieur ; ici, toutes les pièces sont voûtées en taille et présentent un aspect sévère et imposant. A gauche, c'est un salon attenant à l'église ; à droite, la grande salle du greffe, au fond de laquelle se trouve la prison, dans une tour. Le vestibule s'ouvrait dans une cour intérieure de huit cannes de long sur sept de large, avec un puits à gauche, le même qui sert aujourd'hui à l'usage public. Une fois dans la cour, on avait à droite une immense cave qui s'étendait tout le long de l'aile droite du château, « dans laquelle on pouvait loger au delà de 1,000 coupes de vin, la dîme en rendant 7 à 800 année commune ». On y accédait par un escalier de six degrés. En face, on avait les bas offices, avec un grand escalier à coquille dans le fond (côté droit). A gauche, soit du côté du midi, se trouvaient les greniers et la glacière et un escalier tournant par lequel on accédait au premier étage.

« Là, régnait tout autour de la cour un balcon de six à sept pans de large, tout en pierres de taille soutenues par de grosses pierres fichées dans le mur, ayant au-devant une balustrade en bois et au-dessus une charpente garnie de petits carreaux vernissés. »

Reprenant l'ordre suivi dans la description du rez-de-chaussée, nous trouvons : au-dessus du greffe, une chambre de même dimension, communiquant avec la tour carrée qui commande la porte d'entrée ; au-dessus de la cave, soit à droite, s'étendait une grande salle de sept cannes de long sur trois de large, ayant dans le milieu un office pratiqué dans la tour carrée et aux deux extrémités une chambre communiquant avec les tours rondes des angles ; en face, sur les bas offices, étaient trois grandes chambres avec fenêtres grillées de fer, regardant le grand chemin. Les appartements des deux tours carrées correspondant à cet étage servaient de décharge. Dans l'aile gauche, au-dessus des greniers, se trouvait la cuisine et, au-dessus de la glacière, deux chambres servant d'entrepôt. « Elles étaient toutes carrelées en carreaux cisagones, les planchers lambrissés en bois de cérinthe. »

En continuant de monter l'escalier dans l'angle, on arrivait dans une chapelle nommée « la Madeleine », voûtée en taille de la longueur de six cannes, où l'on disait la messe et faisait la veillée d'armes avant que fût ouverte la tribune donnant dans l'église paroissiale et à laquelle on se rendait par le même escalier.

Le second étage, nous dit le narrateur, n'était qu'un immense galetas. La charpente de l'édifice supportait un couvert à tuiles plates à deux pentes. Il avait été creusé un grand fossé du côté du chemin, pour servir de retranchement au temps des guerres civiles et de la peste, et le mur extérieur de la cuisine, faisant face au cimetière, gardait trois boulets de gros calibres destinés à perpétuer le souvenir d'une brèche qu'y avaient faite les canons « du temps des guerres civiles ».

Tel était cet édifice, dont la construction, remontant au commencement du XIIIe siècle, avait dû coûter des sommes considérables et que la nation, après s'en être emparée, abandonna pour une minime somme au marteau destructeur. Les éléments en sont dispersés aujourd'hui çà et là.

En terminant sa description, le narrateur émet cette réflexion : « On reconnaît maintenant (1802) la grande faute qu'on a faite en laissant démolir ce château. Il aurait été d'autant plus facile de le conserver qu'on avait le représentant en faveur. Quels avantages n'en aurait-on pas retiré, soit pour des établissements publics, soit pour y loger des particuliers ! »

Nous ne pouvons que souscrire à la justesse de ces réflexions ; nous ajoutons que la présence de ce monument inoffensif ne gênait en rien le progrès des idées révolutionnaires et ne constituait pas un danger pour la République, pas plus qu'il n'était de nature à favoriser le retour, ni le rétablissement du régime féodal à jamais aboli !.....

Reprenons maintenant le cours des événements. Nous avons dit plus haut que la société populaire de Puimoisson était affiliée à celle de Digne et recevait d'elle le mot d'ordre et l'inspiration. Elle était plus florissante que jamais et comptait plus de trois cents adhérents lorsqu'elle fut invitée à recruter dans son sein une compagnie de sans-culottes. Fidèles à cette invitation de la société dignoise, les amis de l'égalité se réunissent en assemblée générale, sous la présidence d'Ardouin et de Jean Jaubert, prêtre, secrétaire, le septième jour de la première décade du second mois de l'an second :
« 1º Considérant, disent-ils, que les aristocrates et les ennemis de la République s'agitent en tous sens pour empêcher le bon succès de la Convention nationale ; 2º considérant qu'il est du devoir de tous les bons républicains de contribuer à la découverte de leurs abominables complots ; 3º considérant qu'un pareil établissement ne peut qu'être utile au bien général de la République ; a unanimement arrêté qu'il serait formé dans ce bourg une compagnie qui sera composée de quarante bons républicains, qu'elle portera le nom de *compagnie des sans-culottes* (1) et qu'il sera ouvert

---

(1) Le mot de « sans-culotte » fut d'abord un surnom injurieux adressé

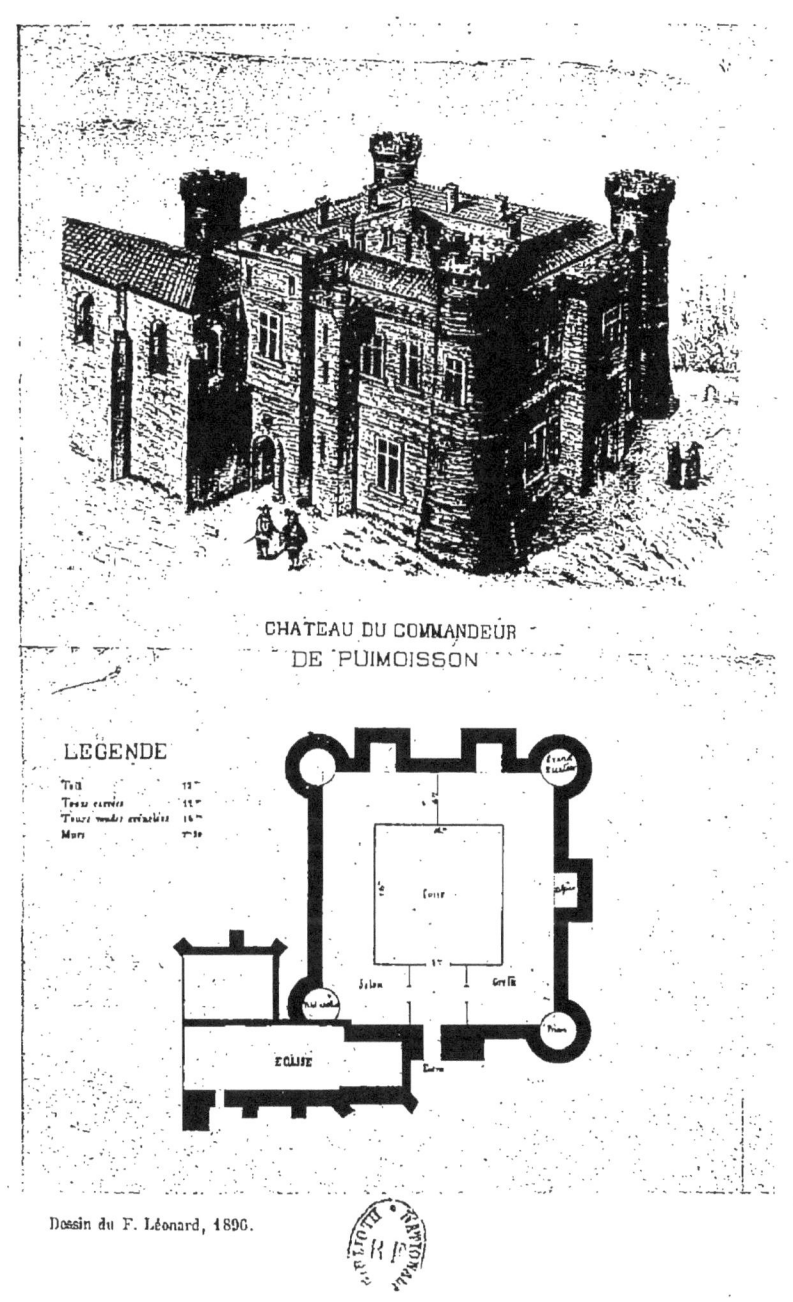

VUE ET PLAN DU CHATEAU DES COMMANDEURS

dans le plus bref délai un registre d'inscription pour travailler à sa plus prompte formation. »

Le registre fut ouvert, mais les adhérents n'affluaient pas, et quinze jours s'étaient écoulés que la liste ne comptait encore que quatorze sans-culottes ! On se réunit donc à nouveau ; des orateurs improvisés chauffèrent le patriotisme, exagérant le danger, forgeant des craintes chimériques. Des pancartes furent rédigées et apposées dans la salle, portant des inscriptions diverses, celles-ci par exemple : *Beauvais est mort pour la liberté ! Barras et Fréron respirent pour la liberté !* etc. (1).

Malgré tous ces moyens mis en œuvres, le registre restait à peu près blanc. Le comité de surveillance intervint, et, par l'organe du citoyen Isoard, fit connaître qu'il avait choisi et nommé d'office quarante bons républicains pour former la société des sans-culottes.

Restait à nommer les officiers ; on y procède séance tenante. Chacun est invité à rédiger son bulletin ; Antoine Matty rédige ceux des illettrés, et le scrutin donne le résultat suivant :

Dominique Isoard est nommé capitaine ; Antoine Bausset, lieutenant ; Antoine Tardieu, sous-lieutenant ; André Coulomb, sergent-major ; Mayeul Amiel, premier sergent ; Jean Aymes, deuxième sergent ; Pierre Michel, Jean-Louis Garcin, Mayeul Durand, Antoine Aymes, caporaux.

---

par les nobles aux gens du peuple et inventé par un journaliste à la solde de la liste civile, *le petit Gauthier*, auteur ou éditeur du *Journal de la Cour et de la Ville*. Il devint ensuite la qualification honorable que se donnèrent les soi-disant amis de la patrie et fut consacré par l'institution des *sans-culottides* désignant les cinq jours complémentaires de l'année républicaine.

(1) .... A arrêté qu'il serait fait un tableau sur lequel serait écrit ce mot : « O frère Isouard, membre de la société de Marseille, notre fondateur et notre protecteur », et que ledit tableau serait suspendu au-dessus du président ; plus, « que dans l'intérieur de la salle serait fait un petit drapeau tricolore qu'il floterait au buraud de la salle », etc. — Délib. des S.-C.

Le lendemain, la société de Digne ayant convoqué en assemblée générale toutes les sociétés du district, à l'effet de prendre les mesures que les circonstances exigeraient pour ôter aux malintentionnés les moyens d'entraver la marche de *notre sainte Révolution*, l'assemblée délégua le sans-culotte Antoine Tardieu, avec pouvoir de concourir, au nom des sans-culottes de Puimoisson, à toutes les mesures sages et utiles qui seront inspirées par la suprême loi du salut du peuple.

Mais la grande affaire qui, à ce moment, préoccupait au plus haut point la généralité des habitants, était l'acquisition et le partage des biens de la commanderie.

Par délibération du conseil général, réuni aux citoyens actifs (1) de la commune, le 23 octobre 1792, Jean-Baptiste Arnaud, juge au tribunal du district de Digne, avait reçu pouvoir et charge de faire acquisition des biens nationaux appartenant ci-devant à l'Ordre de Malte et situés dans la commune de Puimoisson, suivant la manière déterminée par la disposition des décrets et instructions de l'Assemblée nationale des 14 et 31 mai et 25, 26 et 29 juin. Ces biens une fois acquis à la commune, et l'acompte déterminé par les décrets une fois versé à la caisse de l'Extraordinaire ou à celle du district proposé, il ne s'agissait plus que d'en effectuer la distribution entre les particuliers. Mais, ici, une difficulté se présentait. La plupart de ces domaines étaient inabordables aux bourses ordinaires, vu leur contenance considérable.

---

(1) Voici les conditions exigées pour être citoyen actif : 1° être né ou devenu Français ; 2° avoir vingt-cinq ans accomplis ; 3° être domicilié dans le pays depuis le temps déterminé par la loi ; 4° payer une contribution directe au moins égale à trois journées de travail ; 5° n'être pas dans un état de domesticité ; 6° être inscrit au rôle des gardes nationales ; 7° avoir prêté le serment civique. (Const., section II, art. 2.)

Le 18 frimaire an II, Allemand conseilla d'adresser une pétition au district, pour obtenir que le domaine de la commanderie fut vendu par morceaux, « afin, disait-il, que les citoyens peu fortunés, les véritables sans-culottes, puissent se présenter aux enchères... Au lieu que la vente en gros ne pourrait être faite qu'en faveur de riches qui sont, pour la plupart, les ennemis de notre sainte révolution ». Ce conseil fut suivi ; la réponse ne se fit pas attendre, et elle fut en tout point favorable. Aux deux experts, Isoard et Honoré Bérard, nommés pour estimer les biens nationaux, se joignit le citoyen Antelmy, géomètre, de Moustiers, et la division des terres s'opéra comme il suit : le jardin fut divisé en seize portions. La vigne de Raymond-Nègre, ne contenant que vingt-huit fosserées, ne fut pas jugée susceptible de division. Le pré et la terre du Pré-de-Cour fut divisée en lots de cinq cents cannes. La condamine de Saint-Roch (quarante-quatre journaux) fut divisée en vingt portions ; celle de Saint-Sébastien, en dix-sept portions ; le pré de Guillaume, en deux portions ; la plus basse condamine (cent douze journaux), en quarante portions de deux journaux, et les trente-deux journaux restant furent divisés en huit portions de quatre journaux. Quant aux autres terres, elles furent adjugées en un seul lot. Les deux moulins furent achetés, aux enchères du 22 nivôse an II, par Pierre Bœuf, ménager, pour le prix de 29,200 livres.

Pendant qu'on procédait au partage et à la vente des domaines de la commanderie, arriva la nouvelle de la victoire que l'armée de la République venait de remporter sur « les rebelles de l'infâme Toulon et sur les esclaves que la rage impuissante des tirans avait vomis sur cette partie du territoire français ». La lettre qui annonçait cette nouvelle avait été adressée aux sans-culottes de Puimoisson par Frédéric Gueydan, jeune volontaire, qui combattait sous les drapeaux de la République. C'était le 1er nivôse de l'an second. « La lecture qui en a été faite, dit la délibération des sans-culottes, a été plusieurs fois interrompue par les applaudissements, les témoignages de satisfaction et les cris d'allégresse de l'assemblée. La lecture achevée, presque tous les membres de l'assemblée ont demandé en même temps la parole, mais aucun n'a pu faire entendre sa voix, parce que la salle a retenti pendant plus de demi-heure des cris de : Vive la République ! Vive la Convention ! Vive la Montagne ! Mort aux tirans ! Aux traîtres, aux rebelles ! Tous les membres de l'assemblée, debout, levaient leur chappeaux lorsqu'un sans-culotte s'est lancé au milieu de la salle en dansant la carmagnole. Au premier pas qu'il a fait, l'assemblée entière s'est ébranlée, une farandole a été faite dans l'enceinte de la salle, des chants patriotiques et l'himne des Marseillais a été antoné de tous cotés et ces mouvements, dirigés par la vive émotion que l'heureuse nouvelle à fait éprouver à toutes les âmes, ont été terminés par des embrassements fraternels. » Le comité de surveillance proposa à l'assemblée de se porter auprès de la municipalité, pour lui demander de faire annoncer une réunion solennelle des citoyens de tout sexe et de tout âge et de célébrer cet heureux événement par des réjouissances publiques.

Le maire Allemand invita donc toutes les autorités et tous les citoyens à se trouver, le 2 nivôse an II, à quatre heures du soir, sur la place de la Fraternité, « pour témoigner par des chants patriotiques toute l'allégresse que nous ressentons en apprenant l'heureuse nouvelle de la reddition de l'infâme commune de Toulon, que ses lâches habitants, par un forfait des plus inouïs et une atrocité réfléchie depuis longtemps dans le cabinet de l'infâme Pitt, qu'à juste titre nos législateurs ont déclaré par un décret qu'il était l'ennemi du genre humain, etc. »

Au jour indiqué, la réunion eut lieu sur la place. On alluma un feu de joie, on chanta la Marseillaise, on dansa la carmagnole et, « après un discours pathétique, citoyens et citoyennes firent, malgré la pluie, une farandole où les cris de Vive la République ! A bas les tyrans ! n'étaient point épargnés ». Il fut décidé, en outre, que les citoyens Charles Arnaud et Jean-François Esparron se rendraient à Toulon, auprès des représentants du peuple et du brave général Dugommier, pour les féliciter et leur protester que tous les républicains de Puimoisson étaient prêts à tout abandonner pour se joindre à leurs frères d'armes et faire éprouver aux ennemis de la liberté *la pesanteur des bras des véritables sans-culottes* (1).

---

(1) Délib. municip. et délibération de la compagnie des sans-culottes. Cette belle protestation était loin d'être l'expression de la vérité, car, peu de jours avant la reddition de Toulon, Ardouin, président des sans-culottes, ayant invité les membres de la société populaire à se faire inscrire à la légion montagnarde, « pour combattre les satellites du roi Georges réfugiés dans l'infâme Toulon », *personne ne se fit inscrire*..... Il est possible que, une fois le danger passé, le courage soit revenu !.... En tout cas, l'offre arrivait un peu tard.

CHAPITRE IV

PUIMOISSON SOUS LA CONVENTION *(suite)*

Dherbez-Latour passe à Puimoisson ; il promet une visite. — Dénonciation contre Arnaud ; il est défendu par les sans-culottes. — Cloches descendues et portées à Valensole. — Visite de Dherbez-Latour (17 nivôse an II). — Fête décadaire (20 nivôse). — Dénonciation contre ceux qui ne font pas la décade. — Cessation du culte (1er germinal an II). — Adresse à la Convention. — Décret du représentant du peuple (11 floréal an II). — Vases sacrés enlevés. — Statues et ornements brûlés (26 floréal). — Église transformée en atelier de salpêtre (29 floréal). — Changement de nom des sections. — Esprit public.

Le représentant du peuple Dherbez-Latour avait organisé des tournées dans les principaux bourgs du département. A son passage à Puimoisson, le 8 nivôse an II, il reçut les hommages et les félicitations de la municipalité et de la compagnie des sans-culottes, qui déléguèrent chacune leur président, savoir Pierre-Léger Allemand et Dominique Isoard, pour accompagner « ce brave montagnard à Riez et à Valensole, lui offrir nos forces et nos vies pour le soutien de la République » et lui demander la faveur d'une prochaine visite.

Tandis qu'Allemand et Isoard accompagnaient dans sa tournée le représentant du peuple, un bien triste événement vint jeter le trouble dans le pays. Le 11 nivôse, au matin, la population étonnée vit la force armée, précédée de l'écharpe municipale, faire des perquisitions domiciliaires chez plusieurs particuliers. « Un sentiment de tristesse s'est généralement manifesté lorsque nous avons sçu que ces perquisitions avaient pour objet l'arrestation de Jean-Baptiste Arnaud, cy-devant juge du tribunal du district. Aucun de nous n'ignore, dit le procès-verbal de la société des sans-culottes, que ce citoyen a toujours été l'ami du peuple, le zellé deffenseur de ses droits et l'ardent ami de la liberté publique. Sa conduite ne s'est pas démentie depuis le commencement de la Révolution, et chaque jour lui a acquis de nouveaux droits à l'estime publique. »

C'était le comité de surveillance de Riez qui avait décerné le mandat d'arrêt contre Arnaud, sous prétexte que ce citoyen avait accepté une députation des sections de Digne, mission qu'il n'avait acceptée que dans le but d'être utile aux patriotes.

La société rend hommage au patriotisme du citoyen Arnaud. « Ce citoyen, dit-elle, a toujours professé et manifesté le civisme le plus épuré et des principes très prononcés pour le soutien de la République.... Pendant son séjour à Digne, sa correspondance avec notre société a constamment soutenu l'esprit public dans les bons principes.... Lors du passage en cette commune des représentants Barras et Fréron, il a eu l'attention de prévenir la municipalité pour qu'elle lui rendit les honneurs qui lui étaient dus.... Que lors du funeste établissement des sections, il préserva cette commune de leur contagion par des salutaires avis.... Au mois de juin dernier, il exhorta publiquement tous les habitants à ne point établir de

sections, à soutenir de toutes les forces la société populaire, et ces avis furent un salutaire préservatif qui garantit cette commune de l'établissement des sections....
Il s'est toujours montré l'ardent ami des indigents et des cultivateurs ; dans les temps de détresse, il a employé son revenu à secourir les uns, à faire travailler les autres....
Il n'a jamais fait par intérêt le métier d'avocat et n'a fait au contraire usage de ses talents et de ses connaissances que pour donner des conseils, etc. »

L'assemblée, par la voix unanime de ses cent quatre-vingt-quatre membres présents, délégua treize sans-culottes qui devaient se joindre à Allemand et à Isoard, pour présenter un extrait de cette délibération à Dherbez-Latour, implorer sa justice en faveur d'Arnaud et le prier de le rendre à sa famille éplorée, à sa commune, à la société populaire, à la République enfin, qui n'a pas de plus sincère ami. Ils iront ensuite instruire le comité de surveillance de Riez et le prieront de retirer son mandat d'arrêt.

Le représentant fut ému de la situation d'Arnaud et ordonna immédiatement sa mise en liberté ; « ce qui fait autant d'honneur à sa sensibilité et à son humanité qu'à l'orateur (Allemand) qui a exposé la situation (1). »

Le moment était venu de mettre à exécution l'arrêté pris le 4 frimaire par le directeur du district de Digne, relativement aux cloches. Déjà, le 1er nivôse, le commissaire national, de passage à Puimoisson, avait cru constater que l'arrêté n'avait pas été exécuté, parce qu'il avait aperçu une cloche au clocher de la paroisse. Il en fit sa plainte au maire Allemand, qui lui répondit en ces termes : « Le cloche que tu as aperçue, citoyen, au clocher de notre

---

(1) Ce compte rendu est extrait du cahier des délibérations de la société populaire et du procès-verbal signé « Ardoin, président », fol. 14 et seq.

église, est la seule qui reste pour l'usage de la paroisse ; celle qui est au-dessus du clocher ne sert à d'autre usage que pour l'horloge. L'empressement que tu montres pour le bien de la République nous prouve toujours plus ton patriotisme ; le nôtre, citoyen, ne nous permettrait pas, d'après les ordres que nous avons reçus, de laisser plus longtemps un objet inutile à la paroisse et avantageux pour la République, pour l'usage à quoi il est destiné. »

En effet, quatre cloches, considérées comme inutiles, venaient d'être descendues, et, le 15 nivôse an II, elles furent portées à Valensole, lieu désigné par le directoire du district pour recevoir ces objets (1).

Mais voici l'annonce de la visite si impatiemment attendue. Le 17 nivôse est bien le jour désigné pour recevoir Dherbez-Latour à Puimoisson. Dès le 15, on se rassemble dans le local de la société populaire ; on y lit le décret du représentant du peuple du 6 nivôse an II, relatif à la célébration du jour de la décade, et on nomme Louis Galicy, Joseph Girieud, André Beausset et Maxime Serraire, pour remplir les désirs de cet arrêté « et faire le cérémonial de cette fête auguste ».

Après quoi, sur la motion d'Allemand, l'assemblée,

---

(1) Dans les comptes de brumaire an II, on lit : « Payé douze livres pour avoir fait descendre les cloches ». Arch. municip., L, 7, deuxième cahier. — 24 prairial : « Citoyen Jean Claude, percepteur moderne des impositions de cette commune, payés des deniers de votre recette la somme de 24 livres à Pierre Laurens et à Gaspard Pierrisnard, qui leur sont dues pour avoir porté à Valensole, d'après l'article 6 de l'arrêté du directoire du district de Digne du 4 frimaire dernier, les cloches et fers en dépendant de notre cy-devant église et chapelle rurale. » Arch. municip., L, n° 7. — Voici la lettre d'envoi. Elle est adressée par Allemand aux officiers municipaux de Valensole. « 15 nivôse an II. Nous vous envoyons les quatre cloches et le fer en dépendant que nous avons pris à notre église et chapelle. Vous voudrés bien, Citoyens, en accuser la réception et être assuré de notre fraternité. Salut. »

« pour annoncer d'avance le plaisir qu'elle aurait de posséder dans son sein un membre de la sainte Montagne, un si ardent ami du peuple », nomme une députation composée de six citoyens et de six citoyennes, qui seront chargés d'aller à sa rencontre et de lui souhaiter la bienvenue (1).

Au jour dit (17 niv. an II), l'assemblée se réunit dans *l'église paroissiale*, à 7 heures du soir. « C'est dans cette séance que le brave représentant du peuple Dherbez-Latour a couronné par sa présence les vœux des sans-culottes de Puimoisson. A l'ouverture de cette séance à jamais mémorable, les cris répétés de : Vive la Montagne ! Vive Derbez ! ont dû prouver à cet ami de la liberté toute notre gratitude, etc... Sur la motion d'un membre, l'assemblée, considérant qu'il est de l'intérêt de la République de détruire la superstition et le fanatisme, a arrêté de consacrer un temple à la Raison..... Le représentant a prononcé un discours éloquent et pathétique sur la nécessité de cet établissement » ; en retour de quoi, nos bons sans-culottes arrêtèrent que « le représentant, sa digne épouse (2) et le jeune héros son fils, présents à la séance, seraient inscrits sur le tableau des membres de cette société. »

Pour prouver au représentant du peuple qu'ils étaient fidèles observateurs des lois et mettre à exécution son ordonnance du 6 nivôse, relative à la célébration de la

---

(1) Les citoyens furent Antoine Aymes, Crépin Bouche, Marcel Chaix, Jean-Joseph Bérard, Jean-Baptiste Jourdan et Pierre Coulet. Les citoyennes furent : Adélaïde Galicy, Rose Nicolas, Anne Galicy, Anne Eyssautier, Allemand Marie et Charlotte Bourrelly.

(2) Il paraît que la « digne épouse » de Dherbez-Latour partageait les sentiments antireligieux de son mari ; on prétend qu'elle poussait l'impiété jusqu'à se faire oindre les souliers avec les saintes huiles, quand elle pouvait en trouver dans les paroisses qu'elle traversait.

décade, l'assemblée décida de donner le plus grand éclat possible à celle qui devait se célébrer trois jours après, soit le deuxième décadi, 20 nivôse de l'an II.

Nous pensons que le lecteur nous saura gré de lui transcrire tout au long le cérémonial de cette auguste fête ; nous l'extrayons du registre des délibérations municipales. « .... Nous étant rendus à la maison commune avec les membres du conseil général, les membres de la justice de paix, la société populaire et un grand nombre de citoyens et citoyennes, nous aurions prié et requis une jeune citoyenne dont les qualités morales et physiques correspondent à la figure de la Liberté qui est représentée par une vierge (1), pour porter les droits de l'homme et l'acte constitutionnel, ainsi qu'il est ordonné par le susdit arrêté du représentant du peuple. Nous aurions attaché ledit acte constitutionnel sur une bannière de gaze blanche, symbole de la candeur et de l'innocence, le tout bordé par un ruban aux couleurs nationales ; le tout était attaché à une pique, et au bout de la pique nous avions mis le bonnet de la liberté, surmonté d'un panache tricolore, et aurions de suite ordonné la marche dans l'ordre cy-après : les tambours et les trompettes marchaient en avant ; ensuite venait la jeune citoyenne qui tenait à sa main la pique ; dix fusiliers faisaient son escorte ; la municipalité, les membres du conseil général, la justice de paix, la société populaire et un très grand nombre de citoyens venaient ensuite. Dans le cours de la marche, on chantait des himnes patriotiques en faveur de la liberté et contre le célibat ; dans l'intervalle d'une strophe à l'autre, les cris de : Vive la République ! Vive la Montagne ! Vive la Convention nationale ! se faisaient entendre. Arrivés à

---

(1) La jeune citoyenne en question se nommait Marie-Françoise Gueydan, fille de Jean-Paul Gueydan, officier de santé. Elle épousa civilement François Jourdan, le 20 vendémiaire an III, et mourut en 1830, âgée de 60 ans.

la salle des républicains, après avoir fait le tour de cette commune et après avoir déposé l'acte constitutionnel sur le bureau, le citoyen maire a fait un discours relatif à la nécessité de célébrer cette fête auguste et a ensuite expliqué les droits de l'homme article par article. Cette explication ou son discours ont duré environ deux heures. Ensuite nous serions sortis de ladite salle des républicains et après nous être rendus dans le même ordre cy-dessus à la place de la liberté, toujours en chantant des himnes patriotiques, nous aurions, au devant de l'arbre de la liberté, renouvellé le serment de vivre libres ou de mourir et de maintenir de toutes nos forces l'unité et l'indivisibilité de la République. Tous les citoyens auraient prêté le même serment; après quoy, nous nous serions retirés dans la maison commune pour quitter nos écharpes... Signé, Allemand, maire. »

Malgré l'enthousiasme qui paraît déborder de cet emphatique compte rendu, visiblement dressé en vue de plaire au représentant et de se concilier sa bienveillance, on aurait tort de croire que la population fût unanime à goûter et à pratiquer ce genre de cérémonies, car, peu de temps après, 29 ventôse an II, les plus ardents sans-culottes se plaignent de ce que la décade n'est pas régulièrement observée ; de ce que plusieurs personnes se permettent de travailler le jour de cette *fête nationale à jamais mémorable pour les bons républicains*. On va jusqu'à faire publier la défense d'aller travailler ce jour-là, sous peine de poursuite et de châtiment. C'est ainsi que les sans-culottes entendaient la liberté. Et, qu'on le sache bien, ces arrêts de l'assemblée, élaborés par le comité de surveillance, n'avaient pas seulement pour but d'intimider les récalcitrants; Maxime Coulomb acquit à ses dépens la conviction que ce n'était pas lettre morte, car, ayant eu l'air de le prendre de haut avec le commissaire qui lui enjoignait de célébrer la fête décadaire, il fut dénoncé au comité, cité à comparaître devant la société populaire, forcé de s'humilier et de demander publiquement pardon de son méfait, heureux, à ce prix, d'avoir la vie sauve ! Douze commissaires, d'ailleurs, avaient été désignés par le comité de surveillance pour se porter sur tous les points du terroir, aux jours de décade, et surveiller l'exécution de la loi (1).

On le voit, on avait à compter sur la survivance des idées religieuses, que l'appareil de toutes ces cérémonies grotesques et les phrases ampoulées d'Allemand n'avaient pas fait abandonner. « La superstition et le fanatisme, écrivait le maire au directoire, sans avoir beaucoup de force, exigent des corps constitués beaucoup de ménagements. Nous attendons tout de la persuasion, *de la tolérance,* de la raison. Les prêtres se comportent civiquement ; le peuple ne voudrait pas en être privé. » (Pluviôse an II.) Ils y étaient encore cinq à cette époque; dont l'un, Jaubert, vicaire, remplissait les fonctions de secrétaire de la société des sans-culottes, tous assermentés d'ailleurs et aucun n'ayant rétracté les déclarations faites.

Toutefois, ils cessèrent de dire la messe dès le 1er germinal. Qui le croirait ! Les sans-culottes s'en émurent, et, le 3 germinal an II, ils déléguèrent quatre commissaires vers le curé, pour « l'inviter à leur dire ceux qui lui avaient dit de ne plus dire la messe ». Le curé leur répondit que, « ayant connaissance du décret, il n'a pas insisté à dire la messe et qu'il l'a fait de sa pure et bonne volonté ».

A partir de ce jour (23 mars 1794), Cotte, curé de la

---

(1) Ces douze commissaires étaient J.-B. Jourdan, Crépin Bouche, Antoine Laugier, Engelfred Galicy, Pantaléon Rey, Pierre Geniez, Antoine Barbarin, Pierre Mathieu, Louis Arnaud, François Martin, Louis Galicy, Antoine Arnoux. La délibération du comité de surveillance offre à nos méditations cette parole : « L'assemblée entière demande l'exécution des loix et mort à ceux qui s'en écarteraient volontairement. »

paroisse, ayant eu connaissance du décret qui ne devait être promulgué que le 11 floréal, quitta Puimoisson et se retira à Riez, dans sa famille.

Il paraît que le malheureux, dans la précipitation du déménagement, avait emporté les cordes des cloches et les avait gardées par devers lui, au lieu d'en effectuer le dépôt légal à Riez, comme le voulait le décret.

Le farouche Allemand, qui ne pouvait lui pardonner sa retraite, laquelle avait mécontenté une grande partie de la population, lui écrivit cette curieuse lettre : « Citoyen, il nous est ordonné de faire porter les cordes des cloches descendues, dans un dépôt qui est à Riez. Tu voudras bien, sans délai, à peine d'être poursuivi comme ayant soustrait des effets appartenant à la République, nous faire remettre les trois cordes que tu as emportées. Tu donneras, nous l'espérons, incessamment des ordres pour faire raccommoder un buget que tu as abattu. Salut et fraternité. 2 floréal an II. » Et comme le citoyen Cotte, cy-devant curé, ne paraissait pas tenir grand compte de cette invitation, Allemand lui enjoignit un ordre : « Nous t'invitons et t'enjoignons, puisque lesdites cordes existent devers toi, de les aller déposer rière la municipalité, au reçu de la présente, et de nous en assurer la remise en bonnes formes, pour que la responsabilité qui pèse sur nos têtes soit à l'abri de toute espèce de négligence. »

L'histoire ne dit pas si, au reçu de cette sommation grotesque et insolente, les cordes furent rendues et si la responsabilité qui pesait sur la tête d'Allemand fut beaucoup aggravée de ce chef!..

A partir de ce jour, il semble que le fanatisme de cet homme exalté ne connut plus de bornes. Élu président de la société populaire, réunissant dans sa main tous les pouvoirs civils, il voulut s'investir encore du pouvoir religieux. Il se fit le pontife de la religion nouvelle, transforma le temple du Seigneur en temple de la Raison et, pour accentuer la rupture avec la religion de ses pères, essaya, dans un accès d'infernal vertige, de se débaptiser, substituant aux prénoms de Pierre-Léger, qu'il avait reçus au baptême, ceux de Coriandre-Hyacinthe, empruntés au calendrier républicain. Ainsi, après avoir tout débaptisé, il tenta de se débaptiser lui-même et abjura publiquement le christianisme (1).

En ouvrant la séance de la société populaire, il entonnait toujours quelque hymne patriotique et faisait pousser les cris de : Vive la Convention ! Vive la Montagne ! Vive les assignats ! Vive la loi du Maximum ! Vive la formidable armée de la République ! Vive la décade ! etc., etc. Ce fut sous son inspiration qu'on rédigea une adresse à la Convention, pour la féliciter de ses travaux et pour l'inviter à laisser toujours, dans le département, le représentant Dherbez-Latour, « qui a tant mérité de la patrie, en nous délivrant de tous les ennemis de la liberté et de l'égalité et de tout le cagotisme religieux ».

Les circonstances, d'ailleurs, allaient donner à son fanatisme révolutionnaire l'occasion de se montrer avec plus d'éclat. A la suite de la conspiration qui venait d'éclater à Paris, le peuple, dans certaines communes, avait essayé de secouer le joug qu'on lui imposait et de reconquérir sa liberté religieuse. Le représentant du peuple voulut étouffer dans son germe cette tentative d'insurrection et prit l'arrêté qu'on va lire :

---

(1) Du 22 germinal an II jusqu'au 5 prairial, Allemand, qui s'était toujours dénommé Pierre-Léger, s'appela Hyacinthe-Coriandre. Le mot « Coriandre » correspond, dans le calendrier républicain, au 11 messidor, 29 juin du calendrier grégorien, jour auquel l'église célèbre la fête de *saint Pierre*. Quant au prénom « d'Hyacinthe », il correspond au 9 floréal, 28 avril. Le jour où l'on fête saint Léger, étant le 24 avril, tombait le 1er quintidi de la 1re décade, qui était le jour du *Rossignol* ; il ne pouvait prendre ce prénom !... pas plus que celui de l'ancolie tombant le sextidi, du muguet tombant le septidi, du champignon tombant l'octidi, tout autant de dénominations qui ne flattaient guère. Il arriva au nonidi, jour de l' « Hyacinthe », qu'il choisit,

Considérant qu'il s'est manifesté des mouvements dans certaines communes du district de Digne, qui ont pour prétexte le fanatisme ; qu'il est à présumer que les fils de la conspiration qui a éclaté à Paris pourraient bien avoir des ramifications dans ce département, puisque, après avoir fermé leurs églises, on a vu, par un mouvement presque simultané dans plusieurs communes, que des individus en ont de nouveau demandé l'ouverture ; que leurs motions étaient accompagnées du ton de la menace, et notamment à Riez ;

Considérant que des affiches et des placards ont été trouvés, qui respirent la révolte et l'audace ; qu'on a même vu que les suspects, les détenus montraient une joie indiscrète et ferait *(sic)* craindre les événements désastreux ; convaincu par les différents rapports que l'aristocratie et les prêtres étaient d'intelligence ;

Arrête : que, tandis qu'il se rend à Digne pour se trouver au centre du départememt et veiller à la sûreté du chef-lieu, les citoyens Alexandre-Apollinaire Ravel et Paul Feraud, qu'il délègue à cet effet, se rendront, avec le citoyen Athénory, commandant le bataillon de Vaucluse, ayant sous ses ordres une force armée suffisante, dans les communes de Valensole, Puimoisson, Riez, Gréoulx et autres cantons environnants, pour surveiller les événements, faire prendre par les municipalités les informations ordinaires *et faire disparaître tous les signes extérieurs du fanatisme,* faire mettre en état d'arrestation tous les suspects, qui ont occasionné les mouvements, qui ont excité les torches du fanatisme et excité le trouble dans les sociétés populaires.

Arrêté aux Mées, le 11 floréal an II.

DERBÈS-LATOUR.

Il n'en fallut pas davantage pour donner libre cours à la rage des destructeurs, à la haine sectaire de quelques fanatiques exaltés, qui virent dans cet arrêté un encouragement à tous les attentats possibles contre la religion et contre son culte. Les boiseries des neuf autels de la paroisse, avec leurs magnifiques colonnes sculptées, les baldaquins de soie, neuf tableaux, dont quelques uns de grand prix, offerts par les commandeurs, sept bannières, etc., devinrent la proie des flammes. Les bustes de saint Eloy, de sainte Victoire, de saint Vincent, de la Vierge, et ceux de saint Elzéar et de sainte Delphine, que des mains sacrilèges arrachèrent de la chapelle de Notre-Dame et firent rouler jusqu'au bas de la colline, avec mille blasphèmes, alimentèrent le bûcher révolutionnaire allumé sur la place publique. Les confessionnaux furent mis en pièce, et les débris pillés ou vendus. Les linges et ornements des confréries, de la sacristie, un magnifique dais en damas rouge et or devinrent en partie la proie de gens avides. Une vingtaine de soldats, commandés par un officier ex-prêtre, aidés et conduits par quelques égarés du pays, eurent le triste honneur de cette déplorable besogne, et ils allèrent si loin et si vite dans leur œuvre abominable que, lorsqu'une lettre du district du 22 floréal enjoignit à la municipalité de porter à Digne « les dépouilles du fanatisme », il ne restait plus que les vases sacrés, le cuivre et quelques méchants ornements relégués dans un coin, les cloches ayant été portées à Valensole et le reste étant devenu la proie des flammes. Passons sous silence ce qui a été raconté de la mort tragique des profanateurs, dans laquelle on a cru reconnaître un châtiment de la justice divine !....

Mais ces dernières épaves elles-mêmes ne devaient pas trouver grâce ; car, au reçu de cette lettre, le maire Hyacinthe-Coriandre Allemand (de son nouveau nom) convoqua le conseil et dit (23 floréal an II) : « Les idoles du fanatisme et de la superstition ont été, à votre grande satisfaction, anéanties ! Les législateurs, en vous faisant sentir toute votre dignité, veulent vous élever, après avoir brisé toutes les chaînes qui vous asservissaient, à la hauteur digne de vous-mêmes, c'est-à-dire de l'homme libre. Des vases prétendus sacrés, d'or, d'argent, de vermeil, existent encore dans cette commune. Je lis sur vos visages qu'il vous tarde de voir partir ces effets pour leur véritable destination, qui est celle de la monnaie. Le bien public exige que cet envoi se fasse incessamment. Deux grands motifs vous y obligent. Le premier vient de vous être énoncé, et le second, que vous vous débarrasserez de ce qui pourrait encore vous rappeler les restes odieux du fanatisme qui vous ont trop longtemps asservis ! Je fais, en conséquence, la proposition d'envoyer tous ces hochets à l'administration du district.... Sur cette proposition, considérant que tout ce qui peut rappeler au peuple son avilissement et son ignorance doit être détruit et anéanti ; considérant qu'il est temps enfin que *tous les hochets du fanatisme doivent se briser contre les rochers de la raison* et sentant la nécessité d'envoyer incessamment ce *métal corrupteur* à l'administration du district, pour qu'il lui fasse prendre le chemin de la monnaie, arrête, etc. (1). »

La spoliation était complète ; plus rien ne restait dans cette belle église que les murs, tous les « symboles de la superstition » ayant disparu. Désolé, froid et nu, cet édifice devenait apte à recevoir une destination nouvelle, conforme à son nouvel état ; il devint le « Temple de la Raison », et Allemand en fut le Pontife (2) !

---

(1) Suit le récépissé de Roustan, orfèvre, déclarant avoir reçu de la commune de Puimoisson : un ostensoir, trois calices avec leur patène ; deux ciboires, un grand et un petit ; deux couronnes ; un encensoir ; une navette et culier ; une croix ; une boîte aux huiles en argent ; une croix d'or, etc. (26 floréal, an II).

(2) Qu'on nous permette de faire connaître, dans une simple note, l'état intérieur de l'église, avant sa dévastation. Le fond du sanctuaire était orné d'un grand tableau représentant saint Jean. Il y avait neuf autels : le maitre-autel en bois doré, avec ciborium ; à gauche, en dehors du sanctuaire, autel de sainte Anne, avec tableau ; à droite, autel de saint Michel, dont les travailleurs étaient marguilliers ; vis-à-vis la chaire, autel de saint Blaise, avec rétable à colonnes sculptées et dorées ; les tisserands en étaient marguilliers ; près de la chaire, en dessous, l'autel du *Corpus Domini*, avec tableau et rétable ; les

Il fut, dès lors, le lieu de rendez-vous des réunions les plus tumultueuses ! Des scènes de débauche que la décence se refuse à dépeindre s'y passèrent. Les voûtes sacrées, sous lesquelles dormaient leur dernier sommeil de longues générations d'ancêtres, retentirent de tous les cris d'impiété et d'horreur qu'une populace en délire peut faire entendre. On se refuserait à croire à de si abominables profanations, si des mémoires contemporains n'étaient là pour en prouver l'attristante réalité.

C'est au cours de cette période troublée que le « Temple de la Raison » fut transformé en atelier national, pour l'extraction du salpêtre.

L'article III de la loi du 14 frimaire prescrivait des mesures pour multiplier les fabriques de salpêtre. Le citoyen Bernard Antoine, envoyé par le district, se présenta pour en établir une à Puimoisson. Après avoir visité les lieux, il trouva que la terre du sous-sol de l'église était suffisamment salpêtreuse et y installa un atelier. Il indiqua aux deux sans-culottes Joseph Bœuf et Barbarin, désignés par le conseil, la manière de procéder à l'extraction et partit. Les deux extracteurs se mirent à la besogne, mais le résultat ne satisfaisait pas leurs espérances ; le salpêtre ne venait pas. Ils étaient découragés, car la nation ne payait pas les agents à raison de leurs travaux, ni de leurs fournitures, mais leur achetait seulement le salpêtre au prix peu rémunérateur de 1 fr. 25 la livre.

---

consuls sortant en étaient marguilliers ; dans la nef nouvelle, autel de la Vierge, avec tableau et rétable en bois doré ; à côté, autel du purgatoire, fort simple ; en face la petite porte, autel de saint Joseph, surmonté de quatre colonnes et rétable sculpté et doré, avec tableau au fond ; les maçons et menuisiers en étaient marguilliers. A côté des fonts baptismaux, faisant face à Notre-Dame, était l'autel de saint Eloy, avec rétable soutenu de deux colonnes sculptées et dorées, avec tableau dans le fond.

Après un mois d'expériences infructueuses, Allemand écrivait à Bernard : « Nous aurions dû te rendre compte, chaque décade, du salpêtre qui s'était fait dans notre fabrique. Nous ne l'avons pas fait parce que leur travail jusqu'ici a été fort inutile. » Il ne sait s'il faut attribuer cette non-réussite au défaut d'expérience et de savoir, et constate qu'on consumerait tout le bois imaginable sans arriver à un résultat satisfaisant.

Cependant les agents Bœuf et Barbarin, qui avaient déjà dépavé une grande partie de l'église pour trouver la terre propre au lessivage, constatant de plus en plus l'inutilité de leurs efforts, essayèrent de prendre de la terre ailleurs et réussirent une cuite qui leur fut productive. Ils firent part à Bernard de cette heureuse fortune. Celui-ci, au lieu de les féliciter, se crut mortifié et adressa des reproches à la municipalité, lui disant qu'elle ne faisait pas son devoir en laissant chercher ailleurs une terre qu'on ne devait prendre qu'à l'endroit désigné. Allemand, piqué au vif par ces remontrances qu'il croyait imméritées, riposta de la belle manière : « Il est étonnant, Citoyen, qu'après que nous avons rempli nos devoirs auprès de toi, tu viennes nous dire que nous n'avons pas fait jusqu'à présent notre devoir! Les opérations faites par les personnes que tu as commises pour cette exploitation n'ont pu tirer du salpêtre de notre cy-devant église ; nous croyions que c'était leur inexpérience qui en était la cause, tandis qu'en prenant de la terre ailleurs ils ont fait une cuite qui leur sera productive. Il est malheureux que tu te sois trompé en examinant la terre de notre cy-devant église, parce que nous l'avons toute délabrée pour rien, tandis qu'elle nous était nécessaire pour le temple de la Raison et que nous la réparerons à grands frais. » (11 messidor.)

Cependant, de plus en plus découragés par l'insuccès de leurs travaux, les agents, après un long mois de labeur persévérant, abandonnèrent l'exploitation. La quantité de salpêtre obtenue n'étant pas suffisante pour les dédommager de leurs travaux et de leurs fournitures, Allemand crut devoir intervenir auprès des pouvoirs publics, pour obtenir une prime rémunératrice, et faire tomber, si possible, sur Bernard la responsabilité de l'insuccès. « Le 29 floréal dernier, le citoyen Bernard établit un atelier pour l'extraction du salpêtre dans cette commune. Le temple de la Raison fut choisi ; le sol en a été bouleversé. Un mois a été employé pour extraire ce sel aussi terrible et aussi dangereux aux tyrans coalisés, le tout sans succès. Cette terre n'est point salpêtrée, et le peu de salpêtre que nous vous envoyons a été extrait d'autres terres de cette commune. La loi qui prescrit des mesures pour multiplier les fabriques de salpêtre dit que la régie ne payera ce sel que 1 fr. 25 c. la livre. Est-il juste que deux hommes aient travaillé un mois pour ne rien gagner ? C'est votre agent qui les a choisis et qui les a induits en erreur. Cent quarante quintaux de bois ont été consommés pour cette extraction (1). Comment faut-il faire pour faire payer les personnes qui ont travaillé à l'atelier ou qui ont fourni le bois ? Il paraît juste que celui qui les a choisis et nommés pour faire ces opérations aussi infructueuses en supportât lui-même tous les frais. Salut. » (12 thermidor.)

Allemand, qui s'était donné pour mission de déchristianiser la commune, ne pouvait souffrir plus longtemps que certains quartiers du terroir fussent encore désignés par les noms des « héros de la superstition ». Et cet homme, qui avait poussé le ridicule jusqu'à se débaptiser lui-même, ne pouvait pas reculer devant la même opéra-

---

(1) Payé à Antoine-Guillaume Cauvin 105 livres, pour cent quarante quintaux de bois employés au salpêtre.

tion à faire subir aux sections du cadastre. « Lorsqu'on a sectionné, dit-il au conseil réuni, le fanatisme vous tenait encore asservis ! Il faut que les sections, qui sont décorées du nom de quelque héros de la superstition, se changent aux noms des héros de la liberté. Montrez à vos concitoyens étonnés que vous voulez faire disparaître jusqu'au souvenir des chaînes qui vous ont si longtemps asservis ! » Dès lors, la section de Notre-Dame fut appelée section de la Liberté ; celle de Saint-Appolinaire, section de la Fraternité ; celle de Saint-Roch prit le nom de section de la Convention, et celle de Saint-Sébastien, celui de section de la Montagne.

Or, de quel œil la masse populaire regardait-elle tous ces changements, qui bouleversaient ses coutumes et contrariaient ses goûts ? Quel était l'esprit public vrai au milieu des bouleversements que le caprice, l'ambition, l'esprit de secte d'un seul homme lui imposait ? Nous avons eu la bonne fortune de parcourir le registre de correspondance du maire avec les pouvoirs publics. C'est lui qui va nous le faire connaître ; mais nous ne saurions oublier, en le lisant, qu'Allemand, comme tout homme sectaire, était porté à montrer le peuple non pas tel qu'il était, mais tel qu'il l'aurait voulu.

A la date du 29 fructidor an II, il écrit : « ...... Les habitants aiment la Révolution. Les opinions religieuses ne les intéressent pas assez pour s'y arrêter, et, à cet égard, à peu de chose près, le peuple est à la hauteur des circonstances. Peu de lumière chez le peuple, mais beaucoup de docilité pour apprendre les lois. La décade n'est pas célébrée par tout le monde avec le même zèle, mais chez beaucoup de citoyens c'est pour ne pas perdre le temps pour l'agriculture. Beaucoup de citoyens, surtout les femmes, célèbrent encore les fêtes de la superstition. On assiste assez au temple de la Raison ; les lois y sont lues ; il y a au moins un discours toutes les décades qui sont bien propres à faire aimer la Révolution et à imprimer la pratique des vertus ..... (1). »

A la date du 1ᵉʳ brumaire, le bulletin de l'esprit public n'est pas satisfaisant ! « Les contributions se payent lentement. Les lois sont exécutées avec indifférence ; le peuple, par un reste d'habitude superstitieuse, chôme encore le cy-devant dimanche et se décide difficilement à célébrer la décade. »

En frimaire, c'est encore moins bon. « Il y a toujours dans le peuple, écrit-il, un reste d'anciens préjugés, desquels il se désabuse difficilement. »

Et de fait, bien que désaffectée et débaptisée, la vieille église n'avait jamais cessé d'être le but de discrets et prudents pèlerinages. On priait avec la même ferveur dans la nef vide que jadis devant l'autel, chargé de flambeaux et de fleurs. Les patrouilles civiques fermaient les yeux aux allées et venues des âmes pieuses ; plus d'un soldat eût arrêté ou sa mère ou sa sœur !...

Il fallait bien qu'il en fût ainsi et que la masse de la population fût restée fidèle à ses croyances, pour que, dès le troisième jour complémentaire de l'an II, Pantaléon Martin, de Puimoisson, cy-devant curé de Montfort (Var), osât affronter le farouche Allemand et lui demander officiellement la permission d'exercer le ministère du culte catholique. Les registres nous apprennent, en effet, que le tridi des sans-culottides, correspondant au 19 septembre 1794, Martin, voulant se conformer à l'article 5 de la loi du 11 prairial dernier échu, « déclara vouloir remplir le ministère du culte dans l'édifice désigné sous le nom d'église et dans celui connu sous le nom de

---

(1) Les officiers de morale, nommés pour faire des discours au peuple les jours de décadi et les jours de fêtes nationales, étaient Jean-Paul Gueydan et Barnabé Bernard.

Notre-Dame de Belvezet, et se soumettre aux lois de la République. »

Il fit, en conséquence, la déclaration suivante : « Je reconnais que l'universalité des citoyens français est le souverain et je promets soumission et obéissance aux lois de la République. » Déclaration qui fut affichée, le même jour, aux piliers de l'édifice destiné au culte (1).

---

(1) Le décret de la Convention, portant que le peuple français reconnaissait l'existence de l'Être suprême et l'immortalité de l'âme, maintenait la liberté des cultes (7 mai 1794). Mais le décret sur la liberté des cultes, conformément à la déclaration des droits de l'homme, est du 21 février 1795, et celui qui accorde aux communes des édifices pour l'exercice de cultes est du 20 mai de la même année.

CHAPITRE V

PUIMOISSON SOUS LE DIRECTOIRE

(1795-1799)

Réouverture des écoles (8 ventôse an III). — Rétablissement du culte (29 mars 1795, 9 germinal an III). — Achat de Notre-Dame. — Allemand, commissaire du pouvoir exécutif. — Jourdan, président, maire (1er pluvial an IV). — Réquisitions à main armée. — Formation d'une garde nationale. — Nomination d'une commission de l'hospice (16 brumaire an V). — Garnisaires chez les habitants. — Manifestations hostiles contre Allemand. — Prestation de serment. — Célébration du décadi.

Durant les troubles de ces dernières années, l'instruction publique avait été complétement abandonnée dans la commune. Le décret de la Convention nationale (27 brumaire, an III), ordonnant l'institution des écoles primaires, vint fort à propos rappeler à nos administrateurs l'obligation qui leur incombait, et, dès le 8 ventôse, Jérôme Martin fut nommé instituteur national, « à cause de son civisme et de son républicanisme, et à condition qu'il enseignerait la haine des tyrans ». La citoyenne Baudin, veuve Engelfred, fut chargée de la direction de l'école des filles. Nous n'avons pas pu savoir si ce fut pour les mêmes causes et aux mêmes conditions.

Cependant, le peuple demandait à grands cris l'ouverture de l'église et le rétablissement d'un culte, que les grotesques momeries de la décade n'avaient pas pu lui faire oublier. Pantaléon Martin avait bien fait la déclaration exigée par la loi et obtenu la permission sollicitée, mais les éléments indispensables à la célébration décente faisaient complètement défaut. L'ouragan révolutionnaire n'avait laissé après lui que des cendres et des ruines.

Le spectacle de cette désolation n'abattit pas le courage de M. Martin. Par ses soins, l'église fut pavée (1), l'autel fut relevé de ses ruines, la chaire fut restaurée, un confessionnal fut construit, la toiture fut réparée, la porte consolidée. Il fallait créer d'autres ressources pour meubler la sacristie, se pourvoir d'ornements et de vases sacrés. Six officiers du culte furent nommés pour travailler, conjointement avec le curé, à l'œuvre de restauration que le vandalisme de ces derniers temps avait rendue particulièrement difficile (2). Une taxe de 3 livres imposée sur chaque chef de famille rendit 277 livres (3). Une quête à domicile produisit 268 livres. Avec ces premières ressources, on fit l'acquisition d'un calice et de quelques ornements, que le citoyen Isoard, ex-capitaine des sans-culottes, fut chargé d'aller acheter à Digne. Le citoyen Salvagy, aubergiste, qui avait acheté pour 12 livres, à

---

(1) Onze cannes de carreaux pour le mallonage de l'église à 44 livres, plus 26 livres pour journées de maçon.

(2) Ces officiers du culte furent Joseph Feraud, Pierre Martin, Jean-Joseph Bérard, Jacques Michel, Marc-Antoine Aymes et Toussaint Arnaud.

(3) Presque tous versèrent la cotisation, mais peu donnèrent les 3 livres imposées.

Saint-Laurent du Verdon, le grand et magnifique tableau suspendu aujourd'hui au-dessus de la grande porte de l'église, le céda gratuitement pour parer le fond du sanctuaire.

Enfin, le 9 germinal an III (29 mars 1795), dimanche des Rameaux, l'église fut solennellement ouverte au culte, la messe fut célébrée, à la satisfaction universelle, et la première quête faite dans l'église produisit la somme de 1,132 livres (1).

Une fois l'église paroissiale remise en état, les habitants témoignèrent le désir de voir faire les même réparations à la chapelle rurale de Notre-Dame. Ce sanctuaire avait été extrèmement dégradé. Les trois autels de la Vierge, de saint Elzéar et de sainte Delphine avaient été démolis et renversés ; les tuiles mêmes, les bois, les portes étaient devenus la proie de gens avides et sans pudeur (2). Cet immeuble, ainsi dépouillé et dégradé, avait été nationalisé et mis en vente par le directoire du district de Digne, le 8 germinal an III. Aucun acquéreur ne s'étant présenté, la vente fut renvoyée au 28 ; auquel jour, Dominique Isoard en fit l'acquisition, pour la somme de 325 livres en assignats, et s'en dessaisit en faveur des habitants, à la condition que la chapelle serait tenue par eux en bon état,

---

(1) Cette grosse somme ne se composait que d'assignats, très répandus dans le pays. Il ne faut pas oublier qu'au commencement du Directoire il y avait en circulation pour plus de 40 milliards de papier-monnaie et que, lorsqu'on brisa, à la place Vendôme (10 février 1796), les poinçons et les matrices qui avaient servi à la fabrication des assignats, leur fabrication s'était élevée à 45 milliards 581 millions 614 livres. L'assignat était tombé à 1 0/0 de sa valeur nominale, et, à la fin, le louis était coté 2,400 livres.

(2) « On a enlevé les portes pendant la nuit, malgré les ordres les plus sévères que nous avions donnés pour empêcher la dilapidation. » — Rapport du maire au directoire.

sauf à en disposer comme il l'entendrait dans le cas contraire (1).

Mais il n'y avait pas que des ruines matérielles à relever ! Tous les enfants nés depuis le 21 mars 1794 jusqu'au 23 mai 1795 n'avaient été qu'ondoyés secrètement par les sages-femmes. Le 25 mai, troisième fête de la Pentecôte, tous ces enfants furent apportés à l'église et baptisés sous condition par le curé (2). Un cours de catéchisme fut ouvert, et, l'année suivante, 10 prairial an IV (29 mai 1796), quatre-vingt-trois enfants, dont plusieurs âgés de 16 ans, firent la première communion (3).

L'année IVe de l'ère républicaine s'annonçait comme devant être mauvaise ; la disette commençait à se faire sentir. Le peuple, qu'on avait un moment séduit par de belles promesses, ne pouvait s'empêcher de murmurer en voyant les nombreuses réquisitions, les lourds et trop fréquents sacrifices qu'on exigeait de lui ; décidément, ce n'était pas là l'ère de bonheur et de prospérité qu'on lui avait promise !

Allemand, nommé commissaire du pouvoir exécutif dans la commune, allait commencer à pressurer le peuple, après l'avoir abusé. On parvint à grand'peine

---

(1) Cette somme de 325 livres lui fut rendue en assignats par la fabrique qui lui alloua en plus 100 livres, pour les frais de son voyage. — Délibération du Conseil de fabrique. — Il se réserva, dans cette cession tacite et volontaire, l'usage des cent vingt cannes de patègue. La cession pleine et authentique à la fabrique ne fut faite par lui qu'en 1817 (10 avril).

(2) Les survivants nés dans ce laps de temps étaient au nombre de trente-trois. A partir du 25 mai 1795, le curé administra le baptême à l'église ; « mais, ajoute-t-il, je ne commençai à écrire que le 6 mai 1796, cela à cause de la Terreur ».

(3) Le procès-verbal dit que trente personnes seulement accompagnèrent les premiers communiants.

à lui trouver un successeur, tant la situation paraissait peu enviable. On vit, en effet, depuis le 27 nivôse jusqu'au 1er pluviôse, l'assemblée communale se heurter à des fins de non-recevoir de la part de ceux auxquels elle confiait le mandat de représenter la commune. Huit candidats, successivement désignés, déclinèrent le dangereux honneur de ceindre l'écharpe municipale (1), et l'on dut mettre à profit la bonne volonté de François Jourdan, originaire d'Espinouse, jadis traiteur à Nice, à peine âgé de 27 ans, qui venait d'acheter le domaine de Telle avec une poignée d'assignats et d'épouser civilement Marie-Françoise Gueydan (20 vendémiaire an III), « la jeune citoyenne dont les qualités morales et physiques correspondaient si bien à la figure de la liberté représentée par une vierge (2) ».

Mais, si Jourdan n'eut pas lieu de regarder comme un triomphe son élévation à la première magistrature du pays, ses électeurs n'eurent pas l'occasion de se féliciter de l'avoir mis à leur tête.

Nous avons dit, tantôt, que l'an IV fut particulièrement difficile pour notre population. Les champs, peu cultivés, ne promettaient qu'une récolte précaire, que l'intempérie des saisons compromettait encore. Des réquisitions en

---

(1) 27 nivôse. Pierre Nicolas est élu maire; il refuse. — Le 28 nivôse, Jean-Joseph Bérard est nommé; il refuse. — On revient à Pierre Nicolas, qui, de nouveau, refuse. — Le 29 nivôse, on nomme Antoine Chardousse; il refuse. — It., it., Antoine Bouche, cordonnier; il refuse. — 30 nivôse. It., Jean-Paul Gueydan; il refuse pour raison de santé. — It., Arnaud, notaire; il refuse pour raison de santé. — It., Jacques Mourgues; il refuse pour peu de mémoire. — It., Maximin Escudier; il refuse, « attendu son peu de connaissance ».

(2) Voir, ci-dessus, le procès-verbal de la fête décadaire du 20 nivôse an II. — Délibérations municipales. — Marie Gueydan, épouse Jourdan, mourut en 1830, âgée de 60 ans - Jourdan François mourut le 2 septembre 1831, à l'âge de 60 an

grains, en espèces, en bestiaux, venaient encore aggraver la situation. Les aubergistes en étaient venus à refuser les voyageurs, n'ayant rien à leur donner. La misère étreignait ce pauvre pays ; les habitants n'écoutaient plus guère les harangues ampoulées des démagogues qui les avaient un instant séduits, et on en vint à refuser de payer les impositions, soit en nature, soit en espèces, nul ne voulant plus, en face de la misère, se laisser enlever les quelques grains de blé enserrés précieusement au grenier, ou le peu de foin entassé dans la grange.

Que fit Jourdan ? Il vendit la poudre, le plomb et divers autres objets qui étaient à la mairie et fit venir la force armée pour faire les réquisitions en moutons et en fourrages, et le pauvre paysan, tremblant devant la baïonnette, lui qui n'avait plus ni plomb, ni poudre, fut bien forcé de donner jusqu'à sa dernière réserve. Jourdan, heureux du succès de sa démarche, écrit au commissaire de la guerre : « .... L'arrivée de la force armée a fait beaucoup d'impression à tous les habitants de notre canton. S'ils persistent encore une autre fois dans leur mauvaise volonté, je vous prierai de me faire passer une seconde fois la force armée, pour faire ce que la patrie exige de nous. » (18 prairial an IV.)

Trois mois après, Jourdan cédait sa place à Toussaint Arnaud, qui, nommé le troisième jour complémentaire de l'an IV, fut installé le 11 vendémiaire an V (2 octobre 1796), après avoir voué haine à la royauté et amour à la République (1).

Quelques jours après son installation, le président de l'administration municipale dut faire publier à son de trompe l'ordre de venir s'inscrire à la mairie pour former la garde nationale. Six hommes seulement se présentè-

---

(1) Un décret du Directoire, rendu le 9 mars 1796, punissait de la déportation tout fonctionnaire public qui ne prêterait pas le serment de haine à la royauté.

rent. Une lettre nominative fut adressée à tous ceux que leur âge désignait pour composer la garde. Nul ne se présenta. Allemand, commissaire du pouvoir exécutif, intervint alors ; il signifia à la population qu'il avait reçu l'ordre d'employer les moyens de rigueur, puisque la douceur et la persuasion étaient des moyens impuissants, et qu'il allait requérir la force armée pour contraindre les récalcitrants. Le peuple, exaspéré au dernier point par ces menaces, se porta à la mairie, où se trouvait Allemand, pour le prendre et lui faire un mauvais parti. Il ne dut son salut, en cette circonstance, qu'à l'énergie et et au sang-froid de Toussaint Arnaud, maire, qui, comprenant l'imminence du danger, vint se poster sur le seuil très étroit de la porte de la maison commune, pour empêcher les forcenés de pénétrer, et, par les sages paroles qu'il leur fit entendre et les conséquences qu'il leur fit entrevoir, donna à l'effervescence populaire le temps de se calmer, à Allemand celui de fuir par une porte dérobée, et détourna ainsi l'orage qui grondait sur sa tête et menaçait sa vie. Triste retour des choses humaines !

On sait que la loi du 16 vendémiaire, tout en conservant les hospices civils dans la jouissance de leurs biens, en donnait la surveillance immédiate aux municipalités, qui devaient l'exercer au moyen d'une commission composée de cinq membres. Cette commission, nommée le 16 brumaire an V, fut ainsi composée : Pantaléon Martin, prêtre, Jean-Paul Gueydan, Louis Bœuf, officier de santé, Marc-Antoine Aymes et Joseph Isnard.

Il importait au plus haut point de conserver en bon état le patrimoine des pauvres, en ce temps où des sacrifices journaliers étaient imposés à des gens dépourvus de toute ressource, où les impôts allaient grandissant, où il semble que la terre elle-même, comme une mère épuisée, refusait d'ouvrir son sein aussi abondant, aussi large qu'autrefois.

C'était donc toujours un moment critique, et pour les

contribuables, et pour les agents du fisc, que celui où il fallait verser et percevoir l'impôt.

En l'an V, le percepteur Cotte, ne parvenant pas à faire rentrer les deniers publics, en fut réduit à demander des garnisaires. On met à sa disposition François Aymes et Maxime Coulomb. Mais qu'était-ce que deux garnisaires pour faire exécuter la loi à une population de mille six cents âmes ? Six autres leur furent adjoints, qui refusèrent d'aller s'installer chez leurs concitoyens et de remplir vis-à-vis d'eux les vexantes fonctions de garnisaires. Le commissaire du pouvoir exécutif, le fameux Allemand, demanda secrètement des gendarmes à l'administration centrale du département, et, le 3 fructidor de l'an VI, l'on vit arriver de Digne une compagnie composée de vétérans, de sapeurs, de vieux canonniers, envoyés par le commandant de la force armée, avec ordre de s'installer chez le contribuable et d'y rester jusqu'à l'entier versement des impositions. Ces mesures vexatoires causaient une sourde irritation parmi le peuple, qui, de plus en plus désabusé, se détachait de ses anciens meneurs et traduisait son mécontentement par des actes de vengeance dirigés contre ceux qu'il soupçonnait être les auteurs de ses souffrances.

Des délits ruraux se commettaient journellement, en particulier dans les propriétés du citoyen Allemand, auquel on reprochait son zèle outré dans l'accomplissement de ses fonctions de commissaire. Le juge de paix constatait le délit, mais on aurait dit qu'il craignait de découvrir les coupables et d'avoir à sévir. Il en eut fallu si peu, à ce moment, pour ameuter le peuple et le pousser à de regrettables excès !

La loi du 19 fructidor an V (6 septembre 1797), ayant prescrit à tous les fonctionnaires et aux ecclésiastiques le serment de haine à la royauté et à l'anarchie, d'attachement et de fidélité à la République et à la Constitution de l'an III, les ecclésiastiques de la commune et du canton de Puimoisson furent invités à se conformer à la loi ; mais tous ne se rendirent pas à cette invitation. Car, tandis que Nicolas Nicolas et Charles Castagne, prêtre de Roumoules et adjoint municipal, vinrent le prêter à la commune le 10 vendémiaire an VI (2 oct. 1797), Martin, Guillaumond, de Saint-Julien, Toulousan, Poitevin, Gaubert refusèrent de le prêter, n'étant plus en exercice. Jordany se réfugia à Valensole. Chaix Joseph, curé de Saint-Jurs, voulant reprendre le service qu'il avait laissé depuis quelques mois, se conforma à la loi et prêta le serment exigé. (16 pluviôse an VI) (1).

Bien que le culte fût rétabli dans la paroisse, les administrateurs n'en tenaient pas moins à leurs fêtes décadaires, qui toutefois, hâtons-nous de le dire, ne comptaient plus que quelques rares dévots partisans. Dans l'assemblée primaire du canton, ils décidèrent que, tous les décadis, les officiers municipaux se rendraient en costume dans la salle des républicains, pour lire et expliquer au peuple les lois reçues pendant la décade, et que les mariages ne se feraient plus désormais qu'au chef-lieu de canton, le jour du décadi et dans le lieu de réunion des citoyens.

Ces dispositions, qui avaient pour but évident d'attirer la population dans la salle, de former un public et de donner un regain de popularité à la fête décadaire, n'eurent pas le résultat qu'on en attendait, et la population, qui se souciait fort peu désormais et des discours de ses tribuns, et des cérémonies de la décade, resta sourde à cet appel. Le département, d'ailleurs, venait de réquisitionner le canton pour 280 quintaux de grain et vingt-cinq bêtes à bâts destinés à la garnison de Tournoux. Puimoisson seul dut fournir 67 quintaux de froment, 22 de seigle, douze bêtes à bâts et 150 livres. D'autre part, le brigan-

---

(1) Le serment de haine à la royauté ne fut condamné par bref du Pape que le 20 juin 1798.

dage s'organisait dans nos contrées. La crainte de la disette, la crainte des malfaiteurs, une sorte d'appréhension, d'anxiété continuelles, changèrent en ce moment le courant des idées, et, en face de ce double danger, chacun ne songea plus qu'à sa sécurité personnelle.

CHAPITRE VI

PUIMOISSON SOUS LE CONSULAT ET L'EMPIRE

(1799-1814)

Les brigands aux alentours de Puimoisson. — Essai de formation de la garde nationale. — Arrivée d'un détachement de dragons (brumaire an VIII). — Réquisitions. — Vol à Telle (ventôse an VIII). Vol à la bastide de la veuve Arnaud et d'Antoine Segond (brumaire et frimaire an IX). — Rabel, fusillé à Puimoisson (ventôse an IX). — Vols et effractions. — Etat de misère. — Bureau de bienfaisance. — Réparations diverses.

Jusqu'à ce jour, Puimoisson avait été à l'abri des incursions des bandes qui terrorisaient la partie septentrionale du département du Var, et, lorsque le directoire du département demanda au maire s'il n'avait pas à se plaindre des anarchistes qui parcouraient les communes, celui-ci avait pu lui répondre, sur un ton quelque peu plaisant : « Nous n'avons vu dans notre contrée *aucun animal de cette espèce*. La plus grande tranquillité règne dans la contrée, et rien n'annonce qu'elle puisse être troublée. »

Il se trompait néanmoins, et les faits vinrent bientôt lui donner le démenti, car, dès le 18 prairial an VII, à l'heure de minuit, Romany, commissaire du directoire exécutif de Riez, lui dépêchait un exprès pour l'informer qu'une troupe de brigands armés, au nombre de trente ou quarante, circulaient dans les environs ; que ce même jour, à la nuit tombante, ils avaient pillé la maison de Cléricy à Roumoules, s'étaient portés, de là, au château de Campagne, où ils avaient enlevé l'argent, l'argenterie, les bijoux, les linges. Il lui donnait ordre de convoquer d'urgence la garde nationale, de battre les bastides et de faire part de cette communication aux autres communes circonvoisines (18 prairial an VII).

Mais comment réunir la garde nationale ? Elle n'était pas organisée ! « Et ce n'est pas la faute de l'administration municipale, écrivait le maire, répondant aux reproches qu'on lui en faisait. Plusieurs fois, les habitants ont été convoqués à cet effet, et, par suite d'une insouciance et d'une apathie coupables, ne se sont pas présentés ! » La horde, pour cette fois, ne vint pas à Puimoisson, mais elle ne devait pas tarder d'y paraître.

Bientôt, en effet, nous voyons s'ouvrir chez nous une ère de brigandage. Le pillage, le viol, l'assassinat s'organisent dans notre malheureux pays. Des agressions à main armée se produisent tous les jours, tantôt sur un point, tantôt sur un autre du territoire. « Les campagnes, écrit-on aux administrateurs de Digne, sont sur le point d'être abandonnées par les fermiers. Une femme de cette commune a été attaquée, il y a deux jours, par deux de ces monstres ; elle aurait été odieusement outragée, si elle n'avait pas été dans un état de faiblesse extrême ; l'effroi qu'elle a eu l'a rendue si malade qu'elle n'est pas sans danger. Les habitants de la commune sont épouvantés, chacun craint, chacun tremble, et personne n'ose s'exposer.... Il ne se passe pas de jour que les brigands ne soient vus dans les bois de Puimoisson, de Valensole, de Brunet. » Ceci se passait le 26 vendémiaire an VIII.

Il devenait urgent, on le voit, de rassurer les habitants et de se mettre en état de défense. On reprend le projet de formation d'une garde nationale sédentaire, qui n'avait existé jusque là que sur le registre. « Les ravages que des hommes de sang exercent, dit une délibération du 5 brumaire an VIII, nous obligent à organiser de suite la garde nationale sédentaire. »

Mais ces hommes sans expérience, étrangers pour la plupart au maniement des armes et paralysés par la peur, que pouvaient-ils ? Les administrateurs de la commune comprirent combien faible était le secours qu'on pouvait en attendre et décidèrent de s'adresser aux administrateurs du département, pour leur faire connaître la situation et leur demander du secours.

Le général de brigade, Roman, envoya de suite à Puimoisson un détachement de trente dragons, pour y séjourner jusqu'à nouvel ordre, faire des patrouilles dans le voisinage du cantonnement et chasser les scélérats qui s'y réfugiaient.

Le croirait-on ? Cette mesure si sage fut désapprouvée par les habitants. Au lieu de se féliciter d'être désormais en sûreté, la population ne pensa qu'aux trente rations de bouche et aux trente rations de fourrage qu'elle devait fournir journellement à ses défenseurs. Il est bien vrai que toutes les communes du canton étaient appelées à fournir leur part contributive. Mais les unes tardaient à payer ; d'autres, comme Roumoules, se plaignaient qu'on les traitait en pays conquis et refusaient leur quote-part. Bref, le 23 brumaire an VIII, la population de Puimoisson ne veut déjà plus ses soldats ! Elle se plaint « que les dragons enlèvent aux particuliers le fourrage nécessaire à l'exploitation de leurs terres, et le service qu'ils font, ajoute-t-elle, ne peut en aucune manière nous être utile relativement aux brigands qui infestent ces contrées ». Là dessus, elle délègue le citoyen Paul Nicolas auprès de l'administration centrale, pour les faire retirer. (23 brumaire an VIII.)

Le général Pelletier, commandant le département, comprit mieux l'intérêt du pays, et, tout en promettant au délégué d'alléger la commune, il laissa à Puimoisson le détachement de dragons, avec ordre de redoubler de vigilance, et fit une nouvelle réquisition de fourrage dans les communes du canton pour alimenter le magasin militaire de Puimoisson, lequel fut établi dans la chapelle des pénitents (30 brumaire an VIII).

C'était l'impuissance absolue, la crainte d'une inévitable disette, qui faisait redouter les défenseurs presque autant que l'ennemi ; car, dans la courte période de vendémiaire à frimaire, des réquisitions incessantes étaient venues aggraver la misère du peuple et le menacer des horreurs de la faim. En effet, le 22 brumaire, Puimoisson fournit seize bêtes à bâts, 5 quintaux de blé et 2 de seigle, pour le magasin militaire de Barcelonnette. Cinq jours plus tard, soit le 27, Puimoisson seul est appelé à fournir 66 quintaux de blé et 18 quintaux de seigle, pour les 5,000 hommes qui sont dans le susdit pays, et, comme on refusait de payer, le commissaire des guerres dut envoyer des militaires de Digne pour s'établir en garnisaires chez l'habitant. Onze jours après (8 frimaire), une réquisition, grevant le canton de 90 quintaux de froment et de 30 quintaux de seigle, taxait le seul bourg de Puimoisson pour 40 quintaux de l'un et 12 de l'autre. Les habitants, n'y tenant plus, déléguèrent Allemand auprès du général Pelletier, pour le supplier plus instamment encore de retirer les dragons du pays.

Mais le moment était mal choisi pour demander le licenciement des troupes, car l'émotion causée par la nouvelle de l'horrible assassinat commis dans une campagne, à quelques kilomètres de Puimoisson, n'était pas encore calmée, qu'un autre crime était commis dans le terroir, vers le haut de la montée de Telle.

Quatre fameux brigands, faisant partie de la bande qui ravageait nos pays, Félix Barthélemy, de la Valette, Laurent Barthélemy, son frère, Nicolas-Félix Revest, d'Auriol, et Etienne Truffier, dit le Grava, de la commune d'Esparron-du-Verdon, allèrent se poster en lieu propice et assaillirent au passage, en plein jour, un marchand bijoutier de Marseille, nommé Vialet, à qui ils enlevèrent pour 37,000 francs de marchandises. Vialet, étant parvenu à fuir pendant qu'on fouillait ses malles, vint en toute hâte à Puimoisson requérir la force armée. Près de trois cents hommes partirent aussitôt à leur poursuite. Les brigands, qui se partageaient une partie du butin et s'occupaient de cacher l'autre, entendant venir la troupe, eurent l'adresse de se dissimuler entre deux terres, dans un *vala*, dont on ne passa qu'à la distance de dix à douze pas. Et tandis que les gens armés battaient les bois et les buissons, ils purent, sans être aperçus, gagner la bastide Seguin, aux plaines de Valensole, qui leur servait de repaire. Après avoir soupé, ils se dirigèrent vers Esparron, laissèrent une grande quantité des bijoux volés entre les mains de Marie Jourdan, femme Arène, surnommée la « Belle Marchande », aubergiste et recceleuse, et portèrent le reste à Rougiers, où ils parurent tous ayant les doigts remplis de bagues et d'anneaux (1).

---

(1) Ce récit est extrait de l'interrogatoire de Jean-Pierre Pons, dit Turriers fameux brigand, déposant devant Jean-François Pissin-Barral, juge au tribunal spécial de Draguignan, le 10 vendémiaire an XII, et contenu dans un ouvrage précieux : *Procédure instruite contre les prévenus de brigandage, comme auteurs ou comme complices*. (4 vol, in-4°, 1re partie, fos 160 et passim ; Draguignan, chez Fabre, imprimeur libraire, an XII-1804.) — On y trouve de longs et curieux détails sur les tristes exploits de Marie Jourdan, native d'Espinouse, mariée à un sieur Arène, d'Esparron, et surnommée la Belle Marchande.

Le vol ayant été commis sur le terroir de Puimoisson, Vialet assigna la commune devant le tribunal du département en restitution des bijoux volés. La commune prit des défenseurs et, par délibération du 16 germinal an VIII, députa Allemand pour instruire le tribunal des circonstances de l'attaque. Nous n'avons vu nulle part que la commune ait été condamnée à aucune restitution sur ce chef.

Cette attaque en plein jour, l'arrestation de Granoux André, courrier de Digne à Riez, à qui on vola les dépêches, celles de trois bouchers de Riez, nommés Gallet (cadet), Caille, Imbert, et de Louis Tournatori, cordonnier, qui eurent lieu au terroir de Puimoisson et à peu près à la même époque (fin nivôse an VIII), eurent beaucoup de retentissement et firent connaître au loin la fameuse descente de Telle. Le général commandant les Basses-Alpes s'en alarma et, à la date du 10 ventôse an VIII, écrivit au maire, Augustin Antelmy (1), la lettre que nous reproduisons ci-dessous : « J'apprends avec la plus vive douleur que le brigandage fait des progrès rapides sur votre territoire et que les avenues de votre commune servent tous les jours de théâtre aux scélérats. Il est temps que l'apathie des administrateurs cesse et que le règne du crime finisse. Ordonnez à vos administrés de prendre les armes ; qu'on sonne la cloche d'alarme dès que les brigands paraîtront sur le territoire. Prévenez vos administrés que, s'ils continuent à *garder un silence coupable sur la retraite des brigands*, ils seront les pre-

---

(1) Augustin Antelmy avait été nommé président temporaire (4 vendémiaire an VIII) après qu'Allemand eut enjoint à Jourdan de cesser de suite ses fonctions, en vertu d'une lettre du ministre de l'intérieur et parce que Jourdan, ayant été élu en l'an IV et en l'an VI, ne pouvait être élu une troisième fois, la constitution n'admettant que deux élections consécutives.

mières victimes de leur complicité... Je veux le retour de la paix dans les Basses-Alpes et l'anéantissement du brigandage. Si je ne puis détruire les brigands, je frapperai leurs complices. Signé : Pelletier. »

Ainsi que cette lettre le donne à entendre, il est malheureusement vrai que les brigands, qui infestaient les environs, trouvaient trop facilement asile chez certains particuliers. Les bastidans, plutôt par crainte que par intérêt, achetaient leur sûreté par la complicité du silence, leur accordant, bien malgré eux, un refuge qu'ils n'étaient plus en puissance de leur refuser, car il y allait de leur vie, et c'est le fusil en joue et le poignard sous la gorge que ces hôtes incommodes et compromettants réclamaient l'hospitalité.

Les bois qui s'étendent entre Puimoisson et Brunet, les gorges sauvages et accidentées qui, de Saint-Jurs et de Trévans, s'ouvrent sur la vallée d'Estoublon, étaient les endroits particulièrement affectionnés par les bandes. C'est dans ces quartiers déserts, d'où les brigands fondaient à l'improviste sur les voyageurs, comme l'épervier sur sa proie, qu'on dut diriger des forces. Le 24 germinal an VIII, le commandant du détachement de Puimoisson reçut ordre d'expédier vingt polonais à la campagne du Logisson et vingt autres dans les gorges d'Estoublon, avec un sergent responsable, pour surveiller les chemins, faire des patrouilles et veiller à la sûreté générale du quartier. Pour remplacer les polonais en excursion et maintenir la sécurité dans le bourg, on dut prendre un homme sur vingt dans le pays et former la garde nationale permanente (2 floréal an VIII, 21 avril 1800).

Mais comment former une garde nationale, alors que tous les fusils avaient été portés à Digne, que les munitions avaient été vendues? « Nous ne pourrons obtempérer aux ordres du gouvernement.... Le stationnement prolongé des troupes à Puimoisson a considérablement amoindri nos provisions, et, sous peu, nous ne serons plus en mesure de fournir les vivres nécessaires, si le gouvernement ne vient pas à notre aide. »

Cependant le général de division Férino arrivait, revêtu de pouvoirs extraordinaires pour les départements de l'Ardèche, de la Drôme, de Vaucluse et des Basses-Alpes. Le 9 messidor an VIII, il écrivit, de son quartier général d'Avignon...., qu'il sait que les brigands sont reçus dans les communes, que Noyers en avait reçu dix, etc. Il invite le préfet à avertir les communes qu'il marche avec du canon et qu'il fera mettre le feu dans tous les lieux où les assassins auront été reçus sans résistance.

D'autre part, sept jours après, le 16 messidor an VIII, le chef de bataillon de Riez écrivait au maire de Puimoisson » qu'il avait été envoyé pour purger la contrée des scélérats; qu'on avait fait des battues, mais que tout n'était pas fait. Il le requiert de commander, pour le dimanche suivant, quarante hommes de la garde nationale, qui se joindront à son détachement, afin de poursuivre les brigands. »

Ces menaces et ce déploiement de forces eurent pour résultat d'intimider les scélérats, qui désertèrent la contrée.

Mais ce ne fut pas pour longtemps. Le 6 brumaire de l'an IX (27 oct. 1800), un nouvel attentat vint jeter la consternation dans le pays. Six brigands armés et masqués vinrent attaquer la bastide de la veuve Arnaud, née Marguerite Bertrand, située en haut de la vallée de saint Apollinaire, enlevèrent l'argent, les bijoux, le linge, tout ce qui pouvait être facilement transporté. Et, chose étrange, ce n'était plus que par le bruit public qu'on apprenait ces attentats. La population, absolument terrorisée, n'osait même plus porter plainte, et les victimes se laissaient dépouiller sans mot dire, heureuses d'avoir la vie sauve.

Aussi l'autorité locale, qui s'était prêtée au vœu des habitants en demandant le renvoi des soldats, comprit l'étendue de l'imprudence qu'elle avait commise et se hâta de redemander du secours.

Vingt hommes furent envoyés avec le lieutenant Vaucluse. Mais, deux jours après, le commandant de Riez ayant jugé à propos d'envoyer Vaucluse dans un autre cantonnement et de ne laisser ici que douze hommes avec un sergent pour commander la garde nationale enfin formée, on protesta contre cette mesure et on demanda qu'à cause des brigandages commis sur le terroir, on laissât ici le citoyen Vaucluse avec ses vingt hommes, « n'étant pas convenable qu'il n'y ait pas un officier pour commander une garde nationale si nombreuse ».

Mais tandis que la garde dormait au village, les brigands veillaient et rôdaient aux champs ! Durant la nuit du 13 au 14 frimaire an IX (4-5 décembre 1800), six brigands armés et masqués se présentèrent à la maison de campagne habitée par Antoine Segond, ménager. Après avoir enfoncé les portes et épouvanté par leurs menaces et leurs mauvais traitements tous les habitants de cette campagne isolée, ils enjoignirent au fermier, en lui appuyant le canon du fusil sur la poitrine, de leur faire connaître en quel endroit il cachait son argent. Le malheureux, tremblant de peur, incapable de se défendre, hors d'état d'être secouru par les siens, glacés comme lui d'épouvante, balbutiait qu'il n'avait pas d'argent caché. On lui passa la corde au cou, on le suspendit à diverses reprises, lui demandant toujours d'indiquer sa cachette. « .... On le coucha en joue différentes fois, dit le rapport que nous avons sous les yeux, et finalement, touchés peut-être par les larmes et les supplications du patient et de toute la famille, ils se contentèrent de le frapper à coups de crosses, à le garder à vue, tandis que quatre de ces brigands fouillaient la maison de fond en comble et mettaient à part tout ce qu'ils voulaient emporter. Il est étonnant, dit le maire, relatant cette agression au préfet, que ces brigands aient l'audace de venir dans le territoire d'une commune où il y a des troupes de ligne, et plus étonnant encore que le commandant de Riez ait retiré une partie des troupes que le général y avait envoyées. Qu'on nous fasse revenir le citoyen Vaucluse. »

Il est difficile, aujourd'hui, de se faire une idée de ces scènes de désordre sans cesse renaissantes, de ces agressions à main armée, de ces irruptions violentes dans les maisons isolées, qui se produisaient presque quotidiennement, malgré les efforts tentés pour y mettre un terme, malgré l'ardeur dans la recherche et la rigueur dans la répression. L'un de ces brigands, nommé Rabel Gaspard, cabaretier à Roumoules (1), ayant été saisi, fut condamné à mort par le tribunal de Digne. En se rendant à Roumoules, lieu désigné pour l'exécution, on dut s'arrêter à Puimoisson. Une fois arrivé là, Rabel, ayant refusé d'aller plus loin, fut adossé à un mur, sur la place, tout près du puits, et fusillé par les soldats chargés de le conduire (30 ventôse an IX, 21 mars 1801, 4 heures du soir).

Cette exécution et celles qui eurent lieu dans plusieurs communes voisines mirent fin, chez nous, à l'ère de brigandage dont les habitants avaient eu tant à souffrir. Toutefois, l'ère des vols avec effraction parut s'ouvrir encore vers l'an X. Le 15 ventôse de cette année, on brisa, pendant la nuit, la porte de la bastide de Jean-André Bausset, au quartier du Défend, ainsi que la porte d'un pavillon situé tout près, et on fit main basse sur tout ce qu'on put trouver. Dans la nuit, du 16 au 17, un autre vol eut lieu à la campagne de Pierre Bérard ; le 1er germinal, c'est la bastide d'Eustache Garcin, tenue à ferme par Morenon, qui reçoit la visite des dévaliseurs. Puis c'est le tour du bastidon de Jean-André Bausset, de la maison de la veuve Engelfred, de la veuve Cauvin, le pavillon du citoyen Martin, etc., etc. Ces vols étaient occasionnés plutôt par la misère et la faim que par la cupidité. C'est générale-

---

(1) Il était fils de feu André Rabel et de feue Catherine Bondil, et âgé de 40 ans.

ment, en effet, sur le pain, les denrées, les salaisons, le linge, les vêtements qu'on fait main basse. D'autre part, la licence des mœurs avait augmenté avec la misère, et les dernières années d'anarchie avaient donné naissance à un nombre inquiétant d'enfants illégitimes, qu'on trouvait exposés soit aux portes des maisons, soit même en plein champ et dans des vallons reculés.

L'état de gêne ne fut malheureusement pas transitoire dans notre pays ; il se prolongea jusque vers les années 1811-1812-1813, qui furent trois années particulièrement mauvaises. Le pain manqua ; le blé atteignit le prix exorbitant de 120 francs la charge ; « on le volait même dans les champs et on se soutenait à peine par le secours des pommes de terre. »

Cette misère persistante décida la population de Puimoisson à solliciter l'établissement régulier d'un bureau de bienfaisance, qui serait chargé d'administrer les biens des pauvres et d'en faire la répartition selon les besoins. En réponse à cette demande (24 janvier 1813), le préfet établit le bureau de bienfaisance sous la présidence du maire, en application des lois du 7 frimaire an VII et du 4 ventôse an IX, et nomma pour administrateurs Martin Pantaléon, desservant, Bœuf Louis, Bausset Antoine, Eyssautier Louis et Durand Mayeul (1).

Cette même année, la municipalité mit en adjudication le déblaiement et la plantation de la place publique (2), et, comme la présence du cimetière joignant l'église déparait la place, gênait la circulation et, en tout cas, était contraire aux dispositions du décret du 23 prairial an XII ; que, du reste, il était trop étroit depuis qu'on n'enterrait

---

(1) L'arrêté est daté de la sous-préfecture de l'arrondissement de Digne, 28 janvier 1813. Signé : Rey-Pailhade, sous-préfet.

(2) La dépense s'éleva à la somme de 385 francs.

plus dans l'église (1), elle prit une délibération (16 mai 1813) visant sa translation, qui, toutefois, n'eut lieu que dix ans plus tard.

Du reste, une réparation plus urgente s'imposait. Des pierres se détachaient de temps en temps du clocher et constituaient un danger permanent pour la population ; la maison commune était en ruine, et le conseil municipal était obligé de tenir ses séances dans une salle du presbytère. On affecta à ces réparations urgentes une somme de 488 francs qui était disponible. C'est lors de cette réparation qu'on ouvrit au clocher la petite porte donnant accès sur la voute de l'église et qui, depuis, a été murée.

---

(1) Il n'avait que 350 mètres de surface.

CHAPITRE VII

PUIMOISSON SOUS LA RESTAURATION

(1814-1830)

Adhésion à la déchéance de Bonaparte (1er mai 1814). — Place Duval. — Gîte d'étapes. — Serment de fidélité au roi et à Napoléon. — Achat de la chapelle de Notre-Dame (1817). — Réparations. — Fondation du vicariat (8 mai 1821). — Translation du cimetière (26 novembre 1823). — Nomination d'Allemand, maire (25 juin 1824). — Etat moral du pays durant cette période.

On sait comment, après l'abdication de Napoléon Ier (14 avril 1814), par la plus soudaine des révolutions, les Bourbons remontèrent, avec Louis XVIII, sur le trône d'Henri IV et de saint Louis. Puimoisson accueillit avec bonheur cet avénement ; une fête fut célébrée le 24 avril, « en l'honneur de l'heureuse paix qui vient de terminer nos maux, et, comme les fêtes où la religion ne préside

pas sont bruyantes, tumultueuses, sans être consolantes »,
on décide l'assistance générale à une grand'messe solennelle et au *Te Deum* ».

D'autre part, le conseil, réuni le 1er mai 1814, rédigea une formule d'adhésion à l'acte du gouvernement qui prononçait la déchéance de Napoléon Bonaparte et de sa famille et le rétablissement des Bourbons.

« Et nous aussi nous voulons faire connaître notre adhésion à la déchéance de Napoléon Bonaparte et de sa famille et au rétablissement des Bourbons sur le trône de France ! Nos cœurs ont tressailli de joie à la nouvelle de ces heureux événements. Comment contenir nos vœux et nos transports, en pensant que nous quittons un gouvernement de fer pour passer sous le gouvernement tutélaire et paternel de cette race chérie qui fit pendant des siècles le bonheur des Français ! Le descendant d'Henri IV, bon comme lui, ne dédaignera pas notre hommage. Son cœur ne distinguera pas l'hommage d'une grande ville de celui d'une simple habitation. Placé à tête de la grande famille, sa bonté accueillera le vœu de tous comme un père accueille les vœux de ses enfants. » Cet acte d'adhésion fut envoyé au roi par l'intermédiaire du préfet.

La grande place publique qui domine le village venait enfin d'être déblayée des décombres du château et embellie par une plantation d'ormeaux. Le conseil décida de supprimer l'appellation de « Place de l'Egalité », qui rappelait un régime devenu désormais odieux, et de lui donner le nom de « Place Duval », pour perpétuer, dans la commune, le souvenir de la sage administration du préfet de ce nom (2 mai 1814). En même temps, le maire, Pascal Roux, entreprenait des démarches auprès de l'administration pour obtenir le déclassement de Puimoisson comme gîte d'étapes, les troupes nombreuses qui sillonnaient la France, qui stationnaient dans notre village, devenant une gêne pour les habitants.

Le 30 septembre 1814, les membres de la municipalité

furent invités à prêter le serment de fidélité à Louis XVIII. Allemand, qui, le 4 mars 1813, avait été nommé conseiller municipal par le préfet Duval et, comme tel, avait juré obéissance aux lois de l'empire et fidélité à l'empereur, dut prêter ce nouveau serment ; et quand, par arrêté du ministre de l'intérieur, le maire, l'adjoint, les conseillers municipaux furent autorisés à porter la décoration du Lys, on put voir le fougueux démagogue d'autrefois étaler sur sa poitrine le symbole de cette royauté qu'il avait tant décriée quelques années auparavant.

Mais, aux cent jours, nos édiles furent bien embarrassés ! Appelés à prêter de nouveau le serment de fidélité à l'empereur, ils durent s'exécuter, quoique d'assez mauvaise grâce. Toutefois, quand il fallut en venir à signer le procès-verbal de prestation de serment, quelques-uns se trouvèrent momentanément incapables de le faire, Arnaud, notaire, *pour ne le savoir*, et Allemand *à cause d'une attaque de goutte qui le privait, pour le moment, de l'usage de la main droite*, etc. etc. !!!

La population manifestait le désir de voir restaurer la chapelle de Notre-Dame. Toutefois, avant d'en entreprendre la réparation, on jugea prudent d'assurer à la fabrique, et par un acte authentique, l'entière et définitive possession de cet immeuble. Dominique Isoard, qui en était propriétaire, par procès-verbal d'adjudication des administrateurs du district de Digne, daté du 28 germinal an III, et qui en laissait la jouissance à la population, fut prié de s'en dessaisir et de la vendre à la fabrique. Il le fit par acte sous seing privé, à la date du 10 avril 1817, pour la somme de 60 francs payable dans un an, avec intérêt au 4 0/0 ; « moyennant quoi, il fait cession et rémission à la fabrique de tous ses droits et actions, pour en prendre possession et jouissance dès aujourd'hui, de la manière énoncée au procès-verbal d'adjudication, déclarant, en outre, tant pour lui que pour ses héritiers et successeurs à l'avenir ne pouvoir, sous aucun prétexte ni motif, relever aucune prétention ni former aucune demande à peine de tous dépens (1) ».

Une fois en possession de la chapelle, la fabrique fit exécuter les réparations les plus urgentes. Le produit d'une souscription volontaire permit de réparer la toiture, de mettre en état les appartements dévastés de l'ermitage ; Camoin, d'Espinouse, devenu plus tard célèbre aquarelliste et pour lors instituteur à Riez, exécuta un tableau de l'Assomption, pour remplacer la bannière des pénitents qui servait de tableau de fond depuis la restauration du culte.

Mais il n'y avait pas que la chapelle de Notre-Dame qui eût besoin de réparations. La charpente de l'église paroissiale venait de s'effondrer sur une longueur considérable (20 juin 1817). Les eaux pluviales, s'engouffrant par les ouvertures, endommageaient la voûte, qui laissait suinter l'eau de toute part. Une imposition extraordinaire de 15 centimes sur chaque franc de principal fut votée, et l'adjudication des travaux fut donnée aux maçons Gay, Icard et Feraud, pour la somme de 1,600 francs.

Depuis le rétablissement du culte, aucun vicariat n'avait été fondé dans la paroisse. De 1805 à 1810, un ecclésiastique âgé, Vassal Martin, avait prêté son concours au curé et ne recevait comme émoluments que le produit d'une souscription volontaire, versée chaque année par les habitants. A sa mort, cet ecclésiastique ne fut pas remplacé, et M. Martin, ayant donné sa démission de curé en 1818, continua de prêter son concours à M. Allemand, nommé curé (1818) et plus tard professeur de théologie au Grand Séminaire. Le 25 janvier 1821, le conseil de fabrique adressa une demande à l'effet d'obtenir un vicariat rétribué par l'Etat ; la demande est basée sur l'importance et

---

(1) Suit le reçu de la somme de 62 fr. 40 c., pour paiement du principal et des intérêts, daté du 22 juillet 1818.

l'étendue de la paroisse, où l'on compte mille trois cent trois habitants et quarante-sept campagnes habitées. Dans le cas où la demande serait prise en considération, on supplie l'évêque « de préférer à tout autre M. Martin, qui fut notre ancien pasteur et qui, depuis qu'il ne l'est plus, a continué à se rendre utile à l'église, quoiqu'il ne reçût pas de traitement du gouvernement (1) ».

La demande obtint l'effet qu'on en attendait, et, par décision ministérielle du 8 mai 1821, un vicariat fut établi à Puimoisson, avec un traitement de 250 francs sur les fonds du Trésor et de 300 francs pris sur les fonds communaux. Le vénérable M. Martin, curé de la paroisse depuis 1795, accepta et remplit jusqu'à sa mort les humbles fonctions de vicaire.

La question de la translation du cimetière fut de nouveau agitée au sein de l'assemblée municipale. Tous reconnaissaient la nécessité de cette translation, mais tous ne s'accordaient pas sur le choix de l'emplacement.

Le local qui parut un moment réunir les suffrages unanimes fut une propriété d'Essautier, située au quartier des Condamines hautes. Après bien des pourparlers, où les petits intérêts personnels étaient en jeu, on convint de choisir le local actuellement occupé, qui fut vendu par Joseph Jugy. L'adjudication des travaux fut délivrée au maçon Garcin Frédéric, de Valensole, pour la somme de 2.175 francs, et, le 26 novembre 1823, le nouveau cimetière fut solennellement béni. L'ancien fut, dès lors, abandonné, et, en 1829, les cinq ans exigés par la loi pour la désaffectation étant écoulés, les 54 mètres de mur d'enceinte furent détruits, 230 mètres de terrain furent enlevés sur une hauteur de près de 2 mètres au-dessus du sol, les

---

(1) Il ne recevait qu'une allocation de 200 francs, votée par la commune.

ossements furent transportés au cimetière et l'ancien local fut nivelé au niveau du sol de la place (1).

L'année 1824 (25 juin) vit arriver à la dignité de maire le fameux Pierre-Léger Allemand, le fougueux révolutionnaire d'autrefois, qui ne fit pas difficulté de jurer solennellement fidélité au roi, à la charte, aux lois du royaume, dans ce même pays et en présence de ces mêmes concitoyens qui avaient été les témoins de ses serments de haine à la royauté et de mort aux tyrans (2)! Cet homme versatile et sans caractère fut aussi intolérant sous la royauté qu'il l'avait été jadis sous la Terreur et la Convention. Le premier acte d'administration de cet ancien pontife de la Raison fut de dénoncer les profanateurs du repos dominical. « Il existe de grands abus dans cette commune sur la sanctification des fêtes et dimanches, écrivait-il au préfet, à la date du 16 juillet 1824 ; la plupart des habitants travaillent ostensiblement ces jours-là, comme les jours ouvriers. » Et il termine sa lettre en demandant au préfet de nommer un agent de police pour empêcher ces désordres et pour faire observer la sanctification du dimanche (3). La mesure était louable en somme, puisqu'il s'agissait de faire exécuter une loi en vigueur en ce temps-là ; mais il est piquant d'en voir requérir l'application d'une manière si rigoureuse par un homme dont les antécédents étaient loin de faire prévoir un si beau zèle et qui, de jacobin ardent, devenait excellent outil de despotisme.

C'est lui-même encore qui, le 31 janvier 1825, après le départ de M. Allemand, curé, sollicite la nomination à la cure de Puimoisson de M. Bouvet, vicaire de Riez, par une lettre commençant ainsi : « Aprés la terrible révolu-

---

(1) Le devis de ce travail s'élève à la somme de 285 francs.

(2) Il fut nommé par le préfet, en remplacement de Nicolas Victor démissionnaire.

(3) Lettre du 16 juillet et du 30 octobre 1824. *Quam mutatus ab illo!..*

tion que nous venons de traverser, la religion et les mœurs étaient presque *oubliées...* »

De fait, la moralité, à cette époque, laissait beaucoup à désirer à Puimoisson. A la suite d'un scandale qui avait été donné dans le pays, Nicolas, prédécesseur d'Allemand, écrivait au préfet : « Il serait bon de faire un exemple dans cette commune, où l'immoralité est à son comble. » Les cabarets étaient fréquentés plus que jamais. Une passion effrénée pour les jeux de hasard avait gagné le pays. « Les enfants volent pour jouer », écrivait-on à cette époque. On jouait, en effet, jusqu'à des heures fort avancées de la nuit. La police, informée, faisait parfois irruption dans ces sortes de tripots ; on choisissait alors la maison de quelque particulier, et, quand la police se présentait pour faire ouvrir au nom de la loi, disent les différents rapports que nous avons sous les yeux, on faisait la sourde oreille pour donner aux joueurs le temps de s'évader par quelque porte dérobée ; à la fin, traqués de toute part, les joueurs choisissaient les caves, se donnaient rendez-vous dans des masures abandonnées, dans des vallons, en plein champ même, pour pouvoir se livrer sans crainte à leur passion désordonnée. Que de vols furent commis, que de ménages ruinés, que de familles désolées, que de fortunes même furent englouties dans ce gouffre sans fond qui attire ses victimes et ne leur laisse ni repos ni trêve qu'il ne les ait dévorées !

Le 14 mai 1825, mourut, à l'âge de 81 ans, le curé Martin Pantaléon, originaire de Puimoisson et qui, depuis le 29 mars 1795, avait exercé consécutivement les fonctions de curé et de vicaire dans cette paroisse, entouré d'ailleurs de l'estime et de la vénération de tous. Cette mort donna occasion à Allemand d'écrire à l'évêque, pour lui demander un vicaire. Un an plus tard, il fut lui-même frappé d'apoplexie, donna sa démission de maire en faveur d'Allibert, chirurgien, et mourut le 5 août 1827, à l'âge de

69 ans. Heureux si, par un sincère retour à la religion de ses pères et à la foi de sa jeunesse et par de cruelles souffrances chrétiennement supportées, cet homme qui avait personnifié chez nous la Révolution dans tous ses excès, a pu trouver pardon et miséricorde auprès de ce Dieu dont il avait souillé le temple, renversé les autels, méprisé la religion et vilipendé le culte ! Heureux si les bons exemples des derniers jours de sa vie ont pu compenser, dans l'esprit de ses contemporains, les scandaleux égarements de la première période de sa vie politique, égarements qu'il avait imposés et fait partager à notre pauvre population, grâce au prestige de son talent, au caractère de ses fonctions et à la fougue de son tempérament !... (1).

---

(1) Pierre-Léger Allemand, juge suppléant près le tribunal de première instance de Digne, fut nommé conseiller de fabrique le 1er avril 1813 et reçut le sacrement de confirmation, avec Victor Nicolas, tous deux officiers municipaux, le 8 juin 1821. — Arch. eccl., vol. 1626, f° 58, recto.

CHAPITRE VIII

PUIMOISSON SOUS LE RÈGNE DE LOUIS PHILIPPE
(1830-1848)

Orage du 28 juillet 1830. — Demande d'un bureau de poste. — Orages (1831-1833). — Demande d'une foire. — Vente des biens de l'hospice (1839). — Réparations et embellissements à Notre-Dame. — Refonte de la vieille cloche (1840). — Nouvelles instances pour obtenir un bureau de poste et l'établissement d'une foire.

Les émeutes de Paris et la chute de la branche aînée des Bourbons n'eurent aucun retentissement au sein de notre modeste commune. A ce moment, la population était consternée par un malheur qui la touchait de plus près, car, tandis qu'on se battait dans la capitale, un épouvantable orage se déchargea sur le terroir et le ravagea complétement (28 juillet). Une trombe d'eau s'abattit dans la matinée avec une violence inouïe ; les terrains un peu en pente furent profondément ravinés, et, sur le soir du même jour, la grêle vint écraser ce que la pluie du matin avait épargné ; tout fut donc saccagé. Les habitants, victimes de ce désastre, implorèrent le secours de l'Etat et sollicitèrent une indemnité qui ne leur fut pas accordée.

Ils ne furent pas plus heureux dans la démarche qu'ils tentèrent pour obtenir un bureau de poste. Jusqu'à ce jour, les demandes réitérées de la municipalité n'avaient eu aucun résultat. C'était le valet de ville, Pantaléon Coulet, qui, trois fois par semaine, allait chercher à Riez la correspondance de Puimoisson et recevait, de ce chef, un traitement de 20 francs de la commune et 5 centimes par chaque lettre distribuée. Il se produisait forcément des retards préjudiciables surtout aux nombreux habitants des campagnes, qui, n'ayant pas l'avantage d'une distribution à domicile, devaient venir eux-mêmes prendre leur correspondance chez le piéton. Le maire n'osa pas tout d'abord demander le luxe d'un bureau de poste ; il se hasarda à exposer timidement au préfet qu'il y aurait avantage pour la commune à établir un dépôt, où les lettres seraient laissées par les courriers de Marseille à Digne et distribuées par une personne spécialement désignée, moyennant une petite rétribution. Cette demande, formulée en termes si modestes, fut regardée comme non avenue. Il faudra bien des demandes encore avant d'obtenir cette amélioration si ardemment et si universellement souhaitée.

Décidément, notre pauvre commune, malgré sa nombreuse et docile population, n'avait pas les faveurs gouvernementales ! Si, du moins, elle eût reçu quelque compensation du côté des saisons ! A peine consolée de la ruine du terroir par l'espérance d'une belle récolte, elle vit soudain cette espérance renversée. Le 26 avril 1831, la grêle vint ravager la moitié du terroir et, en endommageant le blé, détruire la récolte des raisins, des amandes et autres fruits. L'Etat, cette fois, fut généreux ! Il alloua la somme dérisoire de 200 francs, pour indemniser d'une perte de 10,000 francs ! Décidément, le ciel et les hommes paraissaient ligués contre notre pays. Deux ans plus tard,

27 mai 1833, un orage affreux vint anéantir les espérances des agriculteurs ; l'Etat, cette fois, ne fut pas plus généreux qu'aux années précédentes, et les cultivateurs durent se consoler dans l'espoir d'une année plus heureuse.

Tout au moins, voulut-on recourir à quelque moyen pour faire entrer des ressources dans le pays et pour tempérer l'état de gêne que l'inclémence des saisons et la parcimonie de l'Etat entretenaient chez les habitants.

Dans ce but, le conseil municipal décida de faire revivre les deux foires que la Révolution avait accordées au pays et de demander la création d'une nouvelle foire pour le 16 août, lendemain de la fête patronale.

Cette demande si légitime fut repoussée, et ce rejet injustifié fut d'autant plus sensible qu'on voyait, tous les jours, des demandes de ce genre adressées par les municipalités environnantes obtenir tout le succès désiré. Aussi, lorsque, en 1840, notre municipalité fut invitée, suivant l'usage, à donner son avis sur l'opportunité de la création d'une foire à Sainte-Croix et à Valensole, elle répondit avec quelque humeur à l'administration départementale qu'elle pouvait bien faire comme elle voudrait, puisqu'on refusait à Puimoisson ce qu'on accordait si libéralement aux autres et que notre pays était toujours le moins favorisé.

Par suite de la succession malheureuse des mauvaises récoltes, les propriétés foncières de l'hôpital Saint-Jacques, qui n'avaient pas été nationalisées, ne produisaient plus qu'un revenu considérablement amoindri, de telle sorte que les ressources diminuaient à mesure que les besoins devenaient tout à la fois et plus nombreux et plus urgents. D'autre part, le bureau de bienfaisance, à qui incombait l'administration de ces biens et qui en distribuait le produit, craignait, et non sans raison, que la mauvaise culture que recevaient ces terres ne vint à les épuiser et à leur faire perdre une partie de leur valeur. Le conseil municipal, d'accord avec le bureau de bienfaisance, pensa que ces biens, une fois réalisés, l'intérêt de l'argent qui proviendrait de la vente permettrait de secourir plus avantageusement les pauvres. Il décida, en conséquence, de vendre le plus tôt possible ces propriétés et d'opérer le placement du produit d'une manière solide ; ce qui fut fait peu de temps après (25 février 1839).

Nous avons vu, plus haut, avec quel zèle louable le curé Martin, secondé par la population, s'était efforcé de faire disparaître les traces du vandalisme révolutionnaire à la chapelle de Notre-Dame, après en avoir assuré l'entière et paisible possession à la fabrique. Mais tout n'avait pas été fait. En 1837-1839, le maire expose au conseil que la toiture est en ruines, que les bois du plafond tombent de vétusté, qu'il faut à tout prix conserver debout ce monument de la piété de nos pères, qu'il sera plus facile de le restaurer que de le relever plus tard de ses ruines. Des impositions extraordinaires furent votées sur les contributions foncières et mobilières ; le département alloua 150 francs, et M. Pascal, secondé admirablement par M. Nicolas, parvint à compléter la somme de 491 francs, portée par le devis. Les avenues furent embellies et complantées d'arbres que nous y voyons aujourd'hui, et une croix fut solennellement plantée au sommet du petit tertre couronné de verdure qui domine la chapelle (1840).

Le zèle de M. l'abbé Pascal, devenu plus tard grand-vicaire, ne s'arrêta point là. Après avoir remplacé par une chaire en bois de noyer la chaire en plâtre qui avait été dressée à la hâte après la Révolution (1), il voulut refondre la grosse cloche, qui, fêlée depuis fort longtemps, n'était plus entendue que par les voisins qui vivaient à l'ombre du clocher. Déjà, en 1830, ce projet avait été agité ; une

---

(1) Cette chaire, œuvre de Tenoux, menuisier à Puimoisson, coûta 300 francs.

convention avait même été passée avec Baudoin, fondeur à Marseille (7 mars 1830). Mais, on ne sait par quelle influence secrète, les conseillers municipaux et les plus fort imposés, réunis à la commune, refusèrent de s'entendre à la dernière heure et se retirèrent sans délibérer et sans signer, bien que déjà ils eussent demandé au préfet l'autorisation de s'imposer extraordinairement jusqu'à concurrence de la somme de 1.500 francs.

M. Pascal n'eut pas recours au concours financier de la commune. Le 17 mai 1840, une convention intervint entre Baudoin, fondeur à Marseille, et Giniez, trésorier de la fabrique. Baudoin s'engageait à fournir une cloche du poids de 612 kilos, qu'il garantissait pendant trois ans et qu'il placerait à ses frais, le 20 juin suivant, à peine de 2 francs de dommages et intérêts pour chaque jour de retard. De son côté, la fabrique cédait la vieille cloche du poids présumé de 898 kilos, plus la somme de 200 francs à payer après la mise en place, tous frais de transport, d'installation et de déplacement à la charge du fondeur. La cloche fut bénite, le 26 juin, au milieu d'un grand concours de fidèles, sous le nom de *Michel*, que lui donnèrent M. Marc-Antoine Allibert, maire, son parrain, et Françoise-Henriette Chaix, veuve Arnaud, sa marraine.

Cependant, la population n'avait pas renoncé aux avantages d'une foire au 16 août et en poursuivait l'établissement avec une persévérance digne d'un plein succès. En 1841, en 1844 et 1845, ce sont des demandes réitérées, des instances les plus vives, des supplications même ! Le moment n'était pas venu ; c'était de la République que la population devait recevoir cette légère faveur, que s'obstinait à lui refuser le gouvernement de Louis-Philippe. Dailleurs, il faut le dire, la municipalité de Riez ne se bornait pas à donner un avis défavorable ; elle déployait les plus puissantes influences pour empêcher l'établissement chez nous d'une foire, qui, pensait-elle, nuirait aux intérêts du chef-lieu. Toute la raison du refus obstiné qu'on opposa aux légitimes et pressantes demandes de Puimoisson est là.

Rebutée sur ce point, notre municipalité réitère la demande d'un bureau de distribution, « le long séjour de notre correspondance à Riez étant préjudiciable aux intérêts du commerce » (15 novembre 1846). Les mêmes influences empêchèrent que Riez ne perdît un peu de sa prépondérance par les avantages qu'on attribuerait à notre commune, et, cette fois encore, la demande fut rejetée.

CHAPITRE IX.

PUIMOISSON DEPUIS 1848 JUSQU'A NOS JOURS

Révocation du conseil. — Nomination d'une commission municipale (1848). — Etablissement de la garde nationale. — Elections de juillet (1848). — Animosité des partis. — Concession de la foire du 16 août. — Arrivée des religieuses (1850). — Mouvement insurrectionnel (1851). — Proclamation de l'Empire. — Adresse à l'Empereur (1853). — Choléra (1854). — Rectification de la route (1856). — Installation d'un bureau de poste (1858). — Projet de création d'un canal d'irrigation (1860). — Projet de construction d'une école et d'agrandissement de l'église (1861). — Incendie des aires (1862). — Cession de la chapelle des pénitents (1866). — Orage. — Agrandissement de l'église (1867). — Suppression du vicariat (1879). — Réparation du clocher (1880). — Acquisition de l'hôtel de ville. — Construction de l'école. — Laïcisation de l'école des filles (1892). — Etablissement d'un bureau télégraphique (1893).

La révolution de 1848 trouva la commune de Puimoisson divisée en deux camps bien tranchés au point de vue politique. Le parti royaliste, de beaucoup le plus nombreux et le plus influent, avait à sa tête le docteur Allibert, qui, depuis 1826, remplissait les fonctions de maire dans la commune. Le parti républicain avait pour chef le notaire Guirandy, homme aux idées plus avancées, ennemi personnel d'Allibert, qui avait su grossir ses rangs de tous les ennemis du maire et des adversaires de l'administration municipale.

Deux sociétés se formèrent et se qualifièrent mutuellement d'une façon tout à fait caractéristique. Les royalistes furent dénommés « leï Revoultas », parce qu'ils étaient censés dans un état de révolte contre le gouvernement établi ; les républicains furent surnommés « leï Descaladaïres », ou dépaveurs, par allusion aux républicains de Paris, qui avaient dépavé les rues pour dresser des barricades.

Cette dernière société, s'étant érigée en comité républicain, délégua quelques-uns de ses membres à Digne, pour solliciter la révocation de la municipalité royaliste et son remplacement par des hommes du jour.

Châteauneuf, commissaire du gouvernement provisoire dans les Basses-Alpes, accueillit favorablement la délégation, révoqua l'ancienne municipalité, et, sur la présentation de Guirandy, nomma Bœuf Charles président de la commission municipale et Ambroise Ambrois adjoint (27 mars 1848).

Toutefois, la majorité de la population n'était pas acquise à la cause républicaine ; elle en donna la preuve le 30 avril, quand il fut question d'organiser la garde nationale, la compagnie de service sédentaire et d'en choisir les officiers. La 1re compagnie, comprenant cent sept hommes de 21 à 35 ans, nomma Paul Arnaud capitaine ; Allibert Alphonse et Pierre Gay, lieutenants ; Allibert Vital et Jean-Baptiste Poilroux, sous-lieutenants. La deuxième compagnie, dite de service sédentaire, composée de cent quarante-cinq hommes, nomma Arnaud

Charles et Arnoux Eusèbe capitaines ; Bœuf Jean-Baptiste et Tardieu Victor, lieutenants ; Galicy Alexandre et Capel Joseph, sous-lieutenants. Or, tous ces chefs élus appartenaient au parti monarchiste.

Il y parut encore plus clairement lors des élections municipales du 30 juillet 1848. Cette opération, qui eut lieu dans la chapelle des pénitents, fut un écrasement pour le parti républicain. Arnaud Paul y fut élu maire, avec une majorité de cent soixante-neuf voix, et Allibert Alphonse fut nommé adjoint.

L'animosité des deux partis n'en devint que plus ardente. Les uns dissimulaient mal leur mécontentement; les autres se prévalaient peut-être un peu trop bruyamment de leur triomphe. Le soir du 6 janvier 1849, après le repas traditionnel du jour des rois, ceux qu'on appelait les révoltés passèrent en dansant et en farandolant devant le cercle des *descaladaïres*. Ces derniers virent dans cette manifestation bruyante une sorte de provocation. Quelques heures après, des paroles vives furent échangées; des paroles, on en vint aux coups; une mêlée s'ensuivit, et cette échauffourée, au cours de laquelle pas mal de horions furent échangés, reçut, quelques jours plus tard, son dénouement sur les bancs du tribunal correctionnel.

Un des premiers actes de la municipalité nouvelle fut de réitérer la demande de la tenue d'une foire le 16 août et le lundi de Pâques, et de solliciter la création d'un bureau de distribution de lettres à Puimoisson (16 mai 1849).

Cette fois, du moins, les vœux des habitants furent en partie exaucés, et, malgré les plus vives oppositions suscitées par la municipalité voisine, le conseil général accorda la tenue d'une foire le 16 août de chaque année. Riez, qui n'avait pu en empêcher l'établissement, voulut au moins en diminuer l'importance et s'empressa d'en demander une pour le premier lundi d'août. En vain,

Puimoisson fit entendre les protestations les plus justifiées ; il fut passé outre à son opposition.

Sur ces entrefaites, Mlle Bérard, institutrice, ayant dû quitter la direction de l'école communale, deux religieuses de la Doctrine chrétienne furent appelées à venir la remplacer. Elles eurent bientôt conquis la sympathie des élèves, qui arrivèrent nombreuses, et celle des parents, qui s'applaudissaient, chaque jour, de la bonne éducation donnée à leurs enfants et du zèle avec lequel ces sages maîtresses s'acquittaient de leurs pénibles fonctions. Ces motifs engagèrent l'administration départementale à leur confier officiellement la direction de l'école communale, qu'elles ont gardée jusqu'en 1892 (9 mai 1850).

Cependant, l'agitation de la France avait son écho jusqu'au sein des plus petites communes du midi. Là aussi, les partis politiques s'agitaient, l'effervescence grandissait, des inimitiés personnelles, de petites rancunes jusque là contenues se faisaient jour sous le voile de l'opinion politique. Les sociétés secrètes, affiliées à la Montagne (car la seconde République eut aussi ses montagnards), couvraient nos régions comme d'un immense réseau et recrutaient leurs membres, parfois hélas ! bien inconscients, jusque dans les bourgades les plus reculées.

Puimoisson fournit son contingent de conspirateurs. Une société fut organisée ayant son président et ses chefs de décade ; elle recevait le mot d'ordre, était tenue au courant de la tournure que prenaient les événements et devait, à un moment donné, s'associer au mouvement d'insurrection générale, qui avait pour but de protester contre le coup d'Etat, devenu de jour en jour plus imminent.

Ce moment arriva. A la nouvelle du coup d'Etat du 2 décembre 1851 et de l'arrestation d'un grand nombre de représentants, les affiliés, fidèles au mot d'ordre reçu et au serment prêté, se levèrent et, munis des armes prises à la mairie ou recrutées chez les particuliers, précédés du tambour, marchèrent sur Digne, au nombre de cent environ. Plus d'un sans doute, à ce moment, dut regretter le serment prêté, serment dont il n'avait pas même entrevu toute la portée et qu'il ne soupçonnait pas devoir accomplir sitôt ! Plus d'un eût préféré la douce tranquillité, la chaude atmosphère du foyer familial aux hasards d'une expédition entreprise en plein hiver, expédition dont il ne comprenait pas les avantages personnels et pratiques et dont le succès devait lui paraître au moins douteux. Mais les regrets étaient tardifs ; la parole était donnée ; il fallait marcher ; on marcha donc. C'était le 6 décembre.

Chemin faisant, la troupe grossissait par l'adjonction des insurgés des localités voisines, lesquels marchaient sur le même mot d'ordre et dans le même but. En vain, un homme de bon sens, auquel son âge, son expérience et sa situation donnaient un vrai prestige, voulut-il haranguer les insurgés, tandis qu'ils étaient à Mezel, et, dans un langage sage et bienveillant, essaya-t-il de leur faire entrevoir l'inutilité et le danger de leur démarche. Ce fut peine perdue : nos intrépides vengeurs de la Constitution violée continuèrent leur marche sur Digne, où ils trouvèrent tant bien que mal à se nourrir et à se loger.

Après leur départ de Puimoisson, quelques échappés de la bataille d'Aups, poursuivis par la force armée, vinrent en toute hâte, pour se joindre aux insurgés de Puimoisson, et enjoignirent au maire l'ordre de réquisitionner des véhicules pour les transporter plus rapidement à Digne ; ce qui fut fait. Mais, arrivés à Estoublon, ils durent se disperser à travers les collines, sur l'annonce de l'arrivée des troupes régulières, qui, de Riez, marchaient sur le chef-lieu.

On sait comment finit cette expédition. A peine installés à Digne, les insurgés durent marcher au-devant de la force armée qui arrivait pour rétablir l'ordre. La rencontre eut lieu aux Mées. Quelques-uns tinrent bon et firent le coup de feu, mais beaucoup n'affrontèrent pas le péril de la lutte, et, pendant plusieurs jours, l'on put voir revenir ces héros, qui par un chemin, [qui par l'autre, regagnant tristement leurs foyers qu'ils avaient quitté si mal à propos, et reprenant leurs occupations habituelles, jusqu'au jour où la force armée vint opérer leur arrestation et les conduire à Digne.

L'agitation politique était complétement éteinte chez nous lorsque arriva la nouvelle de la proclamation officielle de l'Empire (2 décembre 1852). Le conseil municipal, extraordinairement réuni, décida « de donner tout l'éclat possible à cet acte glorieux » *(sic)*, vota des fonds pour des réjouissances publiques et, afin de mieux accentuer son dévouement au gouvernement établi, profita de l'occasion du mariage de l'Empereur (30 janvier 1853) pour manifester son attachement par l'adresse suivante : « Sire, en vous rendant aux vœux si souvent manifestés de voir assurer dans votre descendance la transmission de l'Empire, vous avez acquis un nouveau titre à la reconnaissance de la France. Le conseil municipal de Puimoisson, organe de la commune entière, apporte à vos pieds le témoignage de sa vive gratitude, de son profond respect et l'hommage de son dévouement inaltérable à votre auguste personne, à la digne épouse que vous avez choisie et aux héritiers, qu'il supplie le ciel de vous accorder pour le bonheur et la tranquillité de la patrie. » (Archiv. municip.)

L'épidémie cholérique, qui promenait ses ravages dans toute la Provence, n'épargna point notre pays. Le mal éclata d'une façon tout à fait soudaine, le 18 août 1854, et prit, dès le début, un caractère de promptitude tout à fait alarmant. Quelques heures, deux heures parfois, suffisaient pour faire, d'un homme sain et vigoureux, une victime. Le fléau fut particulièrement intense du 14 au 16 septembre, où se produisirent cinq décès, et du 19 au 23, où s'en produisirent sept. C'est ce même jour que le fléau disparut, après avoir fait vingt victimes dans l'espace de trente-cinq jours (1).

C'est en 1856 qu'eut lieu la rectification du chemin de Digne à Riez. Il fut décidé que le délaissé serait rattaché en voie publique communale, les habitants ayant manifesté le désir de construire des maisons entre ce délaissé et la route nouvelle. De fait, ce quartier, autrefois presque désert, est devenu, grâce à ces constructions récentes, le plus agréable et le plus fréquenté du pays. La grande place publique reçut aussi de notables embellissements, et la population fut heureuse d'y voir installer le bureau de poste, depuis si longtemps demandé et enfin obtenu (1er juillet 1858).

Ici, se place l'étude d'un projet grandiose, dont la réalisation était de nature à enrichir notre pays et plusieurs localités avoisinantes. Frappé des avantages considérables qui pouvaient résulter pour la région de l'irrigation de nos plaines, le préfet des Basses-Alpes fit part à la municipalité d'un projet de création d'un canal à dériver du Verdon, vers Saint-André, et destiné à arroser une grande partie de notre plateau. Puimoisson, Brunet, Saint-Jurs, Montagnac, Allemagne, Sainte-Croix, Montpezat, Albiosc, etc., devaient bénéficier de cette importante création. Le canal devait avoir un débit de quatre mètres cubes d'eau par seconde, en temps normal. Par le moyen d'une saignée pratiquée au lac d'Allos, on pensait pouvoir augmenter le débit de deux mètres cubes, depuis le 15 juillet jusqu'au 15 septembre, et obtenir ainsi une dérivation totale de six mètres cubes durant la période des plus fortes chaleurs. La dépense présumée, pour les études préliminaires, fut évaluée 6,000 francs, somme qui,

---

(1) Sur ces vingt cholériques, dix avaient dépassé la soixantaine ; trois, la cinquantaine ; trois étaient dans la période de 25 à 30 ans ; les quatre autres étaient de tout jeunes enfants.

répartie entre les communes intéressées proportionnellement à l'étendue du terrain arrosé, se réduisit à 1,000 francs pour Puimoisson.

Comme on le voit, le projet était intéressant et devait procurer de sérieux avantages au pays. Mais les études commencées ayant révélé des difficultés d'exécution extraordinaires, le projet dut être abandonné, et la commune en fut pour son déboursé. Faisons des vœux pour qu'il soit repris un jour et mené à bonne fin.

Mais d'autres projets, d'un ordre purement local, faisaient en ce moment l'objet des préoccupations du pays et donnaient lieu à des conflits qui durèrent pendant quatre ans.

Par lettre du 25 juin 1861, le préfet des Basses-Alpes invitait la municipalité de Puimoisson à s'occuper de la création d'une maison d'école, l'ancien local ayant été *tout d'un coup* reconnu impropre et insuffisant. Arnaud Auguste, qui, sans être maire, s'était acquis une certaine prépondérance dans le conseil, grâce à ses connaissances juridiques et à son expérience des affaires, fut d'avis qu'il fallait exposer au préfet l'impuissance de la commune et solliciter la désaffectation et la cession de la chapelle des pénitents, qui présentait toutes les conditions voulues pour devenir un local irréprochable.

Des démarches dans ce sens furent donc tentées auprès du conseil de fabrique, possesseur de l'immeuble visé; elles demeurèrent sans résultat. Le conseil municipal se réunit de nouveau (12 août 1861), sous la présidence du maire, J.-B. Durand. Arnaud Auguste fut nommé secrétaire. Il exprima le regret qu'il éprouvait de voir l'insuccès des démarches du conseil municipal; il ajouta qu'il y avait dans la bonne installation des écoles primaires un élément de moralisation que le conseil de fabrique ne pouvait méconnaître et conclut en sollicitant l'intervention officieuse du préfet auprès de l'établissement fabricien, à l'effet de le ramener à une appréciation plus exacte des intérêts qu'il représente et d'obtenir de sa part un abandonnement qui aurait tous les caractères d'un acte de bonne administration et de charité éclairée. (Archives municipales, délibération du 12 août 1861.)

De son côté, le conseil de fabrique avait décidé la construction d'une sacristie et l'agrandissement de l'église par le prolongement de la nef latérale. A la suite de cette délibération (7 avril 1861), la préfecture envoya l'ordre à la municipalité de dresser un devis estimatif des dépenses reconnues nécessaires pour les améliorations à faire au vaisseau de l'église et de créer des ressources suivant la disposition des lois.

Le conseil municipal s'assembla et, par l'organe d'Auguste Arnaud, secrétaire, répondit au préfet : « Que toujours il avait été dit qu'on ferait les réparations projetées avec le secours des ressources centralisées dans la caisse de la fabrique ; que, puisqu'on demande aujourd'hui le concours financier de la commune, il y a lieu d'examiner si l'église manque réellement d'espace et de convenance et si la commune est en mesure de coopérer aux agrandissements et améliorations dont le conseil de fabrique reconnaît seul la nécessité. » Examinant donc ces divers points, il dit qu'il n'est pas prouvé que l'église manque d'espace ; qu'elle avait toujours suffi, même à une époque où la commune était plus peuplée qu'aujourd'hui ; que la loi, en imposant aux communes l'entretien du culte religieux, n'a pas dû le mesurer à la majesté infinie du Dieu qui le reçoit, mais bien aux ressources souvent restreintes de ceux qui l'offrent ; que si MM. les membres du conseil de fabrique sont tellement absorbés dans leur rêve de splendeur qu'ils n'aient aucune connaissance des embarras qui assiègent la commune, on peut tout au moins supposer qu'ils ont ressenti quelques effets de la sécheresse calamiteuse qui désole nos campagnes, etc. Pour tous ces motifs, le conseil fut d'avis que la nécessité d'agrandir l'église n'existait pas et qu'il n'y avait pas lieu de s'occuper de la cession de terrain sollicitée par la fabrique.

C'était, évidemment, la réponse au refus de céder la chapelle. En vain, le conseil de fabrique renouvela-t-il sa demande en avril et en août 1862, ajoutant aux 3,107 francs votés la somme de 3,500 francs provenant des fonds des confréries diverses. Le projet fut ajourné........., mais à brève échéance, car nous voyons la même municipalité approuver en 1863 ce qu'elle s'obstinait à refuser en 1862, et reconnaître, aujourd'hui, l'urgence de réparations et d'agrandissements qu'hier encore elle proclamait inutiles, non sans un peu d'ironie. L'intelligent lecteur nous dispensera de lui faire connaître la cause de ce revirement !.. (1).

Le plan de l'architecte diocésain fut approuvé : 2,000 francs furent votés par la municipalité, à prendre sur les quatre contributions pendant les deux années suivantes. De son côté, la fabrique apportait la somme de 6,607 francs, plus celle de 952 francs provenant de souscriptions volontaires.

Toutes les difficultés paraissaient donc aplanies, et il semble qu'il n'y avait plus qu'à mettre la main à l'œuvre.

Mais autre est celui qui sème, autre celui qui moissonne! Le digne curé Donnadieu, qui, par douze années d'économie sévère, était parvenu à réaliser les fonds ci-dessus mentionnés, n'eut pas la satisfaction de les employer suivant ses vues, et, quittant Puimoisson pour aller occuper la

---

(1) Pour ne pas interrompre le cours du récit, nous mentionnons en note l'immense incendie qui, le 1er août 1862, dévora les gerbiers de trente propriétaires sur les aires de Saint-Roch. Un moment, on craignit l'embrasement général du village, grâce au vent qui soufflait du sud-est. Toute la population du pays et de nombreux habitants des localités voisines rivalisèrent d'efforts pour arrêter la marche de l'incendie ; 140 francs de vivres furent distribués et consommés sur place, sans interrompre un seul instant les travaux.

cure d'Entrevaux, abandonna son projet et ses ressources entre les mains de M. Reymond, qui fut installé le 4 juin 1865.

Or, dès le 8 octobre de la même année, le conseil de fabrique, se départant de l'attitude gardée jusque là, fit l'abandon à la commune de la chapelle des pénitents, qu'elle possédait depuis le 28 messidor an XIII et dont la municipalité avait jusqu'alors inutilement poursuivi la cession (1). On mit à cette regrettable cession deux conditions illusoires : 1º que la municipalité voterait 2.000 fr. pour les réparations de l'église; or, cette somme avait été votée déjà le 22 février 1863; 2º que la commune ne permettrait pas que le local vendu fut affecté à des usages profanes. Mais, si la commune vendait à son tour le local, que devenait la clause? Ne semble-t-il pas que la plus sûre garantie sur ce chef eût été d'en conserver la possession à la fabrique, qui, dans certaines circonstances qui se sont produites plus tard, aurait pu en tirer un parti très avantageux?

D'ailleurs, il apparut clairement, plus tard, que d'autres considérations que l'installation d'une école avaient guidé la campagne de dépossession dirigée contre la fabrique, car ceux-là mêmes qui sollicitaient la cession de ce local pour le transformer en maison d'école, qui invoquaient les arguments les plus sonores, parlaient de cette installation comme d'un élément de moralisation et de l'abandonnement de l'immeuble comme d'un acte de charité éclairée, avouaient, quelque temps après, « que, quand on eut acheté cette chapelle, on ne tarda pas à s'apercevoir qu'elle était impropre à la destination pour laquelle on l'avait

---

(1) M. Auguste Arnaud venait d'être nommé maire, par arrêté préfectoral du 1ᵉʳ septembre 1865.

achetée » (1) ! Il n'y avait pas de cour, disait-on ; il fallai approprier, etc., etc. ; conclusion : le mieux serait de la revendre, « car il est d'une mauvaise administration de conserver un immeuble qu'on ne peut utiliser ». Délibération du 30 mai 1869.)

En conséquence, la commune aliéna, en faveur d'Arnoux Basile et pour la somme de 2.000 francs, ce grand immeuble qui, par ses proportions, l'épaisseur de ses murs, sa situation favorable d'aération et d'éclairage, sa position centrale et les précieux avantages qu'une cour spacieuse du côté du levant lui aurait donnés, eût pu fournir sans trop de frais un groupe scolaire, une salle de mairie, et eût économisé à la commune la construction très coûteuse de l'école actuelle et l'acquisition de l'hôtel de ville.

L'année 1866 fut désastreuse pour nos agriculteurs, à cause des nombreux orages d'été. De tous ceux qui désolèrent le pays, de juin en septembre, le plus terrible de tous, celui qui détruisit les récoltes et laissa dans le souvenir des contemporains une trace ineffaçable, éclata le 14 juin, à 4 heures du soir. Une véritable trombe d'eau mêlée de grelons et de glaçons, dont quelques uns atteignaient le poids de 800 grammes, s'abattit sur le terroir. En peu de temps, les terrains en pente furent profondément ravinés et dépouillés de leur couche parfois mince de terre végétale ; les cours d'eau, gonflés et obstrués, sortirent de leur lit et ensablèrent pour longtemps les vallées ; la récolte fut horriblement hachée.

Dans le village, les habitants n'étaient même plus à l'abri dans leur maison. L'entassement des grelons sur les toits obstruait le passage des eaux, qui, au lieu de suivre la pente naturelle, se déversaient dans les habitations ; les fourrages rentrés furent avariés ; il fallut les sortir et

---

(1) Ces sages administrateurs n'eurent pas le temps de s'en apercevoir avant de l'acheter !

les sécher au soleil ; à grand'peine, put-on préserver les archives de la mairie, entassées dans un cabinet où l'eau entrait par torrents. De mémoire d'homme, on n'avait vu pareil cataclysme, contemplé un spectacle aussi navrant, que celui qu'offrait la campagne après cette tempête.

« .... Nous ne pouvons nous relever de ce désastre par nos propres ressources, écrivait le maire au préfet, et nous avons en perspective une affreuse misère, si nous ne recevons du gouvernement une libéralité exceptionnelle comme la calamité qui nous afflige. »

Le préfet se porta sur les lieux, pour reconnaître l'étendue du désastre qu'on lui signalait, et s'employa utilement pour obtenir un léger secours hors de proportion avec l'importance des dégâts.

Cependant, grâce au zèle infatigable déployé par M. Reymond, curé de la paroisse, les réparations à l'église se poursuivaient, conformément au plan dressé par l'architecte. La nef latérale était prolongée d'une travée, l'autel renouvelé, le sanctuaire décoré, la sacristie achevée et les fenêtres garnies de vitraux. Quand tout fut terminé, Mgr Jordany, évêque de Fréjus, originaire de Puimoisson, vint consacrer l'église, en présence de Mgr Meirieu, évêque de Digne, et de dix-sept prêtres, tant du diocèse que de dehors (11 août 1867) (1).

Lors du prolongement de la nef latérale, il avait fallu déplacer le corps de pompe ; on tenta de le supprimer et de le remplacer par le matériel ordinaire d'un puits. Le préfet, le conseil municipal étaient d'accord sur cette suppression ; on revint heureusement à une appréciation

---

(1) Notre église avait été déjà consacrée. Voici ce que nous lisons dans un vieux coutumier dressé avant la Révolution : « .... Ce huit mai, jour de l'apparition de saint Michel et de *la consécration de l'église, on fait de la dédicace avec octave*, après laquelle on renvoye l'office de l'Apparition. » Arch. eccles., vieux registre, 1626.)

plus exacte des besoins du public, et la pompe, dûment réparée, fut replacée, au grand contentement des nombreux intéressés (30 mai 1869).

Les petits événements qui se succèdent depuis cette époque jusqu'à aujourd'hui sont trop connus de nos concitoyens pour que nous nous attardions à en faire l'histoire. Nous devons, toutefois, les mentionner, afin de rendre notre travail aussi complet que possible.

En 1870 (6 février), le maire propose la construction d'un local scolaire à l'extrémité sud-est de la place publique, tout à côté et en face de l'ancienne chapelle des pénitents, *reconnue impropre!* Le conseil, toujours docile, affecta la somme de 15,000 francs à l'exécution de ce projet, qui ne fut pas réalisé, grâce aux oppositions les plus énergiques.

C'est le 7 février 1875 que le conseil municipal demanda pour la première fois la suppression du vicariat, donnant pour motif la diminution du chiffre de la population et l'état financier de la commune. Cette demande, réitérée en 1876 et en 1878, resta sans effet ; elle fut enfin soumise à la décision du conseil d'Etat et obtint son effet (5 février 1879). A partir de ce jour, le budget communal ne fut plus alourdi par le gros traitement de 300 francs que recevait le vicaire, et les finances municipales, dit-on, devinrent très prospères !... (1).

Une réparation importante fut faite au clocher en 1880 ; le local de l'école actuelle fut choisi par un inspecteur

---

(1) Manie de supprimer !... En 1865, le maire Durand donna très mal à propos et presque clandestinement un avis favorable à la suppression de la dernière étude de notaire qui restait à Puimoisson. La population se mit en devoir de protester ! C'était trop tard ; l'étude fut supprimée, et les minutes furent déposées dans l'étude actuellement possédée par M° Cassarin. En quoi donc la présence de cet officier ministériel au nombre de ses administrés pouvait-elle gêner ce brave magistrat ?

spécialement délégué. Le groupe scolaire fut construit (1884-1885). Le presbytère fut restauré sous l'administration du maire Chardousse, qui fit l'acquisition de l'hôtel de ville actuel, l'ancien local qui servait de mairie depuis 1735 ayant été vendu à Joseph Michel par le maire Roux, en 1887.

En 1892, fut votée par le conseil municipal la laïcisation de l'école des filles, dirigée par les religieuses de la Doctrine chrétienne de Digne depuis quarante-deux ans.

Un bureau télégraphique a été établi et fonctionne depuis 1893.

En 1895, on put croire un moment que notre population, si bienveillante et si honnête, allait perdre son bon renom d'urbanité par les incartades de quelques rares individus, qui organisèrent une levée de boucliers, aussi grotesque qu'injustifiée, contre les représentants de l'autorité locale et se livrèrent vainement, en vue de les déconsidérer, à des procédés que la saine raison et l'honnêteté la plus élémentaire réprouvent. L'opinion publique eut bientôt fait justice de ces attaques mesquines, et toute la population montra par un redoublement de sympathie que, étrangère à ces manifestations de quelques isolés, elle entendait conserver intact, à l'instar d'un patrimoine vénéré, son antique et glorieux renom de bon sens, de respect, de justice et de profonde honnêteté.

APPENDICE

I.

Liste des Commandeurs de Puimoisson

Cette nomenclature ayant été dressée d'après les registres de délibérations du Chapitre provincial de Saint-Gilles, les procès-verbaux de visites, les actes de reconnaissance, chartes et papiers de diverse nature présentant de nombreuses solutions de continuité, il n'a pas été possible de donner toutes les dates de succession des commandeurs. A défaut d'indications plus précises, les dates que nous donnons sont celles des documents renfermant les mentions les plus anciennes et les plus récentes du nom de chaque titulaire.

GUILLAUME DE BEAUDINARD, commandeur probable, assista, comme représentant de l'Ordre, à la confirmation que fit Pierre Géraud, évêque de Riez, des donations précédemment faites aux Hospitaliers de Puimoisson par l'évêque Augier, XIII des kalendes de février 1155 (1).

Albert de Grimaldi, de la famille des princes de Mourgues, fut le troisième commandeur de Puimoisson (1168) (2).

Armes : Fuselé d'argent et de gueules.

Sanche de Lombers reçut dans l'Ordre Cordel, seigneur de Brunet, qui fit donation du domaine de Telle (décembre 1194) (3).

Guillaume de la Clue, portant le titre de *Magister*, reçut simultanément avec Bermond Artaud, portant celui de *Preceptor*, la donation de la terre de Mauroue faite par Spade et Guillaume Augier (avril 1198) (4).

Isnard de Saint-Vincent reçut dans l'Ordre Cordel de Brunet, fils d'autre Cordel déjà reçu, qui confirme la donation faite par son père et y ajoute le Défens des Gilberts (1230) (5).

Armes : De gueules fretté d'argent, *(alias)* d'azur à un sautoir accompagné de quatre molettes, le tout d'or.

Guillaume Verre (1231-1239) agrandit considérablement les domaines de la commanderie, au moyen de donations et d'acquisitions successives. Blacas, d'Aups, et Laure, sa femme, lui donnent leurs domaines situés à Puimoisson (1231) (6) ; Cordel lui donne le Défens de la Séouve (1232) (7) ; Guillaume, de Moustiers, ses censes et terres à Puimoisson (1232) (8) ; assiste au Chapitre tenu à Saint-Gilles en

---

(1) Archiv. de Saint-Jean d'Arles, manuscrit Chaix.
(2) Bouche, *Histoire de Provence.*
(3) Archiv. des B.-du-Rh., H, 861.
(4) Archiv. des B.-du-Rh., H, 853.
(5) Archiv. des B.-du-Rh., H, 861.
(6) Archiv. des B.-du-Rh., H, 825.
(7) Archiv. des B.-du-Rh., H, 861.
(8) Archiv. des B.-du-Rh., H, 825.

1233 (1) ; il échange avec Artaud, abbé de Saou, l'église de la Répara, que l'Ordre possédait, pour l'église de Saint-Apollinaire, tenue jusqu'alors par les Augustins de l'abbaye de Saou (8 des kalendes de juillet 1233) (2); Franc de Moustiers lui donne un affar situé au quartier de Saint-Apollinaire (1239) (3).

Armes : De gueules à trois voiles enflées d'argent.

GUILLAUME DE BEORZET paraît dans un instrument daté du 8 des kalendes d'avril 1239.

RAYMOND DE VENTABREN, commandeur probable (1240).

GUILLAUME DE CABRIS, qui figure comme simple chevalier dans l'acte de donation fait, en 1232, par Guillaume de Moustiers à Guillaume Verre (4), fut commandeur en 1242-1243.

Armes : De gueules à une chèvre saillante d'argent, surmontée d'une fleur de lis d'or.

JACQUES DE PORTALÈS assista, en qualité de commandeur de Puimoisson, au Chapitre tenu à Saint-Gilles, le 15 juillet 1246 (5).

FERAUD DE BARRAS (1246-1264) s'engagea à payer la quarte épiscopale à l'évêque de Riez, lui désempara dix séterées de condamine à Maurouc (9 des kalendes de septembre 1246) (6); devint grand prieur de Saint-Gilles, tout en gardant la commanderie; achète d'Isnard de Moustiers, pour la somme de 14,000 sous tournois et de 50 livres provençales, tout ce que ce seigneur possédait à Puimoisson sous la directe de l'Ordre (18 des kalendes de septem-

---

(1) Guichard, *Ordre de Malte*, p. 28.
(2) Archiv. des B.-du-Rh., H, 850.
(3) Archiv. des B.-du-Rh., H, 852.
(4) Archiv. des B.-du-Rh., H, 825.
(5) J. Reybaud, *Histoire des Grands Prieurs et du Prieuré de Saint-Gilles.* — Manuscrit de la Bibliothèque Méjanes, Aix.
(6) Archiv. des B.-du-Rh., 832.

bre 1260) (1); se fit confirmer dans la possession du mère et mixte impère à Puimoisson, par Charles d'Anvers (vendredi après Sainte-Madeleine 1262) (2).

Armes : Fascé d'or et d'azur de six pièces, (alias) d'or à trois fasces d'azur ou d'azur à trois fasces d'or.

Foulque de Thoard achète, au profit de la commanderie, une terre appartenant à Barthélemy Salvage, au quartier de Saint-Apollinaire (1264) (3).

Geoffroy de Reillanne apparaît dans un acte de 1271.

Armes : D'azur à un soc de charrue d'argent posé en pal, (nouveau) le soc posé en bande.

Guillaume Matheron fit, avec Bérard de Grasse, recteur de Moustiers, la délimitation des dîmeries de Moustiers et de Saint-Apollinaire (1276) (4).

Armes : D'azur à une voile en poupe d'argent attachée à une antenne posée en fasce d'or, liée de gueules et accompagnée en pointe d'un rocher d'or sur une mer de pourpre.

Guillaume de Barras assiste, en qualité de commandeur de Puimoisson, au Chapitre tenu à Trinquetaille, le 18 juillet 1283, et à celui tenu en 1284 (5).

Raymond de Grasse conclut un arrangement avec le prévôt de l'église de Riez, pour désigner sur quelles terres le prévôt et le commandeur doivent prélever la dîme séparément ou de moitié (14 des kalendes de février 1286) (6). C'est sous lui que le grand maître de l'Ordre, Jean de Villiers, vint à Puimoisson et y donna la charte

---

(1) Archiv. des B.-du-Rh., 827.
(2) Bibliothèque de Carpentras, manuscrit Peiresc, XLVIII.
(3) Archiv. des B.-du-Rh., H, 851.
(4) Archiv. des B.-du-Rh., H, 850.
(5) J. Reybaud, *loc. cit.*
(6) Archiv. des B.-du-Rh., H, 832.

de confirmation des libertés et privilèges de la ville de Manosque (12 des kalendes de septembre 1286 (1).

Armes : D'azur à un lion de sable, couronné, lampassé et armé de gueules.

R. D'AGOULT donna investiture à Pierre Castel d'une terre achetée par lui, *loco ad nostram dominam,* acte par Guillaume Jacob, notaire de Puimoisson (1292) (2).

ISNARD DE FLAYOSC (1292-1301) se fit maintenir dans la faculté de pâturage et lignerage dans le terroir de Brunet, faculté que le seigneur de ce lieu lui contestait (1292) (3) ; conclut un accord avec Réforciat de Castellane, seigneur de Salernes, au sujet de la haute juridiction et droit de ban aux lieux de Fos et Saint-Jean-de-Bresc (22 septembre 1297) (4) ; fut nommé commandeur de Manosque (octobre 1298) ; protesta contre les empiètements de juridiction de la cour de Moustiers (1300) (5).

Armes : De gueules fretté d'argent.

GUILLAUME D'AMPHOUX, vice-commandeur depuis la translation d'Isnard de Flayosc à Manosque, eut à se défendre contre les empiètements de juridiction du juge de Moustiers (1301) (6).

BERTRAND BONAS paraît dans un acte de 1308.

ELION DE VILLENEUVE, une des grandes figures qui honorent le moyen âge, né en 1270, fut nommé comman-

---

(1) La présence de Jean de Villiers à Puimoisson, en 1286, va à l'encontre des données de Louis de la Roque et de Vertot, qui lui font commencer son magistère en 1289. — *Vide* : Catalogue des Chevaliers de Malte ; Liste chronologique des Grands Maitres, p. 284. — C'est par pure inadvertance qu'à la page 91 de ce volume nous avons mis « Jean de Villaret ». C'est bien « Jean de Villiers » qu'il faut lire.

(2) Archiv. des B.-du-Rh., H, 844.
(3) Archiv. des B.-du-Rh., H, 856.
(4) Archiv. des B.-du-Rh., H, 864.
(5) Archiv. des B.-du-Rh., 837.
(6) Archiv. des B.-du-Rh., 838.

deur de Puimoisson par lettres de Foulque de Villaret, le 3 des nones de novembre 1314 ; devint lieutenant du grand maître, prieur du prieuré de Provence (1) ; fut élu grand maître de l'Ordre, à Avignon, à la recommandation de Jean XXII, en 1319 ; accorda à Puimoisson une foire de trois jours (huit jours avant la Pentecôte) et un marché tous les mardis (2) ; prit une part glorieuse à la bataille de Cassel (1328) ; rentra à Rhodes en 1332 ; prit Smyrne aux Turcs (1344) ; battit sur mer le roi du Maroc ; mourut en 1346.

Sa sévérité le fit surnommer *Manlius*. Il était frère de sainte Roseline et parent de saint Elzéar et de sainte Delphine.

Armes : De gueules fretté de six lances d'or, accompagnées de petits écussons semés dans les claires-voies de même, et sur le tout un écusson d'azur chargé d'une fleur de lis d'or.

FRANÇOIS DE PUY-AGUT passa avec les habitants une importante transaction réglementant la perception du droit de fournage (19 avril 1327) (3) ; fut pourvu de la commanderie de Manosque par bulle du 27 septembre 1330 (4) ; mourut en 1345.

BERTRAND DE SAINT-MAXIME figure dans un acte de 1333 ; le 18 août 1338, reçut la première visite priorale dont les archives des Bouches-du-Rhône fassent mention ; les commissaires délégués à cet effet par Guillaume de Reillanne, grand prieur de Saint-Gilles, furent Pierre Furon et Isnard de Villemus-Claret, commandeurs (5).

---

(1) Le prieuré de Provence fut créé en 1317. Puimoisson relevait de la métropole d'Aix. (Raybaud.)
(2) Bulle du 11 mars 1321. (Inventaire Combes.) — Archiv. des B.-du-Rh.
(3) Archiv. des B.-du-Rh., H, 348.
(4) J. Raybaud, *loc. cit.*
(5) Archiv. des B.-du-Rh., registre non inventorié.

Raymond du Mas donna investiture à Pierre Giraud de diverses terres acquises par lui (17 mars 1364) (1).

Boniface de Blacas assista, en qualité de commandeur de Puimoisson, au Chapitre tenu à Avignon en 1366 (2).

Armes : D'argent, à la comète à seize rais de gueules.

Guillaume de Laureïs paraît en 1379. Il donna à la communauté la permission de nommer un ou plusieurs défenseurs pour agir en justice (10 novembre 1380) ; fit publier les lettres de permission sur tout le territoire mouvant de sa directe (22 juin 1381) (3) ; reçut d'Hugues Terpol une maison et un moulin à paroir sis à Riez (3 janvier 1381) (4).

Armes : D'argent à trois bandes, celle du milieu de sinople, les deux autres de gueules.

Réforciat d'Agoult, commandeur d'Aix et de Puimoisson, fils de Raymond, seigneur de Sault, vicomte de Reillanne et grand sénéchal de Provence, et d'Éléonore des Baux, des seigneurs de Meyrargues, capitaine pour le roi Louis II, auquel il prêta hommage pour ses deux commanderies, le 26 mars 1385 et le 24 juillet 1386 (5). Il fit fortifier Puimoisson et construire des redoutes à Moustiers, pour se prémunir contre les invasions de Raymond de Turenne ; assista aux États de Provence ; fut délégué auprès du Pape, avec Francisquet d'Arcussia, pour lui représenter l'état de la province et faire agréer la taxe imposée ; sollicita le Pape Benoît XIII de lui conférer le grand prieuré de Saint-Gilles (mars 1402) ; fit son désappropriement, par lequel il déclare qu'il a vingt-quatre plats d'argent et deux mille setiers de blé à Puimoisson, etc., etc. ;

---

(1) Archiv. des B.-du-Rh., H, 866.
(2) J. Raybaud, loc. cit.
(3) Archiv. des B.-du-Rh., H, 841.
(4) Archiv. des B.-du Rh., H, 854.
(5) Journal de Jean Lefèvre, évêque de Chartres, chancelier de Louis II.

choisit sa sépulture dans l'église de Saint-Jean d'Aix ; nomma pour exécuteurs testamentaires Thomas de Puppio, archev. d'Aix, Guillaume Fabry, évêque de Riez, Guillaume Guirand et Raymond Filleul, syndics d'Aix (6 avril 1402) (1).

Armes : D'or au loup ravissant d'azur, lampassé, armé et vilainé de gueules.

Réforciat de Pontevès donna occasion aux habitants de se plaindre de l'élévation des droits de mortalage, qui furent réglés par Pierre de Gaubert, commissaire délégué par le Chapitre (7 août 1407) (2).

Armes : De gueules à un pont à deux arches d'or.

Louis Raynaud (1415-1427) fit défendre l'exportation du bois, charbon, chaux (1415) (3) ; se départit de cette défense en faveur des habitants de Puimoisson (1416) (4), qui néanmoins adressèrent plainte au Chapitre pour accuser le commandeur de négliger le service divin, l'aumône, l'entretien des fours et moulins, etc. ; deux commissaires, délégués par le Chapitre, vinrent sur les lieux et réglementèrent les obligations du commandeur (1416) (5) ; assista au Chapitre tenu à Montpellier (1422) (6) ; obtint du juge des secondes appellations de Provence la restitution de trente-cinq juments à lui saisies par Pierre de Blacas

---

(1) J. Raybaud. Manuscrit de la bibliothèque Méjanes, Aix, t. I, f° 329, et t. II, f° 242. — Vid. et. : Les Rues d'Aix, par Roux-Alphéran, t. I, f° 318, note ; Bouche, t. II. — L'acte de désappropriement était un écrit par lequel un chevalier renonçait à la propriété de son bien. Quoique les dispositions à cause de mort leur fussent prohibées, ils pouvaient disposer, entre vifs, de leur pécule et des revenus de leur commanderie. On connaît le vieux dicton : *Vivunt ut liberi, moriuntur ut servi.*

(2) Archiv. des B.-du-Rh., H, 842.
(3) Archiv. des B.-du-Rh., H, 828.
(4) J. Raybaud, *loc. cit.*
(5) Archiv. des B.-du-Rh., H, 384
(6) Guichard, *Ordre de Malte à Puimoisson*, p. 28.

d'Aups, et la confirmation du droit de pâturage dans cette seigneurie (28 avril 1425) (1).

Jean de Claret paraît dans un acte de 1429.

Jacques de la Paulte, *alias* de Panta, receveur général de l'Ordre en la province de Provence, reçoit procuration de Jean Romey, grand précepteur de Rhodes, pour régir en son nom les préceptoreries de Gap et d'Embrun (10 janvier 1448) (2) ; assista, en qualité de commandeur de Puimoisson, à l'assemblée générale tenue à Montpellier en 1448 (3); fut chargé de l'administration de la commanderie de Manosque, rendue vacante par le décès de Pierre d'Ulès (1451) (4); figure encore dans un acte de 1454. A partir de cette époque, il y a, à Puimoisson, un vice-commandeur, bien que Jacques de la Paulte ne soit pas mort et assiste à l'assemblée tenue à Manosque, le 27 février 1461 (5).

Jean du Pont reçut d'Antoine Pralier et à titre de vice-commandeur la donation de tous ses biens, sis aux terroirs de Courbons et de Thoard (18 décembre 1455) (6).

Armes : De gueules à un pont de deux arches d'argent sur une rivière de même.

Jean de Castellane (1460-1471) fut pourvu de Manosque en 1467 (7) et conserva quand même la commanderie de Puimoisson.

---

(1) Archiv des B.-du-Rh., H, 856.
(2) Biblioth. d'Avignon, mss. 2,149. — Recueil de pièces orig., f° 9. (Note communiquée par M. de Berluc-Perussis.)
(3) J. Raybaud, *loc. cit.*
(4) Archiv. de Manosque, A, a, 29.
(5) J. Raybaud, *loc. cit.*
(6) Archiv. des B.-du-Rh., H, 862.
(7) J. Raybaud, *loc. cit.*

Armes : De gueules à un château ouvert, crénelé et sommé de trois tours d'or, maçonné de sable.

SEILHON *ou* CELLION DE DEMANDOLX (1474-1480) (1) paraît dans les comptes de Jean de Vaulx, trésorier du roi René, comme ayant payé une amende de 150 florins au roi, dont il avait fait emprisonner un officier nommé Sicolle, qui exécutait les ordonnances de Sa Majesté (1477) (2). Arnaud Paul lui désempara un moulin à paroir qu'il avait fait bâtir au Pas d'Allès. Il fut nommé bailli de Manosque par le Conseil de l'Ordre, en opposition contre Philippe de Maneyrolles, nommé par le Pape ; intenta un procès à son compétiteur ; fut élu grand prieur de Saint-Gilles (1480) (3).

Armes : D'or à trois fasces de sable au chef de gueules, chargé d'une main apaumée d'argent.

JEAN VENGIUS (1480-1481) figure en qualité de commandeur de Puimesson (Puimoisson) dans le catalogue des Chevaliers du prieuré de Saint-Gilles, qui, en 1480, se trouvèrent à la défense de Rhodes, sous le grand maître d'Aubusson (4).

ELION DE DEMANDOLX (1481-1491) afferma les droits et dépendances de la commanderie à Honoré de Brinione, le

---

(1) Les documents que nous possédons, allant de 1474 à 1491, indiquent tantôt Sélion, tantôt Cellion, tantôt Elion de Demandolx. Avons-nous eu deux titulaires du nom de Demandolx se succédant à Puimoisson, l'un portant le prénom de Sellion ou Ceilhon, l'autre, celui d'Elion ? La chose nous paraît probable, bien que La Roque *(Catalogue des Chevaliers de Malte)* ne mentionne, au XVe siècle, qu'un Sélion de Demandolx, car, après que Cellion eut été nommé grand prieur de Saint-Gilles, en 1480, nous voyons un Demandolx à Puimoisson jusqu'en 1491. Il ne nous paraît guère possible d'identifier les deux titulaires homonymes.

(2) Archiv. des B.-du-Rh., B, 216.

(3) J. Raybaud, *loc. cit.*

(4) Vertot, *Histoire des Chevaliers de Malte*, édition de M.DCC.XXVI, t. II, f° 617. Preuves. — *Vide et.* La Roque, *Catalogue des Chevaliers de Malte*, f° 250.

16 novembre 1481; se porta, vis-à-vis des syndics et des habitants qui construisaient un four communal, à des violences qui amenèrent la saisie de son temporel et la perte de sa juridiction (1488); le sénéchal lui donna permission de nommer les notaires lieutenants de juge, pour exercer la justice à sa place; il obtint main-levée de la saisie (20 février 1489) et restitution de la juridiction de la part d'Aymar de Poitiers, sénéchal de Provence (16 février 1490) (1); passa avec la communauté une transaction importante au sujet de la banalité des fours et moulins, du droit de cabestrage, du droit d'arrosage, etc. (3 octobre 1491) (2).

TRISTAN DE LA BORME paraît dans un acte de 1491.

MICHEL D'ARCUSSIA (1502) transige avec noble Antoine de Piozin au sujet de la dîme due par lui pour ses terres de Saint-Apollinaire (4 novembre 1505) (3); vend à Louis Comte deux cents setiers de sel, mesure de Puimoisson, pour 83 florins.

Armes : D'or à la fasce d'azur, accompagnée de trois arcs à tirer des flèches de gueules, cordées de même et posées en pal, deux et un.

FRANÇOIS DE BLACAS se fit autoriser par le Parlement de Provence (siégeant à Brignoles à ce moment) à faire incarcérer dans les prisons de Puimoisson les délinquants pris au territoire de Labaud, membre de la commanderie (17 septembre 1506) (4), et obtint, du même Parlement, un arrêt le maintenant dans l'exercice des droits seigneuriaux sur le territoire de Saint-Étienne de la Brègue, que le seigneur de Puimichel lui contestait (29 août 1508 (5).

---

(1) Archiv. des B.-du-Rh., H, 843.
(2) Archiv. des B.-du-Rh., H, 848.
(3) Archiv. des B.-du-Rh., H, 850.
(4) Archiv. des B.-du-Rh., H, 861.
(5) Archiv. des B.-du-Rh., H, 865.

Pierre de Grasse fut condamné, par sentence du Parlement, à contribuer aux réparations de l'église et du clocher (21 avril 1512) (1).

Jacques de Montlaur, dit de Maubec (1513 1544), fils de François-Louis de Maubec de Montlaur, seigneur et baron de Maubec et d'Anne de la Fayette, fille du maréchal de France de ce nom, obtint des lettres patentes de François Ier portant confirmation des privilèges précédemment concédés à la commanderie par les comtes de Provence (juin 1522) (2); transigea avec le prévôt de Riez, au sujet de la dîme que ce dernier prélevait d'une façon abusive (14 janvier 1529) (3); prêta hommage le 18 avril 1536; fit dénombrement le 15 mai 1540 (4).

Armes : D'or à deux léopards d'azur, posés l'un sur l'autre.

Jean de Boniface présenta requête au lieutenant du siège de Digne, pour être déchargé de la saisie de la terre de Puimoisson; cette terre, n'ayant jamais appartenu à la couronne de France, ne pouvait y faire retour (1541) (5); obtint la démolition d'un moulin construit par François d'Agoult (6); mourut à Manosque, où il était bailli (1545).

Jean-Claude de Glandevès (1548-1570) accorda à la communauté de Bras la permission de construire un four et un moulin (1550) (7); eut avec la communauté de longs démêlés, qui se terminèrent par une transaction concer-

---

(1) Archiv. des B.-du-Rh., H, 833.
(2) Archiv. des B.-du-Rh., H, 829.
(3) Archiv. des B.-du-Rh., H, 833.
(4) Archiv. des B.-du-Rh., B, 3308.
(5) Archiv. des B.-du-Rh., H, 829.
(6) Archiv. des B.-du-Rh., H, 848.
(7) Archiv. des B.-du-Rh., H, 858.

nant l'obligation de donner le dénombrement individuel, de recevoir l'investiture, payer les lods et trézains; il se démit de son droit de cabestrage (février 1558) (1).

Armes : Fascé d'or et de gueules de six pièces.

ANTOINE DE FLOTTE, dit DE LA ROCHE (1570-1584), eut de longs démêlés et un procès, par-devant le sénéchal de Digne et le Parlement de Provence, avec le prieur de Moustiers, Guillaume Abeille, au sujet des dîmes prélevées à Saint-Apollinaire (1573). Une sentence interlocutoire, puis définitive, confirmée par un arrêt en 1583, donna gain de cause au commandeur.

Armes : Losangé d'or et de gueules au chef d'or.

FRANÇOIS D'ASTORG DE SEGREVILLE, prieur d'Angleterre, paraît en qualité de commandeur dans un instrument de 1592.

Armes : D'azur à un aigle d'argent.

FRANÇOIS D'ASTROS LUNÉVILLE, sénéchal de Malte, bailli de l'Aigle, dressa un état des biens de la commanderie (3 novembre 1597) (2); eut quelques démêlés avec la communauté, au sujet de l'aumône.

Armes : D'azur à trois étoiles d'or.

CHARLES DE GRASSE-BRIANÇON, bailli de Manosque depuis 1585, fut nommé commandeur de Puimoisson, le 8 novembre 1598, et mourut à Manosque, le 24 août 1603.

JOACHIM DE MONTAIGUT-FROMIGIÈRES. Ses lettres de provision sont du 20 juillet 1609; fut installé dans la commanderie le 15 août de la même année; s'était fait dispenser de la résidence et demeurait à Paris, maison du Lion Noir, paroisse Saint-Eustache (3).

---

(1) Archiv. des B.-du-Rh., H, 847.
(2) Archiv. des B.-du-Rh., H, 830.
(3) Étude de Mᵉ Cassarin, Riez. Minutes Audibert, V, 1608-1609, fº 552.

Armes : De gueules à la tour d'argent, donjonnée d'une autre tour girouettée de même.

HORACE DE CASTELLANE fut nommé le 2 mai 1612, installé le 9 septembre 1613, par Joseph d'Amalric d'Esclangon ; dut mourir bientôt après (1).

HERCULE DE VINTIMILLE DU REVEST (1613-1616), nommé bailli de Manosque en 1616 ; mourut en 1618.

Armes : De gueules au chef d'or, écartelé de Lascaris, qui est de gueules à un aigle à deux têtes d'or.

FRANÇOIS DE BONIFACE LA MOLE (1616-1631). Les consuls font saisir tous les grains lui appartenant, parce que les fermiers refusaient l'aumône de la vingt-quatrième ; il obtint main-levée le 10 mai 1619 (2) ; mais un arrêt du Parlement lui enjoignit la continuation de l'aumône annuelle de cent quarante setiers de seigle (17 juin 1619 (3) ; il se fit passer reconnaissance par tous les habitants (1619-1620) ; fit procès d'améliorissement en 1622 (4) ; autorisa les protestants de Puimoisson à acquérir un cimetière à Saint-Roch (1623) (5).

Armes : De gueules à trois fasces d'argent.

LÉON DE GRASSE DU BAR, capitaine de galère, fut nommé le 1er novembre 1630 ; occupa jusqu'en 1637.

Armes : D'or à un lion de sable, couronné, lampassé et armé de gueules.

PIERRE DE MERLES BEAUCHANS, nommé par bulle du grand maître du 11 août 1637 ; prit possession, par procu-

---

(1) Étude de Me Cassarin, Riez. Minutes Audibert, V, 1612-1613, f° 751 verso et seq.

(2) Archiv. des B.-du-Rh., H, 831.

(3) Archiv. des B.-du-Rh., H, 835.

(4) J. Raybaud, *loc. cit.*

(5) Archiv. municip., *passim.*

ration d'Édouard de Berre, qui visita en son nom les dépendances, dressa les inventaires, etc. (1).

Armes : D'azur à la bande d'argent, chargée de trois merles de sable, membrés et becqués d'or.

HENRI DE LATIL-ENTRAIGUES (1647-1655) était bailli de Manosque depuis 1644 ; se fit passer reconnaissance par les habitants, en 1647, entre les mains du sieur cadet d'Entraigues, qu'il avait nommé son procureur ; était procureur du commandeur du prieuré de Saint Gilles, au Chapitre du 11 mai 1631, présidé par Antoine de Paule, grand maître de l'Ordre : mourut en 1655.

Armes : D'azur à six losanges d'or, posés trois, deux, un.

GASPARD DE CASTELLANE-MONTMEYAN (1656-1660) nomma pour son procureur M. de Montmeyan, son neveu ; obtint du Chapitre de l'Ordre la permission d'agrandir l'église et fit procès d'améliorissement en 1660.

BALTHAZAR DE DEMANDOLX (1661-1683), neveu du bailli de Demandolx et frère du commandeur de Pézenas, qui, sur le crédit de son frère, emprunta 6,000 livres à la communauté (1661) ; tomba gravement malade à Marseille et reçut, à l'occasion de son rétablissement, des félicitations et de beaux présents de la communauté (1662). En 1669, le 8 juin, il reçut la visite des commissaires de l'Ordre, présidés par François Laugeiret, religieux de Malte et visiteur général ; fit passer reconnaissance, en 1670, le 14 décembre, aux frais des emphythéotes : reçut la visite priorale faite par Frédéric de Biron Collongue et Jean Dou, accompagnés de Jean Raybaud, secrétaire, qui descendirent, non pas au château, mais à l'auberge des « Trois Rois ». Avant

---

(1) Archiv. des B.-du-Rh., H, 831. — En 1647, 4 février, un chevalier de Malte, Magdalon de Ferrier, tient un baptême, à Puimoisson, avec Jeanne de Forbin, dame de Gémenos. Mais ce chevalier ne fut pas commandeur de Puimoisson. — Archiv. municip., E. 1.

d'être nommé officier de galère, il résidait à Puimoisson, et depuis il vint toujours passer dans sa commanderie le temps libre que lui laissaient ses fonctions. Il mourut à Marseille, le 25 février 1683, et fut enterré dans l'église de Puimoisson, « pour y avoir choisy sa sépulture » (1er mars) (1).

Pierre de Blacas-Carros (1684-1691) reçut la visite priorale faite par Frère Joseph de Leydet-Callissane et Frère François Rebuffat, prêtre conventuel, visiteurs généraux, qui logèrent « aux Trois Rois » (28 août 1686), et fit procès d'améliorissement en 1689 (2); fut élu bailli de Manosque en 1691; mourut en 1695.

Richard de Sade-Mazan (1696-1704), colonel d'une des galères du Pape, colonel des chevau-légers du Comtat-Venaissin, eut successivement les commanderies de Montfrin, Jalès, Puimoisson; fut fait bailli de l'Aigle; se fit passer reconnaissance le 15 juin 1696; reçut la visite priorale faite par le chevalier Jean de Guérin Castelet et Frère Jacques Grossi, prêtre, religieux conventuel, commissaires généraux (2 octobre 1696); fut pourvu, plus tard, du grand prieuré de Saint-Gilles (16 octobre 1716).

---

(1) C'est à tort que R. de Brianson (*État de la Provence*, I, 572) fait mourir Balthazar de Demandolx, « bailli de Manosque, en 1675 ». Voici la transcription textuelle de l'acte de décès et d'inhumation de ce commandeur :

« L'an susdit (1683) et le vingt-cinq février, est décédé, à Marseille, Monsieur Frère Balthazard de Demandols, commandeur de Pymoysson et capitaine pour le roy sur une de ses galères, et, le premier mars de la mesme année, a esté ensevely dans l'église de sa commanderie dudit Pymoysson, pour y avoir choisi sa sépulture. Presens : Me Gaspard Bonardy, juge dudit lieu, et Balthazard Chardousse, maître chirurgien, Louis Isoard, maître arpenteur, et Jean Boulegon, chapelier, consuls modernes de la susdite communauté, témoins qui ont signé avec moy, recteur. — Bonardy, Chardousse, Isouard, Boullegon, F. Nicolas, recteur. » — Archiv. municip., E, 2, f° 571.

(2) Archiv. des B.-du-Rh., Visites priorales, et J. Raybaud.

Armes : De gueules à une étoile à huit rais d'or, chargée d'un aigle impérial à deux têtes de sable, couronnées et becquées de gueules.

Annibal de Séguiran (1712-1718), chef d'escadre des galères du roi, résidait à Marseille; fit procès d'améliorissement en 1717 (1) : transigea avec le sieur Gaufridy, baron de Fos-Amphoux, puis avec le sieur du Chaîne, président au Parlement de Provence, au sujet de la haute juridiction au lieu de Saint-Jean de Bresc ; le commandeur fit enlever le carcan à ses armes et à celles de l'Ordre, placé à la porte du château, et le président lui reconnut les droits de pêche, cense, dîme, etc. (4 juillet 1718) (2) ; fut nommé lieutenant du grand prieur.

Armes : D'azur à un cerf élancé d'or.

Pierre-Julien de Villeneuve-Beauregard (1718-1725) se fit passer reconnaissance le 16 février 1624, et fit procès d'améliorissement la même année (3).

Joseph-Antoine de Margalet (1726-1729). Les délégués de la communauté vont le complimenter à Aix (5 avril 1726).

Armes : D'azur à trois croissants montants rangés en pal, l'un sur l'autre d'argent.

Léon de Grasse du Bar (1730), officier de galère, reçut une députation de la communauté chargée de le féliciter (1er novembre 1730); fit procès d'améliorissement; eut des démêlés avec la communauté, au sujet de l'aumône, prétendant que lui seul avait le droit d'en faire la destination; adressa une assignation au curé, pour lui faire prendre l'habit (1736) (4) ; fut nommé à Manosque ; non investi; eut la commanderie de Valence.

---

(1) J. Raybaud, *loc. cit.*
(2) Archiv. des B.-du-Rh., papiers non inventoriés.
(3) J. Raybaud, *loc. cit.*
(4) J. Raybaud, *loc. cit.*

Antoine d'Albertas Dauphin Saint-Maime (1741-1747) assigna pareillement le curé pour prendre l'habit (1743), et, par lettre du 9 février 1747, donna 50 livres aux pauvres (1).

Armes : De gueules au loup ravissant d'or.

Jean-Pierre de Thomas de Chateauneuf (1747-1758), chef d'escadre des armées navales de Sa Majesté, entra en jouissance le 1er mai 1748 (2) ; se fit passer reconnaissance le 15 septembre 1750 ; ajourna la communauté par-devant la Cour, pour le payement d'un demi-lods de la maison curiale (1753) ; se fit dispenser de la résidence dans la commanderie, comme faisaient, d'ailleurs, presque tous nos titulaires ; afferma la commanderie pour 8,388 livres, le 28 décembre 1754 ; fit procès d'améliorissement en 1755 (3) ; eut des démêlés avec le bureau de l'hôpital Saint-Jacques, au sujet du droit de *novennium*, et transigea le 30 avril 1758 (4).

Armes : Écartelé de gueules et d'azur à une croix d'or fleuronnée et au pied fiché, brochant sur le tout.

Paul-Augustin de Rolland de Réauville (1758-1766) résidait à Arles ; arrenta la commanderie pour la somme de 9,040 livres, le 23 juillet 1758 ; id., pour la même somme, le 19 août 1762, à Darbès et Pin, négociants, de Riez ; arrenta le droit de chasse du fief de l'Hospitalet, pour quatre paires de perdrix jeunes, à porter à Aix ; fit procéder à la vérification des bornes et limites de la commanderie (1762) (5).

Armes : D'azur à un cor de chasse d'or lié, virolé et enguiché de gueules à trois pals retraits de même, mouvant du chef.

---

(1) Archiv. municip., P, 1.
(2) Archiv. municip., P, 1, f° 139.
(3) J. Raybaud, *loc. cit.*
(4) Archiv. municip., P, 1, f°s 139-140-141.
(5) Archiv. municip. (Délib., 1762.)

Jean-François de Fogasse la Batie (1768-1772) résidait à Avignon ; arrenta la commanderie pour 9,540 livres, le 28 mai 1768 ; fit faire des chaperons nouveaux aux consuls ; arrenta, à nouveau, terres et droits pour 10,340 livres (1er juin 1771).

Armes : De gueules au chef d'or, chargé de trois roses de gueules.

Antoine-Horace de Blacas d'Aups eut pour procureur général son frère, le chevalier de Blacas d'Aups, qui donna investiture, en son nom, de la terre de Valensolette, acquise par Toussaint Arnaud, de Joseph, d'Aups (8 mai 1776) (1).

Il ne dut pas occuper longtemps, car, dès l'anné 1777, la commanderie tombe en vacant et est mise en rente par le bailli de Gaillard, procureur général de l'Ordre, pour la somme de 11,250 livres.

Claude-Sylvestre de Timbrune-Valence, lieutenant général des armées du roi, commandeur de Villedieu, tenant en remorque la commanderie de Puimoisson (1778-1784), afferma la commanderie à Paul Robin, bourgeois de Roumoules, pour la somme de 11,680 livres ; se fit passer reconnaissance le 10 août 1779 ; en exigea une nouvelle le 19 septembre 1783 (Cogordan, notaire) ; mourut en 1784.

Armes : D'azur à la bande d'or, accosté de deux fleurs de lis, du même.

Le chevalier de Foresta, procureur général de l'Ordre, gère la commanderie pendant le mortuaire et le vacant.

Pierre-André de Suffren Saint-Tropez, bailli, grand'croix de l'Ordre, ambassadeur extraordinaire de la Religion à la Cour de Versailles, chevalier des ordres du roi, grand-amiral de France, etc., fut nommé commandeur de Puimoisson (1785-1788). La communauté délégua une

---

(1) Minutes Rabbe, notaire, Riez.

députation auprès de son frère, évêque de Sisteron, pour le féliciter. Pierre de Suffren mourut à Versailles, le 8 décembre 1788.

Armes : D'azur à un sautoir d'argent, accompagné de quatre têtes de léopards d'or.

Louis d'Yze de Rozans (1789-1792), procureur général de l'Ordre de Malte, commandeur de la commanderie de Gap et, en cette qualité, seigneur haut justicier de Notre-Dame de la Freissinouse (1), fut nommé commandeur de Puimoisson à la mort du bailli de Suffren. Il institua Faudon, négociant, d'Avignon, son procureur général ; continua au Frère Pierre, capucin, la confiance que lui avait donnée le chevalier de Valence et se disposait à venir habiter sa commanderie, en compagnie de Mlle de Miribel, sa nièce, quand la Révolution le força de s'expatrier. Il erra longtemps dans le Piémont, la Suisse, l'Italie, en proie à la misère, et vint se retirer à Avignon.

Ce fut le dernier anneau de cette longue et noble chaîne de commandeurs, qui, depuis 1150, se succédèrent dans notre pays.

Armes : D'argent au lion de gueules à la bande d'azur, chargé en chef d'une fleur de lis d'or, brochant sur le tout (2).

---

(1) Archiv. des Hautes-Alpes, B, 266, f°s 57-58.

(2) Les nombreux blasons des commandeurs de Puimoisson, ainsi que ceux de quelques consuls, notaires, frères d'obédience, et celui qui figure au frontispice de cet ouvrage, nous ont été gracieusement communiqués par le très obligeant M. Saint-Marcel Eysséric, de Sisteron, inspecteur de la Société française d'Archéologie pour le département des Basses-Alpes, dont la science héraldique, les connaissances archéologiques, la riche bibliothèque et, par-dessus tout, l'exquise amabilité sont une ressource infiniment précieuse pour tous ceux qui, s'occupant de travaux historiques, ont recours à son obligeance et à ses lumières ; elles ne leur font jamais défaut. Qu'il veuille bien nous permettre de lui exprimer ici notre vive gratitude.

II.

Syndics, Consuls, Maires et Adjoints de Puimoisson (1)

1407. Étienne Tossant (Toussaint), André Jacques, syndics. (Archives des Bouches-du-Rhône, H, 842.)
1416. Bertrand Castel. André Chardousse. (Archives des Bouches-du-Rhône, H, 834.)
1503. Gaspard Bouche.
1558. Maximin Bouteille. Georges Gallois. Gaspard Ardoin.
1587. Melchior Bouche. Barthélemy Nicolas. Jacques Surian.
1590. Gaspard Bouche. Jacques Gallois. Maximin Maty.
1591. Bertrand Bosse. Claude Romany. Spérit Chauvet.
1592. Jacques Gallois. Jean Fabre. Jean Bausset.
1593. Melchior Bouche. Étienne Audibert.
1595. Chevalier. Blaise. N. Maximin Gueydan.
1596. Maximin Gueydan.
1597. Maximin Maty.

---

(1) Dès l'année 1270, la communauté de Puimoisson possédait un conseil et des syndics. (Arch. des B.-du-Rh.. H, 836.) Voir au chapitre III de cette Histoire, page 87, IIme partie. Nous n'avons pas pu, toutefois, trouver des noms de syndics antérieurs à 1407.

1599. Cap. Louis Maistre. Honoré Bouche. Jean Bagne.
1600. Pierre Audibert. Cap. Odet Nicolas. Sauvaire Audibert.
1601. Jacques Bouche. Pierre Maistre. Jean Escudier.
1602. Balthazard Audibert. Balthazard Gastinel.
1609. Maximin Gueydan. Melchior Chardousse. Barthélemy Audibert.
1613. Louis Rougon. Esprit André. Balthazard Bausset.
1619. Balthazard Bouche. Jean Escudier. Bertrand Bœuf.
1631. Gaspard Isoard. André Bouche. Jean Escudier.
1632. Jean de Bouche, écuyer. Jean Beausset. Pierre Nicolas.
1633. Gaspard Bouche (1). Barthélemy Chardousse. Antoine Robert.
1634. Balthazard Bouche. Jean Nicolas. Alexandre Nicolas.
1635. Antoine Fleur. Charles Beausset. Balthazard Roman.
1636. Claude Romany. Reymond Bouteille. Balthazard Boulegon.
1637. Jean de Bouche. Jean Escudier. Louis Isoard.
1638. Ozias Maty. Antoine Pierrisnard. Jean Giniez.
1640. André Bouche. Pierre Boulegon.
1641. Jean Bouche. Barthélemy Chardousse. Sauvaire Isoard.
1642. Antoine Fleur. Pierre Beraud. Balthazard Nicolas (2).
1643. Ozias Maty. Antoine Robert. Louis Isoard.
1644. Jean-Pierre Bouche. Charles Bausset. Jacques Arnaud.
1645. André Bouche. Balthazard Boulegon. Antoine Archange.
1646. Jean de Bouche. Louis Arnaud. Barthélemy Roubaud.
1647. Raimond Bouteille. Maximin Romany. Antoine Audibert.
1648. Antoine Marrafin. Sauvaire Isoard. Antoine Gueydan.
1649. Antoine Fleur. Hodet Maty, Joseph Bertrand.
1650. André Bouche. Marc-Antoine Audibert. André Fleur.
1651. Melchior Bouche. Jacques Esparron. Jean Marrafin.
1658. Marc-Antoine Bouteille. François Oraison. Pol Ferrat.

---

(1) Gaspard Bouche portait pour armes : « D'azur à une fasce d'or, accompagnée en chef de trois besans de même, celui du milieu surmonté d'une étoile aussi d'or et en pointe d'une nuée d'argent. »

(2) Balthazard Nicolas, notaire, portait : « D'azur à une fasce d'or, accompagnée de trois étoiles d'argent, deux en chef et une en pointe. »

1659. Balthazard de Bouche, écuyer. Sauvaire Isoard. Barthélemy Alezard.
1660. Louis Arnaud. Balthazard Chardousse. Elzias Britton.
1661. Hodet Maty. Jean Bouteille. Sauvaire Bœuf.
1662. Antoine Marrafin. Jean Arnaud. Jacques Bausset.
1663. Antoine Fleur. Pierre Bœuf. Georges Bouche.
1664. Charles Bouche. Sauvaire Isoard. Antoine Girieud.
1665. Balthazard Bouche. Antoine Gueydan. Louis Ardoin.
1666. Maximin Romany. Balthazard Chardousse. Barthélemy Cauvet.
1667. Antoine Robert. François Oraison. Pierre Bausset (1).
1668. Pierre Bouteille. Pierre Beraud. Marc Caternet.
1669. Melchior Bouche. Jean Giniez. Sauvaire Bœuf.
1670. Claude Bouteille. Antoine Gueydan. Joseph Latil.
1671. Mathieu Pic. Louis Isoard. Louis Ardoin.
1672. Antoine Robert. Charles Bausset. Louis Britton.
1674. N. Chardousse. Pierre Beausset. Joseph Caternet.
1675. François Bouche. Sauvaire Isoard. Joseph Rougon.
1676. Pierre Bausset (2). Jean Arnaud. Gaspard Roux.
1680. Joseph Arnaud (3). Jacques Bérard.
1683. Balthazard Chardousse. Louis Isnard. Jean Boulegon.

---

(1) La délibération du 30 janvier 1667 porte la décision suivante : « Attendu les grandes difficultés qu'il y a d'assembler le conseilh et que les conseilliers se randent difficiles à sassambler et de quitter ses affaires domestiques, leur sera doné deux sols pour chascun de chaque conseilliers de ceux quy y adsisteront et a cest efait seront payés par le trésorier à la fin de l'année sur simple role signé par les sieurs consuls. » Arch. municip., délib. 30 janv. 1667.

(2) Pierre Bausset, notaire, portait pour armes : « D'azur à un chevron d'or, accompagné en chef de deux étoiles de même, et en pointe d'une montagne d'argent. »

(3) Joseph Arnaud, notaire, portait : « D'azur à un chevron d'or, accompagné en chef de deux palmes de même, et en pointe d'une montagne d'argent. » — Louis Arnaud, bourgeois, portait les mêmes armes.

1685. Charles Bouche. Sauvaire Bœuf. Laurent Martin.
1696. Chardousse. Rougon. Bouche.
1697. Chardousse. Rougon. Bouche.
1698. Chardousse. Rougon. Bouche.
1699. Balthazard Chardousse. Jean Bertrand. Antoine Rey.
1700. Antoine Romany (1), maire. Jean Moisson. Antoine Laugier.
1701. Maximin Gueydan. André Ardoin. Marc Arnaud.
1702. Louis Esparron, médecin. Garcin Augustin. Antoine Mourgues.
1703. Antoine Gueydan. Jean Bouche. Joseph Ardouin.
1704. Jérôme Chardousse. Jean-Pierre Bausset. Jacques Béraud.
1705. Antoine Romany. Laurent Martin. Gaspard Bausset.
1706. Antoine Giniez. Pierre Latil. Joseph Bérard.
1707. Louis Castel. Joseph Boulegon. Gaspard Bausset.
1708. Jean-Baptiste Chardousse, chirurgien. Joseph Isoard. Pierre Martin.
1709. Nicolas Pantaléon, médecin. Joseph Giraud. Milany Joseph.
1710. Denans Joseph. Joseph Ardouin. André Isoard.
1711. Joseph Arnaud, notaire. Jean Bouche. François Coulet.
1712. Gaspard Bouche. Antoine Mourgues. Honoré Bœuf.
1713. Louis Castel. Joseph Boulegon. Louis Bouche.
1714. Maximin Gueydan. Joseph Isoard. Jacques Chauvet.
1715. Claude Romany. Claude Latil. Louis Galicy.
1716. Jérôme Chardousse. Jean Bouche. Melchior Boulegon.
1717. Pantaléon Nicolas. Henri Rigordy. Pierre Laugier.
1718. Antoine Gueydan (2). Pierre Bœuf. Jean Jérémiel.

---

(1) La commune ayant fait l'acquisition, au prix de 667 livres, de l'office de maire, le premier consul porta, dès lors, le titre de maire de Puimoisson. A partir de l'année 1700, les élections municipales eurent lieu non plus le 27 décembre, mais le 1ᵉʳ mai, commencement de l'année maltaise. Romany, qui avait épousé la fille de Bouche, d'Allemagne, et avait hérité, à ce titre, de l'auditeur Augier, portait pour armes : « D'or à une croix de sinople, chargée de cinq coquilles d'or. »

(2) Une déclaration du roi (juin 1717) porte suppression de tous les offices de maire et lieutenant de maire et ordonne que les communautés seront

1719. Louis Castel. Antoine Mourgues. Étienne Mégis.
1720. Claude Romany. Antoine Moisson. François Rey.
1721. François Bausset. Gaspard Isoard. Jérôme Garcin.
1722. Gaspard Bouche. Henri Rigordy. Pierre Arnaud.
1723. Pierre de Sarrasin. André Isoard. Antoine Mourgues.
1724. André Nicolas. François Rigordy. Honoré Bœuf.
1725. Jean Bouche. Antoine Mourgues. Étienne Mégy.
1726. Louis Arnaud. Antoine Moisson. Jean Jérémiel.
1727. Pierre de Sarrasin. Joseph Isoard. Jérôme Garcin.
1728. Antoine Gueydan. Balthazard Esparron. Jean Rey.
1729. Claude Romany. Joseph Boulegon. André Laugier.
1730. Joseph Giraud. François Rigordy. François Coulet.
1731. Claude Latil. François Rey. Blaise Ardoin.
1732. Honoré Castel. Antoine Moisson. Jacques Laugier.
1733. Charles Bouche. Antoine Chardousse. Antoine Bouche (1).
1733 (22 mars). Pierre Bœuf. François Bausset. Joseph Barbarin.
1734 Louis Castel. Michel Bouche. Guillaume Cauvin.

    Arrêt du Conseil d'État portant défense aux communautés de faire des élections jusqu'à nouvel ordre et enjoignant aux consuls en exercice en novembre de continuer leurs fonctions.

1738. Pierre de Sarrasin. Antoine Mourgues (minor). Jean Lance.
1739. Charles Bouche. Louis Chardousse. Antoine Nicolas.
1740. Henri Rigordi. Jean-Baptiste Martin. Jérôme Surian.
1741. Antoine Gueydan. Jean Bouche. Louis Nicolas.
1742. Claude Romany. Louis Galicy. Donat Laugier.

    Un arrêt intervient (23 janvier 1742) défendant de procéder aux nouveaux États. Dans l'intervalle, François Rigordy est nommé deuxième consul par le roi, en rempla-

---

désormais gouvernées comme auparavant. Les élections seront reportées, pour l'avenir, au 31 décembre de chaque année, et les réunions sont de nouveau autorisées par le lieutenant de juge.

(1) Ces élections ayant été cassées par arrêt du Parlement du 13 mars, on dut procéder à de nouvelles élections ; elles eurent lieu le 22 mars.

cement de Galicy (1748), et Maximin Jaubert est nommé à la place de C. Romany.

Un arrêt du Conseil d'État (15 mars 1757) ayant levé la défense de 1742, les élections eurent lieu.

1758. Pantaléon Nicolas. Antoine Chardousse. Jean-Baptiste Arnaud.
1759. Antoine Isoard. Joseph Galicy. Balthazard Latil.
1760. Louis Bœuf. François Mourgues (major). J.-B. Laurent (1).
1761. Claude Romany. Michel Bausset. Jean Bausset.
1762. Antoine Gueydan. Benjamin Maty. Joseph Bouche.
1763. Pierre Engelfred. Antoine Esparron. Jacques Bouche.
1764. Jean-Antoine Nicolas. Antoine Chardousse. Mathieu Tardieu.
1765. Jean-Paul Gueydan. Jean-Joseph Jérémiel. Henri Jourdan.
1766. Louis Bœuf. Jean Bausset. Joseph Arnaud.
1767. Antoine Gueydan. François Mourgues. Paul Laugier.
1768. Louis Arnaud. Joseph Galicy. Joseph Laugier.
1769. Romain Chardousse. Jean-Joseph Bérard. Marc-Antoine Aymes.
1770. Jean-André Bausset. Louis Galicy. Louis Giniez.
1771. Toussaint Arnaud. Antoine Esparron. Joseph Bouche.
1772. Toussaint Arnaud. Antoine Esparron. Joseph Bouche.
1773. Louis Bœuf. Antoine Nicolas. Sébastien Bœuf.
1774. Antoine Gueydan. Benjamin Maty. J.-B. Laurent.
1775. Pantaléon Nicolas. Christophe Chaix. Jean Daups.
1776. Jean-Paul Gueydan. Jean-Joseph Bérard. Joseph Blanc.
1777. Romain Chardousse. Antoine Esparron. Antoine Aymes.
1778. Jean-Baptiste Arnaud. Marcel Laugier. Antoine Mourgues.
1779. Antoine Gueydan. J.-B. Arnaud. Marc-Antoine Aymes.
1780. Jean-André Bausset. Jean Jérémiel. Maximin Rey.
1781. Joseph Martin. Benjamin Maty. Joseph Gay.
1782. Louis Bœuf. Christophe Chaix. Pierre Giniez.
1783. Jean-Paul Gueydan. Joseph Laugier. Antoine Aymes.

---

(1) Furent nommés suivant les dispositions du nouveau règlement de la communauté pour les élections, homologué par le Parlement le 16 mai 1759.

1784. J.-B. Arnaud. Jean-Joseph Bérard. Joseph Bouche.
1785. Jean-André Bausset. Joseph Feraud. Honoré Bérard.
1786. Toussaint Arnaud. Benjamin Maty. Jean Daups.
1787. François Jordany, médecin. Antoine Chardousse. Joseph Blanc.
1788. Pierre Nicolas. Eustache Garcin. Jean-Pierre Cotte.
1789. J.-B. Arnaud. Jean Antoine Jaubert. Joseph Bouche.
1790. J.-B. Arnaud (1).
1790 (18 juillet). Toussaint Arnaud.
1791 (23 janvier). Jean-Joseph Girieud, chirurgien (2).
1791 (14 novembre). Charles Romany, homme de loi (3).
1792 (18 mars). Louis Bœuf, chirurgien (4).
1792 (15 décembre). Jean-François Esparron (5).
1793 (16 juin). Frédéric Gueydan (6).
1793 (17 décembre). Pierre-Léger Allemand, officier de santé (7).
1796 (21 janvier). François Jourdan.
1796 (19 septembre). Toussaint Arnaud.
1799 (21 mars). François Jourdan (élection cassée).
1799 (27 septembre). Augustin Antelmy, président temporaire.
1800. Arnaud Toussaint, maire. Eyssautier, adjoint,
1812 (20 décembre). Louis-Pascal Roux, maire. Nicolas Victor, adjoint.
1815 (mai). Roux Pascal, maire. Paul-Antoine Arnaud, adjoint.
1816 (14 mai). Nicolas Victor, maire. Pierre-Léger Allemand, adjoint. (Arrêté du préfet.)

---

(1) Nommé administrateur du département des Basses-Alpes.

(2) Prit la place de Toussaint Arnaud, nommé juge de paix du canton de Puimoisson.

(3) Démissionna le 9 mars 1792, pour raison de santé et à cause de son âge avancé (71 ans).

(4) Démissionne le 11 avril ; est réélu le 22 avril ; démissionne le 1er décembre 1792.

(5) Démissionne le 22 mai 1793.

(6) Démissionne le 20 novembre 1793.

(7) Fut nommé commissaire du pouvoir exécutif dans la commune.

1821. Nicolas Victor, maire. Allibert Marc-Antoine, adjoint.

1824 (25 juin) Pierre-Léger Allemand, maire. Allibert, adjoint.

1826. Allibert Marc-Antoine, maire. Arnaud Paul-Antoine, adjoint.

1831. Allibert Marc Antoine, maire. Arnaud Charles, adjoint (1).

1834. Allibert Marc-Antoine, maire. Rosinelli François, adjoint.

1840. Allibert Marc-Antoine, maire. Giniez Pascal, adjoint.

1848 (27 mars). Bœuf Charles, maire. Ambroise Ambrois, adjoint.

1848 (30 juillet). Arnaud Paul, maire. Allibert Alphonse, adjoint (2).

1855 (4 juin). Arnaud Paul, maire. Durand Jean-Baptiste, adjoint.

1856 (12 février). Durand Jean-Baptiste, maire (3). Garcin Joseph, adjoint.

1865 (1er septembre). Arnaud Auguste, maire. Cruvellier Joseph, adjoint.

1871 (28 juin). Cruvellier Joseph, maire. Estublier Justinien, adjoint (4).

1876 (8 octobre). Arnaud Auguste, maire. Roux Charles, adjoint.

1879 (23 mars). Gastinel Joseph, maire. Cotte Théophile, adjoint.

1881 (23 janvier). Arnaud Auguste, maire. Turrel Elzéar, adjoint.

1881 (29 avril). Turrel Elzéar, maire. Garcin Joseph, adjoint.

1884 (18 mai). Roux Charles, maire. Tardieu André, adjoint.

1887 (18 novembre). Chardousse Paul, maire. Bérard Paul, adjoint.

1889 (22 décembre). Guiramand Paul, maire. Bérard Paul, adjoint.

1892 (4 mai). Turriès Léopold, maire. Ollivier Victor, adjoint.

1896 (3 mai). Turriès Léopold, maire. Ollivier Victor, adjoint.

---

(1) Arnaud démissionne en 1832 ; il est remplacé par Rosinelli François.

(2) Le 16 octobre 1848, Giniez Pascal est nommé adjoint, en remplacement d'Allibert, décédé, et Giniez fut remplacé lui-même, à son décès, par Durand Jean-Baptiste (28 mars 1855).

(3) Fut nommé par le préfet, en remplacement d'Arnaud Paul, démissionnaire.

(4) Estublier ayant démissionné, Charles Roux fut nommé adjoint par le préfet (3 juin 1876).

III.

Juges et Lieutenants de Juges

En sa qualité de seigneur haut justicier, le commandeur avait le droit et le devoir d'administrer la justice dans tout le ressort de sa juridiction.

Antérieurement à l'édit donné par la reine Jeanne, comtesse de Provence, en 1366, beaucoup de seigneurs administraient eux-mêmes la justice dans leurs terres. A Puimoisson, un frère hospitalier, désigné par le commandeur, était chargé de ce soin.

Lorsque la conventualité eut disparu, le commandeur, presque toujours absent, se déchargea de l'accomplissement de ces fonctions sur une Cour, composée d'un juge, d'un lieutenant de juge, d'un procureur juridictionnel, d'un greffier, d'un sergent ou huissier.

La haute justice emportant, de droit commun, la possession de la moyenne et de la basse, la cour de Puimoisson connaissait de tous les crimes publics et autres, pour la punition desquels il y avait mort naturelle ou civile, mutilation, galères, bannissement, et de toutes les autres matières et actions civiles, réelles, personnelles et mixtes ; ses jugements pouvaient donc aller jusqu'à sentence de mort inclusivement et exécution.

Quand il n'y avait point d'appel de la sentence rendue par les officiers de la juridiction, l'amende infligée appartenait tout entière au commandeur ; en cas d'appel, lorsque l'accusé succombait, l'amende prononcée par le premier juge était partagée entre le commandeur et le roi.

Les audiences avaient lieu le lundi et le jeudi de chaque semaine, dans la salle du greffe, au château (1).

Le juge, nommé par le commandeur, était un jurisconsulte gradué, résidant ordinairement à Aix. Il se déchargeait d'une partie de ses fonctions sur un lieutenant de juge, qui devait habiter le pays et statuait dans les cas ordinaires ; mais il était tenu de s'y rendre en personne, toutes les fois que sa présence était nécessaire et sans pouvoir exiger des frais de voyage (2).

Voici les noms des baillis, juges, lieutenants de juge de la cour de Puimoisson, que nous avons pu recueillir :

1286. Frère *Raymond de Saint-Martin*, appelé *bajulus Castri Podii Moyssoni* dans l'acte de vente d'une terre joignant Telle. Acte reçu par Rostang Silvestre, l'an 1286, 14me indiction, 7 kal. févr. (3).

1307. Frère *Bertrand Brude*, *bajulus Podii Moyssoni*, va faire enregistrer à la cour de Moustiers les privilèges du *merum imperium* concédés au commandeur par Charles II, le 15 décembre 1307 (4).

1322. Frère *Raybaud de Roumoules*, appelé *vice-bajulus Podii Moysoni*, perçoit, en cette qualité, le droit de lods

---

(1) Divers arrêts, notamment ceux du 4 mars 1646 et du 2 juin 1673, disent bien que le tribunal de justice doit être situé hors du château et de son enclos. Mais le palais du commandeur, n'étant plus habité par son titulaire, rentrait, à ce point de vue, dans la catégorie des maisons ordinaires.

(2) Jurisprudence observée en Provence, etc. — Arrêts de 1651, 1680, 1711, etc.

(3) Archiv. des B.-du-Rh., H, 844.

(4) Archiv. des B.-du-Rh., H, 839.

de la vente d'une terre et d'un casal situé près du château. Acte reçu par Hugues Arnoux, 8 novembre 1322 (1).

Suffrat Gallois, lieutenant de juge, 1558.

1619. *Dominique Yorna*, avocat, juge de Puimoisson.
Cap. Louis Maistre, lieutenant de juge, 1626-1644.
Antoine Robert, lieutenant de juge, 1644-1648.
Claude Gallois, lieutenant de juge, 1665-1685.
Antoine Poilroux, lieutenant de juge, 1648-1650.

1649. *Estienne de Gassendy*, docteur en droits, avocat, juge.
Jean Nicolas, lieutenant de juge, 1650-1661.

1659. *Gaspard Bonnardy*, avocat à la Cour, juge.
Antoine Robert, lieutenant de juge, 1661-1665.
Balthazar Giraud, lieutenant de juge, 1685-1705.
Jean Rigordy, lieutenant de juge, 1705-1713.

1696. *Jean-Paul d'Ille*, avocat à la Cour, juge.
Joseph Giraud, lieutenant de juge, 1713-1718.
Jérôme Chardousse, lieutenant de juge, 1718-1730.
Henri Rigordy, lieutenant de juge, 1730-1731.
Jérôme Chardousse, lieutenant de juge, 1731-1735.
Sauveur Gueydan, lieutenant de juge, 1735-1754.
Pierre Bœuf, lieutenant de juge, 1754-1757.
Jean Denans, lieutenant de juge, 1757-1770.
Jacques Mourgues, lieutenant de juge, 1770-1781.

1773. *Charles Romany*, avocat, juge.
Michel Bausset, lieutenant de juge, 1781-1783.

1783. *Jean-Joseph Puget*, avocat, juge.
Maximin Jaubert, lieutenant de juge, 1783-1784.
Marcel Laugier, lieutenant de juge, 1784-1789.

1788. *Charles Romany*, avocat, juge.

---

(1) Archiv. des B.-du-Rh., H, 845.

Conformément aux décrets de l'Assemblée nationale, les archives du greffe de la juridiction de Puimoisson, contenant les jugements rendus depuis l'année 1632 jusqu'au 29 novembre 1790, furent inventoriées par le maire, les officiers municipaux et le procureur de la commune, le 5 mars 1791, et transportées à Digne, dans la salle des archives du greffe, où elles sont actuellement (1).

---

(1) Un exemplaire de cet inventaire fait partie des archives municipales de Puimoisson. (D. 32.)

IV.

Vicaires perpétuels et Curés de Puimoisson

Le Commandeur était seigneur spirituel du pays ; à ce titre, il devait pourvoir aux besoins spirituels de la paroisse, soit en contribuant aux dépenses du culte, pour la part prévue par les lois générales et par les règlements locaux, soit en désignant et en rétribuant les ministres du culte, qui, réglementairement, devaient être au nombre de quatre, y compris le curé, lequel prit, plus tard, le titre de vicaire perpétuel. Ce dernier recevait du commandeur les lettres de provision qui conféraient le bénéfice. Il devait obtenir de l'évêque diocésain le *formá dignum* et prendre la croix d'obédience de l'Ordre de Malte, dans le plus prochain chapitre provincial ; il devenait, dès lors, frère chapelain d'obédience. Il était secondé, dans l'administration de la paroisse, par trois prêtres de service, nommés secondaires, qui, pour la plupart, se succédaient rapidement dans le pays et, comme le vicaire perpétuel, étaient rétribués par le commandeur, le bénéfice étant à portion congrue (1).

---

(1) Jusqu'en 1765, les curés n'ont eu que 100 écus de portion congrue, et les vicaires seulement 50, parfois même 40. L'assemblée du clergé de 1765 décida, en leur faveur, une augmentation de 200 livres, dont le payement fut

Voici les noms des vicaires perpétuels et des curés que nous avons pu recueillir :

Pierre de Vèze exerçait en 1608, comme curé de Puimoisson (1).

Lions Pons exerça dès avant 1626. Il figure parmi les récipiendaires de la confrérie du Saint-Rosaire, en 1626.

Allibert exerca de 1626 à 1636.

Amaudric Antoine exerça de 1636 à 1638.

Armand Honoré exerça de 1638 à 1642, comme curé (2).

Isaac Arnaud exerça, comme curé, de 1642 à 1643 (3).

Nicolas André exerça, comme curé, de 1643 à 1647.

Nicolas André (le même que dessus), vicaire perpétuel, docteur en théologie, frère d'obédience de Saint-Jean de Jérusalem. Il obtint ses provisions le 5 novembre 1647 ; le *formá dignum*, le 2 janvier 1648 ; prit la croix d'obédience au chapitre provincial de Saint-Gilles, le 4 mai 1648 ; démissionna en 1678 ; mourut le 7 juin 1684 ; fut enseveli dans l'église.

Nicolas Jean, bachelier en théologie, vicaire perpétuel, frère d'obédience. Ses provisions sont du 1er décembre 1678 ; le *formá dignum* est du 15 mars 1679 ; il prit la croix d'obédience le 10 mai de la même année et mourut le 3 janvier 1728, à l'âge de 89 ans. Il portait pour armes : « d'azur à une fasse d'or, accompagnée de trois étoiles d'argent, deux en chef et une en pointe. »

Segond Louis-Joseph exerça depuis 1728 jusqu'en 1739.

---

reculé jusqu'en 1768. Dans l'assemblée de 1785, le clergé porta la congrue à 700 livres, mais on eut de la peine à déterminer certains évêques et abbés à la payer. Une situation plus avantageuse avait été faite aux chapelains d'obédience, car l'édit des congrues portait que les curés de Malte auraient 550 livres exemptes de toutes charges.

(1) Tiré d'un acte de baptême de 1608, pièce isolée.

(2) « ..... Il n'y a en ce moment (1638) aucun vicaire perpétuel, mais un curé nommé Honoré Armand. » (Archiv. des B.-du-Rh., H, 831.)

(3) Arch. municip., E, 1, fº 27.

Sous son administration, fut acheté et approprié le presbytère actuel (1735).

Nicolas Jean, vicaire perpétuel, frère d'obédience, entra en exercice en 1740 et mourut le 10 juillet 1762, à l'âge de 80 ans.

Maynard Antoine, originaire de Châteauneuf, vicaire perpétuel. Ses provisions sont du 18 juillet 1762; le *formá dignum* est du 19 ; il prit possession le 29 juillet; fut installé par Gondon, donat de la commanderie d'Aix, secrétaire de l'Ordre ; n'administra la paroisse que pendant un an.

Gal Pierre Antoine entra en exercice en 1763 et resta jusqu'en 1776, malgré une sommation revêtue de quatre-vingt-six signatures et adressée au commandeur, pour lui demander le départ de ce curé, qui, disait-on, n'avait pas la confiance de ses paroissiens.

Cotte Charles entra en possession en 1777 et exerça jusqu'au 23 mars 1794; quitta le pays, où il n'était plus en sûreté, et se retira à Riez, dans sa famille.

Martin Pantaléon, ci-devant vicaire de Puimoisson, son pays d'origine, puis curé de Montfort (Var), rentra dans sa famille, y traversa la période révolutionnaire, rouvrit l'église le 29 mars 1795, après avoir successivement prêté tous les serments imposés par la loi ; fut nommé curé de Puimoisson au rétablissement du culte ; démissionna en 1818, pour remplir les modestes fonctions de vicaire, et mourut le 14 mai 1825, à l'âge de 81 ans.

Allemand Pierre, de la Freyssinie, exerça de 1818 a 1825, fut nommé professeur de théologie au Grand Séminaire de Digne et mourut chanoine en 1845.

Pascal Louis, de Saint-Lions, nommé en 1825, exerça jusqu'en 1828 et fut nommé professeur de théologie au Grand Séminaire.

Ambrois Louis, d'Aiglun, n'exerça que durant quelques mois (1828-1829), devint curé de Manosque et mourut chanoine titulaire.

Bouvet Jean-Baptiste, de Saint-Pons de Barcelonnette, nommé en 1829, exerça jusqu'en 1835, fut transféré à Moustiers et mourut chanoine en 1884.

Paul Etienne, de Castellane, exerça de 1835 à 1838, mourut en 1878.

Pascal Louis revint occuper la cure de Puimoisson de 1838 jusqu'en 1840, fut transféré à la cure des Mées et mourut vicaire général.

Chabrier exerça de 1840 à 1845.

Veyan, originaire de Riez, exerça depuis 1845 jusqu'en 1853 et fut transféré à la cure de Volonne, où il mourut.

Donnadieu Joseph-Désiré, de Barcelonnette, nommé en 1853, exerça jusqu'en 1865 et fut transféré à la cure d'Entrevaux, où il mourut en 1880.

Reymond Marius, de Digne, entré en 1865, exerça jusqu'en 1869, fut nommé directeur du Petit Séminaire, curé de Forcalquier, est actuellement supérieur du Grand Séminaire et vicaire général.

Fournier Joseph-Antoine, né à Annot, nommé en 1869, exerça jusqu'en 1875, fut transféré à Manosque et mourut curé d'Entrevaux, en 1889.

Gilly Antoine, de Barcelonnette, nommé en 1875, exerça jusqu'en 1884, fut transféré à la cure de Saint-André, est actuellement curé de Riez.

Signoret Théophile, des Sérennes, entra en exercice en mai 1884 et mourut en juin de la même année.

Féraud Paulin, né à Annot, nommé en 1884, exerça jusqu'en 1891, fut transféré à la cure de Senez et mourut en 1893.

Maurel Joseph-Marie, né à Manosque, nommé en février 1891, prit possession le 1er mars et possède présentement (1897).

V.

Liste des Vicaires

depuis l'établissement du vicariat (1821)

jusqu'à sa suppression (1879)

Vassal Pierre-Martin (non rétribué).................	1796-1810
Martin Pantaléon (rétribué depuis 1821).............	1818-1825
Doneaud..	1826-1829
Bertrand...	1830-1834
Mosca..	1835-1839
Gibert...	1839-1845
Alivon...	1845-1846
Baile..	1846-1849
Bremond..	1849-1852
Roux...	1852-1855
Renoux...	1857-1866
Thomas...	1867-1869
Turriès..	1870-1875
Sauvanet...	1875-1879
Henry..	1879

PIÈCES JUSTIFICATIVES

I.

Donation de l'église paroissiale de Puimoisson
aux Hospitaliers,
par Augier, évêque de Riez.

1125. — Autoritas etenim ecclesiastica et lex romana hoc statuit ut quicumque rem suam in aliam potestatem transfundere voluerit, per paginam testamenti eam infundat. Legale namque instrumentum hoc habet ut res donata vel tradita bona fide aut alia qualibet conditione transmutata perpetuum tribuat firmamentum, et sic ab omni inquietudine sub sigillo litterato securum et quietum prolixis firmum persistat temporibus. Quapropter ego Augerius, Regensis episcopus et Gulielmus prepositus, et archidiaconus Aldebertus cum omnibus nostre ecclesie canonicis, *donamus ecclesiam parochialem de Poimoxo*, cum omnibus sibi pertinentibus *Hierosolimitano Hospitali* et ecclesie Sancti Michaelis et hospitalariis et clericis, ibidem degentibus et eorum successoribus, salvo redditu statuto Regensis ecclesie, videlicet sex modios, tres annone et tres ordei et duas piperis libras.

(Archives de Saint-Jean d'Arles. — Reybaud, manuscrit Chaix.)

II.

Donation
de la « Villa Sancti Michaelis » de Puimoisson aux Hospitaliers, par Raimond-Béranger II et son oncle, Raimond, comte de Barcelone.

1150, septembre. — In nomine Sancte Trinitatis.

Nos insimul Raimundus, Dei gratia, comes Barchinonensis, princeps aragonensis ac Provincie Marchio, ac nepos meus Raimundus Berengarii, comes Provincie, donamus, concedimus et firmissime laudamus sancte domui Jherosolimitani Hospitalis et venerabili Arnallo, priori sancti Egidii et omnibus Fratribus jam dicti Hospitalis, tam presentibus quam futuris integre et libere *ipsam villam Sancti Michaelis de Puimoxo*, sine ulla retentione quam ibi non facimus, simul cum omnibus sibi pertinentibus et cum omnibus in se existentibus. Donamus etiam et laudamus jam dicto Hospitali et universis Fratribus et Arnallo priori jam dicto et omnibus Fratribus suis in perpetuum, in omnibus castellis et villis Provincie, quotannis unum ospitium in uno probiori et meliore homine uniuscujusque castri vel ville ibi videlicet ubi hospicium non habebunt. Donamus etiam illis atque concedimus in illa silva pinencha de Camarga ut ibi accipiant ligna sicca quanta voluerint ad opus mansionum eorum Sancti Egidii et Arelatis.

Concedimus iterum eis et firmiter laudamus ut de omnibus eorum causis qui vadant vel veniant per aquam vel per terram, non donent inde ullam consuetudinem, vel usum usaticum in ullo loco in comitatu Provincie. Supra dicta omnia sicut melius et utilius ad utilitatem jam dicti Hospitalis et Fratrum omnium intelligi potest, sic donamus ea firmiter et laudamus jam dicte domui Hospitalis et Fratribus universis presentibus et futuris ut habeant atque possideant ea jure perpetuo pro remissione peccatorum nostrorum et salute animarum antecessorum nostrorum et fratris mei Berengarii Raimundi, comitis Provincie, olim defuncti cujus corpus prefata domus hospitalis secum habet repositum apud sanctum Thomam Arelatensem. Si que autem deinceps persona hanc donationem nostram infringere aut violare tentaverit, nihil omnino proficiat, sed iram Dei cum Juda proditore incurrat et hec donatio semper firma et inconcussa persistat que facta est mense septembris anno ab Inc. Dom. mil. CL.

(Archives de Carpentras. — Fonds Peiresc, XLVIII.)

III.

Confirmation des droits de l'église de Saint-Apollinaire, en faveur de l'église de Valence, par l'empereur Frédéric.

1178, XV des calendes de septembre. — In nomine sancte et individue Trinitatis. Fredericus, Dei gratia Romanorum Imperator Augustus, in examine superni judicis equo judicio singula decernentis non minus esse credimus corroborantis *(il y a un blanc dans le texte)* quam conferentis. Igitur universis imperii nostri fidelibus tam futuris quam presentibus notum esse volumus qualiter nos divino pietatis intuitu ecclesiolam Sancti Apollinaris in Rogensium partibus sitam in loco qui dicitur lacunus sub imperialis tuitionis patrocinio suscepimus et universas possessiones suas atque jura quibus vel in presentiarum gaudet vel in posterum quovis justo adquisitionis titulo adipisci poterit eidem ecclesie dmus donamus et authoritate nostra confirmamus. Hanc quidem ecclesiolam Sanctus Karolus, Romanorum imperator, rex Francorum, Domino Sancto que Apollinari, egregio confessori, cum tota montis (mentis ?) obtulit devotione, cum universis appenditiis ad eamdem ecclesiam pertinentibus videlicet cum terris cultis et incultis necnon et pascuis ac palustribus, arboribus domitis et indomitis et omnia terminis subscriptis intercludentibus, Vualdo antistite vivente et honestissime Valentinensem ecclesiam gubernante, in qua scilicet ecclesiola idem gloriosissimus confessor Apollinaris solitus erat hospitari, quotiens ipse sanctissimus que Maximus, Rogensis episcopus, amicabili causa colloquii volebant convenire. Ipse namque Maximus adhuc in carne vivens beatissimo Apollinari $^{spolia}_{spatia}$ predicte ecclesiole devote tribuerat. Hac itaque causa rex immortalis memorie Karolus inductus dignius duxit hoc illi munusculum ibi tribuere quam in alio loco majus dare.

Illius autem terre hi sunt termini, ab oriente de vertice montis qui vocatur Alpilla usque in occidentem ad unam viam translim (transversim?) positam, de una autem parte videlicet septentrione in superiori cornu terra Sancti Georgii, terminus in vertice montis supra dicti atque via ab ipso monte procedens per ferrandum per petram pertusam, descendens que in vallem in fine cujus vallis via que secutiva dicitur transiens que per locum a marina nuncupatum ascendens que in planiciem per campum de fortuna transiens ad quercum suspendii pervenit ad viam publicam juxta quam duo lapides in hunc modum fixi — tria territoria dividunt. Via quoque predicta in subteriori cornu terram Sancti Appollinari et Sancti Hilarii terminat, tendens per fontem vallium sequitur quoque ipsius vallis decursum usque ad viam transversi positam. Sub qua fons de Raïs secus rivum ac prope fontem in quodam tumulo terminus tenet qui prefatam viam per Granollot et Coiroscum usque perveniant ad locum quem nominant Genestot terminus in plano, descendit que per Bonntiam in rivuli decursum, tenet que decursum usque ad fontem quem Bollidoira vocant, dirigitur que per planitiam usque ad predictum castellum Arnulphi. Hanc ergo donationem a dive memorie antecessore nostro scilicet Karolo, prius factam nunc autem a nobis iteratam ratam habemus et ad majorem ejus evidentiam presentem cartam conscribi et sigilli nostri authoritate roborari fecimus. Si qua autem persona scilicet vel Archiepiscopus vel Episcopus vel comes, vel castellanus, vel quecumque persona donationem istam infirmare presumpserit, imperiali banno subjaceat et pro pena mille libras auri persolvat, modietatem fisco imperiali modietatem vero predicte ecclesie Fratribus et successoribus suis, hujus autem nostre constitutionis testes adsunt Hugo Verdensis episcopus (1), Echohardus Gosslariensis, prepositus, Rodulphus, sacri palatii notarius, Vibertus, prepositus, Nicolaïus, capellanus, Odo, Valentinensis episcopus, Wils, hospitalarius, Frater Theodoricus Burchardus, Magdiburgensis, prefectus, Robertus de Turma, Rodolphus Artimanus, camerarii et alii quam plu.

Ego Rotbertus, Viennensis Archiepiscopus, Regni Burgundie archicancellarius, interfui et recognovi.

Signum Friderici, Romanorum imperatoris invictissimi.

Datum apud Viennam, XV Kl. septembris, anno Dominicæ Incarnationis M° C° LXXVIIJ, indictione undecima regnante domino Frederico, Romanorum imperatore gloriosissimo, anno regni dies XX° vij imperii autem XX° v° feliciter. Amen.

Huic cartæ pergamenæ appensum est sigillum imperatoris cerium rotundum, in quo videtur imperator una manu mundum altera sceptrum gestans. Inscriptio autem circumdans talis tantum potest annotari licet facile sit alia conjicere : Fredericus, Dei gratia Romanorum imperator Augustus, quam habeo juxta me.

(Archives de Carpentras, fonds Peiresq. — *Acta ad firmandam Ecclesiæ Gallicanæ historiam maxime in Provincia*, t. II, f° 120 verso et seq. du vingt-deuxième manuscrit, n° 503, VIII°. — Copie.)

IV.

Donation de Telle aux Hospitaliers, par Cordel du Brunet.

1194, décembre. — Noverit omnium hominum universitas tam présentium quam futurorum hoc scriptum legentium aut audientium

---

(1) Ne serait-ce pas l'évêque du duché ou principauté de Ferden, en Allemagne, qui avait suivi l'empereur?

quod ego Cordelius de Bruneto, dedi meipsum primum dicto Hospitali Hierosolimitano et pauperibus ejusdem domus ospitalis, elegi meam sepulturam in cimiterio Hospitalis Sancti Michaelis ita videlicet quod nulli alii religioni me destinare possem. Deinde dedi condaminam de Tella et unam peciam terre que est juxta condaminam quam domus Hospitalis Sancti Michaelis ante abuerat de accomodatione domui Hospitalis Sancti Michaelis.

Decimam autem prefate condamine concambiavi rectori ecclesie de Brunet redecimam terre Raymundi de Brunet et fratrum ejus quam dedi predicto rectori Isnardo nomine, quod sibi placuit et accessit. Hec autem jam dicta condamina incipit a solis ortu a via que tendit versus fontem Telle usque ad caminum quo itur apud Valenciolam. Ex alia autem parte terminatur predicta condamina et pecia terre in via que tendit a Sancto Michaele versus Brunetum et sic predicti termini includunt. Hec omnia dedi libere et absolute et sine omni querimonia omnium hominum. Si quis vero super his aliquod contradicere vellet ego debui hoc totum salvum facere et delibare (deliberare?) domui Hospitalis Jerusalem Sancti Michaelis. Hoc autem sic esse et in perpetuum manere juramento firmavi. Insuper que quamdiu vixero III solidos annuatim ospitali dare debeo. In fine vero vite mee equum meum cum armis et lorica dare disposui et corpus meum ibidem sepeliri, si autem equum non habeam CCC solidos pro ospitali persolvere disposui. Hec autem omnia predicta dedi ospitali Jerusalem pro redemptione anime mee patris et matris mee et hoc firmum et ratum sit in perpetuum, amen. Quo facto Sanctius de Lumbers, magister domus Hospitalis Sancti Michaelis cum consensu et voluntate omnium Fratrum; ibidem secum manentium suscepit me in fratrem et collegit me in omnibus beneficiis, eleemosinis orationibus et omnium supradictorum me fecit participem que fiunt et fieri possunt in domo Hospitalis Hierosolymi nunc et in eternum. Statuit etiam predictus magister ospitalis Sancti Michaelis cum Fratribus suis quod post obitum meum per unum annum unum capellanum in domo Hospitalis Sancti Michaelis teneret qui quotidie missam pro redemptione anime mee et patris et matris mee cantaret. Horum supradictorum testes fuerunt Datulus, W. Datuli, Raymundus, de Brunet, W. Raimundus et Gauffredus, capellani de Mosteriis, et Martinus Turellus, Pontius Cardossa, Guil. Ros., Raymundus Bonspard, Petrus Bota, presbyter, Petrus Guiz, Bertrandus Artel, Ugo Tasil. Hoc autem factum fuit in claustro de Mosteriis anno M. C. N. IIII, mense decembri, regnante imp. Enrico et Umberto Regense existente. Amen.

(Archives des Bouches-du-Rhône, fonds de Malte, H, 861.)

V.

Donation de Mauroue aux Hospitaliers par Espade et Guillaume Augier, de Riez.

1198, avril. — Noverit omnium hominum universitas tam futurorum quam presentium quod Spada et Vilam Augerii, pro dampno et malo quod fecerant domui Hospitalis Sancti Michaelis de Podio Moisono, in restauracione omnium malefactorum et emendacione et animarum suarum omnium que predecessorum suorum remissione dederunt condaminam de Maurosa que durata mota Maurose que in ea continetur sicut dividitur terra Bertrandi de Sparrone aut terra Spade et durat usque ad viam Sancti Juliani, que dividit territorium Regii et Podii Moisonis et reducitur usque ad fortunam et quicquid in hoc medio continetur dederunt similiter. Si vero infra predictos terminos aliquis alius possidet aliquid, Spada debet illud adquitiare et in proprium reducere domo Hospitalis, hoc autem se facturum juravit ipse super textum evangeliorum et Bertrandus de Sparrone, et Gaufredus Riperti. Fuit autem hoc (sic) restauracio facta in burgo Regensis civitatis, ante domum Amidei, in audiencia et presencia totius fere Regensis populi, mense aprili M° C° N° VIII° anno ab Incarnatione. Amen. Hujus autem rei testes fuerunt et sunt Isnardus Roscia, Petrus Rainerii, nepos Spade, Bertrandus de Regio, Bertrandus Cornuzus, Tasilus d'Aigledun, Raimundus Giraudi, de Auraison, Isnardus, de Dalfin, Cornilaus Moneges, de Boco, Amedeus, Ugo, de Manuasca, Michel Regannat, Bertrandus Brotinell, Audeber

Rossa, Guigo, de la Mura, Gulem (Guillem ?) Sadia, Bonot, Isnard, Matheve (Mathieu ?), Bermundus Madeller, Peire Fortoners, Raimun. Forner, Julian Gisclart, Guillem Audebert, Guillem Escoffer, Pe[trus] Recort, Duran Gavarre, Joan Barcilona, Raymun. Enguilelme, Joan Fromenti, Raimun. Nitart, Peire Blanc, Guilem [... *déchirure*] mie, Raimun. Fabre, Jacme, P. Romeu, J. Gontart, P. Engilelme, G. Escofer, Folco Rebol, G. Rebol, G. Oliva, L. Unia, P. Vannaire, J. Boer, P. Rascaz, P. Malet, J. Pargaminer, Enric, P. de Noranta, R. Gontar, Ponz Porres, M. de Bliger, Pons Cardossa, Vilelmo, de la Clusa, existente magistro ejusdem domus Hospitalis, et Bermundo Artaudo, preceptore (1), Umberto, Regensis episcopo vivente, cujus sigillo.

(Archives des Bouches-du-Rhône, fonds de Malte, H, 853. — Belle pièce originale.)

VI.

Donation du lieu d'Aiguines à l'église de Saint-Apollinaire.

1210. — In nomine Domini nostri Jesu Christi. Amen.

Ego Hugo, Reg. ecclesie dicte Episcopus, presenti scripto cunctis audientibus facio manifestum quod cum intelligerem et presentialiter

---

(1) Ce texte nous permet de constater la présence simultanée d'un *Magister* et d'un *Preceptor* dans l'Hôpital de Puimoisson. La prééminence et l'administration des biens étaient dévolues au premier, et l'instruction des jeunes chevaliers incombait au second. Cette distinction cessa par la suite, et ces deux fonctions furent confiées à un seul titulaire, qui commença, dès l'année 1232, à prendre, chez nous, le nom de *Commendator*, dans la personne de Guillaume Verre, bien que le terme de *Preceptor* apparaisse encore de loin en loin, tant que dure la conventualité.

vidissem pontem Aiguine destrui et ad destructionem deduci, et opus pontis ex defectu et negligentia ministrorum annichilari et ille locus licet inhabitatus quasi desertus videbatur, cum illi ut ita dicam Spadati de predicto loco non curantes pro derelicto habebant, ad postulationem et instanciam petionum (?) inhabitantium signum Spade portantium qui locum illum tunc temporis inhabitabant, licet alii antea inhabitaverunt qui pontarii vocabantur et ex votis et desideriis tamen servientium et voluntate etiam et consensu fere omnium convicinorum presertim dominorum militum et proborum hominum de Mosteriis in hoc concordantium locum illum donavimus et concessimus ecclesie Sancti Apolinaris et priori Johanni tunc temporis ibidem existenti qui in talibus providere erat et diligens, magnam regens curam circa talia et sollicitudinem, sperans et firmiter credens Deo auxiliante, vita sibi comite, pontem per eum de facili rehedificari et domum Hospitalis ad bonum statum reduci et ecclesiam scilicet B. Marie-Magdalene ad servitium Dei digno honore teneri et regi et opus illud perfectam recipiet consummationem, et ecclesia Sancti Apollinaris mediante, eamdem fecimus concessionem abbatie Sancti Tirsi Saouensi retenta quoque debita censa et tempore consecrationis ecclesie statuta scilicet duabus libris piperis et duabus cere nobis et successoribus nostris episcopis annuatim persolvendis et episcopo Regensi pro tempore debita reverentia obedientia et visitatione salva.

Hanc autem concessionem sive donationem feci auctoritate episcopali quia in diecesi Regensi episcopatus locus ille habetur et auctoritate domini pape cujus legatione fungebar in Ebredunensi, Aquensi, Arelatensi, Viennensi et Auxitana Provinciis.

Actum est hoc anno ab Incarnatione Domini MCCX, apud Mosterium. Testes fuerunt Blachacius-Pontius Salvannius, Hugo, Tassilus, Raimundus, etc.

(Archives des Bouches-du-Rhône, fonds de Malte, H, 850 liasse. — **Pièce originale sur parchemin.**)

VII.

Donation aux Hospitaliers du « Merum imperium »,
dans le château de Puimoisson,
par Charles II, roi de Jérusalem et de Sicile.

1307, 23 octobre. — Karolus secundus, Dei gratia rex Hierusalem et Sicilie, ducatus Apulie et principatus Capue, Provincie et Forcalquerii ac Pedemontis comes, universis presens privileginm inspecturis tam presentibus quam futuris si retributionis impendi renemeritur (?) conderet ergua illum certe liberalius agere gratitudo nos movet a quo quidquid summus *(sic)* et possumus procedit qui ut celestia pariter et terrena largitur, igitur ob illius intuitum qui et si bonorum nostrorum non egeat piam tamen erogationem gratanter acceptat in personis Religione conspicuas et venerabiles domos ad ejus reverentiam et honorem erectas venerabili et religioso viro Fratri Fulconi de Vilareto, Ordinis Hospitalis Sancti Johannis Jherosolimitani Magistro présenti et recipienti suo et successorum suorum et Fratrum dicti Ordinis nomine ac etiam ipsi Ordini damus, donamus ac proprii motus instinctu in perpetuum concedimus de liberalitate mera et gracia speciali *merum imperium* ad nostram pertinens curiam in castro de Podiomoyssono quod esse dignoscitur hospitalis ejusdem, cum omnibus et singulis ad ipsum merum imperium spectantibus et spectare debentibus quoquo modo majori dominio nostri aliis et cujuslibet alterius juribus semper salvis. In cujus rey testimonium ac magistri Fratrum et Ordinis predictorum cautelam presens privilegium ex inde fieri et pendenti majestatis nostre sigillo, jussimus communiri. Actum Massilie, presentibus venerabili in Christo, Patre Jacobo, Forojuliensi episcopo, Francisco de Lecto, comitatus Provincie senescallo, Johanne Cabassole, juris civilis professore, militibus Jacobo Ardoyni, procuratore et advocato fiscali in comitatibus Provincie et Forcalquerii, dilectis consiliariis et familiaribus et fidelibus nostris de Thomasio de Sancto Jeorgio et Petro Fabro, Massilie canonico nostrorum notarium secretorum, et pluribus aliis Datum ibidem anno Domini millesimo ccc xij°, die xxiij° octobris, vi indictionis, regnorum nostrorum anno XXIII.

Le 25 décembre de la même année, Bertrand Brude, hospitalier, baile de Puimoisson, présenta ce privilège à la Cour de Moustiers, pour le faire promulguer et enregistrer. Ce qui fut fait le même jour.

Actum in curia de Mosteriis, in presencia domini Raimundi Chardosse, jurisperiti, Jacobi Boysoni, notarii, Hugonis de Sancto-Martino, et Hugonis Garnerii, domicellorum, Andree Malirati et Hugonis Perucii, notariorum in testimonium rogatorum et vocatorum, et mei Raymundi Orseti, notarii publici a Domino Karolo, rege Jherusalem et Sicilie, comite Provincie et Forcalquerii constituti, qui ad requisitionem dicti Fratris Bertrandi, hanc cartam rogatus scripsi et meo signo signavi.

(Archives des Bouches du Rhône, fonds de Malte, H, 839.)

VIII.

Ordonnance des Commissaires,
députés par le Chapitre de Saint-Gilles,
pour réglementer les obligations du Commandeur.

(Extrait.)

1416, 24 février. — .... Et primo quo ad primum capitulum quod incipit : « et primo exponunt et cetera » : omissis omnibus contentis in dicto primo capitulo usque ad servicium ecclesie supranominati domini commissarii dixerunt, ordinaverunt, determinaverunt et declaraverunt quod dictus dnus Preceptor Podiimoyssonis, qui presens est, et sui successores teneatur et debeat teneantur que et debeant tenere et habere ad servicium Dei et ecclesie jam dicte Podiimoyssonis unum curatum, unum secundarium et unum clericum ydoneos et sufficientes...., quod dicti syndici sive universitas

Podiimoyssonis agere contra dictum dominum Rodericum Fabri seu alium contra quem de jure agere possunt et contra dictum dominum preceptorem Podiimoyssonis in hac parte suas actiones minime intemptare possint...., quod dictus dnus preceptor et sui successores faciat aut faciant facere debeat et debeant inantea elemosinam juxta dispositionem et conscienciam suam......, quod homines dicti loci Podiimoyssoni possint et valeant ab inde inantea ad eorum beneplacitum laborare sive cultivare extra territorium dicti loci Podiimoyssoni vel infra ubicumque voluerint absque ulla dicti Dni preceptoris suorumque successorum contradictione........, quod homines dicti loci Podiimoyssonis possint et valeant perpetuo recipere meiarias quorumcumque averiorum grossorum sive minutorum cujuscumque generis vel speciey sint [?] to tamen quod pro parte extraneorum tradentium dictas meiarias conjunctim vel divisim a dicto dno preceptore pro habendo jus suum quod ad eum modo quolibet pertinere potest licentia peti debeat et postulari ut non ignoret vires sue proprietatis, casu quo aliquis extraneus aliquod avere cujuscumque generis vel speciey sit absque licentia dicti Dni preceptoris infra dictum territorium posuerit seu imponi fecerit penam preconisationis facte et fieri solite super hoc subire debeant et incurrere videantur. Verumtamen, casu quo dictus dnus preceptor qui nunc est vel qui pro eo tempore fuerit dare nolet licenciam vel differet quovis quesito colore eam tribuere, ipse recipiens meiariam quicumque sit vel extraneus dare sive tradere possit et valeat sine incursu alicujus pene immittere averia ipsa cujuscumque sint infra dictum territorium omni contradictione rejecta..., quod ab inde inantea ratione canne sive aune per dictum dominum preceptorem sive ejus officiales seu per preceptores qui fuerint in futurum nichil exhigatur ratione dictarum canne et aune. Tamen ordinaverunt dicti dni commissarii quod non mensuretur nisi cum mensuris signatis signo curie dicti dni preceptoris............ Item decimo capitulo cum dicit que cum singulares persone dicti castri faciant certa servicia pro suis possessionibus et cetera, decidimus, declaramus et per mandamentum profferimus quod ipse dominus preceptor qui nunc est vel qui pro tempore fuerit annis singulis ante diem quo vel quibus exhigendi omnes census vel servicia, debitis et debita ipsi Hospitali in ipso castro fiat et fieri debeat preconisationem palam et publice in ipso castro per loca in talibus debita et consueta primo per intervallum dierum octo quod ad penam dupli solvarit infra terminum prefixum quorum ultima fit et fiat peremptoria qui debentes infra terminum prefixum sinon solverint ab ipsis et eorum quolibet duplum exhigatur, illeso tamen privilegio librarum viginti quas homines faciunt dicto Hospitali in festo Omnium Sanctorum, salvo et retento quod vigore dictorum preconisationum feudarum a pupillis et personis extraneis extra castrum existentibus duplum non exhigatur, sed pro debito pignorentur et pignora ipsa sic capta vendantur et distrahantur ordini juris servata ac consuetudine usitata in ipso castro Podiimoyssonis alienandi pignora capta ob similem causam.

Antoine BLANQUI, notaire.

(Archives des Bouches-du-Rhône, Ordre de Malte, H, 834.)

IX.

État et consistance des biens de la commanderie de Puimoisson.

1597, III novembre. — S'ensuyt l'estat en quoy se treuve la commanderie de Puymoisson. Ladite commanderie consiste en terres, preds et vignes dans le terroir de Puymoisson, lesdites terres de huictante charges de bled froment de semence, compris une pièce de terre appellée Maurou, qui est dans le terroir de Ryès, tous lesdites terres sont baillées à migerie que finira à la Toussainctz que tiendrons 1598; auquel temps le migier fault qu'il rende les terres semées de la quantité susdite, fault qu'il laisse les foins et pailles que luy feurent consignés, qui suffit pour norrir le bestail que sont seize bœufs et ung père (paire) muletz, a de rendre a l'extime quand aux bœufs, car pour les muletz est au choys dudit rentier de rendre l'argent sy bon luy semble, qui est septante escus à soixante sous pièce. Il y a deux filholles, l'une en terre de Clument et l'autre en terre de Puymichel, la première s'arrente quatorze charges de bon bled et l'autre douze, comprins quelque disme qu'il y a, appellé l'Espitallet, dudit Puymichel.

Plus il y a certaines terres appellées Descartens, qui a longtemps feurent baillées a nouveau bail et s'arrentent chacune année sur la récolte, comme faict aussy ung petit disme à Saint-Jean de Brès et de peu ou moins s'en retire de huict à dix charges de bled chacun an.

Y a ung autre lieu appelé Courbon, que mes prédécesseurs ont quasy laissé perdre, ne s'en retirant que quatre cestiers de fèves chacun an.

Est a notter que les devancier ont laissé couller plusieurs censes, services et droictz seigneuriaux, qu'avoyent tant à Puymichel, Courbons, Chénerilles et Bras, que une grande partie s'en recouvreroient y ayant grâces à Dieu bons tiltres.

Retournant a la place de Puymoisson, le commandeur y est seigneur hault, moyen et bas, espirituel et temporel, prend comme espirituel un disme de tous les grains au trezain; et du vin chevreaux et aigneaulx le prend au dizain. Comme seigneur temporel a le droit de lods et ventes à raison de six ung, qui est un lods fort avantageus. Quand aux censes et services, le tout feust réduict à trente livres de pention chacun an que la commune paye en corps.

Les deux fours et deux molins sont au seigneur commandeur, et nul habitant dans le terroir de Puymoisson, bien qu'estrangier, ne peult aller mouldre ny cuyre ailleurs sur peyne de perdre le bled ou farine. Lesdits fours et moulins s'arrentent cent charges de bon bled chacun an.

Il y a le droict de passaige de l'average et du poisson qui vient de Marseille; bien que n'est chose de grand valleur, tous hommes menant beste chargée et passant par ledict lieu doibt la parolle.

J'avoys obmis de mettre le greffe qui s'arrente vingt escus et hobligé de nourrir le juge.

S'ensuyt ce que ladite commanderie a de charges. Premièrement le service de l'églize avec quatre prebtres et un prescheur le carême, huille pour la lampe, vin pour la messe et corde pour les cloches.

Plus y a l'evesque de Riès une pention chacun an de six charges bled et six charges orge.

Y a une aumosne le jeudi saint que y va ordinairement six charges bled et quatre cestiers fèves.

Le juge a trois charges bled pour ses gaiges, le procureur d'office une charge.

Ladicte commanderie en la façon cy apres dicte est arrentée pour deux années, que finiront le dernier d'avril 1599, pour le prix de deux mil escus chacun an, ung tiers or, l'autre tiers grosse monnoye d'argent, le reste en souls, le tout évalué sellon l'ordonnance du Roy, pourté et rendu dans les villes d'Avignon, d'Arles ou de Marseille, en deux payes esgalles chacun an, scavoir Noël et la fin de may, et oultre cella se sont obligés païer toutes les charges cy après escriptes et fournir au service de l'église, le tout sans diminution du prix susdit.

Plus sont obligés lesdicts rentiers, durant les deux années, païer, en diverses fois ou tout pour un coup, les choses suyvantes, scavoir :

Bon bled, quinze charges................	15
Seigle, dix charges.....................	10
Avoine, dix-huit charges	18
Vin, cinquante couppes	50
Foin, deux cens quintaulx...............	200
Seigle, troys cens quintaulx............	300

Et ce que dessus sans aulcung rabays de ladicte somme de deux mil escus chacun an.

J'avoys obmis de parler des charges que y prend la Relligion (l'Ordre) et le Roy, que sont troys cens onze escus cinquante huit soulz cinq deniers, à soixante souls par escus, scavoir ; à la Relligion 227 éc, 58 s. 5 d., et au Roy, pour les décimes, 84 escus.

Les rentiers n'ont aulcune obligation de païer icelles.

Au demeurant, je bailleray les bastiments deppendantz de ladicte commanderie en l'estat que sont presentement et, de plus, païeray l'acoustrage du couvert de la gallerie et puis sellon le prix faict que j'en baillis à mon despart, comme aussy païeray septante troys escus que j'ay accordé à maitre Souquet pour l'acomodement des fours et réparation de la meterie de Sainct-Appolinard, n'entendant estre obligé à rien davantage, ny moins, que si par guerre que Dieu ne veulhe quelque chose de ce qui est aujourd'huy en estait démolie ou ruynée.

Faict le présent estat et mémoire en Arles, ce iij^me novembre 1597, signé de ma main et escript d'autre.

F^re François d'ASTROS.

(Pièce originale. — Archives des Bouches-du-Rhône, Ordre de Malte, liasse 830.)

X.

Procès-verbal d'érection de la Confrérie du Saint-Rosaire.

In nomine Domini. Amen.

Nous, Frère Balthazar du Fort, docteur en saincte Théologie, religieux de l'Ordre des Frères Prescheurs et prieur au couvent dudit Ordre en la ville de Sisteron, salut.

Comme ainsy soit quen lan de grace et de nostre salut mil six cens vingt six, Nous, preschant la parole de Dieu en temps de caresme, en leglise parochiale du lieu de Puymoisson, diocèse de Riez, aurions este prie de Messieurs le curé et prestres, Messieurs les consulz et aultres personnes devotes, qu'atandu les fruitz innumérables que les fideles reçoivent journalièrement de Dieu, par les merites de la tres saincte vierge Marie, mere de Dieu, en linstitucion et saincte confrairie du Sainct-Rosaire de la Virge *(sic)*, nous plust accroitre leur devocion, instituant par notre pouvoir la susdite confrairie du Rosaire cellon les formes et teneur acoustumez, ainsi que constê par la requete a nous presantee et inceree cy devant.

Nous, condessandans tres volontiers a leurs pieux desirs. Par la teneur de ces presantes et en vertu du pouvoir especial donne par nos Souverains Pontifes de Rome a lordre des Freres Prescheurs et a Nous en particulier par nos supperieurs, establissons canoniquement et fondons la susdite confraternite du Rosaire ou Chapelet de la tres saincte mere de Dieu, dans leglize parochiale Sainct-Michel dudit lieu de Puymoisson et en lautel et Chapelle Nostre Dame de ladite eglize, pour en iceluy estre faict le service divin a chasque premier dimanche des mois et festes principales de la Vierge, le tout soubs le bon plaisir et consentement, sur ce requis expressemant, de Monseigneur le Reverendissime Evesque de Riez : Acceptant par ces presantes et recevant toutes et chascunes personnes de lun et lautre sexe enroolees et a enrooler en ladite confraternite du Rosaire, a la part et participacion des graces, indultes, privileges, concessions, indulgences, jubiles et aultres faveurs concedes auxdits confraires et confreresses du Rosaire, tant par nosditz SS. Peres les Papes que par leurs legatz, et par les generaux de lordre des Freres Prescheurs, declarons lesditz confraires estre participans desditz privileges tant durant leur vie quen lheure et article de la mort. Au nom du Pere et du Filz et du Sainct Esprit. Ainsin soyt-il. Faict audit Puimoisson, lan que dessus et le 29me mars, apres la publique et solemnelle publication en la chere de ladicte eglize. Ayant este confirmes par nous prieurs de la dicte confrairia de leur bon gre, acceptant pour un an, Mr Balthazar Giraud, advocat en la Cour, et Mre François Bouteille, les presantes signees et celees de notre ceau.

BALTHAZAR DU FORT.

(Extrait des archives paroissiales, vol. 1626, fo I et seq.)

XI.

Règlement concernant le service divin.

Nous, Frère Jean des Comtes de Vintimille-Montpezat, chevallier de l'Ordre de Saint-Jean de Jérusalem, commandeur de Grézan, ensuite du pouvoir à nous donné par le Vénérable Chapitre provincial de notre Ordre, tenu et célébré dans l'hôtel Saint-Jean, à Arles, le 5 mai 1704, y présidant Monsieur Frère François de Bausset, chevallier dudit Ordre, commandeur comte de Condat, lieutenant et vicaire général d'illustrissime seigneur Frère Christophle de Baroncellis-Javon, grand-prieur de Saint-Gilles, conseiller du roi en tous ses conseils, aux fins de se porter au lieu de Pimoisson, pour entendre et connaître des plaintes qui avoient été présentées audit Vénérable Chapitre de la part des consuls et communauté dudit Pimoisson, ausquelles Frère Jean Nicollas, prêtre d'obédiance dudit Ordre et vicaire perpétuel dudit lieu, avoit répondu. Tandantes, lesdites plaintes, sur divers chefs soit de diminution du service divin, surexactions des droits, casuel et sol de l'église que autres sujets de plaintes réciproquement avancés.

Ensuite de laquelle commission ci-dessus, datée et signée, Raybaud, secrétaire, et recevant icelle avec l'honneur qui s'appartient, nous nous serions rendus au dit lieu de Pimoisson, le 28 novembre susdite année, et mené avec nous Mᵉ Joseph Segond, notaire royal du lieu de Montagnac, notre secrétaire, auquel avons donné le serment en tel cas requis, où étant, après avoir veu les mémoires des plaintes données de la part de la communauté de Pimoisson et les réponses sur icelles données de la part dudit Frère Nicollas, vicaire, et encore prins les informations nécessaires sur l'uzage du lieu et celluy du diocèze, nous avons trouvé bon, pour la gloire de Dieu, augmentation du service divin et le bon exemple, de faire un règlement sur tous les susdits sujets de plainte pour être conforme aux uzages du lieu et qu'icelluy sera gardé et observé sellon sa forme et teneur tant par ladite communauté que le sieur vicaire et ses successeurs, à quoi avons procédé de la manière suivante :

I.

Premièrement, que ledit Frère Nicollas et ses successeurs tiendront, suivant l'ancienne coutume, trois prestres de service dans la paroisse, sans compter ledit sieur vicaire, et pour raison de ce, faira ses instances pour en avoir en temps et lieu, ausquels payera les gages et rétributions que M. le commandeur luy donne et lui faira part du casuel et fondations, en faisant iceux le service régulièrement et venant à manquer quelqu'un des dits trois prestres seconderes la distribution qui lui competerait sera distribuée aux plus pauvres nécessiteux du lieu, laquelle distribution sera faite par le dit sieur vicaire comme saisi de l'argent, toute à la fois en présence du sieur vicaire, des officiers du seigneur commandeur ou ses agents et des maire et consuls du lieu, dont en sera tenu registre et de la distribution, lequel sieur vicaire tiendra un cler régullièrement.

II.

Que le sieur vicaire chantera l'office ou les psalmodiera lorsqu'ils seront moins de trois pretres à l'église, au cœur *(sic)*, tous les jours, à la manière accoutumée, excepté les festes solennelles, qui sera dispensé de le dire au cœur, attendeu qui vaquera à la confession, et les premiers dimanches du mois sera déchargé de dire matines et laudes au cœur, mais sullement les petites heures, attendeu qu'il vaquera avec soin à la confession, et lorsqu'il chantera les susdits offices, sera obligé de mètre deux cierges alumés sur l'autel.

III.

Le sieur vicaire dira grande messe tous les jours, à la manière acoutumée, et depuis la croix du mois de mai jusques à celle de septembre dira la passion.

IV.

Que le sieur vicaire faira la procession les dimanches et festes acoutumées autour du vilage, suivant l'ancienne coutume, et lors de l'abjuration du mauvais temps.

V.

De même, le sieur vicaire faira le prône depuis la Toussaint jusques à Pâques, à la seconde messe, et tout le reste de l'année, à la première messe ; et dans le tems qu'il faira le prône à la seconde messe, le prêtre qui dira la première messe advertira le peuple s'il se rancontre quelque feste dans la semaine ou autres obligations.

VI.

De plus, le sieur vicaire faira les services acoutumés, soit par fondation ou coutume aux chapelles ou autels, soit à l'église que au terroir, en étant néantmoins payé des rétributions portées par les fondations,

VII.

Ledit sieur vicaire chantera les *Laudes* les dimanches, à vêpres, l'*Inviolata* et *Stabat Mater*, suivant l'ancienne coutume et dans le temps qu'on a acoutumé de les chanter, qu'est dans le carême et la passion aussi, et *Vexilla Regis*.

VIII.

Le sieur vicaire, les jours des festes solannelles et lorsqu'on expose le Saint Sacrement, fournira deux cierges à l'autel, et la confrérie du Saint Sacrement et de Notre-Dame du Rosaire fourniront les autres, jusques à six ; et les autres jours que l'on portera le Saint Viatique aux malades, le sieur vicaire alumera deux cierges sur l'autel, et la confrérie du Saint Sacrement, celle de Notre-Dame, de Saint-Joseph, de Saint-Blaise et de Saint-Michel fourniront, suivant l'ancienne coutume, dix flambeaux entre toutes pour accompagner le Saint Sacrement, lesquels flambeaux seront mis et disposés à un endroit qui se puissent se prandre au besoin, au cas qui vint à manquer quelqu'un desdits margueilliers, lesquels flambeaux ne serviront à autre uzage que pour les susdits, sans que le sieur vicaire s'en puisse servir à aucune autre fonction ni uzage.

IX.

Lorsque le sieur vicaire dira les messes aux autels où elles sont fondées, fournira les cierges nécessaires sans pouvoir se les faire payer aux margueilliers, mais sullement les rétributions portées par les testaments ou fondations, et laissera donner les ornements nécessaires aux prêtres aprouvés qui viendront dire messe par dévotion aux chapelles de la campagne, ayant au préalable demandé la permission audit sieur vicaire.

X.

Que les margueilliers établis aux chapelles, tant de l'église que de campagne, garderont les clefs desdites chapelles pour les tenir nettes et orner dans la décence requise, et que les aumônes qui y seront données par les fidelles seront employées aux réparations et ornements desdites chapelles, ormis que telles aumônes feussent destinées pour en faire dire des messes; audit cas, chargeons les margueilliers de les faire dire par les prêtres desservant la paroisse.

XI.

Le sieur vicaire ne pourra exiger de ses paroissiens, lors de leurs mariages, sçavoir : lorsqu'il faira les trois publications et le certiffıcat d'icelles, que vingt solz, et lorqui les espousera et dira la messe, vingt-cinq sols, et pour les extraits des baptêmes et mortuères et autres attestations, que cinq solz et le papier timbré par dessus, et quant aux baptêmes n'en exigera que ce qui lui sera donné vollonterement.

XII.

De plus, le sieur vicaire et les autres prêtres desservants dans la paroisse adcisteront les mallades et y administreront les sacrements avec soin et charité et non tous à la fois sy la nécessité ne le demande, différant l'extrême-onction dans le besoin, comme aussi adcisteront avec l'extrême zèle les moribonds, soit de jour, soit de nuit, et lorsqu'ils en seront avertis.

XIII.

Tous les margueilliers et recteurs des chapelles et confréries de la paroisse seront obligés de faire faire les services que lesdites chapelles sont chargées et de payer les rétributions portées par les testaments, comme aussi, chacun en ce qui le concernera, fairont ses dilligences pour faire valoir et exiger les fondations que sont laissées à aucunes desdites chapelles pour favoriser l'intention des fondateurs, que chacun desdits margueilliers et recteurs seront tenus de randre compte tous les ans des effaits et revenus desdites confréries en prézance du sieur vicaire desservant la paroisse, du sieur juge ou son lieutenant et des maire et consulz, et de ne metre pour recteurs ou margueilliers auxdites confréries que des gens de bien et d'honneur, dont les bonnes mœurs sont cognues.

XIV.

Que les aumosnes que le sieur commandeur donne annuellement aux pauvres et celles qui peuvent être de fondation, soit à l'église que à la communauté, seront faites et distribuées en présance dudit sieur vicaire, des officiers ou agents de Monsieur le commandeur et des maire et consuls, comme a été dit cy dessus.

XV.

Lors des enterrements des fidelles, sera donné de rétribution au sieur vicaire ou à celluy qui faira l'office quatre sols, et deux sols pour les autres prêtres qui seront priés d'y adcister, et la rétribution de la messe payée par dessus, à la manière acoutumée, et les sierges fournis par les héritiers du deffunt pandant l'office et la messe, après laquelle les héritiers ou autres faisant les cérémonies les pourront retirer, suivant la coutume pour ceux qui seront originaires du lieu, et pour les étrangers, les cierges qui seront fournis aux enterrements seront au propre au sieur vicaire, entendeu que, des droits ci-dessus, les pauvres n'en payeront que la moitié et la rétribution de la messe par dessus, et les petits enfants ne payeront que le susdit dernier droit.

XVI.

Attendu que la communauté entretient les cloches et paye un homa pour soner, le sieur vicaire ne pourra rien prétendre pour ladite sonerie aux enterrements des fidelles de la paroisse, suivant la coutume.

XVII.

Que les corps morts, de quelle qualité qu'ils soient, ne pourront être ensevelis qu'après les vingt-quatre heures, conformément aux ordonnances du diocèse.

XVIII.

Que les messes qui seront ordonnées, par testaments, être dites à la paroisse, ne pourront les héritiers les faire dire ailleurs, mais bien par les prêtres desservants ladite paroisse.

XIX.

Lorsque les fidelles éliront leurs sépultures dans la chapelles des Frères Pénitants blancs dudit lieu, lesdits confrères seront maintenus en la coutume de prendre ou retenir un cierge ou flambeau de ceux qui seront portés aux funérailles desdits habitans, et les surplus seront retirés par les habitants, au cas qu'ils soient natifs du lieu, et, quant aux étrangers, lesdits sierges seront au sieur vicaire de la paroisse, excepté celluy qui reste à ladite chapelle.

XX.

Le sieur vicaire ne pourra délivrer aux parties les certifficats des publications des bans des mariages que vingt-quatre heures après la dernière publication, et que, lorsque le sieur vicaire publiera les mariages par ordre des parties et que lesdits mariages viendront à être rompus, le jeune home ou son père paieront audit sieur vicaire cinq sols de chaque publication qui aura été faitte.

XXI.

Que les margueilliers de la luminaire du Corpus Christi fourniront les deux sierges pour la messe matinière, tant sullement suivant l'uzage, et, après la messe dite, pourront retirer le reste des sierges.

XXII.

Le sieur vicaire chantera, à la fin des offices, les prières pour le Roi.

XXIII.

De même, faira faire les encensements aux autels aux festes acoutumées, et les flambeaux seront fournis par les margueilliers, aussi à l'acoutumée.

Nous, susdit comissaire, ordonnons que les articles ci-dessus seront gardés et observés tant par la communauté de Pimoisson que par ledit Frère Nicollas, vicaire, et ses successeurs à ladite cure, sans y contravenir directement ny indirectement, et au surplus nous exortons tant les habitans dudit lieu que le sieur vicaire et autres prêtres desservants la paroisse de vivre en union, paix et concorde, pour le bon exemple et la plus grande gloire de Dieu, pour édifier par là le peuple et les conduire au chemin du sallut.

Et en foi de ce, nous nous somes soussignés et fait apozer le cachet de nos armes et fait contresigner par M⁰ Joseph Segond, notaire royal de Montagnac, notre secrétaire.

A Pimoisson, ce premier dexembre mil sept cens quatre.

LE CHEVALIER DE MONTPEZAT.

SEGOND, *Secrétaire* (1).

---

(1) Sceau plaqué en cire rouge. Pièce originale. (Archiv. des B.-du-Rh. Fonds de Malte, H, 833.)

ADDITIONS ET CORRECTIONS

PRÉFACE. Page x, ligne 10, *au lieu de* d'Esparron, *lisez* : Esparron.
Page 7, ligne 25, *au lieu de* Deux foires, *lisez* : Trois foires...., la troisième, après la foire de la Toussaint, à Digne.
Page 64 (note), *au lieu de* dephinatu, *lisez* : Delphinatu.
Page 91, ligne 20, *au lieu de* Jean de Villaret, *lisez* : Jean de Villiers.
Page 106, ligne 18, *au lieu de* 1380, *lisez* : 1381.
Page 430, ligne 8, *au lieu de* les *Laudes*, *lisez* : les *Gaudes*.

TABLE DES MATIÈRES

Préface . . . . v-x

PREMIÈRE PARTIE.

Chapitre I.

Topographie de Puimoisson 1-7

Chapitre II.

Etude stratigraphique du plateau de Puimoisson. — Restes de Proboscidiens découverts à Grenouillet. — Mastodonte Borsoni-Elephas meridionalis. — Début de l'histoire. — Ligures. — Albiques. — Arrivée des Romains 8-14

Chapitre III.

Vestiges d'occupation romaine à Saint-Michel des Moulières. — Médailles. — Loculi. — Objets divers. — Trouvailles au Pas-de-la-Val. — Urne. — Inscription. — Pied de statue et inscription à Mauroue. — Urnes cinéraires à Telle. — Poste de frumentaires. — Christianisme. — Entrevues de saint Apollinaire et de saint Maxime à Puimoisson. 15-29

Chapitre IV.

Chute de l'empire d'Occident. — Domination des Burgondes et des Visigoths. — Invasions. — Famine (474). — Saxons à Estoublon et lieux circonvoisins (576). — Donation de Charlemagne. — Vestiges d'occupation sarrasine. — Camp retranché de Castillon. — Augustins à Puimoisson. — Construction de la chapelle et du couvent. 30-41

Chapitre V.

Donation d'Adalgarde (1033). — Donation de Boniface à l'abbaye de Lérins (1093). — Moines à Puimoisson. — Notre-Dame de Belle-Vue. — Aliénation en faveur des Hospitaliers 42-47

DEUXIÈME PARTIE.

Chapitre I.

Donation d'Augier à Gérard Tenque (1120). — Arrivée des Hospitaliers à Puimoisson. — Notice sur l'Ordre. — Nouvelle donation (1125). — Confirmation par Foulque (1134). — Donation de Reymond Béranger (1150). — Confirmation par Géraud et contestation apaisée (1155). — Confirmation de saint Apollinaire à l'Eglise de Valence (1178). — Dépaissance à Bras (1192). — Donation de Telle et réception de Cordel dans l'Ordre (1194). — Donation de Mauroue (1198) 49-65

Chapitre II.

Donation d'Aiguines à saint Apollinaire et reconstruction du pont par le prieur (1210). — Sentence arbitrale entre le commandeur et le seigneur de Puimichel (1220). — Confirmation par Cordel, fils, et son entrée dans l'Ordre (1230). — Vente du Castrum de Puimoisson par Reymond Béranger V (1231). — Construction du palais et de l'église. — Donation de Blacas d'Aups et de Laure de Castellane (1231). — Donation du défend de la Silve (1232). — Vente par Blacas et Laure de leurs droits seigneuriaux (1233). — Echange de l'église de Saint-Apollinaire (1233). — Sentence arbitrale de l'évêque de Riez (1233). — Donations diverses. — Compromis entre l'évêque de Riez et le commandeur, au sujet de la perception des dîmes. 66-82

Chapitre III.

Défense d'aliéner les biens de la commanderie (1251). — Donations. — Vente d'Isnard de Moustiers au commandeur (1265). — Faculté de tester accordée aux habitants (1270). — Saisie de bétail et sentence arbitrale (1272). — Bornage des dîmeries de saint Apollinaire (1276). — Délimitation des dîmeries avec Riez (1286). — Sommation au clavaire de Digne (1289). — Sentence arbitrale entre le commandeur Isnard de Flayosc et Réforciat de Castellane (1297). — Durand de Mende . . , ... , . .   83-93

Chapitre IV.

Démêlés concernant la juridiction (1300-1306). — Donation par Charles II du *merum imperium* (1307). — Péage de Gréoux (1308). — Sentence arbitrale entre Elzéar de Sabran et le commandeur (1312). — Nomination d'Elyon de Villeneuve (1314). — Subsides. — Foire accordée à Puimoisson (1321). — Transactions et démêlés au sujet des fours (1327). — Visite priorale (1338). — Reconnaissance de Courbons (1354). — Invasions. — Affranchissement de l'Hospitalet (1366). — Permission de nommer des défenseurs (1380). — Donation (1381). — Enquête (1384). — Guerres de Raymond Turenne. — Rôle de Réforciat d'Agoult, commandeur. — Passage des reliques de saint Honorat à Puimoisson   94-110

Chapitre V.

Règlement fixant le droit de mortalage (1407). — Différend au sujet du transport du bois (1415). — Plainte, enquête, ordonnance concernant le service divin, l'aumône, la permission d'aller travailler hors le terroir, de prendre des troupeaux à ferme, le mesurage, etc. (1416). — Saisie des juments du commandeur à Aups. — Confirmation de son droit de dépaissance (1425). — Donation et reconnaissances à Courbons (1454). — Moulin désemparé en faveur du commandeur. — Construction d'un four communal à la Rue Basse. — Violences du commandeur. — Saisie de son temporel (1489). — Main-levée et remise en jouissance (1489). — Transaction entre le commandeur et la communauté, au sujet de la banalité des fours et moulins, du droit de cabestrage et d'arrosage (1491).   111-120

Chapitre VI.

Peste. — Fourches patibulaires. — Belle conduite du consul (1503-1504). — Arrêt concernant Labaud (1506). — Arrêt concernant saint Etienne de la Brègue (1508). — Arrêt condamnant le commandeur à contribuer aux réparations de l'église et à l'entretien des cloches (1512). — Arrêt du Parlement ordonnant reconnaissance. — Confirmation des privilèges du commandeur (1522). — Transaction avec Riez, au sujet de la dîme (1529). — Dénombrement de la commanderie (1540). — Puimoisson saisi (1541). — Lettres de chancellerie, au sujet de la banalité (1543). — Accord entre le commandeur et Bras (1551). — Transaction entre Claude de Glandevès et la communauté (1558) 121-135

Chapitre VII.

Guerres de religion. — Invasion d'Antoine de Mauvans (1560). — La chapelle de saint Appollinaire saccagée. — Procès entre le commandeur et le prieur de Moustiers. — Puimoisson est pris par Baschi, d'Estoublon (1574). — Il est repris par le maréchal de Retz (4 décembre 1574). — Puimoisson tient pour les Razats. — Il est pris par les Huguenots du parti. — De Vins s'en empare (1585). — Puimoisson tient pour la Ligue. — Tentative d'escalade du sieur d'Espinouse. — Il est tué sous les murs du château (26 décembre 1587). — Passage d'Epernon à Puimoisson. — Il y séjourne. — Puimoisson réduit à l'obéissance du roi par Lesdiguières 126-149

Chapitre VIII.

Etat et consistance des biens de la commanderie (1597). — Réduction (1599) et réformation des créances de la communauté (1600). — Procès au sujet de l'aumône et transaction (1603). — Tentative d'empoisonnement général (1613). — Procès, saisie des revenus de la commanderie, main-levée. — Transaction avec le commandeur (1619). — Reconnaissances. — Andronys, fratricides, condamnés et exécutés en effigie (1620). — Procès d'améliorissement (1622). — Etablissement du saint Rosaire (1626). — Pénitents. — Réparations à Notre-Dame de Belle-Vue. 150-165

Chapitre IX.

Peste à Puimoisson (1630-1633). — Règlement pour les élections (1638). — Amis de la communauté. — Fontaine accrue (1646). — Les protestants obtiennent un cimetière (1646). — Guerre de semestre. — Garde du château (1649). — Peste (1650). — Disette (1651). — Fondation d'une chapellenie. — Dénonciation contre le prieur (1651). — Legs Augier pour marier les filles pauvres et apprendre des métiers aux garçons (7 octobre 1651). 166-183

Chapitre X.

Agrandissement de l'église (1659). — Foires rétablies. — Défenses concernant l'avérage (1660). — Boucherie. — Plaintes contre le rentier seigneurial. — Bons rapports avec le commandeur. — Larcin à la chapelle de Notre-Dame (1662). — Visite priorale (1669). — Reconnaissance (1669). — Nouvelle visite (1681). — Mort du commandeur, enseveli chez nous (1683). — Abjuration des protestants (1685). — Réaffouagement (1698). — Elections au 1er mai (1700). — Acquisition de l'office de maire, de contrôleur d'eau-de-vie, de crieur-juré, etc. — Assemblée de viguerie. — Recrue (1703). — Régence donnée à la dispute (1703). — Plaintes contre le prieur et ordonnance du commissaire chevalier de Vintimille. — Condamnation du sieur *** (1705-1707). — Disette. (1705-1718). — La communauté saisie (1718). — Transaction entre le commandeur et le baron de Fos (1718). 184-210

Chapitre XI.

Peste de 1720. — Reconnaissance (1724). — Nouveau cadastre (1730). — Acquisition du presbytère (1734). — Démêlés avec le commandeur (1737). — Création d'une école de filles (1739). — Construction du clocher (1741). — Bruits de guerre (1746). — Suppression du droit de pulvérage (1747). — Droit de piquet (1751). — Nouveaux démêlés avec le commandeur (1753). — Nouveau règlement pour les élections (1759). — Poste (1773). — Reconnaissance et tentative de refus d'hommage (1783). — Chapelles. — Nomination du bailli de Suffren (1785). — Aperçu de l'état social, religieux, financier et moral du pays, à la veille de la Révolution 211-247

TROISIÈME PARTIE.

Chapitre I.

Etats de Provence (25 janvier 1789). — Convocation à la chapelle des pénitents (29 mars 1789). — Cahier des doléances. — Attroupements. — Formation de la troupe nationale (9 août). — Alarmes et troubles. — Encadastrement des biens nobles. — Contribution patriotique de l'Ordre. — Puimoisson entre dans la confédération de Brignoles. — Banalité supprimée (26 juin 1790). — Démolition de la tribune seigneuriale. — Marchés et foires rétablis. — Démêlés avec le commandeur (novembre 1790). — Sectionnement. — Prestation de serment (2 février 1791). — Service funèbre pour Mirabeau. — Levée d'hommes. — Canton. 249-275

Chapitre II.

Misère. — Disette des grains. — Différend Faudon, au sujet de la vingt-quatrième. — Formation de la société patriotique populaire. — Garde du château. — Recrudescence de la misère. — Prestation de serment. — Vente des biens nobles décrétée 276-281

Chapitre III.

Inventaire des objets d'église. — Fête civique (18 novembre an I). — Assemblée primaire (2 décembre). — Registres portés à la mairie (3 janvier 1793). — Attroupement pour cause de disette. — Nouveau serment. — Service de Saint-Fargeau (9 avril 1793). — Abjuration des chenilles demandée par la société patriotique (9 mai 1793). — Nomination de Gueydan, maire ; sa noble démission. — Avénement d'Allemand. — Château démoli (4 frimaire an II). — Compagnie des sans-culottes (9 thermidor an II). — Vente des biens nationaux. — Réjouissances à l'occasion de la reddition de Toulon. 282-301

Chapitre IV.

Dherbez-Latour passe à Puimoisson ; il promet une visite. — Dénonciation contre Arnaud ; il est défendu par les sans-culottes. — Cloches descendues et portées à Valensole. — Visite de Dherbez-

Latour (17 nivôse an II). — Fête décadaire (20 nivôse). — Dénonciation contre ceux qui ne font pas la décade. — Cessation du culte (1er germinal an II). — Adresse à la Convention. — Décret du représentant du peuple (11 floréal an II). — Vases sacrés enlevés. — Statues et ornements brûlés (26 floréal). — Eglise transformée en atelier de salpêtre (29 floréal). — Changement de nom des sections. — Esprit public. 302-320

Chapitre V.

Réouverture des écoles (8 ventôse an III). — Rétablissement du culte (9 germinal an III). — Achat de Notre-Dame. — Allemand, commissaire du pouvoir exécutif. — Jourdan, président, maire (1er pluvial an IV). — Réquisitions à main armée. — Formation d'une garde nationale. — Nomination d'une commission de l'hospice (16 brumaire an V). — Garnisaires chez les habitants. — Manifestations hostiles contre Allemand. — Prestation de serment. — Célébration du décadi. 321-330

Chapitre VI.

Les brigands aux alentours de Puimoisson. — Essai de formation de la garde nationale. — Arrivée d'un détachement de dragons (brumaire an VIII). — Réquisitions. — Vol à Telle (ventôse an VIII). — Vol à la Bastide de la veuve Arnaud et d'Antoine Segond. — Rabel fusillé à Puimoisson (ventôse an IX). — Vols et effractions. — Etat de misère. — Bureau de bienfaisance. — Réparations diverses 331-342

Chapitre VII.

Adhésion à la déchéance de Bonaparte (1er mai 1814). — Place Duval. — Gîte d'étapes. — Serment de fidélité au roi et à Napoléon. — Achat de la chapelle de Notre-Dame (1817). — Réparations. — Fondation du vicariat (8 mai 1821). — Translation du cimetière (26 novembre 1833). — Nomination d'Allemand, maire (25 juin 1824). — Etat moral du pays, durant cette période . . 343-350

Chapitre VIII.

Orage du 28 juillet 1830. — Demande d'un bureau de poste. — Orages (1831-1833). — Demande d'une foire. — Vente des biens de l'hospice (1839). — Réparations et embellissements à Notre-Dame. — Refonte de la vieille cloche (1840). — Nouvelles instances pour obtenir un bureau de poste et l'établissement d'une foire. 351-356

CHAPITRE IX.

Révocation du conseil. — Nomination d'une commission municipale (1848). — Etablissement de la garde nationale. - Elections de juillet (1848). — Animosité des partis. — Concession de la foire du 16 août. — Arrivée des religieuses (1850). — Mouvement insurrectionnel (1851). — Proclamation de l'Empire — Adresse à l'Empereur (1853). — Choléra (1854). — Rectification de la route (1856). — Installation d'un bureau de poste (1858). — Projet de création d'un canal d'irrigation (1860). — Projet de construction d'une école et d'agrandissement de l'église (1861). — Incendie des aires (1862). — Cession de la chapelle des pénitents (1866). — Orage. — Agrandissement de l'église (1867). — Suppression du vicariat (1879). — Réparation du clocher (1880). — Acquisition de l'hôtel de ville. — Construction de l'école. — Laïcisation de l'école des filles (1893). — Etablissement d'un bureau télégraphique (1893) 357-372

APPENDICE.

I. Liste des commandeurs de Puimoisson . . . . , . . 373
II. Syndics, consuls, maires et adjoints de Puimoisson 393
III. Juges et lieutenants de juges. 401
IV. Vicaires perpétuels et curés de Puimoisson. 405
V. Liste des vicaires. 409

PIÈCES JUSTIFICATIVES.

I. Donation de l'église paroissiale de Puimoisson aux Hospitaliers, par Augier, évêque de Riez 411
II. Donation de la *Villa Sancti Michaelis* de Puimoisson aux Hospitaliers, par Raimond-Béranger II et son oncle, Raimond, comte de Barcelone 412
III. Confirmation des droits de l'église de Saint-Apollinaire, en faveur de l'église de Valence, par l'empereur Frédéric. . . 413

IV. Donation de Telle aux Hospitaliers, par Cordel de Brunet . .	415
V. Donation de Mauroue aux Hospitaliers par Espade et Guillaume Augier, de Riez.	417
VI. Donation du lieu d'Aiguines à l'église de Saint-Apollinaire . .	418
VII. Donation aux Hospitaliers du « Merum imperium », dans le château de Puimoisson, par Charles II, roi de Jérusalem et de Sicile	420
VIII. Ordonnance des Commissaires, députés par le Chapitre de Saint-Gilles, pour réglementer les obligations du Commandeur.	421
IX. Etat et consistance des biens de la commanderie de Puimoisson	423
X. Procès-verbal d'érection de la Confrérie du Saint-Rosaire. . .	426
XI. Règlement concernant le service divin.	427
ADDITIONS ET CORRECTIONS.	437

DIGNE. — IMPRIMERIE CHASPOUL ET Vᵉ BARBAROUX.

Ouvrages Historiques de M. J. MAUREL

Documents *pour servir à l'Étude du Préhistorique et à l'Histoire de la Période Gallo-Romaine dans les Alpes*. — Brochure in-8º.

Monographie *de Château-Arnoux. B.-A.* — 1 vol. in-8º, orné des armes du pays.

Le Noël, *aperçu Historique, Bibliographique et Musical*. — Brochure in-8º.

Histoire *de l'Escale. B.-A.* — 1 vol. in-8º, orné des armes du pays.

Monographie *de Châteauneuf-val-Saint-Donat. B.-A.* — 1 vol. in-8º, orné des armes du pays.

Histoire *de la Commune de Puimoisson et de la Commanderie des Chevaliers de Malte*. — 1 vol. in-8º, orné des armes du pays et de plusieurs planches en phototypie hors texte.

POUR PARAITRE PROCHAINEMENT

Le Brigandage *dans les Basses-Alpes*, particulièrement depuis l'an VII jusqu'à l'an X.

www.ingramcontent.com/pod-product-compliance
Lightning Source LLC
Chambersburg PA
CBHW072111220426
43664CB00013B/2080